四川省农业科学院天府农科智库蓝皮书（2022）

四川生猪产业发展报告

主　编　牟锦毅
副主编　段晓明　李　晓　徐　旭　杜兴端

中国农业科学技术出版社

四川省农业科学院
SAAS
1938

图书在版编目(CIP)数据

四川生猪产业发展报告 / 牟锦毅主编 . --北京：中国农业科学技术出版社，2022. 11

ISBN 978-7-5116-5964-4

Ⅰ. ①四… Ⅱ. ①牟… Ⅲ. ①养猪业-产业发展-研究-四川 Ⅳ. ①F326. 33

中国版本图书馆 CIP 数据核字(2022)第 186593 号

责任编辑 穆玉红 李美琪
责任校对 李向荣
责任印制 姜义伟 王思文

出 版 者 中国农业科学技术出版社
北京市中关村南大街 12 号 邮编：100081
电 话 (010) 82106626 (编辑室) (010) 82109702 (发行部)
(010) 82109709 (读者服务部)
网 址 https://castp.caas.cn
经 销 者 各地新华书店
印 刷 者 北京建宏印刷有限公司
开 本 185 mm×260 mm 1/16
印 张 27. 75
字 数 550 千字
版 次 2022 年 11 月第 1 版 2022 年 11 月第 1 次印刷
定 价 98. 00 元

《四川省农业科学院天府农科智库蓝皮书（2022）》
编　委　会

《四川生猪产业发展报告》
编 委 会

主　编　牟锦毅

副主编　段晓明　李　晓　徐　旭　杜兴端

编　者　(按姓氏笔画排序)

王　卫　王万霞　王小强　牛丽莉
邓皓轲　冯　波　吕学斌　朱　砺
刘　凌　刘一辉　杨加豹　杨全德
杨雪梅　肖　鹏　何志平　陈　巨
陈天宝　陈弟诗　郑灿财　侯显耀
高文波　陶　璇　彭继勇　舒长斌
熊　鹰

序　言

习近平总书记指出，解决好十几亿人口的吃饭问题，始终是我们党治国理政的头等大事。党的二十大提出全面推进乡村振兴，加快建设农业强国。这是党中央对我国农业发展提出的新的更高的要求，为中国式农业农村现代化指明了方向。

“猪粮安天下”。四川是农业大省，是全国第一养猪大省，是国家优质商品猪战略保障基地。作为四川在全国最具影响力的优势农产品之一，生猪出栏量占全国的10%左右，出栏量和猪肉产量连续多年稳居全国第一。半个世纪以来，川猪外调量占全国省际外调量1/3，为保障全国猪肉供给和稳定物价作出了重大贡献。生猪产业也是名副其实的“富民产业”，其产值占全省农业总产值的20%左右，养猪业挑起了四川农民增收的大梁和乡村振兴的重任，在稳生产、保供给、促增收、惠民生等方面具有十分突出的地位。

生猪生产事关粮食、食品安全，事关社会、经济稳定大局。四川省农业科学院是全省农业科技进步的排头兵、农业科技创新的主力军、“三农”工作的重要智库、农业发展的重要人才基地。近年来，坚持以问题为导向、以技术为主线、以团队为支撑、以基地为平台，建立起“政产学研推用”相结合的创新转化体系，特别是围绕四川生猪产业高质量发展问题，聚焦生猪种业发展、资源保护与利用、饲料营养、标准化规模养殖、粪污治理及资源化利用、屠宰加工、冷链物流、市场竞争力分析等重要环节和方面，有针对性地分析和提炼解决方案与应对之策，形成了《四川生猪产业发展报告》，为四川推进生猪产业关键核心技术攻坚、加快由养猪大省向养猪强省跨越提供了一整套的技术解决方案，充分彰显了四川省农业科学院人的政治担当、责任担当。

四川省农业科学院将全面贯彻落实党的二十大精神，在新征程扛起新使命谱写新篇章，加快建设“国内一流 国际知名”农业科研院所，为擦亮四川农业大省金字招牌、推动由农业大省向农业强省跨越贡献更多的智慧和力量。

四川省农业科学院党委书记

吕火明 教授

2022年11月

目 录

第一部分 总报告

第二部分 专题报告

第三部分　经验交流

第四部分　附　录

第一部分

总报告

四川生猪产业发展总报告

李 晓[1] 何志平[2] 陈 映[3] 陈天宝[2] 丁俊仁[3]
张金灵[2] 龚建军[2] 杜兴端[1] 陈 巨[1]
（1. 四川省农业科学院农业信息与农村经济研究所，四川成都 610066；
2. 四川省畜牧科学研究院，四川成都 610041；
3. 四川省畜牧总站，四川成都 610041）

摘 要：“十三五”以来，作为全国第一养猪大省的四川，其省委、省政府高度重视生猪产业发展，政策扶持力度不断加大，启动了成渝双城经济圈现代高效特色农业带建设，布局并实施了川猪优势产业集群、川猪重大专项、国家生猪产业园区等一批重大项目，生猪产业转型升级提质增效和高质量发展迎来了较好的发展机遇。但四川生猪产业也面临核心种群对外依存度较高、养殖效率和精深加工水平较低、资源约束趋紧、重大动物疫病风险依然存在、环保压力以及价格大幅波动等严峻挑战。为此，在查阅资料和实地调研基础上，结合四川养猪生产实际，提出了川猪高质量发展的8条主要对策措施：高质量高水平打造四川生猪西部种业高地，低能耗高效率提升四川生猪现代养殖装备水平，提价值增效益擦亮四川生猪金字招牌，重防控强监测筑牢四川生猪生物安全屏障，强防治重利用推进四川生猪产业低碳绿色发展，补短板优产能提升四川生猪稳定保供能力，信息化智慧化构建四川生猪数字大平台，聚要素强支撑完善四川生猪发展保障体系。

关键词：四川省；生猪产业；高质量发展；对策与措施

猪粮安天下，生猪是四川在全国最具影响力的优势农产品，生猪出栏量和猪肉产量占全国的10%左右，长期稳居全国第一。同时，四川是国家优质商品猪战略保障基地，也是《全国生猪生产发展规划（2016—2020）》确定的7个重点发展省份之一。四川养猪业有着辉煌的历史，半个世纪以来，川猪的外调量占全国省际外调量的1/3，为保障全国猪肉供给和稳定物价作出了重大贡献。养猪业也是四川农业最重要的支柱产业，其产值占全省农业总产值的20%左右，挑起了农民增收的大梁和乡村振兴的重任，在稳生产、保供给、促增收、惠民生等方面具有十分突出的地位和作用，享有“川猪安天下”的美誉。当前面临成渝双城经济圈现代高效特色农业带建设，以及川猪优势产业集群、川猪重大科技专项、国家生猪产业园区等一批重大项目启动，川猪产业转型升级提质增效和高质量发展迎来了较好的发展机遇，对擦亮川猪金字招牌，实现养猪大省向强省转变具有重大意义。

一、生猪产业发展取得的主要成效

（一）生猪产能快速回升

2016年以来，全国生猪生产都面临着较大的环保压力和非洲猪瘟疫情的严峻考验，存出栏量严重下滑，猪肉产量从2016年的5 425.49万吨下降至2019年的4 255.31万吨（表1），供给出现较大缺口，育肥猪价格一度达到47.20元/千克，对保障人民群众生活、稳定物价造成了严重的影响，从国家到地方都空前重视养猪业的发展。为应对突然加剧的猪肉市场供应紧缺矛盾，国务院办公厅印发《关于稳定生猪生产促进转型升级的意见》，四川相继出台了《全省促进生猪生产保障市场供应九条措施》《促进生猪恢复生产八条措施》《四川省稳定生猪生产十条措施》等一揽子稳产保供的政策措施，四川省委农村工作领导小组正式印发《川猪产业振兴工作推进方案》，将高质量发展生猪产业作为擦亮四川农业大省金字招牌的重要抓手。2020年，生猪产能快速回升，全省出栏生猪5 614.40万头，年末存栏3 875.44万头（图1），猪肉产量394.80万吨，较2019年分别增长15.7%、35.0%和11.7%，全年第一产业投资增长35.6%，其中生猪产业贡献率在90%以上，超额完成农业农村部下达的目标任务。

表1 “十三五”期间四川省生猪生产情况

指标	2016年		2017年		2018年		2019年		2020年	
	四川	全国	四川	全国	四川	全国	四川	全国	四川	全国
年末存栏量（万头）	4 675.90	44 209.17	4 376.64	44 158.92	4 258.47	42 817.11	2 870.70	31 040.69	3 875.44	40 650.42

（续表）

指标	2016 年		2017 年		2018 年		2019 年		2020 年	
	四川	全国	四川	全国	四川	全国	四川	全国	四川	全国
出栏量（万头）	6 907. 82	70 073. 90	6 579. 10	70 202. 10	6 638. 31	69 382. 40	4 852. 60	54 419. 00	5 614. 40	52 704. 00
猪肉产量（万吨）	494. 48	5 425. 49	472. 23	5 451. 80	481. 20	5 403. 74	353. 45	4 255. 31	394. 80	4 113. 33

数据来源：国家统计数据。

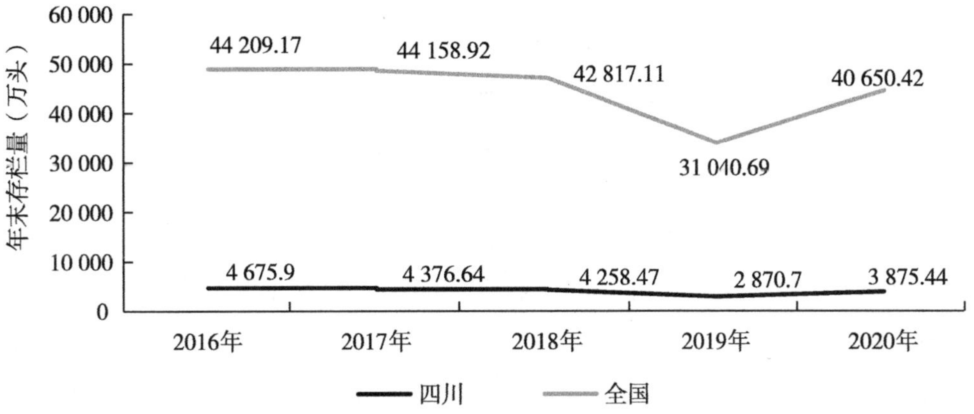

图 1　“十三五”期间生猪年末存栏量

数据来源：国家统计数据。

1. 生猪存出栏数稳步提升

2016—2018 年，四川生猪存出栏量与国家趋势基本趋同，均有小幅度降低，但相对稳定。2019 年受非洲猪瘟疫情影响，生猪存栏量 2 870. 7 万头、出栏量 4 852. 6 万头（图 2），同比分别降低了 32. 6%、26. 9%。2020 年，在四川省“政策有力、市场有利”的双重驱动下，生猪存出栏量迅速恢复。生猪存栏量 3 875. 44 万头，同比增长 35%，实现了连续 13 个月增长；出栏量 5 614. 4 万头，同比增长 15. 7%，占全国生猪出栏量的 10. 7%，较 2019 年提高了 1. 8 个百分点，居全国第一，为全国生猪复产保供作出了贡献。

2. 猪肉产量逐步恢复

2016—2018 年，猪肉产量有较小幅度的波动。2019 年，受非洲猪瘟疫情影响，猪肉产量急剧下降，全国猪肉产量 4 255. 31 万吨，同比降低 21. 3%；四川由于养殖

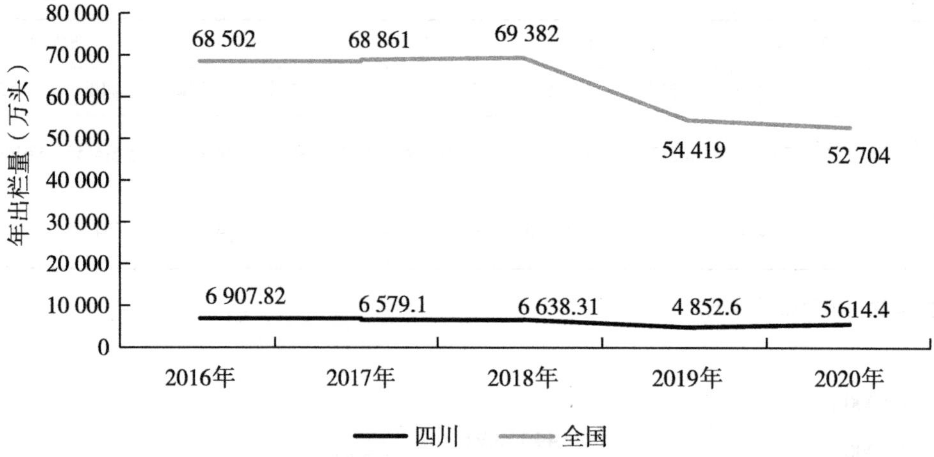

图 2 “十三五”期间生猪年出栏量

数据来源：国家统计数据。

数量多、密度大，受非洲猪瘟疫情影响更为严重；四川猪肉产量 353.45 万吨，同比降低 26.5%。2020 年，非洲在全国猪肉产量仍在降低的情况下，四川猪肉产量回升为 394.8 万吨，较 2019 年增长了 11.7%，居全国第一。四川猪肉产量占全国猪肉产量比例达到 9.6%，为“十三五”期间最高，较 2016 年、2019 年分别提高了 0.5 个百分点、1.3 个百分点。四川人均猪肉占有量 47.16 千克，远高于全国人均猪肉占有量的 29.13 千克（图 3）。

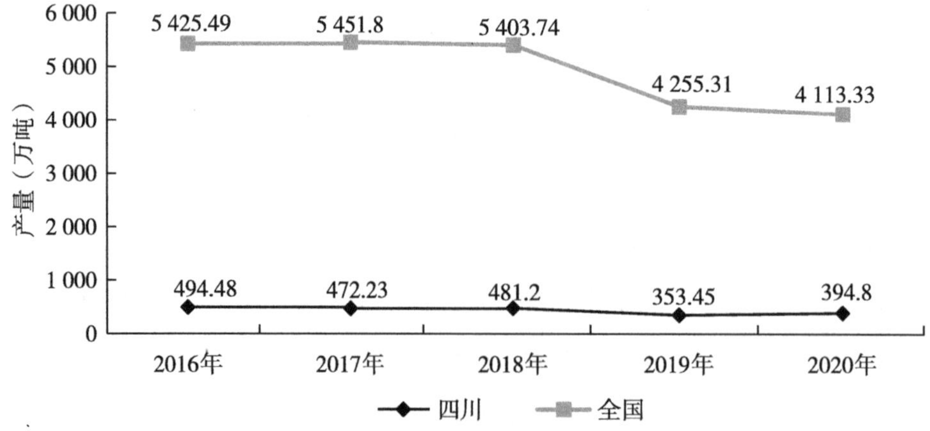

图 3 “十三五”期间猪肉产量

数据来源：国家统计数据。

3. 生猪调出大县位居全国前列

为促进生猪（牛羊）生产、流通，引导产销有效衔接，保障市场供应。2020年，国家财政部下达生猪（牛羊）调出大县奖励资金预算的通知，公布了2020年生猪（牛羊）调出大县奖励资金以及各省生猪调出大县名单。其中，四川省52个县榜上有名，共计获生猪调出大县奖励资金2.74亿元，位居全国第二（图4）。

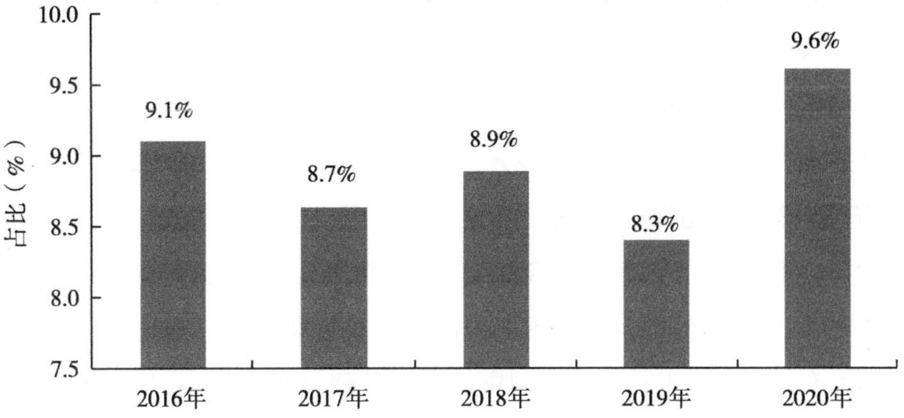

图4 “十三五”期间四川猪肉产量占全国猪肉产量的比例

（二）生猪种业建设成效显著

1. 建立了地方猪遗传资源保护备份场和基因库

遗传资源是种业振兴的基础，四川是我国畜禽种质资源最为丰富的地区之一，拥有内江猪、成华猪、雅南猪、凉山猪、丫杈猪、青峪猪和藏猪7个独特地方猪种类群，全部纳入四川省畜禽遗传资源保护名录，其中内江猪、藏猪纳入国家畜禽遗传资源保护名录。各级政府高度重视地方猪种资源保护，积极落实保种经费和争取保种场建设专项，支持保种场改造升级和开展日常保种工作，目前7个地方猪遗传资源都已建设保种场（区），其中国家级保种场（保护区）2个，省级保种场5个。2019年，为应对非洲猪瘟疫情，四川省安排专项资金1 729万元用于地方猪备份场建设，现已有6个备份场投入使用。自2009年开展地方猪保种工作以来，通过抢救性收集和保护，各种群的有效群体均达到保种要求，雅南猪、成华猪的种猪群体数量达到800余头，内江猪、湖川山地猪的种群数量接近万余头。同时，省级畜禽遗传资源基因库建设走在全国前列，近年制作和保存了7个地方猪品种（类群）的精液、体细胞及组织样等遗传材料6万余份，探索利用体细胞克隆技术应用于地方巴山青裕猪保种，成为全国典型成功案例。

2. 进一步丰富了地方猪种质特性基础数据库

为更好地对地方猪种遗传资源进行开发利用，四川省对6个地方猪种（7个类群）遗传资源开展了包括生长肥育性能、胴体性能、肉质理化指标、风味物质指标四大类指标在内的大规模表型组测定，挖掘出各猪种的特色性状，弥补了20世纪70年代开展的“全国地方猪种质特性研究”和“第一次全国畜禽遗传资源普查”以后40年间种质特性系统评价资料的缺乏，填补了该领域的空白。最终，在确保肉质优良的前提下，确定了多个四川地方猪品种的最优杂交组合模式，大幅提高了综合经济效益，初步实现了对四川地方猪种资源从保护到开发利用的跨越。

3. 新品种配套系培育成效显著

在“十二五”和“十三五”期间，四川成功培育出天府肉猪、川藏黑猪、川乡黑猪3个猪新品种（配套系），占全国同期育成猪新品种（配套系）的17.6%。天府肉猪配套系，是我省首个通过国审的猪新品种（配套系）；川藏黑猪配套系，是我国首个通过国审的优质风味黑猪配套系，在国际上首次将藏猪成功应用于育种实践，破解了肉质、繁殖力和瘦肉率三个目标性状平衡的难题；川乡黑猪，是我国首个具有完全自主知识产权的生猪父本新品种，是生产优质肉猪的最佳父本，破解了长期困扰我国地方猪种不能大面积推广利用的技术瓶颈。此外，正在培育的两个新品种（配套系）蔺香猪、天府黑猪，也进入了中试和新品种申报阶段。新品种（配套系）的培育，从地方特色、知识产权和育种功能来看都具有重大意义，取得了突破性的进展。

4. 良种繁育体系与区域性联合育种体系不断完善

经过20余年的努力，四川现代种业平台建设不断完备，已建成省种猪遗传评估中心、省种猪性能测定中心、省级种公猪、生猪遗传资源保护中心、省生猪分子育种中心五大创新育种平台，建成国家级生猪核心育种场8家、省级生猪核心育种场12家，省级种公猪站1个、区域性种公猪站5个，一级扩繁场38个，二级扩繁场266个，猪人工授精站（点）1 028个。核心群种猪规模达1.53万头，扩繁群种猪21.83万头，年扩繁能力达100万头以上。初步构建了以生猪核心育种场和生猪遗传评估中心为核心、区域性种公猪站为纽带的种猪联合育种体系，加强了地方猪种资源的保护和利用，加快了全省生猪联合育种进展。全省生猪人工授精面达

72.0%，以“DLY”为代表的高瘦肉猪市场覆盖率达90%以上。截至2020年年末，全省种猪常规性能测定32.4万头。经多年持续选育，杜洛克、长白猪和大约克种猪达100千克体重的日龄从170天以上缩短到165天以下；种猪达100千克体重的背膘厚从11毫米以上降至11毫米以下；种猪窝均总产仔数分别增加1.98头、1.66头、1.99头，个别育种场种猪生产性能已达到或超过原产地生产水平。

（三）生猪全产业链一体化发展雏形呈现

1. 标准化规模养殖水平逐渐提升

长期以来，千家万户分散养殖是川猪养殖经营主体，2016年川猪规模养殖率仅为34.6%，低于全国平均数10.3个百分点，外三元商品猪良种覆盖率60%。“十三五”以来，标准化规模养殖持续推进，一大批生猪养殖龙头企业快速入驻，加快了生产方式的进一步转变，生猪“1100、1200、1400”和“1211”等规模化养殖模式迅速推广，规模养殖比重进一步提高，夯实了四川生猪产业发展的基础。2020年底，全省年出栏500头以上生猪规模养殖场达14 000余家，规模养殖比重达到57%，较“十二五”末大幅提高26个百分点，规模养殖成为四川省生猪养殖的主要形式。随着规模养殖比重提升，生猪养殖标准化、自动化、智能化进一步提升，新建、改（扩）建各类标准化规模养殖场2 000多个，增添完善全环控、隔离、防疫、消毒、疫病检测、病死畜禽无害化处理、养殖废弃物处理与资源化利用等设施设备，一批精准投料、保温降温、体重预测、分析评估等智能化装备逐步得到运用，养殖技术、设施设备全面提档升级，加速了四川生猪产业从传统向现代的转型，使得生产能力快速回升。

2. 全产业链发展一体化推进

2019年以来，在一系列的政策支持下，大量生猪龙头企业加快在全省的生产布局，正大、新希望、铁骑力士、德康、巨星、温氏等生猪产业化集团纷纷加大投资力度，一批重点项目落实落地。据不完全统计，“十三五”期间，国家级龙头企业达15家、省级龙头企业达100家，由于猪肉价格提升，2019年、2020年投入生猪产业的资本快速投入养猪行业。在龙头企业、养殖专业合作社、家庭牧场、社会化服务组织等新型经营主体的引领带动下，生猪产业组织化水平得到提升，全省规划了50万头川藏黑猪产业园、100万头现代生猪产业园、150万头生猪全产业链等川猪优势特色产业集群，促进了生猪产业全产业链开发，提高了市场竞争力，为构建全产业链利益合理分配联结机制，为生猪产业育、繁、养、宰、加、销一体化融合奠定了基础。

（四）屠宰加工转型升级初见成效

1. 屠宰行业进一步优化

近年来，四川省认真贯彻落实党中央、国务院关于生猪屠宰管理工作部署要求，以保障猪肉产品质量安全和推进生猪屠宰行业高质量发展为目标，坚持“压减总量、转型升级、分级管理、确保安全”工作思路，将推进屠宰企业兼并重组、改造升级作为规范生猪屠宰行业秩序的源头抓手，逐步淘汰生猪屠宰行业落后产能、整合小而散的屠宰加工企业、关停小型屠宰场点，推动全省生猪屠宰行业布局优化和结构调整。2021 年末，全省共有“三证*”齐全定点生猪屠宰企业 860 家。较 2014 年（2 840 家）压减 1 980 家，减少 69.7%。其中，A 类 259 家，占 30.12%；B 类 601 家，占 69.88%。规模化屠宰企业占比较 2014 年末提高 20%，规模屠宰加工企业（年屠宰生猪 2 万头以上）屠宰量占全省屠宰总量达到 81.2%。在减量的同时，按照“六化”的要求，鼓励引导企业积极开展生猪屠宰标准化创建。截至 2021 年底，4 家屠宰企业被评定为国家级标准化示范厂，14 家屠宰企业被评定为“省级标准化示范厂”。

2. 精深加工能力不断提升

据测算，2020 年四川生猪全产业链效益已达 5 000 余亿元，成为引领乡村振兴，带动农业发展、农村致富和农民增收的关键。从生猪产业链条来看，总体效益的 20%在饲养端，80%在产后加工。因此，发展猪肉加工，对打造优质商品猪战略保障基地、促进生猪稳产保供转型升级、加快由农业大省向农业强省的跨越，具有特别重要的意义。2020 年，四川生猪屠宰加工能力超过 7 000 万头，冷库储藏能力超过 30 万吨，精深加工能力达 50 万吨，均位居全国前列。以猪肉为主的肉类加工业在四川省食品工业中仅次于白酒，位居第二。目前，国际肉类大企德国通内斯集团与四川德康集团在眉山共同投资建造年屠宰加工生猪 200 万头的高端肉制品加工厂，山东龙大集团在邛崃兼并成都佳享食品有限公司建设屠宰加工 100 万头生猪的肉制品加工厂，高金集团新建年屠宰加工 10 万头的生猪屠宰及加工厂，这些项目

* 三证，指购货凭证、检疫合格证明、检验合格证明。

的落成必将促进生猪产业由上游养殖向全产业链转型，猪肉产品由初加工向精深加工转型，促进加工能力得到全面提升。

（五）生猪绿色发展取得新进展

1. 政策引导生猪产业绿色发展

“十三五”期间，四川省认真贯彻落实党中央、国务院重大决策部署，专门召开全省畜牧业转型升级绿色发展暨畜禽养殖废弃物资源化利用现场推进会，先后印发《四川省人民政府办公厅关于推进畜牧业转型升级绿色发展的意见》《四川省人民政府办公厅关于加快推进畜禽养殖废弃物资源化利用的实施意见》，农业农村厅会同生态环境厅联合印发《四川省农业厅关于加强畜禽养殖污染防治工作的指导意见》《关于加强畜禽粪污综合利用的指导意见》《关于印发〈四川省畜禽养殖污染防治技术指南（试行）〉的通知》《关于贯彻落实中央环保督查反馈意见加强畜禽养殖污染防治工作的通知》《关于进一步调整完善畜禽养殖禁养区划定工作的通知》《关于切实做好中央环保督察反馈意见畜禽养殖污染问题整改销号工作的通知》等系列文件，与市（州）政府签订《四川省畜禽粪污资源化利用目标责任书（2018—2020年）》，制定《四川省畜禽养殖废弃物资源化利用工作考核办法（试行）》，把规模养殖场粪污处理、有机肥还田利用、沼气和生物天然气使用等重要指标纳入地方政府绩效评价考核，全面推进了畜禽粪污资源化利用工作。

2. 粪污资源化利用项目整县推进

“十三五”期间，四川省基本确立了科学规范、权责清晰、约束有力的畜禽养殖废弃物资源化利用制度，依托国家整县推进畜禽粪污资源化利用项目，争取资金30多亿元，在全省63个畜牧大县（市、区）和22个非畜牧大县（市、区）开展畜禽粪污资源化利用，共支持1.1万余个养殖场和近400个第三方机构建设或升级改造粪污处理设施装备。2020年底，四川省畜禽粪污综合利用率75%以上，规模猪场粪污治理设施装备配套率达95%以上，大型规模猪场粪污治理设施装备配套率达100%。有力推进了全省畜禽粪污资源化利用，改善了农村居民生产生活环境，促进了农业可持续发展。

3. 推行种养循环绿色发展

“十三五”期间，“以种定养、以养定种、种养结合、绿色发展”的现代畜牧业发展理念和运行机制基本形成。大力推进种养循环绿色发展，将生猪养殖发展规划与土地利用规划、现代种植业发展规划相衔接，按照资源环境承载消纳能力和种植业对沼液、有机肥的需求相匹配的要求，优化种养业区域布局，促进种养业结构“双调整”、效益“双提升”。大力推广畜禽养殖废弃物无害化处理、资源化利用和商品化生产技术，在有条件的养殖集中区建设有机肥收集处理加工厂，推行生态、清洁、循环的绿色养殖新模式。

（六）兽医防疫能力进一步提升

1. 疫病防控体系建设不断完善

目前，全省21个市州和183个县均设有动物疫病预防控制机构，自贡、雅安、内江三市和部分县将动物疫控预防控制中心合并，但仍保留其职责，负责生猪疫病的监测、检测、诊断、流行病学调查、疫情报告及其他预防、控制、疫病净化等工作。“十三五”期间，四川坚持把非洲猪瘟疫情防控作为恢复生猪生产的头等大事。建立县、乡、村三级防疫人员+屠宰环节驻场官方兽医组成的“3+1”网格化管理体系，和省市县三级动物疫病防疫工作专班，严格落实“封、堵、防、控”措施，深入开展“大排查、大清洗、大消毒”行动。

2. 疫病防控技术创新取得突破

依托四川农业大学、四川大学、四川省动物疫病预防控制中心、四川省畜牧科学研究院、西南民族大学、成都市农林科学研究院、成都农业科技职业学院等高等院校、科研院所和技术单位打造疫病防控研究平台，设有动物疫病与人类健康、动物疫病防控与食品安全、畜禽生物制品、动物生物技术4个省级重点实验室，在流行病学调查、快速诊断、疫病预防与净化、科学用药等多方面进行了研究、应用和推广，提高了动物疫病防控能力。

3. 生猪重大疫情防控能力逐渐提高

省、市、县各级兽医部门通过逐级培训、开展应急演练等方式，推广“五准备、五强化”技术措施，提高了畜禽重大疫病防控的应急反应和管理能力。2012—2021年，举行省级重大动物疫情应急演练共10次、市县级应急演练400余次，培训应急防控人员3万人次，锻炼了队伍，提升了能力，成功处置了多起重大动物疫病，特别是将其应用到非洲猪瘟等重大疫情处置上。2012—2021年全省成功处置了17起非洲猪瘟疫情、2起O型口蹄疫疫情，疫情没有发生扩散蔓延，为全省生猪生产和产品安全提供了重要保障。

4. 重大动物疫病净化取得新进展

持续开展猪瘟、猪伪狂犬病、猪繁殖与呼吸综合征、猪口蹄疫等生猪重大动物疫病的疾病净化研究。2021 年，按照《农业农村部关于推进动物疫病净化工作的意见》《无规定动物疫病区评估管理办法》相关要求经养殖场自愿申请、省级遴选推荐、部级专家评审，四川 2 家企业被列为国家级猪伪狂犬病净化示范场、5 家规模猪场建成《非洲猪瘟等动物疫病无疫小区》。

（七）饲料加工产业不断崛起

四川省是生猪养殖大省，也是饲料工业大省。全省饲料工业经过 30 多年改革开放与发展，已经建成了包括饲料加工业、饲料添加剂工业、饲料原料工业、饲料机械制造工业和饲料科研、教育、标准、检测等较为完备的饲料工业体系。“十三五”以来，四川工业饲料产量和产值稳定增长，生猪饲料营养研究与饲料质量安全监测稳步推进，在助推四川省现代养猪业发展、保障城乡居民肉食品供应、促进粮食增值转化等方面作出了贡献。

1. 饲料加工能力稳定增长

近年来，四川工业饲料总产量呈大幅增长趋势。2021 年，全省工业饲料产量 1 438.37 万吨、产值 588.10 亿元，较 2018 年分别增长 32.49%、43.44%，分别占全国的 4.90%、4.81%，分别位列全国第七和第六。其中，生猪饲料经历了非洲猪瘟疫情影响后也呈现了较大涨幅，2021 年全省生猪饲料 994.90 万吨，较 2017 年增长 34.87%，占全省工业饲料产量的 69.19%，占全国猪饲料产量的 7.61%。随着饲料工业的发展，省内饲料产业规模化程度不断提高，逐步由粗放型生产转向集约化发展。2021 年全省饲料加工企业 343 家，比 2015 年减少 14 家；其中，年产 10 万吨以上饲料企业 50 家，虽占全省饲料加工企业总数的 14.58%，产量却占全省饲料总产量的 56.8%。越来越多的饲料及饲料添加剂企业开始开拓国际市场，新希望、通威、特驱等大型企业在海外纷纷建厂，畜科、大帝汉克、美溢德、朴瑞威等企业产品远销东南亚市场，实施跨国经营战略。

2. 饲料营养研究取得突破

随着四川农业高校、科研院所、大型企业在饲料营养科技领域的创新性工作，在母仔猪营养理论与技术体系的研究与应用、仔猪抗病饲料营养研究与应用、猪区域优势饲料资源高效利用技术研究与应用等方面都取得了重要进展，不仅引领全国动物营养与饲料科学领域的学科发展，而且推动饲料营养高端人才的持续涌现，对四川乃至全国的生猪养殖起到了重要推动作用。

3. 饲料质量安全水平逐年提升

近年来，四川省以饲料“全覆盖”监测和专项抽查为抓手，强化饲料监测，确保全省饲料质量安全。“全覆盖”监测覆盖全省500多家饲料生产企业、部分饲料经营门市和养殖场（户），重点监测重金属铅、砷等卫生指标和粗蛋白、铜等主要营养指标；专项抽查涵盖饲料生产、经营和养殖环节，重点监测“瘦肉精”、呋喃唑酮、地西泮、氯霉素、苏丹红、二氢吡啶、苯乙醇胺A、可乐定、赛庚啶、喹乙醇、安普霉素、维吉尼亚霉素等违禁添加物、药物饲料添加剂和牛羊源性成分。据统计，2017—2021年，全省共计监测量达3 686批（次）、检测指标达1.8万余项（次），其中合格3 609批（次）。5年来，四川省生猪饲料质量安全监测合格率一直维持在98%左右。

二、面临的重要机遇和挑战

（一）面临的重要机遇

1. 实施乡村振兴战略，生猪产业转型升级契机凸显

党的十九大提出实施乡村振兴战略，是以习近平同志为核心的党中央着眼党和国家事业全局，深刻把握现代化建设规律和城乡关系变化特征，顺应亿万农民对美好生活的向往，对“三农”工作做出的重大决策部署，是决胜全面建成小康社会、全面建设社会主义现代化国家的重大历史任务，是新时代做好“三农”工作的总抓手。乡村振兴，产业兴旺是重点，乡风文明是保障，生态宜居是关键，治理有效是基础，生活富裕是根本。四川乡村振兴已拉开大幕，各种细化政策正在逐步推开。随着乡村振兴战略被摆入优先位置，必将加快推动四川由农业大省向农业强省跨越，特别是生猪作为四川优势特色产业，促进产业转型升级和提质增效，加快粪污资源化利用等事关生态文明建设，对支撑生猪产业兴旺发展和农民增收具有重大的战略意义。

2. 建设成渝现代高效特色农业带，战略地位凸显

2020年，推动成渝双城经济圈建设正式上升为国家战略，成渝地区共建现代高效特色农业带是唱好“双城记”、共建经济圈的重要内容。生猪作为川渝两地的优势特色产业，加强产业政策协同对接，做到一体谋划、一体部署、相互协作、共同实施，显著提升区域现代生猪产业的整体竞争力，重点在国家优质商品猪战略保障基地、国家生猪产业园区以及西部种猪供给高地发力，可有效保障猪肉等重要农产品供给以及更好发挥国家战略大后方的“压舱石”作用，战略地位凸显，经济、社会和生态效益重大。

3. 打造川猪优势产业集群，产业地位不断提升

国家支持建设“川猪优势特色产业集群”，覆盖绵阳、广元 2 个市，辐射带动成都、南充、巴中、德阳、遂宁、资阳、内江、广安、达州等川中、川东周边 9 个市。项目针对绵阳、广元地区川猪优势特色产业集群中存在的种业核心竞争力不强、规模化标准化养殖水平不高、产业融合程度不深、品牌影响力不大等问题，强化产业集群顶层设计，调结构、补短板，促进各产业群协同发展，形成产业竞争优势。实现高品质瘦肉猪和特色风味川猪“黑白双擎驱动”，完善产业链利益联结机制，推动区域内产业链各环节提档升级，强化绵阳和广元生猪优势特色产业集群特色优势。把质量、科技、绿色、品牌等元素融入生猪产业全产业链，形成对西部地区乡村产业高质量发展具有引领与示范带动作用的生猪优势特色产业集群，推动川猪产业振兴，擦亮四川生猪金字招牌，实现生猪养殖大省向生猪强省转变，进一步凸显川猪产业地位。

4. 党政高度重视，强化政策引领

近年来，四川省深入贯彻落实习近平总书记“要保障粮食、生猪等重要农产品供给；要下决心把民族种业搞上去”等系列重要指示精神，紧紧围绕建设现代农业“10+3”产业体系，先后出台了《关于加快建设现代农业“10+3”产业体系推进农业大省向农业强省跨越的意见》《川猪产业振兴工作推进方案》《四川省现代农业种业发展工作推进方案》《四川省畜禽良种联合攻关计划（2020—2022）》等，把川猪作为十大优势特色产业之一，将高质量发展生猪产业作为擦亮四川农业大省金字招牌的重要抓手。强化引领，加大投入，在绵阳等市布局国家级、省级现代生猪种业园区等重大建设项目，启动全省“产学研”单位开展川猪重大科技专项联合攻关，大力支持生猪产业发展，积极打造西部生猪种业高地，取得了显著成效。据国家统计局核定，2020 年全省生猪存栏 3 875.44 万头，其中能繁母猪存栏 372.10 万头，出栏 5 614.50 万头，种源稳定，出栏数位居全国第一。

（二）面临的主要挑战

1. 生猪核心种群对外依存度较高

一是核心种猪资源长期依赖于引种维持供给。长期以来，核心种猪严重依赖进口，“重引进、轻选育”现象普遍存在，造成引进品种本土化选育程度低，生产性能退化，又得再次引进，处于“引种—维持—退化—再引种”的恶性循环，在生猪产业“金字塔”顶端的核心种猪资源长期依赖进口维持供给，庞大的生猪产业势必面临受制于他人的被动局面。二是育种场“独立分散、盲目”引进国外猪种资源，造成引进猪种资源单一，全省80%核心种猪资源群为加系种猪，遗传基础较窄，生猪种业呈现“小散乱”而非全省“一盘棋”格局。三是基于开放式联合育种技术体系未完全建立。虽然全省已建立20家国家级、省级核心育种场，但普遍存在育种基础设施设备落后，性能测定工作不规范、测定种猪数量较少，育种群间遗传交流较低，难以实现育种场跨场间遗传评估和选择，导致联合育种效果较差。四是对地方猪种资源的利用不足。四川省地方猪种资源丰富，共有7个独特地方猪种类群，长期缺乏持续系统选育，育种方向不能适应市场消费需求，导致地方猪种在种猪和商品猪市场缺乏竞争力，数量急剧减少。虽然近年来建立了主要品种资源的保种场，但开发利用投入不足，利用优良遗传资源培育的新品种（配套系）较少，未能将资源优势转化为品种优势和经济优势。五是育种新技术利用不够。对基于大数据条件下的全基因组选择等分子育种新技术利用不够，使四川省种猪育种效率较低，高效的现代生猪种业体系没有建立，虽然也进行了大量分子标记的研究，部分标记在育种中也得到了初步应用，但应用的范围和深度还远远不够。2014年，丹麦采用全基因组选择技术，育种效率提高10%～25%；美国利用现代分子育种技术，总体遗传进展加快35%。

2. 生猪养殖效率和精深加工水平较低

一是四川能繁母猪平均年提供断奶仔猪数量一般在16～18头，虽然部分集团化大规模养猪能达到22～24头，但与丹麦、美国、加拿大等养猪发达国家相比，仍有8～10头的差距。二是饲料成本较高，四川省工业饲料主要原料依赖省外供给，每年需调入饲料玉米600万～700万吨，每吨饲料玉米价格比北方省区高出100～200元。同时与养猪发达国家相比，每千克增重比欧盟多消耗饲料0.5千克左右，养殖成本较高，市场竞争力较弱。三是标准化规模养殖水平不高。2020年全省生猪年出栏 500 头以上的规模养殖比重为 57%，达到全国平均水平；中小养殖场（户）仍然占据四川省生猪产业的半壁河山，正是由于大多中小养殖场（户）生产设施差，智能化、自动化、机械化程度低，饲养管理较为粗放，生产方式相对落后，总体生产效益较差。四是加工企业小而分散，精深加工水平低，品牌影响力小。全省有屠宰加工企业 860 余家，年屠宰加工 100 万头以上的大型企业不足 5 家；产品以热鲜肉、白条肉为主，精深加工产品量小，品种单一，无“拳头”产品，国家驰名商标屈指可数，品牌知名度较低。

3. 资源环境约束趋紧

一是土地供应趋紧。十八届五中全会提出坚持最严格的节约用地制度，但受供给总量限制，土地供需矛盾突出，生猪养殖空间十分有限。规模养殖比重逐年提高，用地需求不断增加，但受用地计划、耕地保护、永久基本农田划定等因素影响，土地资源短缺已经成为生猪规模养殖发展的重要制约因素之一。从全省情况看，“人多地少”是四川省基本省情，畜禽养殖属山地型畜牧业，以丘陵山地、高原为主，人均土地和耕地仅分别为全国平均水平的 76%和 73%，可用于猪场建设的土地更为有限，导致养殖场选址困难。虽然 2020 年四川省出台了支持生猪生产用地政策，但都具有一定时效性，难于长期保障养殖用地的需求。二是主要饲料原料依赖外部供给。海关公布的数据显示，2011—2020 年我国大豆进口量从 5 263 万吨增加到 10 032.7 万吨，屡创历史新高，已成为名副其实的全球头号大豆购买国。目前用于加工饲料豆粕的大豆 90%以上需要进口，行情受国际市场变化影响显著。据测算，我国饲料用玉米消费的绝对量也将呈刚性增长，玉米供需可能长期维持紧平衡状态。全省主要饲料原料供应严重不足，饲料原料如玉米 80%、豆粕 95%需要外购，成为生猪产业发展的瓶颈。

4. 重大动物疫病防控依然严峻

一是四川省生猪疫病流行状况总体十分复杂，病种多，病原复杂，流行范围广，原有疫病短时间内难以清除，新的疫病又不断出现，防控形势仍然严峻。非洲猪瘟病毒已在我国定植，区域性点状扩散流行风险依然存在，口蹄疫、非洲猪瘟等重大疫病仍有零星发生，生猪流行性腹泻等常见病在个别地区时有发生。二是全省防疫监测能力较弱，特别是省际公路动物卫生监督检查站快速检测重大动物疫病能力还不高，实现从运猪到运肉的转变才起步。三是基层动物疫病防控体系薄弱。

2020年，全省乡镇畜牧兽医站编制14 000余人，部分地方乡镇畜牧兽医站被合并、削减，存在占编挪编空编、“独人站”“无人站”现象。区域性病死畜禽无害化收集处理场、指定检疫通道和申报点等设施设备建设较落后，防疫设施设备不充分，社会化服务能力不足。四是中小规模场防疫设施设备简陋，疫病检测诊断实验室等设施建设滞后、基础条件较差、技术水平和防护能力不足。

5. 环保压力、价格波动影响市场稳定供给

一是近年来，生猪等畜禽养殖污染问题已成为社会广泛关注的焦点，而实现生猪生产和生态协调发展也是现代养猪业面临的难点。全省养殖量大，散养户占比较高、分布面广、涉及群体大，粪污处理设施自动化、机械化程度不高，种养业循环发展的基础设施相对薄弱，特别是近年来新建楼房养猪等单体养殖场规模越来越大，粪污产生量大且相对集中，粪污设施化处理成本较高。同时粪肥科学还田利用的标准缺位，与不同种植模式匹配的粪污处理模式、肥料配方、施肥量和方式等方面的推广指导还有待加强。随着《畜禽规模养殖污染防治条例》的颁布实施，养殖场户粪污处理主体责任进一步明确，特别是由于部分养殖场选址不合理，种养结合不紧密，局部的面源污染仍然存在，环保压力越来越大。生猪养殖污染问题不解决，势必影响生猪产业的持续健康发展，影响猪肉产品有效供给。二是目前猪肉在我国CPI中的贡献率较大，生猪价格的大幅波动不利于生猪产业的稳定发展和城乡居民猪肉消费，甚至可能影响国民经济的平稳运行。2018年以来，受非洲猪瘟疫情的影响，我国生猪价格出现了较大的振幅，2019—2020年猪肉供给偏紧，生猪价格大幅攀升；2021年以来，受市场供给增加，特别是在进口猪肉增加的情况下，生猪价格出现大幅下跌，给城乡居民正常生活造成一定影响。为防止生猪价格出现大起大落，国家先后发布实施了《防止生猪价格过度下跌调控预案》《缓解生猪市场价格周期性波动调控预案》，通过加大冻猪肉收储等手段在一定程度上缓解了生猪价格的大幅波动。结合四川养猪生产实际，四川省制定了生猪产能调控预案，确定了全省能繁母猪的最低保有量，以确保猪肉的供给稳定。但仍然面临现有的调控手段单一，难以适应处于转型升级的川猪产业平稳发展的要求。

三、川猪高质量发展的关键对策和措施

（一）高质量高水平，打造四川生猪西部种业高地

紧紧围绕建设成渝现代高效特色农业带和川猪产业集群契机，坚持创新驱动，

大力实施生猪种业良繁工程，努力打造高水平国家生猪战略种源西部高地，推动四川生猪现代种业高质量发展。

1. 高水平建设国家区域畜禽（生猪）种业创新中心

加快推进省内外生猪核心育种场、大型龙头企业同四川省畜牧科学研究院、四川农业大学等单位“产学研”深度合作，构建国家区域畜禽（生猪）种业创新中心利益共同体，搭建全国生猪种业“芯片”平台。依托四川生猪现代种业基因交流中心，建设国家级区域种公猪站和省级种公猪站，建立育种场间实质性遗传交流联系，解决长期以来外种猪联合育种“联而不合”的瓶颈问题。

2. 聚力打造全国特色风味黑猪种业强省

依托四川省7个地方猪种种质资源优势，通过全基因组早期选择、分子标记辅助选择和表型性能测定、BLUP育种技术应用等现代育种技术，培育一批突破性“川字号”特色风味黑猪新品种（配套系）。开展川藏黑猪、川乡黑猪的持续选育与创新工作，进一步提高生产性能和生产效率。

3. 率先打造具有全国竞争力的种猪企业

以新希望、巨星农牧、德康集团、铁骑力士、明星农业、天兆猪业、乐山牧原、万家好猪业8个国家生猪核心育场为基础，重点开展以大白猪、长白猪与杜洛克猪等为基础，应用表型智能化精准测定技术和全基因组选择等育种新技术，综合考虑不同目标性状之间的关系，优化综合选择指数，实现种猪性能的持续改良。加强遗传交流，建立持续的场间遗传联系，深度融入全国联合育种体系，保持外种猪生产性能位列全国外种猪核心育种场的第一梯队，达国际先进水平。

4. 加强质量监管和提升种猪质量水平

严格按规定发放种畜禽生产经营许可证，保障种猪质量；祖代种猪群须来自经性能测定和遗传评估优秀种猪，祖代种母猪当期综合指数须在全省遗传评估体系中达100以上。大力推广猪人工授精技术，加强种公猪站管理，强化种猪质量和生物安全，种公猪当年综合指数须在全省遗传评估体系中达130以上。强化父母代种猪良种登记管理，探索父母代母猪的质量监测制度，鼓励销售经性能测定的父母代种猪。

（二）低能耗高效率，提升四川生猪现代养殖装备水平

大力推广高效低耗、技术先进、经济适用、成熟配套的现代设施设备，提升生猪养殖、屠宰加工、冷链配送、粪污资源化利用等主要生产环节的现代化水平。

1. 大力提升生猪养殖端的现代装备水平

制定规模化养殖设施装备配套技术规范，推进养殖工艺与设施装备的集成配套。探索建设大跨度猪舍、楼房猪舍和养猪综合体，开展标准化示范场创建活动，规范“1100”型或“1400”型圈舍施工技术和工艺，推进养殖工艺与设施装备的集成配套。推广智能化养殖设备，应用自动饲喂、全环控、粪污资源化利用等生猪养殖关键环节的设施设备，形成“全环控、全封闭、全自动、全漏缝、智能通风、功能齐全、现代装备水平高”的标准化猪场。支持中小农户建设联建猪舍，大力推广装配化猪舍等，提升中小农户养殖场（户）设施设备水平，将小农户生产引入现代农业发展轨道。

2. 屠宰加工冷链物流配送设备提档升级

优化全省屠宰行业布局，完善生猪屠宰加工顶层设计，加快小型屠宰场（点）撤停并转，持续推进生猪屠宰行业转型升级。鼓励大型畜禽养殖企业、屠宰加工企业开展养殖、屠宰、加工、配送、销售一体化经营，提高肉品精深加工和副产品综合利用水平。开展生猪屠宰标准化示范创建，实施生猪屠宰企业分级管理，鼓励A级生猪屠宰企业向自动化、标准化和精深加工转型升级，促进生猪产业由上游养殖，猪肉产品由初加工向精深加工转型。优化配置商业冻库冷链资源，鼓励屠宰加工企业购置冷链物流车辆，支持建设冷链仓储配送设施，构建现代化肉品冷链物流体系，形成功能完善、上下游衔接、设施先进、布局合理的冷链物流体系，为“运猪”向“运肉”转变提供保障。

3. 提升粪污资源化利用装备水平

依托畜禽粪污资源化利用整县推进、绿色种养循环农业试点等项目，支持生猪节水养殖、粪便清理收集、粪污处理贮存和沼液田间输送管网等设施设备，持续提高生猪粪污综合利用率和规模养殖场粪污处理设施装备配套率。鼓励规模猪场配套粪污收集、固液分离、厌氧发酵、曝气耗氧、沼液贮存、沼肥利用等方面的设备向智能化方向转型。招引有机肥生产厂商，鼓励其在堆肥发酵、翻抛机、高温腐熟杀菌等装备的配套；鼓励配套无害化运输等方面的装备。

（三）提价值增效益，擦亮四川生猪金字招牌

以“区域公共品牌+企业自主品牌+特色产品品牌”为主线，开展“三品一标”

认定、名牌评选，争创著名商标，创新一批“质优、安全、特色、高效”的生猪全产业链产品，以产品提升品牌知名度、美誉度和影响力，打造一批“川字号”特色生猪品牌。

1. 支持企业向深加工产品拓展

大力发展生猪精深加工，鼓励向精细分割、冷鲜消费方向发展。根据精深加工产品需要，制定精细分割标准，为回锅肉、罐头、腊肉、火腿等精深加工产品提供原料保障。鼓励企业研发高端肉制品，示范推广预制菜冷鲜调理肉制品、传统特色腊肠腊肉等腌腊制品、酱卤肉制品、罐装肉制品。

2. 加强品牌培育创建

大力实施品牌创建工程，制定区域性公共品牌使用标准和规范，建立公共品牌监管体系，不断提高公共品牌影响力。鼓励企业统筹运用区域公共品牌，支持企业开展自主品牌创新，创建企业品牌、产品品牌。将四川打造为中国特色生猪生产基地和特色川菜安全优质食材供应基地，以基地助推“三品一标”认证，猪肉产品认证率不断提升。

3. 加强品牌监管和宣传营销

加快建立生猪产业品牌的监管体系，加强完善品牌认证登记保护，产品防伪标识使用和动态监管机制，建立健全产品质量、知识产权等失信联合惩罚机制，严厉打击恶意侵犯专利权和假冒品牌行为。加强商标保护，防止商标恶意抢注和侵权行为。加强生猪产业品牌内涵挖掘，积极打造生猪产业品牌的宣传、展示、交流、交易平台，构建品牌产品宣传网络，支持生猪产品品牌在国家级、省级主流媒体、新媒体开展宣传推介活动。鼓励生猪产业品牌进展会、进商圈、进超市、进市场、进社区、进学校、进企业、进单位，提升生猪产业品牌的知名度和市场占有率。

（四）重防控强监测，筑牢四川生猪生物安全屏障

疫病频发一直是制约、影响和困扰生猪产业发展的瓶颈问题。唯有遵循猪的生物学特性，理性回归动物传染病的防控关键着力点，通过环境、营养、免疫、保健、治疗和生物安全等系统综合的技术措施，才会使生猪产业走向一条健康、安全、高效、环保、生态的可持续发展道路。

1. 加强动物疫病防控及动物卫生监督体系建设

加强基层动物防疫专业队伍建设，构建生物安全防控体系，切实落实防疫主体责任和各项防控措施。升级改造省动物疫病预控中心生物安全三级实验室和市、县两级兽医实验室，增强非洲猪瘟等优先防治病种和常见病种高通量病原学检测和分析能力及血清学检测分析能力。推进种猪企业非洲猪瘟、猪瘟、猪伪狂犬病、猪繁殖与呼吸综合征的净化，提升疫病防控能力；健全疫病风险防控机制，提升生猪疫病防控能力，完善生猪产品质量安全可追溯体系。强化全程监管，多部门协调配合，严厉打击在生猪全产业链生产经营过程中污染环境、违法添加、违规调运、丢弃病死动物、贩卖病死动物及其产品等各类违法违规行为。

2. 建立健全动物疫情联防联控机制和信息化应急管理体系

建设基于畜牧兽医人才资源共享的生猪重大疫情排查及日汇报平台。推广便捷高效的猪只唯一身份识别追溯、移动监管体系。拓展智慧动监业务功能，加强乡镇动物检疫申报点及信息采集点标准化建设。支持建立重大动物疫病监测平台与远程诊疗系统、规模屠宰场生猪运销车辆洗消中心或集中洗消点、区域性畜禽兽医医疗垃圾处理中心及病死畜禽集中无害化处理场等“短板”基础设施建设，优化无规定动物疫病区指定通道检查站建设布局。加强规模种猪场疫病净化，支持非洲猪瘟无疫小区建设，降低疫病传播风险。严格动物防疫监管，强化规模猪场动物防疫条件审查和跨境引种（种猪和仔猪）检疫审批，落实调出检测和调入隔离观察制度。严格执行商品猪产地检疫和屠宰检疫制度，加强病死猪无害化处理。严厉打击非法调运等违法行为，严防动物疫病传播。

3. 支持兽药创新高质量发展生猪兽药产业

加快兽药企业转型升级，加快抗生素替代新技术新产品的研发、生产和推广，提升集约化水平，推进兽用抗菌药物使用减量化行动试点，实施促生长抗菌药物退出计划，提升产业竞争能力。加强猪抗病营养饲料饲养技术的研发和推广，提高猪的抗病能力和生产性能，强化饲料原材料非洲猪瘟病毒检测，增加病毒消杀工艺。推进天然药物（中兽药）产业园建设，健全产品质量追溯体系，切实加兽药等养殖投入品生产的质量监控，严禁使用违禁药物，严格执行休药期等规定，持续规范兽药生产及经营企业的追溯管理，积极启动兽药使用环节追溯试点，为生产安全健康生猪及猪肉提供质量保障。

（五）强防治重利用，推进四川生猪产业低碳绿色发展

按照“源头减量、过程控制、末端利用”的治理思路，构建四川生猪绿色发展产业链，科学布局，多渠道、多措施、多方式促进生猪粪污无害化处理、资源化利用，推进四川生猪产业低碳绿色化发展。

1. 科学规划种养业发展布局

按照“以地定畜、以畜肥地，以种带养、以养促种”原则，大力发展种养结合的生态循环农业。科学核算基于氮磷养分平衡的生猪产业发展环境容量。合理安排种养发展空间，统筹考虑养殖基地、种植基地建设。鼓励实行多点分布、适度规模养殖，保持合理养殖密度，促进种养平衡，实现“园中有场、场周配园”的田园风光。

2. 大力推行清洁生产技术

以源头减量为重点，支持示范推广低蛋白、无抗日粮配制技术，鼓励生猪全产业链配套智能化节料、节水、节能装备，大力推广雨污分流，粪尿全漏缝收集、干湿分离，粪污覆盖贮存发酵、异位发酵等“节能低耗、减排高效”的清洁生产技术在生猪全产业链的应用，严格执行各种节能减排技术规范（标准），减少生猪养殖、屠宰、加工等主要生产环节废物、污水和臭气的产生量。

3. 拓宽畜禽粪肥利用途径

坚持“以用促治、农牧结合、种养循环”的治理路径，以生猪粪肥全量化就近就地还田为重点，把畜禽粪肥作为替代化肥的重要肥料来源，通过租赁、协议等方式落实消纳土地，为畜禽粪肥就地就近低成本还田利用提供有利条件。对无法足量配套消纳土地的养殖场（户），鼓励通过引导社会化服务组织提升粪肥处理利用服务能力，拓宽粪肥还田通道。对无法就地就近利用的养殖粪污，鼓励将固肥加工成商品有机肥，液肥通过第三方服务方式，扩大还田利用半径。

4. 积极稳妥推进粪肥低成本还田

坚持以用促治、利用优先，支持种植大户、农民专业合作社、家庭农场、农业企业配套建设液态粪肥田间贮存池、输送管网等设施，实现场内粪污贮存发酵与田间粪肥贮存利用设施相配套。鼓励通过深施掩埋、注射施肥等方式粪肥还田，提高氮素利用率，减少养分损失和氨气挥发。

（六）补短板优产能，提升四川生猪稳定保供能力

按照《生猪产能调控实施方案（暂行）》《四川生猪产能调控方案（暂行）》文件要求，采取相应的调控措施，加快转变生产方式，促进生猪产业持续健康发展，不断提升猪肉稳定安全供应能力。

1. 确保能繁母猪和规模养殖最低保有量

依托20个国家、省级生猪核心育场，构建四川生猪“金字塔良繁体系”。坚持增量与提质相结合，细化“三抓两保”（抓龙头企业、抓养殖大镇、抓养殖大场，保能繁母猪存栏量底线、保规模猪场数量底线）任务，分级建立生猪产能调控基地，设定能繁母猪存栏量调控目标，即父母代能繁母猪最低保有量全省稳定在400万头左右。以此为目标，将能繁母猪存栏量变动划分为绿色、黄色和红色3个区域，动态调控，保持能繁母猪合理存栏水平。调控生猪规模养殖产能，对全省现有年出栏500头以上的规模猪场（户）进行全数备案，各市州要保持规模猪场（户）数量总体稳定，不得违法拆除，确需拆除的，按照“拆一补一”的原则异地重建，并给予合理经济补偿。规模猪场（户）自愿退出的，各地要根据减少的生猪产能情况，新建或改扩建相应产能的规模猪场，确保生猪产能总体稳定。

2. 加强新型主体培育和龙头企业的引领能力

大力培育龙头企业、养殖专业合作社、家庭农场、社会化服务组织等新型经营主体，鼓励龙头企业发挥引领带动作用，通过统一生产、统一服务、统一营销、技术共享、品牌共创等方式，形成稳定的产业联合体。优先支持资金实力雄厚、信用等级高、产业链条长、联农带农机制好的国家级生猪产业化龙头企业入驻。推动“育—繁—推”“产—加—销”一体化，推动养猪业三次产业融合，重点从产前、产中、产后全产业链条对龙头企业开展考核评估，适当加大生猪种业端和加工流通端评价权重，引导龙头企业健康有序发展。

3. 推行延链补链、建圈强链纵深发展和全面标准化生产

着力延链补链、建圈强链，构建多种形式的生猪产业化经营模式，支持生猪产业化龙头企业在生猪全产业链布局，推行育、繁、养、宰、加、销一体化融合发展新格局。坚持“以大带小”，强化主体带动，推广灵活多变的代养寄养模式，支持龙头企业与中小养殖户建立利益联结机制，引导和支持中小养殖场户尽快恢复生猪生产，做到“愿养皆养、能养尽养”。支持中小养殖户融入现代生产体系，加强对中小养殖户的指导帮扶，提升市场竞争力。坚持良种良法配套、设施工艺结合、生产生态协调，根据相关的标准化饲养管理规程，建立健全标准化生产体系。支持深入开展标准化示范场创建工作，建设一批生产高效、环境友好、产品安全、管理先进的畜禽养殖标准化示范场。

（七）信息化智慧化，构建四川生猪数字大平台

以“数字产业化、产业数字化”为主线，建设四川生猪基础数据、工作数据、决策数据、服务数据四大数据资源。鼓励发展“互联网+生猪+N”模式，推进物联网、云计算、移动互联网等现代信息技术应用于生猪全产业链，推动人工智能、大数据赋能生猪产业高质量发展。

1. 以智慧农业平台为载体顶层设计四川生猪养殖网络

支持建设覆盖全省的四川生猪数字化服务中心平台，整合智慧动监、直联直报系统，与中国电信、中国移动等运营商合作，规范数据传输标准，解决全省生猪产业数据分散不统一，数据采集、处理和发布等“标准不一致、碎片化严重、信息孤岛化”等突出问题，实现全省生猪网络管理平台共联共享和生猪产业发展信息的精准调控。

2. 构建四川生猪产业基础数据资源体系

加快大数据、人工智能 AI、云平台及 5G 传输技术等现代信息化技术在生猪养殖过程及产业发展决策分析、管理服务中的推广应用。重点开展全省生猪存出栏数据监管、疫病监测预报、全产业链产品质量安全管理和生产预警，定期发布生产和市场价格动态信息，科学引导生产和消费。构建“一场一码、一猪一标”动态数据库，实现生猪生产、屠宰、加工、流通等各环节信息互联互通。

3. 利用现代信息网络拓展四川生猪电子商务

创新发展网络经营模式，鼓励发展定制农业、创意农业、认养农业、云农场等新业态。深化电子商务进场、进村、进社，实施“互联网+”生猪产品出村进城工程，全面打通生猪产品线上线下营销通道，推广大众参与式评价、数字创意漫游、沉浸式体验等经营新模式。探索发展生猪产业“流量经济”，为生猪金融等农业增值服务，不断增强市场竞争力。

（八）聚要素强支撑，完善四川生猪发展保障体系

1. 健全四川生猪要素投入保障机制

落实国家、省稳定生猪生产发展的政策措施，聚集用地、环保、财政、税收、信贷、金融、保险、人才等要素保障。加大资金扶持力度，运用信贷、贴息等多种金融工具，引导撬动金融和社会资本支持生猪产业发展；强化保险扶持，通过“政策性保险+补充保险”等形式多角度、多方面提供保险服务，提高保险保障水平；建立完善龙头企业与养殖户的利益联结机制，重点支持联农助农成效显著的企业落户四川，形成多方资源优势互补、利益共享、风险共担、合作共赢新格局。

2. 优化全省生猪产业发展资源配置

依托全省生猪资源优势和产业基础，补齐生猪全产业链发展短板，降低生产成本，提高产品质量，提升产品附加值，提高四川生猪产业综合效益。重点支持饲料、兽药生产提档升级工程和屠宰加工标准化创建工程，加强猪种资源保护开发利用，培育猪肉质量优良、规模体量大、区域融合程度深的优势特色生猪产业集群，推进四川生猪产业迈入“集群化”发展新格局。

3. 创新政产学研科技联盟机制

强化科技支撑，创新人才引进、成果转化、创新创业机制，推进高等院校、科研院所、生猪企业合作，共建“政、产、学、研”科技研发、推广、示范新模式。充分发挥专家团队的科技支撑作用，围绕生猪全产业链科技瓶颈，积极推进“产学研”深度联合攻关，加快提升四川生猪创新能力和核心竞争力。形成以科技驱动、结构调优、产品安全、绿色发展的内涵式增长，实现由传统数量型增长向数量、质量和效益并重型增长的转变。

第二部分

专题报告

四川生猪种业发展报告

刘一辉[1]　徐　旭[1]　曾仰双[1]　应三成[2]　沈林園[3]　彭继勇[1]

（1. 四川省畜牧总站，四川成都　610041；2. 四川省畜牧科学研究院，四川成都　610066；3. 四川农业大学，四川成都　611130）

摘　要：四川是生猪养殖大省，在种业建设方面也起步早，经过近 30 年来的发展，已建成省种猪遗传评估中心、省种猪性能测定中心、省级种公猪、省生猪分子育种中心四大现代种业平台，构建了以生猪核心育种场和生猪遗传评估中心为核心、区域性种公猪站为纽带的种猪联合育种体系，引导建设服务覆盖全省的生猪育种制种基地，培育了 3 个地方特色新品种（配套系），鼓励外种猪核心育种场持续开展性能测定和育种工作，在地方品种资源的保护利用和外种猪性能选育提高方面都取得了突破性的进展；但是，四川还存在着地方猪种优势特色挖掘不充分、品种和专门化品系培育不系统、对国际优质种猪的依赖度较高、没有形成高效的联合育种体系、种猪企业缺乏复合型育种人才、生猪种业监管服务体系不健全等主要问题；建议四川从构建生猪全种业链大数据分析与服务体系、系统性地开展种猪专门化品系（系）培育、多组学融合挖掘种猪优势特色及遗传机制、完善联合育种体系并培育复合型育种人才、加大种业扶持政策引导种猪产业做优做强 5 个方面进一步整合平台、项目、资源和人才优势，推进生猪种业高质量发展。

关键词：四川省；生猪种业；发展；对策研究

四川是生猪养殖和消费大省，也是国家批准建设的优质商品猪战略保障基地，历年来生猪出栏量稳居全国第一，2021 年生猪出栏 6 314. 8 万头，2021 年末生猪存栏 4 255. 1 万头，其中能繁母猪存栏 405. 2 万头。农以种为先，种猪是生猪产业的战略高地，生猪产业可持续发展离不开生猪种业高质量的保障。为了保障四川生猪产业高质量发展，该省非常重视生猪种业建设，在构建生猪种业强省方面具有鲜明的特色和亮点。本报告概述了四川在种业建设方面取得的成效，并剖析当前生猪种业存在的主要问题，并提出了相应的发展对策建议。

一、四川省生猪种业的基本情况

经过20余年的努力，四川生猪种业取得了重大的突破和进展，特别是在现代种业平台建设、种猪育繁体系构建、育种制种基地创建、种猪性能测定及选育等方面，已创建国家级核心育种场8家、省级核心育种场12家，四川生猪现代种业基因交流中心（省级种公猪站）1家、区域性种公猪站5家，已启动规范的场内性能测定、遗传评估、良种登记、统一的中心测定，开展了优良遗传资源的交流、建立起了育种场间的遗传联系，实现了真正意义上的联合育种。

（一）生猪现代种业平台建设进展

1998年四川省畜牧食品局发布《关于在我省建立种猪性能测定制度的通知》，将种猪中心测定制度化；2000年成立了四川省种猪质量管理委员会，负责全省种猪质量测定和良种登记的统一领导，发布《关于建立种猪场内测定制度及良种猪登记制度的通知》，建立了全省统一的种猪中心测定、场内测定、遗传评估、良种登记相结合的种猪性能测定体系。2016年四川省农业农村厅向四川省人民政府提交了《四川省农业厅关于加强四川生猪现代种业建设的请示》，经四川省人民政府批复，省财政投入1 935万元用于创建四川省种猪遗传评估中心、四川省种猪性能测定中心、四川省省级种公猪站、四川省生猪分子育种中心等生猪现代种业平台建设。截至目前，这些平台都已初步建成并开始运行，在“种业链”的不同环节发挥着十分重要的作用。

1. 四川省种猪遗传评估中心

四川省种猪遗传评估中心由四川省畜牧总站负责建设和运行，四川省畜牧总站按照《四川生猪现代种业建设实施方案（2017—2025）》要求，于2017年建成，指导全省生猪核心育种场规范化地开展种猪场内性能测定，定期对测定数据进行统一的遗传评估分析和公布良种登记名录，通过数据反馈引导企业科学、高效地开展自主育种或区域性联合育种。一方面评估种猪选育进展，另一方面鉴定优良种猪。选择父系指数大于100的杜洛克猪良种猪，选择母系指数大于100的长白猪良种猪和大约克夏猪良种猪，截至2021年，四川省种猪遗传评估中心已累计筛选100 016头良种猪，并每年通过《四川畜牧兽医》（CN51—1181/S）期刊向社会公告（表 1）。

表 1　四川省种猪遗传评估中心公告的良种猪数量

年份	良种登记名录良种猪数量（头）			
	杜洛克	长白猪	大约克	合计
2018	2 498	8 031	14 779	25 308
2019	2 332	5 525	10 723	18 580
2020	2 683	5 424	11 806	19 913
2021	3 606	12 304	20 305	36 215
合计	11 119	31 284	57 613	100 016

2. 四川省种猪性能测定中心

四川是全国率先开展种猪性能测定的省份之一，由四川省畜牧科学研究院（原四川省畜牧兽医研究所）负责其建设和运行。其间，由于中心的地址被划定为禁养区的原因经过了 2 次搬迁。

1995 年 8 月，四川省计划委员会下发《关于四川省种猪性能测定项目建议书的批复》，在四川省畜牧食品局的支持下于 1997 年建成，建设地址位于成都外东沙河堡的董家山，建设测定舍 2 栋，建筑面积 640 平方米，配套 ACEMA 饲喂站、分子生物实验室及拍卖厅等。同时，为了进一步规范和加强种猪测定工作，自 1997—2005 年，累计开展了 16 期种猪性能测定工作，对全省 15 个种猪场的 800 余头种猪进行了统一的性能测定，举办了 5 期种猪拍卖、展示会，共拍卖优秀种公猪 92 头、议价销售合格种公猪 608 头，在川猪的杂交改良和生产中发挥了重要的作用。2008 年经四川省畜牧食品局批准在简阳市石盘镇开工建设新的测定中心，2011 年竣工，建设有测定舍 2 栋，建筑面积 900 平方米，配套 ACEMA 饲喂站增加到 20 套、分子生物实验室及拍卖厅等。但是由于该中心与四川省畜牧科学研究院猪育种中心建于同一场地，受猪蓝耳病等主要疫情和禁养区划定的影响，之后种猪性能测定工作被迫停止，需择址重建。

2008 年，经四川省畜牧食品局批准在简阳市石盘镇开工建设新的测定中心，2011 年竣工，建设有测定舍 2 栋，建筑面积 900 平方米，配套 ACEMA 饲喂站、分子生物实验室及拍卖厅等，受猪蓝耳病等疫情的影响，测定中心没有开展测定工作。

2021 年 5 月，经四川省农业农村厅批准，测定中心选择在乐至县高寺镇高寺社区 14 组开始建设，2022 年 5 月竣工，新建中心建有检测实验室 1 885.30 平方米，技术综合楼 303.36 平方米及配套构筑物，配套检测设备 12 套（批），其中新购置 OSBEN 种猪饲料采食记录系统 48 套，总投资 1 300 万元。可一次性存栏测定种猪 500 头，年测定规模 1 000 头，每年为四川生猪现代种业基因交流中心选送优秀种公猪 200 头以上。2022 年 5 月 6 日开始首批性能测定，第一批送检猪只来源于省内 4 个外种猪核心场，共 157 头；第二批预计于本年 10 月送检。

为了与农业农村部所属性能测定中心一致，四川省种猪性能测定中心于 2022 年更名为四川生猪现代种业种猪质量监督检验测试中心。

3. 四川省省级种公猪站

四川省省级种公猪站（现更名为四川生猪现代种业基因交流中心）由四川省畜牧科学研究院负责建设和运行，于 2017 年经四川省农业农村厅批准在资阳市乐至县高寺镇凉水村建设，于 2021 年竣工，该站占地面积 30 余亩*，总投资 2 000 余万元，建有种公猪舍 1 500 平方米、科研业务用房与技术培训室 875 平方米、废弃物无害化处理设施 400 立方米等，配套智能巡检机器人、可视化智慧平台、高仿真采精系统、生猪精液质量分析系统、自动罐装系统、稀释液恒温加热系统等设施设备 138 台（套）。可存栏优秀种公猪 200 余头，年可生产精液 40 余万份。该站除存栏有杜洛克、长白和大约克夏种公猪外，还存栏有我国首个自主培育的生猪父本新品种——川乡黑猪。

4. 四川省生猪分子育种中心

四川省生猪分子育种中心由四川省畜牧科学研究院负责建设和运行，该中心于 2017 年经四川省农业农村厅批准，2018 年完成了设施设备的采购、安装和调试。购置了气相色谱质谱联用仪、荧光定量 PCR 仪、凯氏定氮仪、全自动氨基酸测定仪等仪器设备 23 台套，投资 410 多万元，建设有肉品分析实验室、功能基因与分子标记实验室、高通量测序实验室、生理生化实验室等。可开展地方遗传资源的评价、开展优质、抗逆、抗病相关性状功能基因研究，为优质高产畜禽新品种（配套

* 1 亩≈667 平方米，全书同。

系）选育提供技术和数据支持。

（二）生猪育种制种基地发展情况

1. 生猪核心育种场

国家于2019年初印发了《全国生猪遗传改良计划（2009—2020）》并持续开展国家生猪核心育种场的遴选和种猪遗传改良工作，四川陆续有四川铁骑力士牧业科技有限公司、四川省乐山牧源种畜科技有限公司等8家单位成功入选国家生猪核心育种场。随后，四川于2017年印发了《四川省畜禽核心育种场遴选及管理办法》《四川省畜禽核心育种场遴选标准》《四川省畜禽核心育种场工作领导小组与专家组名单》系列文件并持续开展省级生猪核心育种场的遴选和种猪遗传改良工作，陆续有广安德康生猪养殖有限公司凤凰山种猪场、成都远大中实猪业有限公司等14家单位成功入选四川省级生猪核心育种场，其中有2家单位在成功遴选为省级生猪核心育种场之后，继续提档升级，分别于2019年（自贡德康畜牧有限公司）和2022年（四川省眉山万家好种猪繁育有限公司）成功遴选为国家生猪核心育种场。截至目前，四川共有20个部省级生猪核心育种场，从部省级分类来看，全省有8个国家生猪核心育种场和12个省级生猪核心育种场；从主导品种来看，全省有14个外种猪核心育种场和6个地方猪核心育种场（表2）。

表2 四川省部省级生猪核心育种场

序号	核心育种场名	创建年份	类型	主导品种（系）
1	四川铁骑力士牧业科技有限公司	2010	国家生猪核心育种场	大约克
2	四川省乐山牧源种畜科技有限公司	2010	国家生猪核心育种场	长白猪
3	四川天兆猪业股份有限公司	2011	国家生猪核心育种场	大约克
4	江油新希望海波尔种猪育种有限公司	2013	国家生猪核心育种场	大约克
5	犍为巨星农牧科技有限公司	2015	国家生猪核心育种场	大约克
6	绵阳明兴农业科技开发有限公司	2015	国家生猪核心育种场	大约克
7	广安德康生猪养殖有限公司凤凰山种猪场	2017	国家生猪核心育种场	大约克
8	成都远大中实猪业有限公司	2017	省级生猪核心育种场	大约克
9	巴中市巴山牧业股份有限公司	2017	省级生猪核心育种场	青峪猪
10	四川古川藏黑猪育种有限公司	2017	省级生猪核心育种场	川藏黑猪
11	四川微牧现代农业有限公司	2017	省级生猪核心育种场	雅南猪
12	自贡德康畜牧有限公司[1]	2018	国家生猪核心育种场	大约克

（续表）

序号	核心育种场名	创建年份	类型	主导品种（系）
13	成都旺江农牧科技有限公司	2018	省级生猪核心育种场	大约克
14	齐全农牧集团射洪有限责任公司	2018	省级生猪核心育种场	大约克
15	邛崃市嘉林生态农场	2018	省级生猪核心育种场	成华猪
16	泸州市古蔺观文丫杈种猪场	2018	省级生猪核心育种场	丫杈猪
17	马边金凉山农业开发有限公司	2018	省级生猪核心育种场	乌金猪
18	彭州市金猪农业开发有限公司	2020	省级生猪核心育种场	大约克
19	四川省丽天牧业有限公司	2020	省级生猪核心育种场	大约克
20	四川省眉山万家好种猪繁育有限公司[2]	2021	国家生猪核心育种场	大约克

注：1. 自贡德康畜牧有限公司于2017年被遴选为省级生猪核心育种场，于2019年被遴选为国家生猪核心育种场。

2. 四川省眉山万家好种猪繁育有限公司于2017年被遴选为省级生猪核心育种场，于2021年被遴选为国家生猪核心育种场。

2. 区域性种公猪站

为完善种猪遗传育种体系，加速优秀种猪基因传递，提高良种供应能力，推动生猪种业高质量发展，四川于2021年印发了《四川省区域性种公猪站遴选标准（试行）》和《关于开展2021年四川省区域性种公猪站遴选工作的通知》系列文件并启动了四川省区域性种公猪站的遴选工作。截至2021年底，已成功遴选出5家省级区域性种公猪站，每个公猪站的常年采精公猪保持在200头以上，持续地提供高质量的社会化服务，辐射川东、川南以及绵阳、眉山等生猪养殖聚集区，为构建以种猪遗传评估中心和高水平公猪站为纽带的高效良繁体系和区域性育种体系奠定了基础（表3）。

表3　四川省区域性种公猪站

序号	公猪站名称	市（州）
1	四川鼎土金猪科技有限公司	成都市
2	四川省丽天牧业有限公司	达州市
3	四川省眉山万家好种猪繁育有限公司	眉山市
4	宜宾市叙州区德康农牧科技有限公司	宜宾市
5	绵阳明兴农业科技开发有限公司	绵阳市

3. 种猪扩繁制种场

截至 2021 年，四川在畜牧业综合信息平台中完成种畜禽经营许可证备案的生猪育种制种场 279 个，从 21 个市州的数量分布来看，仅阿坝州没有，其余市都有种畜禽经营许可证备案的生猪育种或制种场，为进行生猪遗传改良和推广良种奠定了基础。各级生猪育种及扩繁制种场（原种场、一级扩繁殖场、二级扩繁场、种公猪站）数量最多的是成都市，其次是宜宾市和绵阳市，分别有 32 个、30 个和 29 个，阿坝州没有，攀枝花仅有 1 个（表 4）。

表 4　四川生猪种畜禽经营许可证备案信息

序号	市州	扩繁制种场数量（个）
1	成都市	32
2	宜宾市	30
3	绵阳市	29
4	达州市	27
5	乐山市	23
6	遂宁市	22
7	南充市	21
8	广元市	20
9	泸州市	14
10	自贡市	13
11	德阳市	8
12	眉山市	8
13	内江市	7
14	资阳市	7
15	雅安市	4
16	凉山州	4
17	广安市	3
18	巴中市	3
19	甘孜州	3
20	攀枝花	1
21	阿坝州	0

注：数据来源于畜牧业综合信息平台。

（三）种猪性能测定及其性能分析

1. 性能测定数量统计

自2010年成功创建生猪核心育种场以来，四川部省级生猪核心育种场持续开展了种猪性能测定工作，且测定的数量在逐年增加（其中，2019年受非洲猪瘟疫情影响，测定数量略有回落），特别是自启动省级生猪核心育种场遴选和遗传改良工作后，全省每年的性能测定数量维持在50 000头左右（表5），为高强度的种猪选育奠定了基础。

表5　外种猪核心育种场性能测定数量统计

年份	年度性能测定数量（头）			
	杜洛克	长白猪	大约克	合计
2011	323	3 273	3 931	7 527
2012	543	4 727	7 877	13 147
2013	965	5 044	9 210	15 219
2014	1 441	6 509	11 180	19 130
2015	1 337	9 496	14 281	25 114
2016	1 944	9 595	17 864	29 403
2017	2 767	10 652	19 979	33 398
2018	5 886	13 734	32 436	52 056
2019	4 945	12 074	32 916	49 935
2020	6 045	13 331	31 435	50 811
2021	6 464	18 255	42 200	66 919

注：性能测定数据来源于四川省种猪遗传评估中心数据库。

2. 生长性能变化趋势

经过10余年的选育，杜洛克、长白猪和大约克种猪达100千克体重的日龄均呈下降的趋势，都从170天以上进展到了165天以下（图1）。其中，杜洛克种猪在2011年时达100千克体重需要178.57天，经过选育，到2021年时仅需162.71天，累计缩短了15.86天；长白猪种猪在2011年时达100千克体重需要172.12天，经过选育，到2021年时仅需162.79天，累计缩短了9.33天；大约克种猪在2011年时达100千克体重需要173.63天，经过选育，到2021年时仅需164.93天，累计缩短了8.70天。

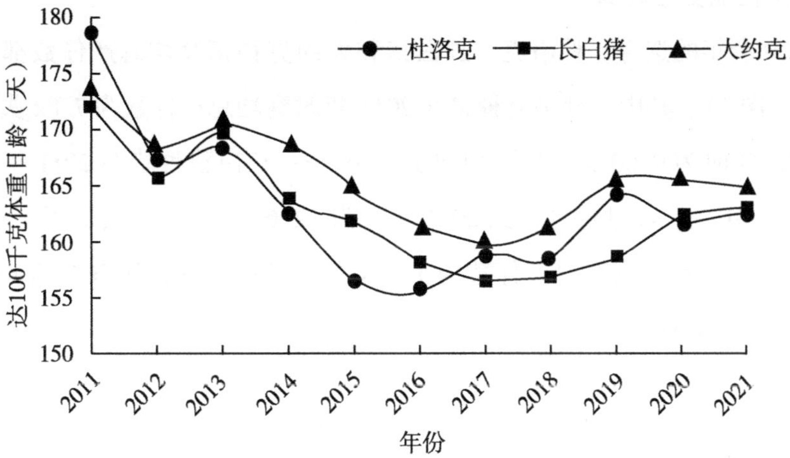

图 1 四川种猪达 100 千克体重日龄变化趋势

经过 10 余年的选育，杜洛克、长白猪和大约克种猪达 100 千克体重的背膘厚也均呈下降的趋势，都从 11 毫米以上进展到了 11 毫米以下。其中，杜洛克种猪在 2011 年时 100 千克体重背膘厚为 12.21 毫米，经过选育，到 2021 年时为 10.21 毫米，累计下降了 2.0 毫米；长白猪种猪在 2011 年时 100 千克体重背膘厚为 11.47 毫米，经过选育，到 2021 年时为 10.38 毫米，累计下降了 1.09 毫米；大约克种猪在 2011 年时 100 千克体重背膘厚为 11.29 毫米，经过选育，到 2021 年时为 10.36 毫米，累计下降了 0.93 毫米（图 2）。

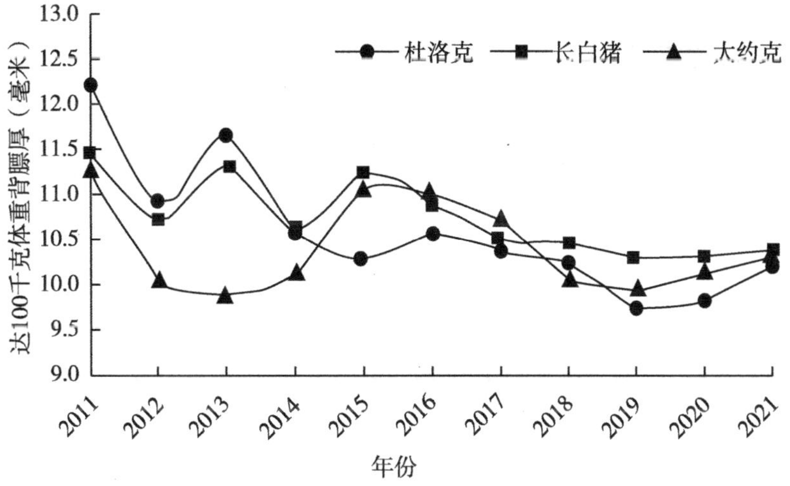

图 2 四川种猪 100 千克体重背膘厚变化趋势

3. 繁殖性能变化趋势

经过 10 余年的选育，杜洛克、长白猪和大约克种猪窝均总产仔数都有不同程度的增加（图 3）。其中，杜洛克种猪在 2011 年时窝均总产仔数为 7.82 头，经过选育，到 2021 年时为 9.80 头，累计增加了 1.98 头；长白猪种猪在 2011 年时窝均总产仔数为 11.01 头，经过选育，到 2021 年时为 12.67 头，累计增加了 1.66 头；大约克种猪在 2011 年时窝均总产仔数为 11.54 头，经过选育，到 2021 年时为 13.53 头，累计增加了 1.99 头。

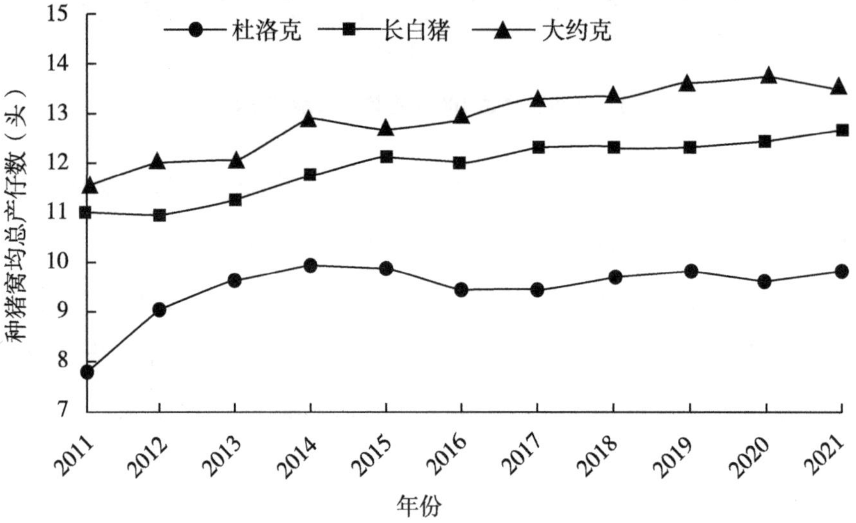

图 3　四川种猪窝均总产仔数变化趋势

4. 选择指数变化趋势

在生猪育种生产中，同时对多个性状进行选育，通常会给进行选育的性状设置不同的加权系数，计算出反映个体综合遗传性能的选择指数，再根据选择指数进行种猪的选留。目前，全国和四川要求各生猪核心育种场必须测定的性状有达 100 千克体重日龄（天）、达 100 千克体重背膘厚（毫米）和种猪窝均总产仔数（头），使用的选择指数有父系指数和母系指数。

父系指数（*TSI*）和标准化父系指数（TSI^*）公式表达式为：

$$TSI = -0.7 \times \frac{EBV_{day}}{\sigma_{day}} - 0.3 \times \frac{EBV_{bf}}{\sigma_{bf}}$$

$$TSI^* = 100 + 25 \times \frac{TSI - \overline{TSI}}{\sigma_{TSI}}$$

其中：EBV_{day}为达100千克体重日龄估计育种值；σ_{day}为达100千克体重日龄估计育种值的标准差；EBV_{bf}为达100千克体重活体背膘厚估计育种值；σ_{bf}为达100千克体重活体背膘厚估计育种值的标准差；$\overline{TSI}$表示未标准化前*TSI*的平均数；σ_{TSI}表未为标准化前*TSI*的标准差；$TSI^*>100$，表明该头种猪父系指数大于群体平均水平。

母系指数（*MLI*）和标准化母系指数（MLI^*）公式表达式为：

$$MLI = -0.3 \times \frac{EBV_{day}}{\sigma_{day}} - 0.1 \times \frac{EBV_{bf}}{\sigma_{bf}} + 0.6 \times \frac{EBV_{ls}}{\sigma_{ls}}$$

$$MLI^* = 100 + 25 \times \frac{MLI - MLI}{\sigma_{MLI}}$$

其中：EBV_{day}为达100千克体重日龄估计育种值；σ_{day}为达100千克体重日龄估计育种值的标准差；EBV_{bf}为达100千克体重活体背膘厚估计育种值；σ_{bf}为达100千克体重活体背膘厚估计育种值的标准差；EBV_{ls}为总产仔数估计育种值；σ_{ls}为总产仔数估计育种值的标准差；$\overline{MLI}$表示未标准化前*MLI*的平均数；σ_{MSI}表未为标准化前*MLI*的标准差；$MLI^*>100$，表明该头种猪母系指数大于群体平均水平。

将四川生猪核心育种场于2011—2021年测定的数据进行统一遗传评估分析，发现杜洛克、长白猪和大约克种猪的父系指数和母系指数都呈波浪式上升趋势，特别是杜洛克种猪的父系指数和长白种猪的母系指数进展特别明显，反映了全省种猪整体性能水平在向着选育目标的方向提升。从性能的相对水平来看，2011年杜洛克种猪的父系指数为68.94，2021年为105.81，提高了36.87（36.87%）；2011年长白种猪母系指数为87.23，2021年为111.63，提高了24.4（27.97）（图4）。

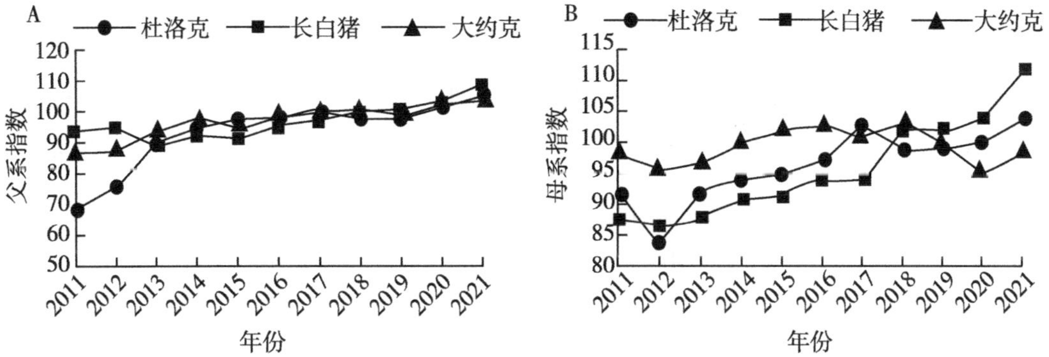

图4 四川种猪选择指数变化趋势

（四）品种保护及新品种培育情况

1. 地方猪种保护利用情况

（1）地方猪种质资源得到了有效保护。原产于四川的地方猪遗传资源有7个，分别是内江猪、藏猪、成华猪、雅南猪、湖川山地猪（丫杈猪、青峪猪）、乌金猪（凉山猪）。各级政府高度重视，积极落实保种经费和争取保种场建设专项，支持保种场改造升级和开展日常保种工作，目前7个地方猪遗传资源都已建设保种场（区）和备份场，各种群的有效群体均达到保种要求。

（2）地方猪资源开发利用取得阶段性成效。目前，全省已创建猪品种相关品牌或商标14个，其中，市场认可度比较高的有内江猪的“黑德香”和“鸿济黑猪”、成华猪的“嘉林黑猪”、青峪猪的“青峪黑豚”（青峪黑猪、青峪猪）、丫杈猪的“蔺乡丫杈”、雅南猪的“微牧”等商标和品牌，产品年销售额均达1 000万元以上，特别是青峪猪“青峪黑豚”系列品牌的宣传和开发利用工作成为四川地方畜禽遗传资源保护利用的典范。

2. 新品种（配套系）培育成果

四川省把猪新品种（配套系）培育纳入育种攻关的重要内容，取得了突破性的进展，截至目前，已成功培育3个猪新品种（配套系），即天府肉猪配套系、川藏黑猪配套系、川乡黑猪新品种，另有2个正在培育中。

（1）天府肉猪配套系。天府肉猪配套系于2012年通过国家审定，为3系配套系：I系为终端父本，以杜洛克猪为育种素材；Ⅱ系为母系父本，以长白猪为育种素材；Ⅲ系为母系母本，以大白猪和梅山猪为育种素材，其主要性能特征是全身被毛白色（有少量花斑），性情温顺，母性好，有效乳头7对以上；达100千克日龄169. 5天，活体背膘厚8. 8毫米，育肥期日增重834克（CV9. 9%）；胴体瘦肉率67. 9%（CV1. 75%）；产仔数初产11. 13头（CV18. 6%）、经产12. 06头（CV19. 4%）。从推广情况来看，天府肉猪配套系先后在全省50个生猪标准化养殖基地推广，具有较大的市场前景和产业化开发价值。

（2）川藏黑猪配套系。川藏黑猪配套系是四川省畜牧科学研究院以藏猪、梅山猪、巴克夏猪为育种素材培育出的具有地方特色和自主知识产权的优质风味猪配套系，于2013年通过国家审定，包括专门化母本母系F01、专门化母本父系S05、专门化父本品系S04。其中，专门化母本母系性能特征是：母猪初产仔数10头，经产仔数 12 头；21 日龄窝重初产 30 千克；公猪 6 月龄体重 42 千克；母猪 48 千克；公猪活体背膘 14 毫米，母猪 20 毫米。达 75 千克体重日龄 210 天，日增重 430 克，饲料转化率 3. 50；75 千克体重屠宰率 72%，眼肌面积 17. 50 平方厘米，胴体瘦肉率 43. 0%，无 PSE 或 DFD 肉。从推广情况来看，仅 2016—2020 年已累计推广祖代种猪 1 704 头，父母代种猪 23 154 头，商品猪 132. 52 万头，新增产值 39. 75 亿元。

（3）川乡黑猪新品种。川乡黑猪新品种是四川省畜牧科学研究院利用我国特有的藏猪和引进的杜洛克猪作为育种素材，通过育种素材筛选、杂交制种和世代选育三个阶段培育而成的父本新品种，于 2021 年通过国家审定，填补了我国无自主知识产权父本新品种的空白。其主要性能特征是：全身被毛黑色，头大小适中，嘴中等长而直，耳中等大小、前倾，背腰平直，腰荐结合良好，体躯长而深广，腿臀发达，四肢强健，乳头 6 对以上；初产仔数 9. 40 头、经产仔数 10. 23 头；达 100 千克体重日龄 165. 70 天，饲料效率 2. 58，活体背膘厚 10. 69 毫米，屠宰率 73. 31%，胴体瘦肉率 63. 43%，眼肌面积 42. 57 平方厘米，肌内脂肪含量 3. 52%。从推广情况来看，截至 2020 年年底，川乡黑猪已推广种公猪 1 346 头、优质黑猪 839 050 头，实现新增产值 268 496 万元，获纯收益 138 443. 40 万元，社会经济效益显著。

（4）正在培育的新品种（配套系）。目前，正在培育的新品种（配套系）有 2 个，分别是蔺香猪和天府黑猪，都已进入中试或新品种申报阶段。其中，蔺香猪配套系利用四川省优良地方猪种丫杈猪和引进猪种（杜洛克、巴克夏）资源进行选育，目前已完成配合力测定、中间试验；天府黑猪新品种利用成华猪和巴克夏杂交，以含有 50%成华猪血缘的巴成杂交猪作为选育的基础群体，进行闭锁和横交固定工作，拟经过 5 个世代的持续选育，最终培育出遗传性能稳定、肉质优良、抗逆强及产肉性能和繁殖性能较好的“天府黑猪”新猪种，该品种已向国家畜禽遗传资源委员会申报新品种鉴定。

二、四川省生猪种业存在的主要问题

（一）地方猪种优势特色挖掘不充分

1. 科技创新和开发利用不充分

创新源动力不足，地方品种和培育品种开发利用方面科技创新投入不够，育种新技术、新方法的研发滞后，推广应用速度慢，开发利用率较低，品种资源优势未能转变为产业优势，生猪种业缺乏核心竞争力。

2. 遗传机制研究和挖掘不充分

优势特色性状遗传机制解析和特色基因资源的挖掘不够充分，可用于种猪重要经济性状改良的上游基因资源、分子标记和技术储备非常有限，基因资源发掘利用新技术应用不足，重要基因的育种价值和遗传潜力有待评估。

3. 种猪资源共享利用程度低

目前全省未建立统一的种猪资源大数据分析与服务平台，无法对种猪资源进行规范化地登记、数字化动态监测、信息化监督管理，资源信息未实现互通，资源共享利用程度较低，对优秀种猪资源的综合利用不足。

（二）品种和专门化品系培育不系统

1. 地方新品种（配套系）培育成果显著但推广应用效果欠佳

在“十二五”和“十三五”期间，四川已成功培育出了 3 个猪新品种（配套系），即天府肉猪配套系、川藏黑猪配套系、川乡黑猪新品种，从地方特色、知识产权和育种功能来看都具有划时代的意义，取得了突破性的进展，由于后期宣传和持续扶持不足等因素，目前这些新品种（配套系）在推广应用方面效果仍不理想，未能将品种资源优势转化为产业优势和经济效益，从全省种业发展的大环境来看，推进优良新品种（配套系）从育种成果向生产应用高效转化还缺乏系统性。

2. 引进品种素材丰富但对其本土化品系培育成果不显著

随着生猪核心育种场的数量增多和规模增大，四川从美国、丹麦、加拿大、法国等国外种猪企业引进了大量的优良种猪，这些美系、丹系、加系、法系、PIC 配套系种猪在生长性能、繁殖性能、肉质性能等方面具有其独特的突出特性，是不可多得的育种素材，然而，由于缺乏研发型育种人才和持续性育种投入，大部分种猪企业并未沿着引进时的育种方向，进一步培育出各具特色的本土化品系（突出各系种猪在某一方面的性能特征和用途，为后续多元化杂交利用提供丰富的育种素材）。

（三）对国际优质种猪的依赖度较高

一方面，外种猪核心育种场的主要品种是杜洛克、长白猪、大约克种猪，核心种源又主要从国外引进；另一方面，种猪育种需要长期持续性地投入，大部分种猪企业从当前的经济效益出发，认为引种成本不会高于长期育种的投入，宁愿从国外不断地引种也不愿自主育种，即存在着“重引种、轻选育”的现象，导致引进品种自主化选育程度低且性能退化快。最终导致种猪企业频繁地引进，优势种猪长期依赖于国外，种源安全受到严重威胁。

（四）没有形成高效的联合育种体系

各育种企业各自为政，没有形成合力，虽然全省育种群体数量已初具规模，但是各企业之间的遗传交流很少，甚至几乎没有遗传交流，在育种目标都一致的情况下，仍然没能整合种猪优质资源实现统筹利用，没有形成高效的联合育种技术体系，选育进展缓慢。

（五）种猪企业缺乏复合型育种人才

育种人才主要集中在科研院所和高等院校，育种科研仍以科研单位为主体，研究目标主要对标科研任务，而种猪企业缺乏复合型育种人才，在育种研究和人才培育方面不足，不能独立或主导开展育种研发，多数种猪企业倾向于购买科研成果或协助参与育种研发，导致育种成果与企业需求结合不紧密。

（六）生猪种业监管服务体系不健全

生猪种业各环节的社会化服务平台和体系不完善，特别是种猪质量检测评估服务和常态化监管体系不健全，导致优良种猪的价值不能客观地评估，种猪买卖交易没有客观的参考和指导标准，一方面购买者不信任种猪企业自主出具的种猪质量报告，另一方面种猪企业也苦于优良种猪不被认可，更受害于“以次充好”的虚假夸大宣传，不利于构建“优质优价”健康的种猪交易环境。

三、四川省生猪种业发展的对策建议

（一）构建生猪全种业链大数据分析与服务体系

1. 建成生猪现代种业平台并发挥其作用

按照《四川生猪现代种业建设实施方案（2017—2025）》，加快建成生猪现代化创新育种平台，即四川生猪遗传资源保护中心、四川省级种公猪站、四川省种猪性能测定中心、四川省生猪分子育种中心、四川省种猪遗传评估中心，全面提升生猪种质资源保护水平，规范地开展种猪性能测定，统一进行遗传评估，形成以种猪遗传评估中心和高水平公猪站为纽带的高效良繁体系和区域性育种体系，切实提升四川省核心种源自给率和良种供种能力，同时为加快培育自主知识产权的“川系”猪种（专门化品系）奠定基础。

2. 构建全种业链大数据分析与服务平台

针对当前生猪育种各环节无有效链接机制、“全种业链”高效整合不够、种猪质量检测评估服务不健全等问题，进一步加大政府经费投入和政策引导，构建生猪全种业链大数据分析与服务平台，整合现代种业平台的信息，进一步完善机制，推进生猪种业数字化管理和智慧化运营，实现全种业链大数据实时分析和共享利用，为生猪种业研发和种猪企业生产提供服务，将参与者都聚集到生猪全种业链，促进以种猪质量为核心的“优质优价”良好的种业交易环境，让实实在在做育种的种猪企业能预见到效益，吸引多方资源持续地投入到种猪育种，提升综合竞争力。

3. 完善监督体系并营造良好的种业环境

结合生猪种业大数据分析与服务平台，实施全省“生猪种业一盘棋”管理，持续推进依法治种，采取多种形式开展相关法律法规培训，开展常态化的质量监管，营造种猪健康发展的法治氛围。同时，省性能测定中心、省遗传评估中心加强对育种企业品种性能统一测定和评估，及时向社会公布结果，提供良种猪登记和种猪性能测定信息实时查询服务，客观地推荐优质种猪，提高优质种猪场市场竞争力和美誉度；对不参加性能测定或测定结果不符合品种标准的育种企业信息也要明确予以公布；同时国家生猪良种补贴项目选择遗传评估成绩优秀的种猪实施，逐步引导消费者对优秀种猪的认可，倒逼种猪企业重视育种工作。

（二）系统性地开展种猪专门化品种（系）培育

1. 系统性高强度地培育特色鲜明的专门化品系

针对地方猪种优势特色挖掘不充分、品种和专门化品系培育不系统和对国外优质种猪依赖度高的问题，建议充分地利用丰富的地方猪种资源和引进的猪种资源（丹系、法系、美系、加系、PIC 配套系等），系统性地梳理各品种（系）的性能特点和优势，采用专门化品系的培育路线，通过系统性高强度地选育，进一步突出其特色和优势，培育大量的在生长性能、繁殖性能、肉质性能、胴体性能、屠宰性能、抗病性能等某方面特色鲜明的专门化品系。

2. 开展精准杂种优势预测和大规模配合力研究

在培育各具特色的专门化品系的同时，开展精准杂种优势预测和大规模配合力研究，充分地利用杂种优势和专门化品系在某一方面独特的性能特征和用途，结合多元化的市场消费需求，挖掘具有经济价值的性能指标，并根据市场需求动态调整配套利用方式，筛选不同生产目的的最佳杂交配套组合，并接续开展横交固定等育种过程，培育具有四川特色的新品种或者市场竞争力强的配套系，逐步减少对国外优势种猪的依赖。

（三）多组学融合挖掘种猪优势特色及遗传机制

通过表型组、基因组重测序、全转录组测序等现代分子技术，开展四川特色猪种资源肉质、繁殖、胴体、风味、抗逆等优势性状的遗传机理解析，系统全面地鉴定对猪重要经济性状具有重要调控作用的候选基因和调控元件，并深入阐明重要候选基因和调控元件的功能、调控机制和作用方式，明确其育种价值，为综合利用川猪地方品种资源进行新型特色猪种培育提供大量基因资源和理论支撑，也为专门化品系的持续选育和优质猪突破提供科学依据。

（四）完善联合育种体系并培育复合型育种人才

1. 完善省级区域性联合育种体系

在建设四川现代生猪种业平台和大数据分析与服务平台的同时，加快建设高质量的区域性种公猪站等配套服务体系，引导种猪企业持续规范地开展种猪性能测定和遗传评估工作，提高遗传评估的准确性，省遗传评估中心及时公布良种登记情况并提供实时查询服务，加大种猪核心育种场间的遗传交流，促进优秀种猪资源的最大化利用，构建起高效的区域性种猪联合育种体系。

2. 校企协同培育复合型育种人才

一是鼓励校企合作。鼓励科研机构和大专院校科研人员通过兼职、挂职、签订合同等方式，与育种企业开展人才合作交流。二是加强技术培训和技能认定。多层次、多渠道地组织开展育种技术培训，培养长期致力于生猪种业的从业人员，认证一批扎根一线的种猪性能测定、选育等育种工作的性能测定员、育种师等。三是提升种业人才的待遇。给予种业人才更多的支持政策，加大对育种工作有突出贡献人才的表彰奖励，加大育种专业技术人员在成果转化中的收益分配，允许企事业单位和科研院校的育种专业技术人才在育种企业兼职兼薪并合法享受股权收益。

（五）加大种业扶持政策引导种猪产业做优做强

一是建立稳定的生猪种业投入机制。对于地方猪种资源保种、生猪核心育种场性能测定和新品种（系）培育的经费，坚持纳入省级财政预算。二是支持供种保障能力建设。支持生猪保种场、生猪核心育种场和区域性种公猪站建设。三是支持企业开展商业化育种。设立商业化育种专项项目，将部、省种业提升工程逐步向种业企业倾斜，支持企业改善科研育种条件，引进优良育种材料，培育适合市场需求的突破性新品种。四是支持人才培育。强化人才政策创新，落实好国家种业人才发展和科研成果权益改革政策，鼓励科研人才向种业企业流动，支持在川种猪企业、第三方机构与高校合作设立种猪人才培训基地，培育一批种猪技能人才。五是加大金融政策支持。降低银行对中小种猪企业授信门槛、贷款利率，引导金融机构探索开展基因专利、育种成果及专利技术等抵质押贷款，支持种猪企业享受农业贷款担保和贷款贴息资金，提高制种保险额度，完善制种保险赔付标准。

四川地方猪遗传资源保护与利用发展报告

王小强[1]　葛桂华[1]　杨舒慧[1]　顾以韧[2]　梁　艳[2]　沈林園[3]　甘麦邻[3]

（1. 四川省畜牧总站，四川成都　610041；2. 四川省畜牧科学研究院，四川成都　610066；3. 四川农业大学，四川成都　611130）

摘　要：四川省拥有地方猪类群 7 个，共建有保种场保护区 7 个，备份场 6 个，科研教学单位开展了基于全基因组芯片的种群分类和原位保种技术研究以及冷冻保存和体细胞克隆的异位保种技术研究，开展了统一条件下地方猪生长肥育、胴体性能和肉质风味等方面的性能测定、遗传资源评价与开发利用的研究。

关键词：遗传资源；保护；开发利用；研究

地方猪遗传资源是关乎养猪业可持续发展的国家战略性资源，是新品种（配套系）培育不可缺少的绝佳素材，是实现种业安全的根本性保障，是生猪种业振兴的基础，本报告仅针对四川省的地方猪遗传资源的保护和利用进行阐述。

一、四川生猪遗传资源保护利用现状

（一）全省生猪遗传资源基本情况

截至 2021 年年底，全国拥有地方猪 84 个，培育品种 16 个，培育配套系 14 个，引入品种 6 个，配套系 2 个。四川省拥有 7 个地方猪类群，分别为成华猪、雅南猪、湖川山地猪（丫杈猪、青峪猪）、凉山猪、内江猪、藏猪；培育品种（配套系）3 个，分别为川乡黑猪新品种、川藏黑猪配套系和天府肉猪配套系。

（二）地方猪基本情况

1. 内江猪

（1）分布情况。内江猪具有遗传性稳定、配合力好、抗逆性强、肉质好、性情温驯等优良特性，但其屠宰率偏低，背膘较厚。因原产于四川内江地区而得名，为肉脂兼用型品种，原产于内江市东兴区，中心产区为内江市东兴区、市中区，主要分布于内江市资中、东兴、市中区、威远和资阳市的雁江、安岳、简阳、乐至及自贡市大安区、荣县、富顺等县区，泸州、遂宁、广安等市也有零星分布。

（2）选育情况。内江猪是我国大型优良地方种猪之一，具有遗传性稳定、配合力好、抗逆性强、肉质好、性情温驯等优良特性，但还存在胴体瘦肉率偏低、皮厚等弱点。经多年选育和饲养方式的改变，内江猪克服了瓦沟、卧系、瞎乳头较多等缺点，背腰相对平直，腹围明显缩小，生产水平有较大提高。内江市种猪场测定资料显示：育肥猪平均日增重由400克提高到532克，母猪窝平均产仔增加0.5头，屠宰率由70%提高到71.49%，瘦肉率由40%左右提高到41.14%。具有以下特点。

适应性强。内江猪对外界刺激反应迟钝、忍受力强，对逆境有良好的适应性。无论在我国炎热的南方和寒冷的北方，或是在沿海和海拔4 000米以上的高原都能正常繁殖和生长。

耐粗饲。将内江猪、长白猪在高纤维（含粗纤维19.1%）日粮中饲喂137天，内江猪全期平均日采食量比长白猪高8.75%。分别供给平均始重为30千克的内江、长白猪2/3维持需要量的饲料（每千克含：消化能1 901千卡，可消化蛋白质49.3克、粗蛋白9.7%、粗纤维19.4%）饲养30天，内江、长白猪平均每头失重1.8千克、3.6千克。

配合力好。无论作父本与国内大多数品种杂交，还是作母本与国外品种如长白、巴克夏、约克夏、杜洛克等杂交，均能获得较明显的杂交优势。作父本与民猪、八眉猪、北京黑猪、新金猪、哈白猪、东北花猪等进行二品种杂交，其杂交后代日增重优势率分别为19.8%、12.6%、10.6%、27.4%、14.5%、18.4%；增重1千克耗料与双亲均值比较分别下降4.6%、4.1%、8.4%、7.1%、11.3%、15.5%。作母本与长白杂交，日增重优势率36.2%，每增重1千克耗混合饲料较双亲均值降低6.7%~8.1%，杂种猪6~7肋处皮厚降低约0.2厘米，眼肌面积增大约7.9平方厘米，胴体瘦肉率提高3个百分点，达到44.6%。

（3）生产性能。

繁殖性能。公猪110日龄、母猪120日龄左右性成熟，一般配种年龄公猪180日龄、母猪230日龄。发情周期19.34天，发情期3.0天，妊娠期114.07天，初产总产仔10.71头，活产仔9.46头，初生重1.06千克，泌乳力35.63千克，

40 日龄断奶头数 7.98 头，断奶个体重 8.29 千克；二产总产仔 10.0 头，活产仔 9.33 头，初生重 0.99 千克，泌乳力 35.40 千克，40 日龄断奶头数 7.50 头，断奶个体重 8.27 千克；三产总产仔 11.97 头，活产仔 10.18 头，初生重 0.98 千克，泌乳力 37.69 千克，40 日龄断奶头数 8.49 头，断奶个体重 8.21 千克。

生长性能。据内江市种猪场测定数据显示：在配合饲料条件下，60 日龄个体重 19 千克，育肥猪日增重 580 克，瘦肉率 43%，料肉比 3.97。成年公猪体重 170 千克、体长 152 厘米、体高 75 厘米、胸围 128 厘米。成年母猪体重 175 千克、体长 152 厘米、体高 74 厘米、胸围 134 厘米。

肥育屠宰性能。屠宰率 71.5%，瘦肉率 41.14%，6~7 肋处膘厚 3.46 厘米、皮厚 0.57 厘米，眼肌面积 16.84 平方厘米。

（4）肉质性状。内江猪肌肉系水力 91.04、肉色 3.25、大理石纹评分 3.27、熟肉率 69.58%、肌纤维数 28.5、肌纤维间距 14.0 微米，肌肉干物质 28.21%、粗蛋白质 22.1%、粗脂肪 5.42%。

（5）资源评价。2020 年，四川省畜牧科学研究院对内江猪种质特性进行了系统评价，相较于四川其他地方猪种，内江猪还具有猪肌内脂肪（IMF）含量较高（90 千克体重时 IMF 含量为 4.79%）、眼肌面积较大等优势，但是屠宰率相对较低（90 千克体重时平均屠宰率为 70.35%），背膘较厚。

2. 成华猪

（1）分布情况。成华猪为肉脂兼用型品种，是成都平原地区的代表型猪种，体型外貌一致性好，具有早熟易肥、屠宰率高、皮薄肉嫩等特点，但体躯较短，生长速度较慢。原产于成都平原，以成都市金牛区、郫县、温江等区、县为中心产区。历史上以成都、华阳一带产猪更为集中，故称成华猪。由于城市化发展和农村经济水平提高，外来品种的快速推广，成华猪产区急速缩小，现主要分布于成都市青白江区、新都区、郫县和德阳市的绵竹、广汉、旌阳、什邡、罗江县（市、区）。

（2）选育情况。产区农业生产和社会经济条件好，粮食丰盛，又位于大中城市附近，对商品猪要求较高。当地群众为发展商品猪生产，缩短肥育期，提高商品率，多喜养体型轻小的猪种，除注重母猪繁殖性能外，还十分注重体型外貌的选择，喜欢颜面皱纹少、耳较小（俗称“金钱耳”）、头部较轻的类型，要求背腰宽、平直、腹圆而略下垂（俗称“船底肚”），全身被毛黑色的猪种。在养殖方法上，采取直线肥育的方式，习惯用大米等精料催肥的方式养猪，促进了品种的形成和发展。

1973年，成华猪被列入省地方良种选育规划，成立育种协作组，先后对成华猪生长发育、繁殖性能、肥育性能等进行了测定和调查，开展了杂交组合试验及推广、生理生化指标测定，对成华猪开始了系统选育，并在产区开展了群众性的种猪普查和群选群育工作，制定了成华猪四川省企业标准（川Q351－82）。选育主要以日增重、体长2个性状为重点，采用群体继代综合指数选择法选育，促进了成华猪体形外貌和生产性能的一致性。1992年，由于外来品种及杂交利用的大面积推广，选育一度中断。由于育种群种猪数量减少，核心群选育力度不够，与1980年比，成年公猪体高、体长、胸围、体重分别下降1.22厘米、2.0厘米、4.6厘米、15.73千克，成年母猪除体高增加2.92厘米外，体长、胸围、体重分别下降4.01厘米、4.25厘米、10.1千克。

（3）体形外貌。成华猪体形中等，被毛黑色。头方正，额面皱纹少而浅，耳较小下垂，嘴筒长短适中；颈粗短，背腰较宽，微凹，腹圆稍下垂，臀部较丰满；乳头6~7对，排列均匀；四肢较短，结实、直立。

（4）生产性能。

繁殖性能。成华猪性成熟早，公猪60日龄爬跨能排出精液，母猪90日龄出现发情症状。农村饲养条件下，一般在公猪4月龄（体重25千克）、母猪6~8月龄（体重50千克）开始配种繁殖。发情周期17~24天，平均19.8天，发情持续期4~5天，妊娠期114.2天。母猪初产仔10.67头，活产仔10.27头，初生重0.91千克，泌乳力34.36千克，35~42日龄断奶存活仔猪9.93头，断奶重6.74千克。经产母猪窝产仔11.35头，活产仔11.16头，初生重0.99千克，泌乳力41.67千克，35~42日龄断奶存活仔猪10.15头，断奶重6.15千克。

生长性能。成年公猪体高（73.08±1.91）厘米，体长（136.00±5.05）厘米，胸围（122.50±3.94）厘米，体重（133.17±17.98）千克；成年母猪体高（68.92±4.62）厘米，体长（131.39±8.48）厘米，胸围（116.85±8.23）厘米，体重（118.80±20.59）千克。在较好的饲料条件下，成华猪200日龄可达80千克，育肥期日增重397克，饲料转化率3.93。

肥育屠宰性能。屠宰体重 80 千克左右时，屠宰率 68.8%，眼肌面积为 19.1 平方厘米，瘦肉、脂肪、皮、骨比例分别达到 43.02%、34.24%、13.54%、9.33%。

（5）肉质性状。90 千克体重背最长肌含水分 63.9%，脂肪 4.1%，蛋白质 25.8%，肌肉纤维直径为 78.5 微米，每克干肉发热量为 5 928 千卡，熟肉率 88.8%。

（6）资源评价。四川省畜牧科学研究院通过对成华猪生长肥育性能、胴体性能、肉质理化指标和风味物质指标测定发现，相较于四川其他地方猪种，成华猪滴水损失较低，背膘薄，但肥育性能相对较差（20~90 千克平均日增重为 358.35 克），屠宰率低（75 千克体重时屠宰率仅 68.55%），硬脂酸含量较高（90 千克体重时平均为 14.38%），鲜味氨基酸、油酸+亚油酸和己醛+壬醛含量相对较低。

3. 雅南猪

（1）分布情况。雅南猪为肉脂兼用型品种，具有耐粗饲、适应性强、繁殖性能较高等特点。原产于洪雅、丹棱、名山、邛崃、犍为和荣县等县，分布在夹江、峨边、马边、金口河区、沐川、芦山、雨城、眉山、彭山、天全、宝兴、荥经、汉源、石棉等县市。1976 年经四川省地方猪种资源联合调查，将洪雅县、丹棱县“雅河猪”，邛崃市“南河猪”，名山县“名山黑猪”，犍为县“铁山猪”，荣县“楞子猪”统一命名为“雅南猪”。

（2）选育情况。由于产区处于丘陵地带，耕地面积大，需肥料多，农民习惯多养猪积肥。在选种上要求骨架大、嘴长（鸭婆嘴）、背腰平直（棺材背）、四肢坚实（柴块脚），母猪乳头 7 对以上，从而使雅南猪逐渐形成体形较大、产仔较多和肥育性能较好的地方猪种。1978 年曾成立了选育协作组，并在产区建立了育种场，开展了生长发育、繁殖性能、肥育性能等方面的研究，1989 年制定了雅南猪标准（DB/5100 B 43020—89）。20 世纪 90 年代后，由于多种原因选育被迫中止。2008 年重新修订了雅南猪标准（DB51/T786—2008）。

（3）体形外貌。雅南猪被毛黑色；体形中等，体躯较长；头大，额部有顺八字形或倒八字形浅皱纹，耳中等大小，下垂，口岔较深；背腰平直、腹大略下垂，后躯稍倾斜，腿臀欠丰满；乳头 7~8 对，排列均匀；四肢开张直立，姿势正常，经产母猪多踏蹄。成年公猪体高（74.75±9.81）厘米、体长（142.75±32.95）厘米、胸围（98.25±8.66）厘米、体重（89.47±19.39）千克，成年母猪体高（73.54±9.29）厘米、体长（127.23±30.78）厘米、胸围（101.96±14.14）厘米、体重（84.77±19.66）千克。

（4）生产性能。

繁殖性能。雅南猪性早熟，公猪60日龄有爬跨行为，90日龄可配种使母猪受孕，一般6~7月龄开始配种。母猪初次发情4月龄左右，初配年龄5~7月龄，发情期18~23天，发情持续期2~4天，妊娠期平均为113.9天。

经产母猪产仔数10.51头，活产仔数10.30头，出生体重0.88千克，30日龄断奶头数9.80头，断奶个体重4.26千克，成活率达95.1%。

肥育屠宰性能。农村饲养条件下，雅南猪215日龄可达84.32千克，日增重423.67克，肉料比1：4.05。85千克左右屠宰，屠宰率67.2%，瘦肉率43.21%，6~7肋膘厚4.26厘米，平均膘厚3.56厘米，眼肌面积20.95平方厘米。

（5）肉质性状。总体特征为肌肉pH值较高、肉色鲜红、保水力强、IMF含量高。具体表现为：pH值适宜，其宰后45分钟时的pH值为5.660±0.13；存储24小时后的pH值为5.471±0.14；肉色鲜红，色质好，保水性能较好，其滴水损失为2.540%±1.45%，IMF含量丰富，其大理石纹评分为4.500±0.95，IMF含量平均3.384%±1.98%。

（6）资源评价。四川省畜牧科学研究院对雅南猪生长肥育性能、胴体性能、肉质理化指标、非挥发性滋味物质和挥发性香味物质系统测定发现，相较于四川其他地方猪种，雅南猪具有肉色评分更高，皮较厚（75千克体重三点平均皮厚达0.60厘米），滴水损失低，背膘较薄，肌肉中影响风味的硫胺素含量高等特点，但肥育性能较差（20~90千克平均日增重406.23克）。

4. 藏猪

（1）分布情况。藏猪为肉脂兼用型品种，具有耐高寒、耐粗饲、抗逆性强等特点，视觉发达、听觉、嗅觉灵敏，反应迅速，奔跑能力强，是我国藏族区域极具特色的地方猪种；产于我国青藏高原的半农半牧区，在四川主要分布于甘孜藏族自治州稻城、乡城、得荣、巴塘、雅江、道孚、理塘、丹巴、甘孜、石渠、新龙、炉霍及阿坝藏族羌族自治州若尔盖、黑水、马尔康等县。

（2）选育情况。四川省畜牧科学院通过多年的选育，繁殖性能初产仔数从3.9

头提高到 6.03 头，经产仔数从 5.26 头提高到 8.42 头；生长速度 20~75 千克平均日增重 278.38 克；沉脂能力很强，三点均膘达 5.97 厘米；舍饲状态下瘦肉率较低，75 千克体重时平均瘦肉率只有 39.12%。

（3）体形外貌。体形较小，多为黑色，少数棕色，鬃毛长而密，被毛下有大量绒毛，部分猪额部、肢端、尾尖有白毛，少数仔猪阶段有黄色纵行条纹；头狭，额面直，无皱纹，嘴长略尖，耳小直立；体躯窄，背腰微凸；后躯较前躯略高，腹线较平，尻部倾斜；四肢结实紧凑，很少踏蹄；乳头 5~6 对。

（4）生产性能。

繁殖性能。藏猪 120 日龄性成熟，180 日龄可配种。发情周期 18~21 天，平均 19.55 天，妊娠期 112~115 天，平均 112.75 天。自然放牧条件下，初产母猪平均产仔数 3.9 头，活产仔数 3.76 头，初生重 0.46 千克，60 日龄断奶头数 3.38 头，断奶个体重 2.97 千克，成活率 89.9%；经产母猪平均产仔数 5.26 头，活产仔数 5.08 头，初生重 0.49 千克，60 日龄断奶头数 4.2 头，断奶个体重 3.0 千克，成活率 82.7%。

肥育屠宰性能。在放牧加补饲条件下，藏公猪 601 日龄可达 48.94 千克，藏母猪 580 日龄可达 43.81 千克。屠宰率 64.45%~65.50%，瘦肉率 53.74%~54.54%，6~7 肋处膘厚 3.1~3.2 厘米，皮厚 0.28~0.29 厘米，平均膘厚 2.68~2.72 厘米，眼肌面积 14.17~14.27 平方厘米。舍饲条件下，6 月龄体重 30 千克，体高 35 厘米，体长 80 厘米，其达 75 千克日龄为 373 天，日增重 200 克左右，料肉比 4.89。

（5）肉质性状。藏猪肌肉纤维特细，含脂肪多，肉质细嫩，香味浓。360 日龄育肥猪背最长肌含水分 71.4%，蛋白质 18.9%，脂肪 8.3%，肌纤维直径 58.6 微米；每克干肉发热量 6 376 千卡，板油碘价值 55.5。

（6）资源评价。四川省畜牧科学研究院对藏猪开展了系统的种质特性评价，藏猪与四川省其他地方猪种相比，藏猪皮薄，IMF 含量最高（75 千克体重时平均 IMF 含量达 8%），肌纤维最细，嫩度最优，肌肉中硫胺素、含硫氨基酸、主要鲜味氨基酸和油酸+亚油酸含量最高。其肉色泽鲜红、细嫩多汁、鲜香爽口、口感风味极佳，其繁殖性能低，生长速度慢，沉脂能力很强，舍饲状态下瘦肉率较低。

5. 凉山猪

（1）分布情况。凉山猪为肉脂兼用型品种，具有抗寒、耐粗、放牧能力强、腿部肌肉发达、瘦肉率高等特点，但繁殖力低，生长较慢。产于凉山彝族自治州大、小凉山地区，集中在海拔 1 500 米以上的二半山地带。昭觉、布拖、美姑、金阳、雷波、越西、甘洛、喜德、普格、盐源、木里县，西昌、会理、会东、冕宁、宁南、德昌的少数民族地区和边远山区均有分布。

（2）选育情况。当地群众养猪多采用放牧、半放牧或半舍饲饲养，营养水平低，且受放牧季节影响较大，出肥期一般为 14～18 月，高者达 24 个月。繁殖方式以自然交配为主，公猪 3～4 月龄开始配种，随群放牧，1 岁左右阉割育肥，母猪利用年限 3～5 年。彝族同胞的迁移集居及生产生活方式与产区自然地理生态条件，当地群众历来有喜食小猪的习惯，均促进了凉山猪的形成。

（3）体形外貌。凉山猪体形中小，被毛多黑色、少数呈棕色，部分猪在额部、肢端、尾尖有白毛。头长，嘴筒直，耳中等大，下垂；背腰微凹、腹大微垂，后躯较前躯略高、腿部肌肉发达；四肢粗壮，蹄质坚实，乳头 5～7 对。

（4）生产性能。

繁殖性能。公猪 50～60 日龄有爬跨行为，3～4 月龄可配种繁殖；母猪 4 月龄开始发情，5～6 月龄可初配。发情周期 19～22 天，平均 20.91 天，妊娠期 112～116 天，平均 113.94 天。初产母猪平均产仔数 7.21 头，活产仔数 6.57 头，初生重 0.57 千克，60～70 天断奶头数 6.26 头，断奶个体重 10.39 千克，成活率 95.28%；经产母猪平均产仔数 9.50 头，活产仔数 9.25 头，初生重 0.58 千克，60～70 天断奶头数 9.07 头，断奶个体重 10.68 千克，成活率 98.05%。

生长性能。在中等营养水平条件下，公猪 355 日龄可达 76 千克，日增重 280 克，料肉比 1：4.38；母猪 325 日龄可达 67.75 千克，日增重 257 克，料肉比 1：4.45。

肥育屠宰性能。在放养及补饲情况下，公猪 355 日龄可达 76 千克，日增重 280 克，料肉比 1：4.38；母猪 325 日龄可达 67.75 千克，日增重 257 克，料肉比 1：4.45。70 千克左右体重时屠宰率 70%～71%，瘦肉率 45%～46%，6～7 肋处膘厚 3.1～3.6 厘米，皮厚 0.44～0.47 厘米，平均膘厚 3.45～3.62 厘米，眼肌面积 18.25～21.17 平方厘米。

（5）肉质性状。据乌金猪（凉山猪）种质特性概述，凉山猪屠宰后的肌肉 pH 值较高，达到 6.78；屠宰后 45 分钟和冷藏 24 小时后的肌肉光反射值分别为 41.08 和 45.05，肉色较为鲜红；24 小时滴水损失低，仅为 3.30%；眼肌剪切力为 3.71 千克，表现出肉质细嫩的特点；IMF 含量高达 4.45%，远远高于以 IMF 含量高而著称的杜洛克和巴克夏猪（平均 IMF 含量为 2%~3%）。这些指标表明凉山猪猪肉有耐存储、口感惬意度和多汁性好等优点。

（6）资源评价。四川省畜牧科学研究院对凉山猪种质特性系统的研究发现，凉山猪肥育性能较好，屠宰率（90 千克体重时屠宰率为 73.12%）、瘦肉率较高，皮薄，IMF 含量较高（90 千克体重时平均 IMF 含量达 4.83%），鲜味氨基酸、油酸+亚油酸和己醛+壬醛含量比较高，但也存在猪肉滴水损失相对较高的不足。

6. 湖川山地猪（盆周山地猪、丫杈猪）

（1）分布情况。盆周山地猪为肉脂兼用型品种，具有屠宰率较高、皮较薄、腹脂沉积力强、耐粗饲等特点。原产于四川盆地周边所属大巴山、巫山、大娄山、乌蒙山一带。在四川主要分布于泸州市的古蔺、叙永，宜宾市的兴文、珙县，达州市的宣汉、万源市，巴中的通江、南江、平昌，广元市的苍溪、青川，南充市的仪陇，阆中市，广安市的武胜、岳池等市县区。

（2）选育情况。历史上，产区农业生产和社会经济水平相对较低，地广人稀，人均耕地面积大，气候较为寒冷，群众多靠养猪积肥，喜食肉脂。群众养猪，习惯在架子猪阶段喂给大量的青绿野生饲料，肥育末期集中用含能量较多的玉米、甘薯、马铃薯等催肥，从而逐渐形成适应当地自然条件、沉脂力强、含腹脂较多的猪种。

（3）体形外貌。体形中等大小，被毛黑色，部分猪的额部、肢端、尾部有白毛；头部较小、嘴较长，额面皱纹少，耳中等大，下垂稍前倾；体躯较窄，背腰平直，腹大不拖地、臀部稍倾斜，四肢结实，乳头 6~7 对。成年公猪体高 67 厘米、体长 128 厘米、胸围 109 厘米、体重 100 千克，成年母猪体高、体长、胸围、体重分别达到 56.00 厘米、111.47 厘米、91.54 厘米、64.87 千克。

（4）生产性能。

繁殖性能。公母猪 120~130 日龄达性成熟，公猪 150 日龄、母猪 180 日龄可配种繁殖。妊娠期 110~118 天，平均 113.87 天。初产母猪产仔 7.83 头，活产仔 7.44

头，初生重 0.81 千克，45~55 天断奶头数 7.00 头，断奶个体重 11.39 千克，成活率 94.08%；第二胎产仔 9.29 头，活产仔 8.29 头，初生重 0.82 千克，45~55 天断奶头数 7.71 头，断奶个体重 11.70 千克，成活率 93.00%；经产母猪产仔数 9.07 头，活产仔 8.43 头，初生重 0.87 千克，45~55 天断奶头数 7.90 头，断奶个体重 11.35 千克，成活率 93.71%。

生长性能。在中等营养水平下，公猪 280 日龄可达 75 千克，母猪 275 日龄可达 72 千克，两者肥育期日增重分别达到 392.2 克、366.8 克。

肥育屠宰性能。在中等营养水平下，公猪 280 日龄可达 75 千克，母猪 275 日龄可达 72 千克，两者肥育期日增重分别达到 392.2 克、366.8 克。70~75 千克体重时屠宰率 72.0%~72.5%，瘦肉率 44.1%~44.5%，6~7 肋处膘厚 4.4~4.5 厘米，皮厚 0.44~0.47 厘米，平均膘厚 3.8~3.9 厘米，眼肌面积 21.3~21.5 平方厘米。

（5）资源评价。四川省畜牧科学研究院地方猪育种团队 2020 年对丫杈猪和青峪猪类群分别进行了遗传资源评价，丫杈猪类群与四川其他地方猪种相比，具有肥育性能好（20~75 千克和 90 千克日增重分别为 402.66 克和 433.89 克），屠宰率、瘦肉率较高（90 千克体重时分别达 74.47%和 45.83%），非挥发性滋味物质中的鲜味氨基酸、油酸+亚油酸和挥发性的己醛+壬醛含量较高等特点。

（三）全省生猪遗传资源的保护情况

1. 保种场保护区建设情况

四川省 2005 年开展全省畜禽遗传资源调查，在地方猪数量急剧减少情况下，指导地方猪保种场保护区建设工作，通过全省畜禽遗传资源委员会专家讨论，2009 年将四川省全部地方猪纳入四川省畜禽遗传资源保护名录，其中内江猪、藏猪纳入国家畜禽遗传资源保护名录；2009 年开始至今，根据《畜牧法》相关规定，安排专项补助资金开展地方猪的保护工作，截至 2012 年全省共建有地方猪保种场保护区 7 个，2008 年内江猪保种场确认为国家级保种场，2011 年藏猪保护区确认为国家级保护区，2013 年其他地方猪［雅南猪、湖川山地猪（丫杈猪、青峪猪）、乌金猪］保种场确认为省级保种场。2020 年开展了全省地方猪保种单位确认工作，共确认地方猪保种场保护区 7 个，其中国家级 2 个，省级 5 个。非洲猪瘟疫情来袭时，2019 年安排专项资金 1 729 万元用于地方猪备份场建设，现已有 6 个备份场投入使用。自 2018 年开始，建立了保种场专家联系制度，进行地方猪保种与利用工作的技术指导。自 2009 年开展地方猪保种成果以来，通过抢救性收集和保护，地方猪群体保持稳中有升，如雅南猪、成华猪的种猪保种群体数量从几十接近百余头达到 800 余头；内江猪、湖川山地猪的种群数量从几百头上升到万余头。

2. 保种技术的研究与应用

（1）基于基因芯片的原位保种技术。

地方猪种群体遗传结构分析。传统育种手段强调基于系谱信息计算个体和种群的近交系数与血缘构成，但多数地方猪群体混杂、系谱不完善，无法精确计算。另外，为保持血缘纯正，地方猪群通常采用闭锁繁育。随着世代延长，群体内部世代重叠加剧，相关分析表明，青峪猪保种群由 3 个重叠世代构成，凉山猪保种群包含 6 个重叠世代。针对传统方法难以厘清世代重叠群体遗传结构的问题，四川农业大学引入基因芯片技术，运用世代重叠模型评估地方猪群体遗传结构，对四川省几个地方猪种实施全群基因芯片测定，再结合系谱记录和进化分析，确定群体遗传结构及继代过程中跨世代的群体遗传结构和遗传多样性变化。

以青峪猪为例，简述利用基因芯片技术实施群体遗传结构分析。

利用“中芯一号”基因芯片实施全群测定。结合系谱记录和基因芯片数据的分析结果表明，群体是一个闭锁的 3 世代重叠群体，全群平均有效群体含量为 12 头。随着繁殖世代的增加，有效群体含量呈减少趋势，到 F_3 世代时仅为 3 头。同时，多态性标记比例也随着繁殖世代的增加不断下降，到 F_3 世代时下降到 0. 5367。

群体的 IBS 距离值在 0. 1105～0. 3237，平均遗传距离为 0. 2604±0. 0252，表明个体间的平均遗传距离较远，且差异较大。群体大部分个体间具中等程度亲缘关系，部分种猪间的亲缘关系较近，潜在近交风险较大，必须强化选配。通过对 ROH 计算，得到个体近交系数。全群平均近交系数值为 0. 055。随着世代增加，群体近交系数也增加，到 F_3 世代时上升到 0. 075。

结合 G 矩阵和 IBS 距离矩阵对所有 26 头公猪使用邻接法聚类。根据 NJ 树和亲缘关系矩阵的结果，结合母猪与不同家系公猪的亲缘关系远近程度，将群内所有个体分为 6 个家系。此外，还将和所有公猪亲缘关系都较远的 5 头母猪（亲缘关系系数小于 0. 1）另列为其他系。公猪和母猪家系的精准划分，有利于选配方案的制定，能有效地改善群体的近交程度。

（2）基于冷冻保存的异位保种技术。

冷冻精液技术运用于保种。冷冻精液是长期保持父系遗传材料的最佳方式。2017年，四川农业大学联合四川省畜牧总站利用细管冷冻法应用于地方猪（青峪猪）冷冻精液的制作和生产。经过持续优化制作参数和工艺后，试验性采集21头青峪猪和20头凉山猪的精液，经精子质量筛选后，16头青峪猪和14头凉山猪的精液分别成功生产青峪猪冷冻精液3 375支和凉山猪冷冻精液2 750支，这批冷冻精液的解冻活力全部在0.35以上，达到了国家对猪冷冻精液的质量要求。为了验证冷冻精液的效果，在凉山猪保种场利用自制的冷冻精液配种，成功地分娩出健康后代。总体配怀率达到65%，分娩率60%，平均活产仔数达到6头以上。2019年进一步扩大范围，制作了四川省所有6个地方猪的冷冻精液。这项技术的成功运用，实现了对公猪遗传资源的长期保存。

地方猪种遗传资源基因库的构建。根据四川省地方猪异位保种体系建设的需要，四川省畜牧总站应用冷冻保存技术，构建了完善的包括冷冻精液、耳组织、体细胞、卵母细胞和胚胎的四川省地方猪种遗传资源基因库。总计保存来源于四川省畜牧总站和四川农业大学合作采集四川7个地方猪保种场的120头公猪精液，制作并保存了的冷冻精液7.3万余支。涵盖40个公猪血缘的194头个体的耳组织样品2 000余份（表1），成纤维细胞系1 000余份。来源于5个母猪独立血缘的卵母细胞样1 000余份，胚胎50份，形成了对四川地方猪种质资源的全方位异位保护体系。

表1　四川省地方猪种体细胞冻存情况

品种	冻存个体数	冻存公猪血缘数	冻存体细胞管数
青峪猪	39	6	117
内江猪	40	8	120
凉山猪	35	5	105
藏猪	20	6	60
成华猪	20	5	60
雅南猪	20	5	60
丫杈猪	20	5	60
合计	194	40	582

在采集组织时，结合群体遗传结构分析结果，选取覆盖所有血缘的个体。按照每个品种不低于20头个体，每个个体不低于3份的标准实施采集，随后置入液氮中长期保存。同样基于群体遗传结构，制作并保存了四川省7个地方猪品种的成纤维细胞系。例如，基因芯片分析表明青峪猪保种群体由6个公猪家系和16个母猪家系构成。为了实现对所有血缘的有效长期保存，采集了覆盖所有血缘的39头青峪猪（19公，20母）的组织用于体细胞制作与冻存工作。

从保护母猪遗传资源的角度出发，对内江猪实施了卵母细胞和胚胎的采集与冷冻保存，总计冷冻保存卵母细胞样1 000余份，冷冻自然胚胎50份。为了避免屠宰母猪，探索实施了单精注射胚胎的制备，成功制备了100份单精注射胚胎。卵子冻存后的复苏率达到80%，胚胎在2~4细胞期时冻存复苏效果较好，解冻囊胚发育率60%。

（3）基于体细胞克隆的异位保种技术。冷冻精液和冷冻卵母细胞都只能有效地保留父系或母系血缘的遗传物质，不能保存全套遗传信息。冷冻胚胎又受到来源有限且对供体存在较大损伤等制约因素的影响。因此，在全面实施冷冻异位保种，构建四川省地方猪种遗传资源基因库的基础上，我们将体细胞冻存结合核移植的克隆技术应用于地方猪品种遗传资源保护，以拓展遗传资源基因库的应用范畴，确保地方猪个体遗传信息的长期保护和活体的直接获得。

总计选取了4头青峪猪作为供体进行非编辑的体细胞克隆。为了提高效率，采用了混合胚胎移植技术，以实现从一头代孕母猪中获得多个血缘的克隆个体，丰富群体遗传结构且降低试验成本。

在采集制作体细胞后，从屠宰场采集了80头母猪的卵巢组织，经体外培养获得1 416个成熟卵母细胞，卵母细胞成熟率达74. 3%。卵母细胞去核后，利用4头供体猪的体细胞分别重构了87~118个胚胎。激活的重构胚胎经体外培养形成囊胚，能够成功分裂的胚胎数占80. 0%~87. 3%，其中12. 7%~20. 0%顺利发育成囊胚。再通过外科手术实施输卵管深部胚胎移植，每头受体移植约200枚胚胎。为了获得更多血缘的克隆猪和降低克隆成本，方便后期评估母体效应对克隆猪的影响，采用了混合胚胎移植技术。将不同供体猪（2个，1公1母）的重构胚胎混合后移植到同一头代孕母猪中，使得同胎中产出不同血缘供体的克隆猪。并且，同一供体的克隆猪经不同代孕母猪产出，以充分表现母体效应。

移植28天时，经B超检查确认5头代孕母猪全部成功怀孕。一头代孕母猪在妊娠期因病死亡，其余4头成功产下25头（17公，8母）仔猪。其中，活仔22头（17公，5母）。本次体细胞克隆中顺利发育成仔猪的重构胚胎比例达到2.9%~3.8%（表2），高于当前国际同类报道的平均水平（0.5%~3.0%）。

表2　体细胞核移植效率

供体混合胚胎信息	代孕母猪编号	重构胚胎移植数	妊娠时间（天）	产仔数（死胎）	全程发育胚胎比率（%）
17010069♂/322♀	2684	210	113	6（2）	2.9（6/210）
17010069♂/322♀	BQ2038	210	112	6（0）	2.9（6/210）
17010029♂/17010082♀	BQ2017	185	116	7（1）	3.8（7/185）
17010029♂/17010082♀	BQ2085	185	114	6（0）	3.2（6/185）

体细胞克隆猪的亲缘鉴定：因采用了混合胚胎移植，故对所有克隆个体、供体以及代孕母猪进行了基因芯片测序，确定了所有克隆猪的身份信息，证实了克隆的准确性。

体细胞克隆猪的生长发育测定：对这批克隆猪与场内同期的非克隆常规仔猪进行了性能测定对比试验，结果表明（表3）：除了28日龄时，克隆猪的平均体重达到6.04千克，显著高于非克隆猪（4.59千克）（$P<0.05$），其余时间，克隆猪和非克隆猪体重无显著差异（$P>0.05$）；此外，70日龄时差异显著（$P<0.05$）。这可能因为在克隆猪初生期，为了确保其成活率，曾经实施了人工灌服牛奶等特殊处理，故断奶后随着这些特殊处理措施的取消，其生长速度受到影响。总体生长发育测定的结果证明，克隆猪的生长速度与非克隆猪之间差异不显著，公猪和母猪间差异也不显著。

表3　克隆猪与非克隆猪的体重对比　　单位：千克

项目	N	初生	21日龄	28日龄	35日龄	45日龄	55日龄	70日龄
克隆	22	0.72±0.28	4.37±1.54	6.04±1.99	7.40±2.36	8.17±2.30	8.98±2.27	11.12±2.19
非克隆	19	0.71±0.04	4.12±0.35	4.56±0.43*	6.57±0.64	7.74±0.59	9.43±0.71	12.89±0.54*

注：*表示$P<0.05$。

上述基于冷冻保存的异位保种技术体系的构建与体细胞克隆技术的结合使用，确保了地方猪种资源能够无限期地得以保存，即便活体灭绝，也能迅速恢复，有效地规避了非洲猪瘟等流行疫情带来的灭绝威胁。

（四）地方猪遗传资源评估

四川省畜牧科学研究院在同一条件下对四川省6个地方猪种（7个类群）遗传资源开展了含挥发性风味物质在内的大规模表型组测定，挖掘出各猪种的性能特色，弥补了20世纪70年代开展的“全国地方猪种质特性研究”和“第一次全国畜禽遗传资源普查”以后40年间种质特性系统评价资料的缺乏，填补了该领域的空白。

1. 生长肥育性能

各地方猪种间比较分析显示（表4）：相同体重不同猪种间，在75千克和90千克体重时6个地方猪种日增重范围分别为343.10~402.66克和358.35~433.89克，均表现为丫杈猪日增重最高，凉山猪次之，成华猪最低，且丫杈猪与成华猪间的日增重差异在75千克和90千克体重时分别达显著（$P<0.05$）和极显著水平（$P<0.01$）。75千克和90千克体重时料重比范围分别为3.80~4.61和4.05~4.77，均为丫杈猪最低，成华猪最高，且不同体重时丫杈猪料重比均显著或极显著低于成华猪和雅南猪差异（$P<0.01$ 或 $P<0.05$），而与其他猪种差异不显著（$P>0.05$）。相同猪种不同体重间，内江猪、青峪猪和凉山猪的日增重在75千克组和90千克组体重间差异极显著（$P<0.01$），而其他猪种日增重在不同体重间均差异不显著（$P>0.05$）。雅南猪日增重75千克组和90千克组时标准差分别为80.69和79.36，这也使其变异系数分别达到了22.89%和19.54%，90千克时料重比标准差为0.68，变异系数达到了15.14%，均明显高于其他猪种，表明其群体一致性不高。

表4　不同地方猪种生长肥育性能测定

猪种	样本量	初始重（千克）	结束体重（千克）	日增重（克）	料重比
成华猪	30	21.55±2.63	75.14±1.77	343.10±39.70 Aa	4.61±0.22 Aad
	30	21.22±2.35	89.75±3.54	358.35±19.32 Aa	4.77±0.22 Aa

（续表）

猪种	样本量	初始重（千克）	结束体重（千克）	日增重（克）	料重比
雅南猪	30	21.15±2.20	74.50±2.67	352.45±80.69 Aacd	4.24±0.32 ABbe
	30	21.13±1.01	90.07±1.92	406.23±79.36 ABb	4.49±0.68 ABab
青峪猪	30	21.96±2.05	76.39±1.49	366.58±26.88 Aa **	4.07±0.29 BCDbc
	30	21.97±1.65	91.01±2.17	420.63±34.35 ABb	4.16±0.15 ABbc
内江猪	30	22.07±1.62	76.51±3.70	373.49±27.87 Aab **	4.02±0.32 BCDbc
	30	20.87±0.94	90.96±2.23	421.73±13.85 ABb	4.21±0.28 ABbc
丫杈猪	30	21.92±2.49	76.21±1.58	402.66±16.95 Abc	3.80±0.27 Cc
	30	22.57±2.41	90.86±1.44	433.89±37.98 Bb	4.05±0.28 Bc
凉山猪	30	21.09±1.40	76.33±1.93	380.73±16.66 Ad **	4.00±0.35 BCbc
	30	20.87±0.60	89.36±3.08	422.79±24.37 Bb	4.11±0.37 Bbc
藏猪	30	19.80±1.01	60.79±3.61	266.38±21.22	4.24±0.29
	30	20.45±1.46	74.04±1.89	278.38±26.83 Be	4.39±0.31 ADde

注：* 和 ** 分别表示相同猪种不同体重间差异达显著水平（$P<0.05$）或极显著水平（$P<0.01$）；相同体重不同品种间字母相同者表示差异不显著，字母不同者表示差异达显著水平（$P<0.05$，小写字母）或极显著水平（$P<0.01$，大写字母），下同。

2. 胴体性能

胴体性能比较研究显示（表5）：相同体重不同猪种间，75千克和90千克体重时6种地方猪种屠宰率范围分别是68.55%~72.60%和70.35%~74.47%，胴体直长范围分别是79.33~90.86厘米和85.43~95.44厘米，三点均膘范围分别是2.57~3.42厘米和2.99~3.97厘米，三点平均皮厚范围分别是0.43~0.60厘米和0.40~0.58厘米，瘦肉率范围分别是41.84%~46.72%和40.64%~45.83%，眼肌面积范围是17.63~21.16平方厘米和19.50~23.00平方厘米。丫杈猪和凉山猪拥有更高的屠宰率、瘦肉率和更薄的皮厚，成华猪和青峪猪胴体性能较差，表现为成华猪的屠宰率和眼肌面积显著或极显著低于丫杈猪（$P<0.05$ 或 $P<0.01$），而青峪猪的平均背膘在所有地方猪中最厚，瘦肉率最低；内江猪屠宰率最低，这可能与其头重的典型外貌特征相关。

表 5　不同地方猪种胴体性能测定

猪种	样本量	屠宰体重（千克）	屠宰率（%）	三点均膘（厘米）	三点均皮厚（厘米）	瘦肉率（%）	眼肌面积（平方厘米）
成华猪	30	74. 29±3. 55	68. 55±2. 79 Aa	2. 57±0. 31 Aa *	0. 55±0. 07 ABab	44. 35±1. 60 ACb	17. 63±1. 38 ABbc *
	30	90. 00±3. 74	70. 60±1. 56 ACa	2. 99±0. 32 Aa	0. 52±0. 08 Aa	43. 86±1. 25 ACab	20. 28±2. 41 ABbc
雅南猪	30	74. 25±3. 69	70. 69±2. 20 ABac	2. 70±0. 37 Aa **	0. 60±0. 07 Bb	44. 33±1. 20 ACb	20. 78±3. 04 Aa
	30	89. 92±2. 06	72. 05±1. 02 ABab	3. 23±0. 28 Aac	0. 56±0. 09 Aa	43. 72±1. 75 ABb	20. 57±1. 95 ABbcd
青峪猪	30	77. 24±1. 61	69. 54±1. 36 Aab	3. 42±0. 47 Bb *	0. 55±0. 08 ABCab	41. 84±1. 58 BCb	16. 15±1. 63 BCbd **
	30	92. 05±1. 95	71. 13±1. 98 ACab	3. 97±0. 52 Bb	0. 58±0. 13 Aa	40. 64±1. 67 BCc	19. 50±1. 37 Bd
内江猪	30	79. 77±0. 98	68. 61±2. 50 Aab	3. 32±0. 55 Bb	0. 50±0. 03 ACa	43. 54±1. 28 ACb	21. 16±2. 73 Aa
	30	93. 63±0. 96	70. 35±1. 51 ACa	3. 90±0. 46 Bbd	0. 56±0. 07 Aa	42. 96±1. 97 ABb	22. 08±1. 74 ABab
丫杈猪	30	76. 96±1. 79	72. 32±2. 12 ABc *	2. 94±0. 53 ABab *	0. 43±0. 07 CDcd	46. 72±2. 20 Aa	20. 84±2. 19 Aa
	30	90. 94±1. 40	74. 47±1. 69 Bc	3. 47±0. 43 ABcd	0. 40±0. 04 Bb	45. 83±2. 54 Aa	23. 00±2. 31 Aa
凉山猪	30	77. 04±2. 52	71. 03±3. 50 ABac	2. 99±0. 89 ABab	0. 47±0. 11 ABCDacd	44. 17±3. 34 ACb	19. 76±2. 54 Aac
	30	91. 78±3. 46	72. 60±1. 82 BCb	3. 12±0. 55 Aac	0. 54±0. 13 Aa	44. 29±2. 60 Aab	21. 23±1. 82 ABabc
藏猪	30	61. 03±2. 44	70. 31±1. 59 **	3. 62±0. 25 **	0. 42±0. 05	41. 17±1. 93 **	14. 93±1. 16
	30	74. 04±1. 89	72. 03±1. 84 Bc	5. 97±0. 42 Cc	0. 39±0. 04 Dd	39. 12±1. 83 Dc	15. 17±1. 65 Cd

3. 肉质理化指标

不同地方猪 pH 值均在正常范围（pH_1 值>6.0，pH_2 值<6.0），75 千克体重时，成华猪和雅南猪的滴水损失极显著低于其他猪种（*P*<0.01），不同猪种间肉色评分差异不显著（*P*>0.05）；90 千克体重时，雅南猪的滴水损失最低，极显著的低于成华猪、内江猪和青峪猪（*P*<0.01），肉色评分丫杈猪最高，显著或极显著高于雅南猪、青峪猪和内江猪（*P*<0.05 或 *P*<0.01）。肌纤维直径和嫩度在 75 千克和 90 千克体重时各猪种间差异均不显著（*P*>0.05）（表 6）。

表 6　不同地方猪种肉质理化表型指标测定

猪种	滴水损失（%）	pH_1 值	pH_2 值	肉色评分	肌纤维直径（毫米）	嫩度（克）
成华猪	0.59±0.13 Aa **	6.15±0.21	5.51±0.14	3.89±0.22 Aa	76.77±5.09 Aa	4 883.78±761.87 Aa
	0.86±0.23 BCc	6.33±0.13	5.56±0.10	4.00±0.00 BCcd	78.71±7.49 a	5 053.50±747.13 a
雅南猪	0.59±0.12 Aa*	6.21±0.17	5.46±0.13	3.88±0.23 Aa	78.80±3.93 Aa	4 981.44±835.41 Aa
	0.67±0.15 Aa	6.22±0.16	5.51±0.10	3.83±0.25 ABCbc	81.74±4.76 a	5 291.11±993.50 a
青峪猪	0.83±0.28 Bb	6.26±0.19	5.39±0.25	3.43±0.45 Aa	76.78±5.91 Aa	4 856.38±690.50 Aa
	0.89±0.24 Cc	6.33±0.19	5.47±0.21	3.44±0.39 Aa	77.02±4.71 a	4 903.33±1 109.67 a
内江猪	0.80±0.14 Bb	6.34±0.15	5.41±0.16	3.79±0.27 Aa	76.93±4.70 Aa	4 801.29±976.88 Aa
	0.82±0.21 BCbc	6.24±0.15	5.41±0.22	3.58±0.20 ABab	79.89±3.80 a	5 099.43±1 215.84 a
丫杈猪	0.89±0.15 BCbc **	6.18±0.12	5.41±0.08	3.64±0.38 Aa *	75.44±3.75 Aa	4 823.57±948.93 Aa
	0.72±0.12 ABab	6.33±0.21	5.30±0.05	4.31±0.59 Cd	77.06±5.29 a	5 150.67±1 063.74 a
凉山猪	0.97±0.20 Cc **	6.34±0.16	5.43±0.14	3.56±0.56 Aa *	74.89±3.59 Aa	4 839.50±790.97 Aa
	0.73±0.16 ABab	6.30±0.13	5.49±0.18	4.06±0.30 BCcd	77.17±2.76 a	4 959.10±428.55 a
藏猪	0.71±0.15 **	6.23±0.13	5.49±0.17	4.40±0.22	64.14±4.92	3 605.74±471.55
	1.09±0.11 Dd	6.35±0.16	5.53±0.14	4.32±0.31 Bb	65.78±6.21 Bb	3 581.33±534.79 Bb

4. 风味物质指标

75 千克体重时，凉山猪和丫杈猪肌肉中的油酸+亚油酸和己醛+壬醛总量更高，显著或极显著高于成华猪和雅南猪（*P*<0.05 或 *P*<0.01），而 IMF、硫胺素、主要鲜味氨基酸在各猪种间差异不显著（*P*>0.05），含硫氨基酸仅在丫杈猪和内江猪间差异显著（*P*<0.05），雅南猪硬脂酸含量显著高于青峪猪（*P*<0.05）；90 千克体重时，凉山猪肌肉中 IMF 含量最高，而丫杈猪肌肉中的油酸+亚油酸和己醛+壬醛总

量最高，极显著高于成华猪和雅南猪（$P<0.01$），主要鲜味氨基酸含量显著高于成华猪和雅南猪（$P<0.05$），而成华猪和雅南猪硬脂酸含量极显著高于其他地方猪种（$P<0.01$）。综合比较，丫杈猪和凉山猪肉质更优（表7）。

表7　不同地方猪种风味物质测定

猪种	肌内脂肪（%）	硫胺素（毫克/克）	含硫氨基酸（%）	主要鲜味氨基酸（%）	硬脂酸（%）	油酸+亚油酸（%）	己醛+壬醛（%）
成华猪	4.02±0.65 Aa	1.72±0.45 Aa	0.62±0.13 ABab	5.78±0.23 Aa	13.71±2.90 ab	51.62±2.10 BCb	54.26±8.10 BDa
	4.21±0.99 a	1.55±0.56 a	0.64±0.03 Aa	5.78±0.12 ACb	14.38±0.61 Aa	51.65±0.89 Bb	52.48±3.76 ACa
雅南猪	3.15±0.85 Aa	1.73±0.70 Aa	0.64±0.11 ABab	5.93±0.39 ABab	14.68±3.37 a	50.74±1.36 Bb	53.29±6.28 Ba
	3.91±0.92 a	1.71±0.85 a	0.68±0.07 Aa	5.72±0.27 Ab	14.88±1.04 Aa	51.45±1.33 Bb	51.60±2.45 ACa
青峪猪	3.93±0.90 Aa	1.41±0.35 Aa	0.56±0.13 Aab	5.93±0.27 ABab	11.32±0.91 b	54.33±2.47 ACa *	62.12±3.67 ACDbc *
	4.44±0.94 a	1.99±0.59 a	0.56±0.08 Bb	6.26±0.46 BCa	11.77±0.97 Bb	51.45±1.26 Bb	56.93±4.90 BCab
内江猪	4.14±0.84 Aa	1.24±0.22 Aa	0.58±0.04 Ab	5.90±0.79 ABab	12.12±1.80 ab	50.80±0.81 Bb	60.93±2.04 ABab
	4.79±0.83 a	1.33±0.36 a	0.63±0.05 Aa	6.40±0.57 Ba	12.29±0.92 Bb	49.59±2.48 Bc	56.57±6.00 BCab
丫杈猪	3.64±0.36 Aa	1.25±0.36 Aa	0.68±0.08 ABac	6.19±0.22 Bb	12.57±0.76 ab	55.49±1.65 Aac	62.39±3.06 ACDb
	4.21±0.93 a	1.39±0.45 a	0.63±0.08 Aa	6.27±0.32 ABa	12.40±1.50 Bb	54.50±2.44 Aa	60.47±2.18 Bb
凉山猪	4.05±0.90 Aa	1.68±0.55 Aa	0.62±0.14 ABab	6.29±0.95 ABab	11.79±1.13 ab	54.48±2.29 ACac *	65.77±1.71 Cc
	4.83±1.15 a	1.78±0.32 a	0.64±0.03 Aa	6.20±0.40 ABa	12.52±1.42 Bb	52.13±1.86 ABb	59.53±6.87 Bb
藏猪	5.09±0.81 **	2.06±0.26	0.74±0.03	6.95±0.28	10.27±0.77	53.42±1.11 **	61.51±3.90
	7.79±1.72 Bb	2.26±0.31 Bb	0.73±0.09 Bc	6.87±0.32 Cc	12.69±1.95 b	56.41±2.37 Ac	60.29±4.67 Ab

综上可得，四川地方猪种具有肉质优、风味好、口感佳等优良特点，藏猪虽然肉质风味最佳（更低的肌纤维直径和嫩度、更高的肉色评分、IMF、硫胺素、含硫氨基酸、主要鲜味氨基酸和油酸+亚油酸含量），但其日增重和瘦肉率最低、背膘最厚、眼肌面积最小，综合生产效率非常低下，有必要对其进行杂交利用。各猪种的性能特性详见表8。

表8　不同地方猪种性能特色比较

猪种	优势	劣势
成华猪	滴水损失较低，背膘薄	肥育性能较差，屠宰率低，硬脂酸含量较高，鲜味氨基酸、油酸+亚油酸和己醛+壬醛含量较低

（续表）

猪种	优势	劣势
雅南猪	滴水损失低，背膘较薄，硫胺素较高	肥育性能较差，IMF 含量较低，硬脂酸含量高，鲜味氨基酸、油酸+亚油酸和己醛+壬醛含量较低
青峪猪	硬脂酸含量低，硫胺素较高	屠宰率较低，背膘厚，瘦肉率低
内江猪	IMF 含量较高，眼肌面积较大	屠宰率低，背膘较厚
丫杈猪	肥育性能好，屠宰率、瘦肉率较高，鲜味氨基酸、油酸+亚油酸和己醛+壬醛含量较高	硫胺素含量较低
凉山猪	肥育性能较好，屠宰率、瘦肉率较高，皮薄，IMF 含量较高，鲜味氨基酸、油酸+亚油酸和己醛+壬醛含量较高	滴水损失较高
藏猪	IMF 含量最高，肌纤维最细，嫩度最优，硫胺素、含硫氨基酸、主要鲜味氨基酸和油酸+亚油酸含硫最高	生长最慢、脂肪沉积能力最强

（五）开发利用研究及应用情况

地方猪的开发利用是在明确利用地方猪种肉质优良的遗传优势的基础上，通常开展本品种选育和杂交利用，高效实现优质猪肉生产，需要在保持肉质优良特性的基础上提高产肉量和综合经济效益。

1. 基因芯片运用于本品种选育研究

独立于保种群体之外，分别组建了各个地方猪品种的选育群体，在持续实施常规性能测定和遗传评估的基础上，实施基因芯片检测。四川农业大学自主开发了《猪场生产管理与育种分析系统（SPMBAS；登记号：2016SR141820）》软件，运用于地方猪选育。同时，利用基因芯片数据指导选配工作，以确保各世代血缘构成和独立家系为基础，精准指导群体跨世代选留和选配，控制群体近交系数增长，提高群体选留和选配的准确度。

（1）利用基因芯片检测提高个体育种值估计的准确性。在实施常规性能测定和遗传评估的基础上，利用基因芯片数据和自主研发的遗传评估软件实施地方猪基因组评估，评估个体繁殖、胴体等性状的基因组育种值（GEBV）。将后备个体的基因组育种值作为个体特色性状育种值（EBV）的补充，以提高遗传评估的准确性和选种效率。

（2）基于基因芯片检测的选配技术。实施全群基因芯片测定，通过群体遗传结构分析，将基因芯片数据运用于指导群体继代选配。通过计算群体中个体间的亲缘关系，强化选配措施。首先，以亲缘关系系数 0.1 为标准，构建血统和家系。在后继的选种选配过程中，利用个体间的亲缘系数分析指导配种，避免近交衰退的出现。其次，对于系谱记录错误的个体，利用基因芯片检测结果校正系谱。最后，结合生产记录，对系谱中有基因型的成对个体进行孟德尔错误率分析。结果表明，地方猪群体的系谱记录存在较大的错误率。例如，青峪猪的系谱中，父本信息错误率高于 0.71%，母本信息错误率高于 11.35%；凉山猪的系谱中，父本信息错误率高于 11.35%，母本信息错误率高于 2.13%。

（3）本品种选育的遗传进展。通过对四川几个地方猪品种繁殖性能的持续选育，繁殖性能 EBV 及其表型成绩都稳步上升。结合不断提高管理水平，以及合理优化猪群结构和避免近交的选配方案的落实，繁殖性能总体选择进展较大。例如，2013—2019 年成华猪的繁殖性能 EBV 提高了 2.21 头。群体总产仔数成绩达到 10.21 头，提高了 1.38 头，产活仔数提高了 1.9 头。

在对繁殖性能选育的同时，还对地方猪的适宜利用年限进行了优化，以最大限度地利用地方猪的繁殖潜能。例如，成华猪头胎以及二胎的产仔数都在 9 头左右，3~7 胎的产仔数都在 10 头以上，第 7 胎达到 10.69 头，8 胎以后出现下降。说明四川地方母猪具有比外种猪更长的繁殖利用年限。

2. 地方猪杂交利用研究

四川省畜牧科学研究院在同一环境下通过对四川 6 个地方猪种（7 个类群）13 个不同杂交组合详细性能评估，提出了其高效杂交利用方式和适宜出栏体重。

（1）二元杂交研究。

生长肥育性能。由表 9 可知，7 个二元杂交猪日增重范围为 421.61～505.68 克，其中巴内猪日增重最高，巴凉猪和巴丫猪次之，巴藏猪最低，分别为 505.68 克、490.51 克、486.21 克和 421.61 克；料重比范围为 3.52～3.87，其中巴丫猪的料重比最佳，达 3.52，与巴内猪差异不显著（$P>0.05$），极显著低于其他杂交猪（$P<0.01$）。

表 9　二元杂交生长肥育性能

猪种	样本量	初始重（千克）	结束体重（千克）	日增重（克）	料重比
巴成	60	20.04±2.10	90.22±1.61	456.32±51.79 ABa	3.84±0.29 Aa
巴雅	60	21.19±1.72	90.42±2.04	484.66±71.18 Aa	3.68±0.36 ABCab
巴青	60	20.56±2.12	90.41±1.51	462.92±41.99 Aa	3.74±0.24 ABa
巴内	60	21.15±1.66	90.63±1.49	505.68±69.44 Ab	3.60±0.18 BCbc
巴丫	60	21.21±1.80	90.18±1.28	486.21±22.12 Aa	3.52±0.16 Cc
巴凉	60	20.97±1.72	89.99±1.87	490.51±42.42 Aa	3.82±0.21 Aa
巴藏	60	19.79±1.89	89.39±1.97	421.61±43.33 Bc	3.87±0.29 Aa

注：同列数据大写字母不同表示差异极显著（$P<0.01$），小写字母不同表示差异显著（$P<0.05$），小写字母相同表示差异不显著（$P>0.05$），下同。

胴体肉质性能。由表 10 可知，7 个杂交猪试验组瘦肉率范围是 47.01%～54.92%，眼肌面积范围是 23.14～30.15 平方厘米，三点均膘范围是 2.47～4.42 厘米，屠宰率范围是 69.24%～72.28%，其中巴丫和巴凉猪的胴体性能相对较好，其瘦肉率分别为 54.92%和 54.56%，眼肌面积分别为 29.75 平方厘米和 30.15 平方厘米，而巴藏、巴成和巴青猪的胴体性能相对较差，其瘦肉率和眼肌面积均极显著（$P<0.01$）的低于巴丫和巴凉猪，巴藏猪的屠宰率和背膘均极显著高于其他杂交猪（$P<0.01$）。

各杂交猪试验组的 pH_1 值和 pH_2 值均在正常范围（pH_1 值>6.0，pH_2 值<6.0），巴藏、巴丫、巴凉和巴成猪肉色评分均极显著高于巴雅（$P<0.01$），巴藏肌纤维直径极显著小于巴雅（$P<0.01$），显著小于巴内（$P<0.05$），巴藏猪嫩度最小，极显著的低于巴雅（$P<0.01$）（表 11）。

表 10　二元杂交胴体性能

猪种	样本	屠宰体重（千克）	屠宰率（%）	三点均膘（厘米）	瘦肉率（%）	眼肌面积（平方厘米）
巴成	30	90.13±0.85	70.94±1.60 Aa	3.03±0.38 Bc	49.68±2.49 Aa	24.55±2.44 Aab
巴雅	30	89.75±1.35	69.48±2.60 Aa	2.47±0.33 Aa	53.89±2.00 BCcd	29.47±2.98 Bc
巴青	30	90.40±1.15	69.24±1.40 Aa	2.85±0.26 ABbc	51.74±1.80 ABb	24.30±3.39 Aab

（续表）

猪种	样本	屠宰体重（千克）	屠宰率（%）	三点均膘（厘米）	瘦肉率（%）	眼肌面积（平方厘米）
巴内	30	90. 21±0. 68	69. 83±1. 51 Aa	2. 87±0. 30 ABbc	52. 54±2. 50 BCbc	27. 26±2. 80 ABbc
巴丫	30	90. 03±0. 93	70. 75±1. 46 Aa	2. 80±0. 38 ABabc	54. 92±2. 61 Cd	29. 75±2. 24 Bc
巴凉	30	90. 58±2. 80	70. 22±1. 58 Aa	2. 55±0. 31 Aab	54. 56±1. 90 Ccd	30. 15±3. 82 Bc
巴藏	30	89. 05±2. 28	72. 28±1. 48 Bb	4. 42±0. 43 Cd	47. 01±1. 71 De	23. 14±3. 13 Aa

表 11　二元杂交肉质理化性能

猪种	pH_1 值	pH_2 值	肉色评分	肌肉纤维直径（毫米）	嫩度（克）
巴成	6. 27±0. 24	5. 74±0. 15	3. 50±0. 00 BCbc	81. 55±2. 70 ABabc	5 107. 35 ±1 468. 43ABab
巴雅	6. 20±0. 24	5. 67±0. 12	3. 05±0. 37 Aa	84. 43±3. 18 Aa	5 885. 60±1 364. 67 Aa
巴青	6. 45±0. 22	5. 66±0. 05	3. 17±0. 35 ABa	78. 76±6. 05 ABbc	5 091. 29±907. 99 ABab
巴内	6. 30±0. 16	5. 58±0. 08	3. 33±0. 25 ABCab	84. 11±5. 88 ABab	5 227. 67±1 341. 01 ABab
巴丫	6. 19±0. 11	5. 60±0. 12	3. 56±0. 17 BCbc	81. 67±3. 49 ABabc	4 906. 71±1 538. 37 ABab
巴凉	6. 38±0. 16	5. 59±0. 12	3. 58±0. 36 BCbc	81. 19±6. 41 ABabc	4 955. 18±986. 30 ABab
巴藏	6. 40±0. 16	5. 57±0. 13	3. 78±0. 47 Cc	76. 87±4. 68 Bc	4 533. 96±909. 59 Bb

风味物质指标。由表 12 可知，各杂交组合 IMF 含量以巴藏最高，巴丫次之，巴雅最低，分别为 6. 89%、3. 77%和 2. 99%，巴藏 IMF 含量极显著高于其他杂交组合（$P<0.01$）；巴藏和巴凉猪硫胺素含量较高，巴雅猪最低，分别为 1. 52 微克/克、1. 41 毫克/克和 1. 30 毫克/克，各组间差异不显著（$P>0.05$）；巴凉猪的含硫氨基酸含量最高，达 0. 83%，巴藏、巴凉猪主要鲜味氨基酸较高，巴丫猪的主要鲜味氨基酸极显著低于巴藏、巴凉、巴成、巴雅和巴青（$P<0.01$）；巴雅猪硬脂酸含量显著高于巴丫、巴凉和巴藏猪（$P<0.05$），巴藏和巴丫猪的油酸+亚油酸总量以及己醛+壬醛总量在不同试验组中均较高，而巴雅猪挥发性风味物质中的己醛+壬醛总量最低，仅为 51. 73%。研究表明，巴藏、巴丫和巴凉肉质风味较好。

表 12　二元杂交风味物质测定

猪种	IMF（%）	硫胺素（毫克/克）	含硫氨基酸（%）	主要鲜味氨基酸（%）	硬脂酸（%）	油酸+亚油酸（%）	己醛+壬醛（%）
巴成	3. 23±0. 39 Aa	1. 32±0. 38 a	0. 75±0. 06 Aab	5. 92±0. 39 ACac	15. 34±1. 59 Aa	50. 62±1. 86 BCa	52. 43±7. 25 Aa
巴雅	2. 99±0. 72 Aa	1. 30±0. 52 a	0. 76±0. 04 Aab	5. 95±0. 26 ACac	15. 41±1. 55 Aa	50. 50±1. 32 ABa	51. 73±8. 45 Aa
巴青	3. 55±0. 45 Aa	1. 32±0. 26 a	0. 72±0. 04 Aa	5. 93±0. 30 ACac	13. 22±1. 63 BCbc	50. 73±1. 77 BCa	58. 39±10. 96 ABab
巴内	3. 21±0. 35 Aa	1. 35±0. 45 a	0. 75±0. 07 ABab	5. 81±0. 22 ABCab	14. 85±1. 59 ABa	48. 91±1. 58 ACb	58. 38±6. 42 ABab
巴丫	3. 77±0. 91 Aa	1. 34±0. 16 a	0. 77±0. 06 ABb	5. 58±0. 17 Bb	13. 44±1. 54 ABCb	52. 05±1. 67 BDa	58. 76±4. 76 ABab
巴凉	3. 32±0. 45 Aa	1. 41±0. 34 a	0. 83±0. 04 Bc	5. 95±0. 30 ACac	13. 62±1. 22 ABCb	50. 68±1. 31 BCa	55. 41±2. 32 ABab
巴藏	6. 89±1. 26 Bb	1. 52±0. 42 a	0. 75±0. 07 ABab	6. 11±0. 36 Cc	13. 09±1. 56 Cb	53. 90±1. 84 Dc	59. 45±5. 82 Bb

（2）三元杂交性能评估。

肥育性能。生长肥育性能测定显示（表 13），日增重在 90 千克时各组合间差异不显著（$P>0.05$），100 千克时杜巴丫最高，显著或极显著高于杜巴青和杜巴成（$P<0.05$ 或 $P<0.01$）；料重比在 90 千克和 100 千克体重时各组合间差异均不显著（$P>0.05$）。各组合 100 千克体重时日增重均显著或极显著（$P<0.05$ 或 $P<0.01$）高于 90 千克，而料重比在相同组合不同体重间差异不显著（$P>0.05$）。

表 13　三元杂交生长肥育性能测定

猪种	样本量	初始重（千克）	结束体重（千克）	日增重（克）	料重比
杜巴成	60	30.61±1.63	89.54±1.04	610.29±36.24 a **	3.24±0.33 a
	58	31.03±1.49	99.75±2.45	645.15±57.65 Bb	3.28±0.26 a
杜巴雅	60	30.31±1.83	90.67±1.84	615.38±55.68 a **	3.22±0.32 a
	57	28.79±1.51	100.26±2.17	664.37±65.64 ABab	3.19±0.23 a
杜巴青	60	29.95±1.74	90.31±1.08	621.79±58.64 a *	3.21±0.42 a
	60	29.58±1.68	97.63±2.63	652.43±59.52 ABb	3.26±0.20 a
杜巴内	60	29.03±1.54	90.71±1.13	620.68±40.88 a **	3.18±016 a
	58	29.72±1.72	100.83±2.55	661.54±51.38 ABab	3.21±0.22 a
杜巴丫	60	29.21±1.37	90.78±1.26	627.44±40.84 a **	3.04±0.15 a
	60	28.89±1.90	98.94±2.36	692.02±52.69 Aa	3.12±0.18 a
杜巴凉	60	31.04±1.82	90.59±1.31	624.49±52.88 a **	3.07±0.39 a
	56	30.65±1.54	99.78±2.24	669.95±65.83 ABab	3.17±0.27 a

胴体肉质性能。胴体性能比较显示（表 14），杜巴内和杜巴青屠宰率相对较低，杜巴凉屠宰率最高，90 千克梯度时极显著高于杜巴内和杜巴青（$P<0.01$），100 千克梯度时显著高于杜巴青（$P<0.05$）；杜巴青和杜巴内背膘较厚，90 千克和 100 千克梯度时均极显著高于杜巴成（$P<0.01$）；瘦肉率均表现为杜巴丫最高，杜巴内最低，其中 90 千克梯度时杜巴丫显著高于杜巴内、杜巴青和杜巴雅（$P<0.05$），100 千克梯度时极显著高于杜巴内和杜巴雅（$P<0.01$），显著高于杜巴青（$P<0.05$）；眼肌面积 90 千克梯度时杜巴丫和杜巴雅显著或极显著高于杜巴内和杜巴成（$P<0.05$ 或 $P<0.01$），100 千克梯度时杜巴丫、杜巴青和杜巴雅均极显著高于杜巴成（$P<0.01$）。除杜巴内和杜巴成外，瘦肉率在不同体重间差异均不显著

(P >0.05)。

表 14　三元杂交胴体性能测定

猪种	样本量	屠宰体重（千克）	屠宰率（%）	三点均膘（厘米）	瘦肉率（%）	眼肌面积（平方厘米）
杜巴成	30	89.60±2.03	71.97±2.46 ABCac	2.35±0.18 Aa	58.63±1.54 ab *	31.81±3.74 Aa
	30	98.91±2.23	72.33±2.37 ab	2.46±0.28 Aa	57.83±1.14 Aa	32.48±3.63 Cb
杜巴雅	30	90.60±1.23	72.55±1.52 BCc	2.38±0.43 Aa *	57.44±3.05 a	34.59±3.50 Bc
	30	100.44±1.38	72.02±2.11 ab	2.58±0.24 ABab	56.47±2.26 Bbc	35.64±5.61 Aa
杜巴青	30	90.30±1.33	70.98±2.14 ABab	2.67±0.38 Bc	57.64±1.50 a	32.98±4.31 ABabc *
	30	99.05±2.80	71.78 b±2.46	2.76±0.36 Bbc	56.84±1.74 ABbc	35.56±3.15 Aa
杜巴内	30	90.93±1.27	70.72±3.28 Ab	2.59±0.43 ABbc **	57.42±1.63 a **	31.72±3.31 Aa **
	30	101.52±1.85	72.20±2.40 ab	2.85±0.32 Bc	56.25±1.63 Bc	34.68±2.40 ABCa
杜巴丫	30	90.75±1.58	72.28±1.57 ABCc	2.43±0.21 ABab	59.09±3.39 b	34.00±3.08 ABbc
	30	100.64±2.85	72.65±2.12 ab	2.47±0.46 Aa	57.93±1.96 Aa	35.06±3.18 ABa
杜巴凉	30	90.20±0.63	72.73±1.60 Cc	2.48±0.45 ABabc	58.09±2.35 ab	32.27±4.15 ABab
	30	100.28±0.78	73.12±1.48 a	2.64±0.56 ABab	57.36±1.60 ABab	32.88±1.30 BCb

肉质理化指标比较显示（表 15），各杂交组合的 pH_1 值和 pH_2 值均在正常范围；90 千克和 100 千克体重的滴水损失均为杜巴成和杜巴雅最低，杜巴凉最高，呈极显著差异（P<0.01）；杜巴青肌纤维最细，杜巴内最粗，其中 90 千克体重时，杜巴青肌纤维直径与杜巴丫差异不显著（P>0.05），与其他杂交组合呈显著或极显著差异（P<0.05 或 P<0.01），100 千克体重时仅与杜巴雅差异显著（P<0.05），其他杂交组合间差异不显著（P>0.05）；嫩度值不同杂交组合间均差异不显著（P>0.05）。相同杂交组合不同体重间比较，滴水损失、肉色评分、肌纤维直径和嫩度在不同体重间差异均不显著（P>0.05）。

表 15　三元杂交肉质理化指标测定

猪种	滴水损失（%）	pH_1 值	pH_2 值	肉色评分	肌纤维直径（毫米）	嫩度（克）
杜巴成	1.54±0.35 Aab	6.27±0.22	5.59±0.12	3.17±0.24 ab	86.78±8.43 Aab	5 745.60±468.11 a
	1.48±0.28 Aa	6.24±0.19	5.64±0.15	3.30±0.31 ABab	87.15±8.49 ab	5 975.00±1 203.78 a

（续表）

猪种	滴水损失（%）	pH_1 值	pH_2 值	肉色评分	肌纤维直径（毫米）	嫩度（克）
杜巴雅	1.53±0.37 Aa	6.31±0.13	5.73±0.13	3.25±0.39 ab	86.24±5.26 Aab	5 638.80±956.43 a
	1.51±0.23 Aab	6.17±0.18	5.75±0.18	3.43±0.37 Ba	88.51±7.15 a	5 997.50±631.65 a
杜巴青	1.69±0.35 ABab	6.28±0.11	5.61±0.10	3.35±0.35 b	81.23±6.11 Bc	5 242.39±1 084.21 a
	1.63±0.21 ABb	6.16±0.15	5.68±0.21	3.45±0.27 Ba	84.68±7.03 b	5 496.35±1 038.47 a
杜巴内	1.72±0.33 ABbc	6.25±0.20	5.75±0.10	3.30±0.28 ab	88.01±5.25 Ab	5 738.57±1 011.35 a
	1.76±0.23 Bc	6.05±0.12	5.70±0.14	3.37±0.29 ABa	88.75±9.64 ab	5 956.20±1 490.32 a
杜巴丫	1.59±0.13 Aab	6.24±0.13	5.74±0.16	3.13±0.35 a	84.47±6.58 ABac	5 562.20±1 098.32 a
	1.55±0.15 Aab	6.28±0.14	5.77±0.17	3.20±0.28 Ab	86.46±7.76 ab	5 836.80±1 316.60 a
杜巴凉	1.87±0.42 Bc	6.15±0.21	5.69±0.14	3.28±0.31 ab	85.02±5.77 ABa	5 529.00±941.63 a
	1.93±0.26 Cd	6.13±0.17	5.68±0.13	3.38±0.22 ABa	87.39±7.82 ab	5 835.00±1 329.31 a

风味物质指标。风味物质指标比较显示（表16），90千克梯度时，杜巴丫杂交组合IMF含量最高，显著或极显著高于其他杂交组合（$P<0.05$ 或 $P<0.01$），100千克时杜巴青IMF含量显著或极显著高于杜巴凉、杜巴内和杜巴雅（$P<0.05$ 或 $P<0.01$），100千克体重时杜巴成、杜巴雅和杜巴青的IMF含量极显著高于90千克（$P<0.01$）。硫胺素含量在不同体重时均为杜巴青含量最高，极显著高于其他杂交组合（$P<0.01$），而杜巴凉最低，除100千克梯度时与杜巴内差异不显著外（$P>0.05$），显著或极显著的低于其他杂交组合（$P<0.05$ 或 $P<0.01$），相同杂交组合不同体重间差异均不显著（$P>0.05$）。含硫氨基酸在不同体重时杜巴青和杜巴成显著或极显著低于其他杂交组合（$P<0.05$ 或 $P<0.01$），其中杜巴丫最高；相同杂交组合不同体重间差异均不显著（$P>0.05$）。杜巴青和杜巴成主要鲜味氨基酸极显著低于杜巴丫、杜巴雅和杜巴内（$P<0.01$），其中杜巴丫最高；除杜巴内外，相同组合不同体重间鲜味氨基酸含量差异均不显著（$P>0.05$）。硬脂酸含量90千克梯度时杜巴青和杜巴成极显著的低于其他组合（$P<0.01$），其中杜巴青最低，100千克时杜巴凉显著高于其他杂交组合（$P<0.01$），其他组合间差异不显著（$P>0.05$）；除杜巴青外，相同杂交组合不同体重间硬脂酸含量差异不显著（$P>0.05$）。油酸+亚油酸含量90千克梯度时杜巴成和杜巴青显著高于杜巴雅、杜巴内和杜巴凉（$P<0.05$），与杜巴丫差异不显著（$P>0.05$），100千克时，杜巴雅和杜巴凉显著

低于杜巴成、杜巴青和杜巴丫（$P<0.05$），与杜巴内差异不显著（$P>0.05$）；相同杂交组合不同体重间差异均不显著（$P>0.05$）。相同体重不同组合间以及相同组合不同体重间己醛+壬醛含量差异均不显著（$P>0.05$）。

表 16　三元杂交风味指标测定

猪种	IMF（%）	硫胺素（毫克/克）	含硫氨基酸（%）	主要鲜味氨基酸（%）	硬脂酸（%）	油酸+亚油酸（%）	己醛+壬醛（%）
杜巴成	3.13±0.43 Aa **	1.57±0.48 ABa	0.57±0.09 Aa	5.27±0.39 Aa	11.25±1.38 Aa	53.85±2.16 a	54.83±6.65 a
	3.72±0.55 Abc	2.06±0.46 Cc	0.65±0.13 ABb	5.78±1.00 Aa	12.72±1.20 a	53.95±1.94 a	55.79±8.32 a
杜巴雅	3.10±0.48 Aa **	1.77±0.37 Aa	0.84±0.35 Bcd	7.08±1.51 Bc	13.56±0.94 Cc	50.94±2.04 b	51.95±3.30 a
	3.49±0.52 ABab	1.51±0.36 BCbc	1.00±0.17 Cd	7.80±1.54 Bb	13.74±0.92 a	51.69±1.38 b	53.55±6.11 a
杜巴青	3.28±0.39 ABa **	2.93±0.53 Cc	0.43±0.05 Ab	5.76±0.40 Aab	9.10±1.05 Bb **	54.05±1.28 a	52.53±1.24 a
	3.77±0.55 Ac	2.84±0.79 Dd	0.47±0.05 Aa	5.90±0.55 Aa	14.09±1.57 a	53.87±0.70 a	49.17±2.51 a
杜巴内	3.18±0.56 Aa	1.40±0.56 ABab	0.96±0.12 Bd	7.13±0.63 Bc *	14.65±2.07 Cc	50.96±3.80 b	53.20±7.91 a
	3.27±0.40 Ba	1.20±0.35 ABab	0.96±0.25 Ccd	7.88±0.38 Bb	13.73±1.10 a	52.89±2.01 ab	56.86±7.48 a
杜巴丫	3.56±0.37 Bb	1.58±0.48 ABa	1.02±0.18 Bd	7.76±0.95 Bc	13.63±1.33 Cc	52.49±2.19 ab	54.65±6.92 a
	3.67±0.35 Abc	1.65±0.42 BCbc	1.03±0.14 Ccd	8.13±1.16 Bb	13.90±1.77 a	53.85±2.05 a	56.25±6.26 a
杜巴凉	3.22±0.60 Aa	0.94±0.30 Bb	0.78±0.10 Bc	6.21±0.85 ABb	14.98±0.98 Cc	51.26±1.55 b	52.08±9.27 a
	3.28±0.52 Ba	0.67±0.24 Aa	0.80±0.10 BCbc	6.38±1.04 Aa	15.62±0.93 b	51.92±0.51 b	54.07±9.66 a

通过对地方猪二元杂交和三元杂交性能的系统比较研究，结果显示：杜巴本三元杂交猪的生长肥育和胴体性能较巴本二元杂交猪得到明显提高，滋味和香味相关的肉质风味性能并没有明显下降，结合藏区高海拔、高寒及养殖方式，推荐藏猪采用二元杂交方式生产商品猪，其他地方猪种采用杜巴本三元杂交方式生产商品猪，以 100 千克体重出栏为宜。

3. 地方猪优势杂交组合筛选

在坚持本品种选育的同时，充分利用外种猪的产肉性能优势，实施地方猪的杂交改良是最为快捷高效的技术手段。通过筛选高效杂交组合获取最大化的杂种优势成为地方猪种资源开发利用的重要技术措施。确定了利用四川地方猪种肉质优良和抗逆性强的优势，实施优质猪肉生产。通过筛选和优化杂交组合，提高生长速度和瘦肉率，降低生产成本的杂交改良思路。针对四川地方猪种普遍存在的生长速度缓慢、瘦肉率低下等缺陷，开展了杂交组合筛选。最终，在确保肉质优良的前提下，确定了几个四川地方猪品种的最优杂交组合模式，大幅提高了综合经济效益，实现了对四川地方猪种资源从保种到开发利用的跨越，四川各地方猪最优杂交组合筛选及其改良效果统计见表 17。但是，考虑到藏猪体型小及其分布区域的特殊性，对藏猪以本品种选育为主，不实施杂交。

表 17　四川各地方猪最优杂交组合筛选及其改良效果

品种	最佳杂交组合	杂交改良效果
青峪猪	巴克夏×青峪猪	料肉比（4.44 VS 3.56），屠宰率（64.29% VS 71.72%），瘦肉率（43.29% VS 53.32%），眼肌面积（18.35 VS 29.75），皮脂率（40.02% VS 30.59%），IMF（4.06% VS 2.79%）
成华猪	巴克夏×成华猪	料肉比（5.07 VS 3.62），屠宰率（67.57% VS 72.27%），瘦肉率（42.86% VS 50.76%），眼肌面积（23.97 VS 32.61），皮脂率（43.58% VS 38.49%），IMF（3.30% VS 2.92%）
雅南猪	杜洛克×雅南猪	料肉比（4.12 VS 3.59），屠宰率（71.84% VS 75.11%），瘦肉率（38.81% VS 51.01%），眼肌面积（18.18 VS 32.82），皮脂率（51.54% VS 37.18%），IMF（3.30% VS 2.79%）
凉山猪	杜洛克×凉山猪	料肉比（4.45 VS 3.63），屠宰率（75.86% VS 78.35%），瘦肉率（39.70% VS 50.37%），眼肌面积（16.82 VS 37.02），皮脂率（47.82% VS 34.95%），IMF（4.45% VS 3.09%）
内江猪	杜洛克×内江猪	料肉比（4.12 VS 3.48），屠宰率（71.20 % VS 76.25%），瘦肉率（41.01 % VS 48.38%），眼肌面积（16.98 VS 34.38），皮脂率（50.26 % VS 44.44%），IMF（4.42 % VS 2.62%）

注：括号内前面的数据为纯种，后面的为杂交商品猪的性能。

4. 选育成效

四川省利用地方猪进行新品种培育，发展特色养殖，先后以藏猪为育种素材培育出了川藏黑猪配套系和川乡黑猪新品种。正在分别以成华猪和丫杈猪为育种素材培育天府黑猪新品种和蔺乡猪配套系。

5. 产品开发及销售

为解决特色农产品销售难问题，拓展优质猪肉的市场空间。以青峪猪为代表的四川地方猪种生产厂家建立了“实体店+网络电子商务系统”的现代销售体系，形成以实体商超为主，网络销售为辅，涵盖全国的销售网络。在原产地组建了专卖青峪猪肉产品的实体店铺。在广州、成都、重庆等大型城市，通过与伊藤洋华堂、家乐福、永辉等大型超市合作，专门店面销售，并推出“体验店+中央厨房”的体验消费模式。同时，与京东、融E购等网络销售平台和全国工商银行特色扶贫商品销售平台合作，开发“巴山牧业”手机公众号，“巴山土猪商城”等多种方式推进现代销售网络体系建设。

在品牌建设方面，有2家企业在新三板上市，1家入选农业产业化国家重点龙头企业，6个地方猪品种的品牌均获国家地理标志保护产品认证。其中，巴山牧业股份有限公司于2012年通过了“巴山土猪”国家地理标志保护产品认证。在产品战略上，采取了分类销售的品牌战略，以纯种青峪猪产品创建“青峪黑豚”高档有机猪肉品牌，以巴克夏×青峪猪杂优商品猪产品创建“青峪黑猪”绿色猪肉品牌，占据不同层次的消费市场。并与通江县政府合作，每年底举办“年猪文化节”等特色民俗活动，挖掘地方特色饮食文化，拓宽优质猪市场。开发了“放牧场认养系统”，通过年猪认养的方式，增加品牌知名度，拓宽销售渠道。上述工作有力地促进了青峪猪的产业化开发利用。2017年，巴山牧业股份有限公司在新三板上市，成为巴中市第一家上市企业，2019年入选全国第六批农业产业化国家重点龙头企业（表18）。

表18　四川地方猪种开发利用情况

品种	保护/开发企业	开发品牌
青峪猪	巴中市巴山牧业股份有限公司	巴山土猪*、青峪黑豚、青峪黑猪
凉山猪	马边金凉山农业开发有限公司	凉山有机乌金猪*、土黑猪
成华猪	邛崃市嘉林生态农场/成都市成华种猪场	嘉林黑猪*
雅南猪	四川微牧现代农业有限公司	邛崃黑猪*
内江猪	内江市种猪场/铁骑力士公司	黑溜宝*
藏　猪	圣洁生态农业有限公司、一沐天珠牧业有限公司	圣山藏猪*

注：*国家地理标志保护产品。

二、四川生猪遗传资源保护与利用存在的主要问题

（一）地方猪遗传资源品种不纯、血缘混乱、一致性差

结合四川省不同地方猪种保种历史，地方猪种多于20世纪90年代原保种场倒闭后分散在当地农户中，因没有良好的保种措施，在生产中可能混入了其他猪种血缘。此背景下，民营企业从农户中购买种猪组建新的保种群，建立保种场，但企业

由于技术、资金等因素的制约，在后续的保种过程中，缺乏系统的本品种选育方案，导致部分猪群体型外貌参差不齐，系谱混乱，且常规表型测定和外貌鉴定难以达到选优提纯的目的。

（二）地方猪资源开发利用模式混乱，开发利用不足，未能将资源优势转化为产业优势

四川省悠久的养猪历史和复杂多样的地理环境造就了表型各异、抗逆性强、肉质优良的地方猪种，但多数企业对地方猪种未进行系统选育、利用方式简单，整体生产效率较低，利用模式混乱，商品猪一致性较差，未研究出适宜的杂交利用方式，利用效果不佳，缺少可迅速用于新品种（配套系）培育的特色育种新材料。此外，品种结构不合理，地方品种和培育品种开发利用和推广严重滞后，四川省猪业生产用种90%为外种猪，产品主要是面向大众化市场需求的“大路货”，同质化现象非常严重，没有特色和优势，不能适应社会经济发展和多元化消费市场需求，也缺乏核心竞争力，支撑未来种业长久发展的源动力受限。

（三）遗传资源保护与利用新技术研究和应用不足

虽然四川省在地方猪种保种新技术研究方面做了大量工作，取得了一定的突破和成就，但总体来说，依然处于跟随世界先进水平的状态，主要表现为对优势特色性状遗传机制研究和特色基因资源的挖掘不够充分，可用于猪重要经济性状改良的上游基因资源、分子标记和技术储备非常有限，在过去几十年间功能明确的胴体、肉质风味性状主效功能基因和分子标记仍然凤毛麟角，难以满足大规模的产业化推广应用，大量候选基因、调控因子和调控元件功能有待进一步挖掘和验证，传统的研究手段和基因挖掘策略已显得力不从心，而基于基因芯片分型和重测序的全基因组关联分析（GWAS）已获得大量与表型变异具有统计学关联的基因组变异，但往往是“知其然而不知其所以然”，特别对于非编码区变异，具体因果关系的作用机制大部分仍是未知的“黑箱”。基因资源发掘利用新技术应用不足，重要基因的育种价值和遗传潜力有待评估。传统遗传资源保护和育种技术效率低，性能测定成本高，全基因组SNP芯片的分型成本依然较高，芯片模板固定、不灵活，不能够根据特定生产性状开展个性化选择，育种新技术、新方法的研发滞后，推广应用速度慢。

（四）基础设施和运行现状较差

四川省现有地方猪保种场保护区和备份场13个，其中保种场6个，备份场6个，保护区1个。保种场基础设施设备存在的不足有：一是基础设施比较陈旧、部分损坏未及时修补。二是保种缺少必要的仪器设备或已过时。部分保种场必备的养殖设施设备和实验室仪器达不到新形势下的保种要求，如自动化设施设备用于养殖等。三是部分保种场的粪污处理设施设备已经满足不了新形势下的环保要求，部分老的保种场面临搬迁。四是在新的疫情环境下，防疫设施设备满足不了生物安全的新要求。

运行现状较差，主要体现在：一是四川省保种场保护区生产情况运行较差，出现产仔数达不到基本的标准，或空怀比较严重。二是运营情况不是良好，达不到正常运营。

三、生猪遗传资源保护与利用对策

（一）加强遗传资源保护和开发利用，将资源优势转变为产业优势

1. 加强地方猪种资源保护

四川省现有地方猪种资源存在品种不纯、血缘混乱的问题，须对建立的地方猪保护群采用全基因组基因芯片等技术，进行遗传纯度鉴定和种猪个体间血缘鉴定，构建分子系谱。

2. 加强地方猪种开发利用

四川省地方猪种一致性较差，须加强本品种选育；而在开发利用过程中杂交模式混乱，须在本品种选育的基础上，经过严格的杂交组合试验，筛选出肉质优、生长快、瘦肉率适中的优质高效配套组合，不宜盲目杂交。

3. 培育具自主知识产权的优质高效猪新品种（配套系）

利用现有的中外猪种资源，创制各具特色的育种新材料，进而培育具自主知识产权的突破性优质高效猪新品种（配套系），将品种资源优势转变为产业优势，提升四川省优质种源的核心竞争力和自给率。

（二）加强新技术研发和推广，为遗传资源保护提供强有力的技术支撑

1. 加强遗传资源评价

科研院校与政府或企业合作，成立研究中心，深入对畜禽资源的优势和独特性状进行深入研究，利用资源的独特性和优势，可以很好地对畜禽资源进行评价，也

可以对畜禽资源的开发利用指明方向。

2. 加强畜禽遗传资源保护与利用

一是由地方政府牵头，保种单位、科研院所或学校参与到畜禽遗传资源的保护与开发利用研究，依托资源的独特性进行新品种（品系）的培育，育种相关的项目经费可适当向新品种（品系）培育方面倾斜。二是坚持以市场需求为导向，以企业创新为主体，选择具有开发利用潜力的优良地方品种，进行特色产品开发，满足多样化的市场需求。坚持以质取胜，搞好畜禽资源开发利用，着力培育高端市场，实行优质优价，进一步提高产品和企业的市场竞争力及产品的知名度。

3. 加强遗传物质制作和保存研究

受制作技术及其成本限制，目前保存数量还有限。需加大经费投入，加强制作技术人才培养和制作技术研究，进一步推动遗传物质采集、制作和保存方面的研究。

4. 加强技术人员的培养

一是行政主管部门与科研院校合作，定期开展畜禽遗传资源保护新技术培训；二是学校成立相关的专业，培养懂相关新技术的技术人员。

（三）政府稳定投入和行政主管部门监管，为资源保护创造有利条件

1. 政府稳定投入

畜禽遗传资源保护是一项基础性、公益性、长期性的工作，按照《畜牧法》要求，畜禽遗传资源保护应纳入各级财政预算，每个保种承担单位所在的地方政府应将保种经费纳入财政预算。财政投入，一是支持保种单位对老旧的保种圈舍进行新建或改（扩）建，对必要的仪器设备等进行更新，发展标准化养殖模式，做到“养殖设施化、生产规范化、防疫制度化、废污无害化和粪便资源化”，以满足新形势下环保和疫病防控的要求。二是对有潜在灭绝风险的地方畜禽资源，组织专家论证后给予专门的经费支持，用于活体保种或遗传物质的制作和保存，如德昌水牛等经济价值不高，而处于濒危的地方畜禽遗传资源尤为突出，可以提高保种经费进行活体保护，同时制作冷冻精液和胚胎进行保存。

2. 加强政府监管

目前市（州）政府年度绩效目标考核增加种质资源保护与开发利用等内容，督促地方政府重视遗传资源保护与利用工作。行政主管部门应对当地的畜禽遗传资源保护情况加强监管，在畜禽遗传资源保护过程中发现问题应及时处理问题；资金应及时划拨，做到专款专用；保护工作的选种方案和保护实施方案应落实到位。

四、建议

1. 做好顶层设计

将各种资源和要素充分整合作好规划，建立畜禽遗传资源保护奖励政策。同时充分利用省级畜牧推广单位、科研院所和高校的技术优势，以及四川生猪育种平台及省级核心育种基地，完善地方猪种资源性能测定与种猪遗传评估制度，推广和普及遗传资源保护新技术。

2. 强化科技支撑

加强科企合作，优势互补，助力四川省地方猪产业发展和种业振兴。在市场需求的引导下，确定育种目标，建立以企业为主体，资本为纽带，利益共享，风险共担的科企合作模式，有效提高研发效率，实现资源共享，优势互补。四川省应以四川省畜牧总站、四川省畜牧科学研究院和四川农业大学作为技术优势单位，企业作为实施主体，培育具自主知识产权的优质、高效新品种（配套系），并建立利益联结机制，提升创新动力和效果。

3. 保障畜禽遗传资源保护的建设用地

由于城镇化建设越来越快，在禁养区调整中，部分保种场处于禁养区内，需要进行搬迁，地方政府不能将保种场一关了之，要找适当的土地进行置换，完善相关手续，保障新的保种场建设相关工作顺利进行。

4. 加强畜禽资源保护的监管

地方行政主管部门可预算经费对当地畜禽资源数量的变化进行监管，如果达到数量急剧减少或濒临灭绝的畜禽资源要进行及时上报，该保护的要及时纳入保护范围。

5. 积极向国家申请，创建国家区域性基因库

四川省畜禽遗传资源基因库已经建立，但没有纳入国家区域性基因库考虑范围，作为地方畜禽资源数量全国排名第二的大省，并且基因库已经建立，已有一定的工作基础，应积极与国家沟通和申请，积极创建区域性基因库，对于四川省畜禽遗传资源活体与遗传物质保存具有积极作用。

四川生猪新品种（配套系）培育现状报告

杨雪梅[1] 何志平[1] 吕学斌[1] 赵 叶[2] 陈 蕾[2]
（1. 四川省畜牧科学研究院，四川成都 610041；
2. 四川农业大学，四川温江 611100）

摘 要：四川是生猪养殖大省，是中国最大的猪肉产销基地，也是地方猪种资源比较丰富的省份之一，在保障全国肉食品有效供给方面起着非常重要的作用。品种是生猪生产发展的重要前提，应利用好四川丰富优良的地方猪种资源，培育各具特色，能满足市场需要的新品种（配套系）。本报告围绕四川生猪新品种（配套系）的培育现状，总结了近年来生猪新品种（配套系）的培育情况，分析了生猪新品种（配套系）培育存在的问题与短板，就深化农业供给侧结构性改革、加快推进四川生猪新品种（配套系）培育的高质量发展，提出了相应的对策建议。

关键词：四川；新品种培育；配套系培育；现状；基本情况；对策建议

四川省是全国生猪产销大省，是国家唯一批准建设的优质商品猪战略保障基地，也是全国生猪生产发展规划确定的7个重点发展省份之一，在保障全国肉食品有效供给方面举足轻重。担负稳定全国猪肉供给的重要任务。四川也是第一批参加全国生猪遗传改良计划大省。为贯彻落实习近平总书记在参加十二届全国人民代表大会五次会议四川代表团审议时的重要讲话精神，深入推进四川省农业供给侧结构性改革，促进四川省生猪产业转型升级，实现生猪大省向生猪种业强省转变。四川省出台了一系列政策、制定了多项措施促进生猪现代种业发展。在四川“10+3”农业产业体系中，生猪是10张名片之一，现代种业是优先发展的三大先导性支撑产业之一。

在养猪生产中，要获得较好的经济效益，选择优良品种是一个重要的环节。养殖企业为了追求效益，从国外引进生长速度快、瘦肉率高的品种进行商品猪生产。种猪育种堪称“猪的芯片”，种猪质量和数量直接影响生猪出栏量，中国生猪饲养量占世界总量的一半，猪种资源占全球总数的1/3。但是，我国商品猪90%以上来自国外品种。由于企业不重视育种，引种几年后又会再次引种，进入引种再引种的恶性循环。我国地方猪种具有肉质好、抗病力强的优点，但由于其生长速度慢、瘦肉率低，在养猪生产中被嫌弃。2020年年底召开的中央经济工作会议确定，2021年要抓好的重点任务包括“开展种源‘卡脖子’技术攻关，立志打一场种业翻身仗”。2022年乃至以后，开展种源技术攻关仍是我们的一项长期工作任务。利用外种猪和地方猪的特点，培育具有特色的新品种或配套系，是猪育种工作的重要任务，同时也是打好种业翻身仗的关键。

一、地方猪品种现状

我国猪种的优良品质，很早就被国外养猪界看重。罗马帝国的本地猪种肉质差、成熟晚、生长慢，而统治阶级对猪肉的品质要求较高，他们大量引入了早熟且味美的华南猪种，用于改良当地猪，最终育成了罗马猪。到18世纪和19世纪，我国地方猪种经罗马进入英国、美国等国，对改良这些国家的猪品种起到了很大的作用。我国地方猪种的高产性能受到国外关注，法国、日本等先后从我国引进了太湖猪、嘉兴黑猪等。

目前，由于养猪企业对效益的追求，从国外引进了大量的猪种，我国地方猪种的利用越来越少，地方猪种面临遗传资源危机，不少国家级和省级地方猪保护品种（含类群）数量仍在下降，尤其是公猪数与血统数，有些甚至成为濒危品种。畜禽种质资源保护专项自1995年启动以来，成功抢救了五指山猪、荷包猪等濒危猪种，保护了八眉猪、二花脸猪等一批地方猪品种。同时，国家在政策上也为地方猪的发展做了规划，2021年4月28日，农业农村部发布《全国畜禽遗传改良计划（2021—2035年）》，在地方猪品种保护与利用方面的内容包括：以地方猪遗传资源为素材培育特色品种能满足多元化市场需求；对肉质好、抗逆性强等特色优势明显的地方品种通过本品种选育培育专门化新品系；遴选以地方品种或培育品种为核心群的国家生猪核心育种场20个；系统评价我国地方猪的种质资源特性，发挥地方品种资源优势，提升品种创新能力和育种企业核心竞争力；持续开展优势明显的地方猪品种选育，培育专门化新品系；建设覆盖全部地方猪遗传资源的DNA特征库和表型库，系统挖掘种质性状关键基因，利用地方猪遗传资源创制育种新素材；

不断提高地方猪遗传资源开发利用水平，培育新品种及配套系10~15个。在国家大政策的帮扶和支持下，我们应利用好四川省丰富的地方猪种资源，四川省畜牧科学研究院对四川地方猪种遗传资源进行了详细的评价，并对其利用提出了参考模式，其成果获2020年四川省科技进步二等奖。

二、四川省生猪新品种（配套系）的基本情况

四川猪种资源丰富，拥有内江猪、成华猪、雅南猪、凉山猪、湖川山地猪（丫杈猪、青峪猪）和藏猪6个独特的地方猪种（7个类群），及天府肉猪（图1）、川藏黑猪（图2）、川乡黑猪（图3）3个培育品种。

（一）天府肉猪

1. 配套系来源

为了利用好国内外两类遗传资源，保持外种猪生产性能，同时提高其肉质性能，科学技术厅提出了利用地方猪培育配套系的构想。为此，四川农业大学、四川铁骑力士牧业科技有限公司和四川省畜牧总站根据育种目标，筛选并确定了三大外种猪品种（杜洛克、长白猪、约克夏）和梅山猪作为育种素材，经过多个世代选育和大量的配合力试验育成了天府肉猪配套系。

2. 配套系培育

天府肉猪配套系是由四川农业大学、四川铁骑力士牧业科技有限公司和四川省畜牧总站经过近20年的持续选育培育而成的具有产肉性能高、繁殖性能较好、肉质优良的三元配套系，于2011年获国家畜禽新品种（配套系）证书【证书号（农01）新品种证字第19号】。天府肉猪配套系采用具有自主知识产权的种猪遗传评估软件，在性能测定的基础上对后备个体实施基于多性状动物模型BLUP法的遗传评估过程，形成了一套“性能测定—遗传评估—继代选留—配合力测定—固定杂交生产模式”的育种体系。同时，建立了种猪场网络信息管理系统，对育种全程进行监控、追踪、预测以及育种方案的模拟实验和优化设计等。在数量遗传方面在选择方案中利用多QTL信息优化模型研究，在分子遗传方面利用基因芯片技术开展抗病相关基因、肌肉、脂肪生长代谢相关基因的差异表达与网络分析。利用LCM（激光捕获显微切割）、miRNA的提取和荧光定量分析技术、基因芯片表达谱分析、高精度物性测试仪（SMS）肌肉嫩度测定等本领域前沿研究技术，利用Y染色体*sry*基因

实现猪胚胎的性别鉴定。这些基础研究的成果对研究各专门化品系相关优势性状形成的遗传机制具有重要理论价值。

天府肉猪商品猪体型紧凑、被毛白色、背臀有暗斑，且肉质佳，主要表现在IMF含量高、瘦肉率适中，一致性好。由3个专门化品系构成，其中：Ⅰ系为终端父本，以杜洛克猪为育种素材；Ⅱ系为母系父本，以长白猪为育种素材；Ⅲ系为母系母本，以大白猪和梅山猪为育种素材。天府肉猪配套系的培育经过了2个阶段。从“八五”开始，实施了最早的杂交实验，明确了梅山猪与外种猪可以获得较好的杂交效果。“九五”期间进一步实施了更复杂的梅山猪不同血缘构成杂交实验，确定了含1/16梅山猪血缘的约克夏群体的杂交生产模式最适合以四川为代表的西部省份对产肉量和肉质的市场消费需求。“十五”期间，利用这群含6.25%梅山猪血缘的约克夏杂交群体，展开了以获得高产仔母系为目的的横交固定选育，形成高产仔合成系，这是天府肉猪配套系培育的第一阶段，为之后天府Ⅲ系的培育奠定了基础。以杜洛克、长白猪、约克夏猪群，结合之前持续选育的约克夏合成系组建选育基础群，分别按照专门化父系和母系进行分化选择，运用数量遗传学方法，结合分子育种和网络信息技术进行专门化品系选育，通过配合力测定和杂交体系的筛选，最终固定了天府肉猪的杂交配套模式，这是天府肉猪配套系选育的第二阶段，即成型阶段。在配套系选育初期，针对产肉性能曾考虑将皮特兰纳入配套系，针对肉质和繁殖性能曾考虑将成华猪和乌金猪等地方猪种纳入配套系作为专门化品系培育的素材。为了实现优质和瘦肉型的平衡选育，在大量性能测定和配合力测定后最终放弃了产肉量高但肉质较差的以皮特兰为基础的高瘦肉率系，也淘汰了肉质优异但产肉性能低下的以乌金猪和成华猪为基础的地方猪种品系。同时，以杜洛克、长白和约克夏合成系（含6.25%梅山猪血缘）3系配套模式的杂交后代在保持较高产肉性能的基础上，其肉质和繁殖性能均优于常规杜长大（DLY）组合，更适应以四川为主的西部省份的市场需求。故固定了以天府Ⅰ系为终端父本，天府Ⅱ系为母系父本，天府Ⅲ系为母系母本的3系配套杂交模式。天府肉猪30~100千克日增重863克，料重比2.45；屠宰率74.4%，胴体瘦肉率63%，肉色评分3.85，IMF含量2.22%，无PSE肉、DFD肉，无应激敏感基因，满足优质瘦肉型猪的要求。

3. 配套系推广

天府肉猪配套系先后在全省50个生猪标准化养殖基地中试推广。配套系种猪和商品猪都表现出较强的适应性，表现出瘦肉率适中和 IMF 含量高 2 个突出优势，完全满足优质瘦肉型猪的要求，能够满足消费市场对优质瘦肉型猪肉的需求，具有较大的市场前景和产业化开发价值。

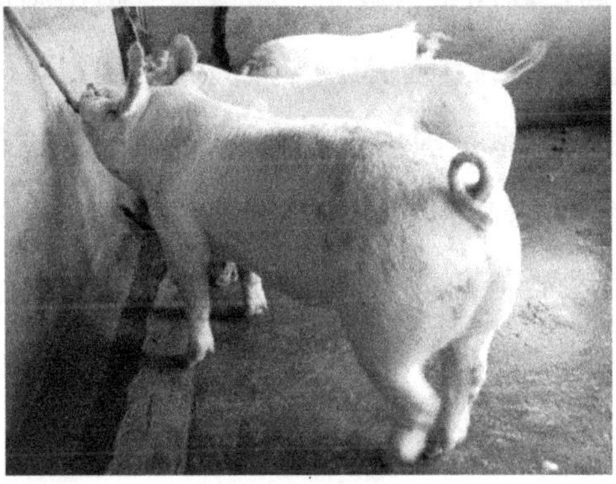

图 1 天府肉猪

（二）川藏黑猪

1. 配套系来源

如何保持和发挥川猪在全国的优势地位，有针对性的保护和利用我国宝贵的地方猪种资源，满足多元化的猪肉市场消费新需求，提高养猪生产效率和比较效益，创建四川省的优质肉猪产业，是猪育种科技工作者面临的重大课题。为此，四川省畜牧科学研究院于 2000 年提出了培育优质风味黑猪这一战略构想，自“十五”起先后获得省、国家科技攻关、支撑计划、四川省畜禽良种繁育专项等 7 个项目立项支持，以期利用地方猪肉质优、繁殖力高、抗病力强等优良特性，培育适应四川省现代特色猪业发展急需的优质新品种，建立与之配套的种猪繁育体系，壮大特色生猪产业经济，推进四川省生猪产业持续健康发展。

2. 配套系培育

四川省畜牧科学研究院在对国内外优质猪种遗传资源调研、评价的基础上，根据育种目标选择确定藏猪、梅山猪、巴克夏猪和杜洛克猪为育种素材，采用现代育种技术，开展各具特点的专门化品系选育，经严密配合力测定，培育出了肉质优、抗病力强、生产效率高、具鲜明区域特色的优质风味黑猪配套系，同时开展了与之配套的 IMF 含量活体测定技术，免疫力研究和饲养技术研究等技术。IMF 含量活体测定技术可以通过 B 超技术进行活体估测，项目组开发的这一评估技术具有较高的准确性，可以用于育种实践。这将对 IMF 含量的遗传改良提供重要的技术支撑。

川藏黑猪配套系历经12年（2001—2012年）培育而成，于2014年获国家畜禽新品种（配套系）证书【证书号（农01）新品种证字第23号】，2015年获四川省科技进步一等奖。该配套系采用3系配套，母本F_1系为我国首个完全采用地方猪种合成杂交育成的优质高产新品系，该品系将藏猪、梅山猪的特色优势性状基因聚合于一体，既保持了藏猪肌纤维细、IMF含量高、抗病力强的特性，又具梅山猪繁殖力高的优点；第一父本S_5系是国内首次利用美系巴克夏猪种资源进行专门化品系选育，发挥其肌内脂肪含量高、生长快等特性，培育出的优质父本品系；终端父本S_4系是由杜洛克猪种选育而成，该品系瘦肉率高，胴体品质好。配套系父母代母猪繁殖力强，经产仔数12.5头，配套系商品猪肉质优良，生产效率高，达90千克体重日龄187.22天，饲料转化率3.14，瘦肉率57.72%，IMF含量4.07%。与国外猪种DLY比较，川藏黑猪IMF含量是国外猪种DLY猪的2.42倍，硫胺素含量高37.21%，谷氨酸+天门冬氨酸含量高0.44个百分点，油酸+亚油酸含量高2.58个百分点，醛类高6.44个百分点，肉质风味指标显著优于DLY猪，技术经济效果也明显优于DLY猪，年生产力高、抗病力强、综合生产成本低、比较效益高。

3. 配套系推广

2018年川藏黑猪配套系品种权成功转让给国家级农业产业化龙头企业——四川铁骑力士实业有限公司，2020年公司核心选育群种猪存栏1 200头，母本F_1系8个血缘，第一父本S_5系8个血缘，终端父本S_4系10个血缘。川藏黑猪育种场是四川省级核心育种场，正以四川省畜牧科学研究院养猪团队为技术支撑在严格性能测定的基础上开展川藏黑猪持续选育，维持性能稳定。大规模的示范推广已表明川藏黑猪配套系技术经济效果明显优于生产上广泛使用的外种猪。川藏黑猪配套系已在四川省11个市48个县（市、区）和广东、海南、新疆、西藏、河南、重庆6省（区、市）推广应用。仅2016—2020年，已累计推广祖代种猪1 704头，父母代种猪23 154头，商品猪132.52万头，新增产值39.75亿元，现已形成了年生产50万头川藏黑猪商品猪能力，并带动了一批养殖大户或家庭农场从事优质风味猪养殖，户均年增收8万余元。创建了“黑味美”“忆乡”“乌金”“原味天香”等一批优质猪肉品牌，进一步完善了“网购+连锁专销店+会员”的优质猪肉制品的营销网络体系，产品销往北京、上海、深圳、重庆、成都、郑州、海口、乌鲁木齐等大中城市，实现“研、产、加、销”一体化，推动了优质猪肉产业发展壮大（图2）。

图 2 川藏黑猪

（三）川乡黑猪

1. 新品种来源

为了打破我国无自主知识产权父本新品种的格局，促进引进品种中国化，加速地方猪的开发利用，解决优质猪生产过程中的毛色分离问题及优质猪肉市场的供需矛盾，培育具中国特色的生猪父本新品种，保障生猪产业持续健康发展，四川省畜牧科学研究院于 2009 年提出了培育优质高效黑色父本新品种这一构想，并先后获得四川省科技攻关、支撑计划，省重大科技专项，省畜禽良种繁育专项，国家生猪产业技术体系，国家现代农业产业技术体系四川生猪创新团队等多个项目资助，培育具独立自主知识产权的中国优质高效黑色生猪父本新品种。

2. 新品种培育

四川省畜牧科学研究院根据育种目标，筛选并确定了肉质优异、体形清秀、被毛黑色的藏猪和生长速度快、瘦肉率高的杜洛克猪作育种素材，通过杂交制种和世代选育 3 个阶段培育而成。以杜洛克猪作父本，藏猪作母本杂交获得 F_1 代，再以杜洛克猪作父本级进杂交至 F_4 代，在杜洛克猪血缘达 93.75%时进行横交固定，组建 0 世代选育基础群，采用 BLUP 法与分子标记辅助选择相结合的现代育种技术育成了父本新品种-川乡黑猪，其被毛黑色，肉质优，生长快，瘦肉率高，抗病力强，特色鲜明。在川乡黑猪新品种培育过程中，攻克了毛色和 IMF 含量基因精准预测和鉴定技术，并用于育种实践，显著提高了选择效率，加快了育种进展。

在四川省猪场开展了以杜洛克和川乡黑猪作父本生产的内三杂猪毛色观测，以杜洛克生产的内三杂猪有大量的毛色分离，以川乡黑猪作父本生产的内三杂猪的被毛均为黑色；同时四川省畜牧科学研究院猪育种科研基地进行了以川乡黑猪和杜洛克猪作终端父本的28个二元、三元杂交组合的性能测定试验，川乡黑猪作父本生产的内二杂、内三杂和川长大猪肥育、胴体性能与杜洛克的杂交猪相当，肉质性能显著优于杜洛克的杂交猪。因此，川乡黑猪可替代杜洛克猪作为终端父本生产商品猪，并在保持生产性能基本一致的情况下，解决了商品猪毛色分离问题，且肉质得到明显提升。

川乡黑猪历经12年（2009—2020年）育种攻关培育而成，于2021年获国家畜禽新品种（配套系）证书【证书号（农01）新品种证字第32号】，是我国首个自主培育的生猪父本新品种。初产仔数9.40头、经产仔数10.21头，达100千克体重日龄165.70天，饲料效率2.58，活体背膘厚10.69毫米，屠宰率73.31%，瘦肉率63.43%，眼肌面积42.57平方厘米，IMF含量3.52%。这是我国首个具完全自主知识产权的突破性父本新品种，也是四川省第一个猪新品种，填补了我国无自主知识产权父本新品种的空白，改变了我国商品猪生产中外种猪作为父本的垄断局面，对于打造生猪种业“华系芯片”，提升我国核心种源自给率和核心竞争力，引领现代特色优质猪肉产业发展，推动地方猪种资源保护与利用具重要的战略意义。

3. 新品种推广

川乡黑猪破解了长期困扰我国地方猪种不能大面积推广利用的技术瓶颈，使川乡黑猪用作终端父本生产含本地猪血缘的三杂商品猪肉质、瘦肉率和生长速度三者间达到有机平衡，满足了人们对优质美味猪肉消费市场的需求，将有力推动我国地方猪种资源保护与开发利用。我国地方猪种难以大面积推广利用的原因在于其与杜洛克或巴克夏进行二元杂交生产商品猪，能保持地方猪优良的肉质口感风味，但瘦肉率仅53%左右，膘太肥；若进行三元杂交生产商品猪，瘦肉率可达56%~58%，背膘适宜，但肉质下降明显，且毛色分离严重。归根结底，缺乏适宜的优质、高效的终端父本品种。川乡黑猪瘦肉率63.43%，IMF含量达3.52%，与生产中被广泛用作父本的国外猪种杜洛克猪生产效率相当（杜洛克猪瘦肉率64.22%），但肉质更优（杜洛克猪IMF含量2.88%），用其代替杜洛克作为终端父本，与巴本母猪杂交生产商品猪，IMF含量可达3.5%以上，瘦肉率约57%，被毛全黑，肉质优良，肥膘适中，适合优质猪肉的市场需求。“利用是最好的保护”，川乡黑猪为地方猪利用打开了“一扇窗”，克服了制约地方猪有效利用的瓶颈性技术难题，开辟了地方猪高效利用新路径，在目前地方猪种保护与利用及优质肉猪生产中具不可或缺的作用。川乡黑猪还可作为终端父本与外种猪杂交，显著改良商品猪的肉质性能，市场竞争优势明显，应用前景十分广阔。川乡黑猪种公猪或精液已经销往四川省成都、绵阳、遂宁、眉山、凉山、德阳、南充、广元、泸州、乐山、广安等地，同时销往云南、重庆、海南、北京等各大省（市），市场反应良好，至2020年累计中试川乡黑猪种公猪1 346头，累计出栏优质黑猪839 050头，实现新增产值268 496万元，获纯收益138 443.4万元，社会经济效益显著。

图3　川乡黑猪（左图为母猪，右图为公猪）

三、四川省生猪新品种（配套系）存在的主要问题

（一）育种素材数量减少，遗传结构不清楚

1. 地方猪品种血缘不清

四川省对地方猪种遗传资源的开发利用非常重视，出台了一系列的政策支持地方猪保种和开发利用。目前各地方猪种资源中仅藏猪未建立省级保种场和核心育种场。但结合四川省不同地方猪种保种历史，地方猪种多于20世纪90年代原保种场倒闭后分散在当地农户中，因没有良好的保种措施，在生产中可能混入了其他猪种血缘。此背景下，民营企业从农户中购买种猪组建新的保种群，建立保种场，但企业由于技术、资金等因素的制约，在后续的保种过程中缺乏系统的本品种选育方案，导致部分猪群体型外貌参差不齐，系谱混乱，且常规表型测定和外貌鉴定难以达到选优提纯的目的。因此有必要以科研院所和高校为技术支撑，加强对地方猪种的选优提纯以及家系重构工作，根据地方猪种群实际情况针对性的制订选种选配方案和开展本品种选育，以保持地方猪优良的种质特性。

2. 地方猪品种数量急剧减少

中国猪种资源众多，1979 年国家畜禽品种资源调查会议曾报道，我国地方猪种包括同种异名或同名异种的，有多达 153 个品种。2004 年出版的《中国畜禽遗传资源状况》统计，国内已认定的猪品种数量有 99 个，加上 2004 年以来审定的新品种和配套系 9 个，共计 108 个，99 个猪品种中包括 72 个地方品种，19 个培育品种和 8 个引入品种。2011 年在《中国畜禽遗传资源・猪志》中公布的地方猪遗传资源 76 个，丰富的猪种遗传资源，是新品种、配套系培育的最重要的物质基础和基本育种素材，这不仅是中国也是世界动物遗传资源宝库的重要组成部分。然而，中国也是猪种多样性受到最严重威胁的国家之一，在过去相当长的时间里，由于片面追求生产效率的提高，解决人们对猪肉数量需求的矛盾，引进大量的外来高产品种，使许多地方猪种遗传资源受到严酷的竞争和排挤而数量急剧减少，有的已处于濒危状态，日趋单一化的品种资源将会使物种失去对复杂多样的生态环境的适应力，成为制约养猪业可持续发展的不稳定根源，而丧失的遗传资源将无法再生，任何高科技手段都无能为力，这对我国遗传资源是重大损失。同时也加剧了对选育程度高的外种猪依赖性，来自西方发达国家和地区的有限基因正在侵蚀中国数千年历史积累起来的猪种遗传资源，导致我国现有丰富的品种资源面临的形势将更为严峻。

3. 地方猪品种的利用不够

四川地方猪种资源丰富，拥有内江猪、成华猪、丫权猪、青峪猪、雅南猪、乌金猪（凉山类群）、藏猪 7 个独特地方猪种类群，内江猪主产于四川盆地东南浅丘地区，2000 年被农业部（2018 年正式更名为农业农村部）列为国家级畜禽资源保护品种，是中国优良的大型地方猪种；成华猪主产于四川省成都平原的中部，体形中等偏小，其肉质鲜嫩；雅南猪主产于四川盆地西部低山丘陵地区，是四川省丘陵地区饲养的主要猪种之一；凉山猪是乌金猪的一种类群，主要分布于四川凉山彝族自治州，以其优良的肉质和抗寒、耐粗饲等特性受到广泛关注；青峪猪属中型肉脂兼用型品种，主产于四川省巴中市，是湖川山地猪的一个类群，具典型山地型猪种特征；丫权猪主要分布于四川省泸州市的古蔺县、叙永县和宜宾市的兴文县、珙县等地，体形较大，2012 年被列入我国畜产品资源猪类重点保护品种，进入《中国畜禽遗传资源志》；四川藏猪主产于四川甘孜州和阿坝州，是四川省唯一的高原型猪种，也是我国国家级重点保护品种中唯一的高原型猪种，具有适应高海拔恶劣气候环境、抗病、耐粗等特点，但繁殖力低，以上地方猪种皮毛均为黑色。这些地方猪种具有猪肉风味品质好、抗病力强、利用当地低质量饲料资源的能力强、中低投入条件下的存活与产出能力高等优点，这些也是最受国际关注、最具特色和国际竞争力的经济性状，能满足人们对美味的追求，是打造优质精品猪肉的绝好素材，更是开发优质猪肉的优势资源。而目前四川省仅对藏猪和成华猪进行了有效开发利用，利用藏猪做育种素材，培育出了川藏黑猪配套系和川乡黑猪父本新品种，其他地方品种仅是简单的杂交利用，未利用其优秀的基因资源，培育出各具特色的新品种（配套系），大幅度提高地方猪生产水平、降低生产成本、满足市场多元化需求，提升猪肉产品市场核心竞争力，加快四川省生猪产业转型升级，促进生猪产业供给侧结构性改革，将资源优势转变为产业优势。

（二）育种企业联而不合，选育时间长，风险高

1. 育种观念落后，育种企业间缺乏遗传联系

猪的育种工作多以科研项目的形式进行，因为项目涉及多个养猪企业形成了项目组，但大多数猪场处于封闭自守，各自为战的状态，没有良好的合作精神。联合育种能扩大育种群规模，增加群体遗传变异，提高种猪选择强度，提高遗传评估的准确性，充分利用优秀遗传资源，提高育种进展。而四川省多数种猪企业育种观念落后，多采用保留血统的表型选择和简单的测定进行种猪选留，这影响了种猪选择的准确性，减缓了种猪选择进展。

2. 猪群育种结构不合理

受资金条件、育种观念等因素的限制，核心群数量大多偏少，遗传基础较窄，导致近交增量过快和遗传变异减少过快。同时由于新品种（配套系）育成后采用封闭式育种，使遗传改良的速度相当缓慢。繁殖场与核心场界限不清，也因市场等原因，选育出的优秀种猪不能及时扩散和大量繁殖，造成了种猪的大量浪费，同时也影响了企业育种的积极性。

3. 需加强持续选育

新品种（配套系）的培育是一个长期持续的过程，育成一个新品种（配套系）需要多个世代的持续选育，育成后，要维持一个品种更需要持续的选育，只要品种存在，选育就不能停。地方品种、培育品种和引进品种均需要持续的品种培育来保持或提高种猪的生产性能，不选育或选育程度不够，品种很快从市场消失，这也导致了有些品种灭绝或濒临灭绝。

4. 新品种（配套系）的培育受疾病威胁，影响培育进程

猪群的健康是品种培育的保障。品种培育过程中，若出现疾病，就会影响测定数据的准确性或终止性能测定，将延缓品种培育。近年来，非洲猪瘟等疫病问题，严重影响了品种培育进程。

（三）育种企业对培育生猪新品种（配套系）的重视程度不足

1. 对育种的认识不足

生猪育种是一个投入大、周期长的工作，短期内看不到效益，可能 5~10 年都无盈利；而且风险大，其间如遇到非洲猪瘟等疫病问题，育种工作可能面临中断风险。这就意味着前期育种工作归于零，一切得从头开始。

很多生猪养殖企业还只是“盯着眼前利益”，认为育种是无利益的事情，不清楚育种在养猪生产中的重要性，对承担的育种工作存在应付的态度，导致优秀种猪基因无法传递下去，新培育的新品种（配套系）存在很快退出市场的风险。

经过多年的发展，四川省整个生猪育种市场，至今没有一个生猪育种龙头企业，看似每个养猪企业都在做育种，但规模都不大。生猪育种市场仍处于“小而散”的发展阶段，无法形成规模优势。跟国外的育种公司相比，国内育种企业没有竞争优势，无法做大做强。

2. 技术力量薄弱

做育种要有恒心和耐心，做育种要耐得住寂寞。猪场不仅是一个又脏又臭的地方，而且受疾病的影响，又是一个封闭的场所，很多从事育种的专业技术人员在猪场待不下去或待不久，鉴于这种情况，很多猪场的育种工作无法开展，有些猪场有育种部，但其实未做育种工作，育种人员严重缺乏。

（四）育成的生猪新品种（配套系）推广力度需要加强

一个新品种（配套系）育成后，要想有影响力，需加强市场推广力度。近年来，我国育成了 20 多个新品种和 10 多个配套系，但在市场上有影响力的，只有 2~4 个。值得庆幸的是，四川省培育的川藏黑猪配套系和川乡黑猪新品种，在省内外均具有很大的影响力，但影响力还不够。四川省生猪产业基础扎实，但随着国内其他省区生猪生产的快速发展，四川养猪第一大省的地位受到挑战。主要原因为：一是生猪种业核心竞争力不足。自主供种能力弱，优良生猪种源严重依赖进口，生产用种90%为外种猪，其中80%来源于加拿大，同质化严重，结构不合理，遗传基础狭窄；二是地方猪种资源和培育品种开发利用不充分，省内市场占有率仅3%~5%，品种资源优势没转变为产业优势。因此，要利用好地方猪种质资源和培育品种（配套系），加大生猪新品种（配套系）的宣传力度，为打破外种猪的垄断格局，保障种业安全，推动猪业供给侧结构性改革，提升种源自给率和核心竞争力，引领现代特色优质猪肉产业发展，具重要的战略意义。

四、四川省生猪新品种（配套系）发展的对策建议

（一）加强育种素材保护

优化传统的系谱基础群组建和选优提纯手段。传统的基础群组建和选优提纯手段主要手段为表型测定和外貌鉴定，其效率和准确性较低，可采用基于重测序数据鉴定不同猪种特有的SNP位点，自主开发的分子标记，用于地方猪种和培育猪种的遗传纯度鉴定，为四川省育种素材的保护和合理利用提供可靠的技术支撑。

用分子手段解决因育种群家系划分不准确和系谱丢失而影响育种进程的技术难题。采用全基因组SNP芯片构建系谱不清楚的育种群体系谱，保持育种群体的遗传多样性，为地方猪育种提供有效的育种素材。

建立各地方猪种的保种场。藏猪是我国具有肉质优异、抗病力强等优点的地方猪种，利用藏猪培育了优秀的川藏黑猪配套系和川乡黑猪新品种，但在四川省的7个地方猪种中，仅藏猪未建立省级保种场和核心育种场，为了保护好藏猪这一优秀的育种素材，应建立藏猪保种场。已建立的四川地方猪保种场、育种场发展水平不一，部分地方猪保种场、育种场刚建立不久，技术人员不足且未经过系统的专业技术培训，未能对新组建的基础群进行针对性的选优提纯，缺乏科学的保种规划。应以科研院所和高校为技术支撑，科学的指导其开展地方猪选优提纯、本品种选育和杂交利用等工作，并加强对保种场、育种场的技术人员培训。

加强各地方猪育种群的选育和利用工作。制定严格的育种规划，并严格按照育种规划进行种猪选育，同时根据地方猪的性能特点进行杂交利用，培育各具特色的新品种或配套系，为四川省的川字猪业贡献力量。

（二）提高企业的育种能力和育种积极性

有种者得天下，生猪的种源越好，性能越优异，养猪成本就越低，养猪企业在

行业就能站得越稳，生猪育种要实现突破，关键是要建立分享机制，能让企业和区域联合育种平台共享先进育种技术。

1. 加强政府引导，推动联合育种平台发展

要做强做大四川省的种猪产业，需加强联合育种。为推动全省生猪良种化工程，中共四川省委农村工作领导小组印发《四川省现代农业种业发展工作推进方案》提出，加快构建联合育种平台要求，依托生猪现代种业建设和联合育种攻关项目，加快省种公猪站、种猪性能测定中心、种猪遗传评估中心、生猪遗传资源保护中心和生猪分子育种中心 5 个创新育种平台建设，到 2022 年，全省建成完备的联合育种平台，创建川猪品种创新能力育种体系。其中四川生猪现代种业基因交流中心（省种公猪站）和四川生猪现代种业种猪质量监督检验测试中心（种猪性能测定中心）在“川系”化选育中担当了重要角色：种猪质量监督检验测试中心对全省 14 个外种猪核心育种场近 2 万头核心群种猪，在统一条件下开展中心测定工作，以公平、客观、权威评价外种猪质量，并筛选出前 20%的优秀种公猪送基因交流中心，以猪精液为载体，将优秀种公猪基因免费供外种猪核心育种场使用，以此建立场间联系，开展真正意义上的联合育种工作，以实现“川系化”育种目标。这些育种平台的正常运行，需花费大量的人力和物力，因此，需加强政府引导，构建“生猪核心育种场+核心种公猪站+生猪战略种源基地”三位一体的育种新格局，支持发展区域性联合育种，推动联合育种平台发展，鼓励生猪育种企业加入这类育种数据平台，分享育种数据，为选育优秀基因打基础。

2. 加大政策层面对新品种（配套系）培育投入

生猪育种企业或事业单位要培育出一个新品种，投入大、周期长、耗用资金多。性能测定是生猪育种的一个重要阶段，也是环境要求高、耗用资金最多的一个阶段，比如一个 300 头的育种群体，至少需要测定公猪 300 头，测定结束后，仅 20~30 头公猪留作种用，其他猪可能只能作为淘汰猪处理，对企业或事业单位来说，这是一笔很大的费用。为了增强育种企业的育种积极性，政府可给予一定的测定补贴，项目资金和资源应更多向生猪种业倾斜，尤其加大对生猪育种龙头企业的培育和支持力度。在当前养殖企业普遍亏损的情况下，国家和相关部门应出台政策，加大对企业或事业单位育种项目的资金扶持。鼓励和保护企业或事业单位自主研发的积极性，让企业免于因亏损而减少科研投入，保障育种研究在人员、资金上的持续性，让专业技术人员能够长期专注于种猪的选育研究，从而通过育种工程，优化生猪品种，培育出生长速度快、饲料转化率高，肉质优异的猪种。同时，支持和鼓励产学研结合，加快对优质种源的市场化推广，如政策、资金补贴联合育种创新、区域试点推广等工作。

3. 提高生猪育种行业门槛

不鼓励所有养猪企业都来育种，应该制定行业标准和技术门槛，规范生猪育种行业发展，切忌一哄而上都来做生猪育种。有些企业不具备生猪育种的条件，为了育种补贴盲目搞育种。要建立高效的智能化种猪性能测定体系，加快全基因组选择等育种新技术的应用，大力推进地方猪的开发利用。未来，应该重点扶持做大一批生猪育种龙头企业，才能真正改变生猪育种行业“小而散”的现状。

（三）加强生猪生产疫病防控

做好疫病防控，猪只的健康是生猪育种的重要前提。在生猪育种的过程中，疫病防控更不应该松懈，疫病防控和育种一样重要。

1. 重视猪群检疫工作

猪病防控还应从源头上切断疾病传染源，以免猪只感染疾病。实施检疫净化措施能完成猪群各种疾病的检疫。将检出的患病猪或阳性猪淘汰或扑杀处理，使猪群保持健康无疫。在生猪育种过程中，应坚持自繁自养，防止外源性猪进入猪场传播疫病。如果有必要引进猪只，需要保证检疫合格，并隔离 30 天确认无疾病后才能混群饲养。实施封闭饲养，严禁外来无关人员或车辆进出，进出人员和物品经过严格消毒，避免疫病传入。

生猪饲养需要遵照国家规定定期进行疫苗接种，如高致病性猪蓝耳病、口蹄疫等为国家强制免疫病种，需要严格遵照规定实施免疫。针对其他类型疫病需结合地区生猪养殖疫病流行情况实施免疫，建立猪场免疫程序，保证免疫工作规范开展。一旦发现感染具有传染性疾病的猪只需要立即隔离、扑杀，重大疫病需要划定疫点，对疫区实施封锁，限制猪及猪产品流动，避免疫情扩散。针对患病死亡的猪只需要采取焚毁、掩埋等无害化处理措施，消灭传染源。细菌、病毒会通过猪排泄物、被污染饲料、土壤等各种途径传播，还应做好消毒处理，将病原体杀灭，切断传播途径。

2. 做到日常科学饲养

猪病的发生与饲养管理不到位有关，所以应做到科学饲养。在猪饲喂方面，应选择营养全面、充足的饲料，科学配置日粮，保证饲料质量合格，禁止投喂变质、发霉饲料，提高生猪免疫力和抵抗力。夏季应补充必要清凉饲料，加强防暑，保证饮水干净。环境恶化、忽冷忽热将引起猪只应激反应，造成疾病发生。为改善饲养环境，应做好防寒降温工作，同时加强通风，保证猪舍光照充足的同时避免猪群受阳光直射。及时清理猪排泄物、猪槽中被污染的饲料，保证猪舍环境整洁。

定期组织消毒，采用生石灰等低毒性消毒剂消毒，做到不留死角，避免细菌、病毒滋生。应定期驱虫，预防寄生虫病。日常管理中需对猪群实施科学保健，如断奶仔猪缺乏母源抗体保护，需要利用电解多维、维生素 C、阿莫西林等混合药剂防控腹泻、呼吸系统疾病，保育猪转群后加强病毒繁殖抑制，选用适合药剂加强呼吸系统疾病防控。

3. 加强猪病监测预防

猪场环境温暖、封闭，较大的饲养密度能为细菌、病毒和寄生虫的滋生创造有利条件，所以需要加强猪病监测与预防。猪病发生通常具有一定的季节性，还应在猪病多发季节加强猪病监测，及时发现猪只身体异常，并通过有效诊断和治疗实现猪病防控。针对猪流感、流行性乙型脑炎、猪蓝耳病、猪丹毒等常见多发疫病，还应重点监测与预防。一旦发现患病猪只应立即进行隔离观察和治疗，避免疾病大范围传播。掌握重点猪病发生特点和防控措施，为猪病监测提供科学依据，并为猪病预防争取更多时间。掌握各种猪病的检测方法，了解患病猪只症状，准确判断疾病，提出科学治疗方案和预防措施。通过定期监测，在合理时机实施免疫可以避免疫病大范围暴发，最终取得较好的防治效果。

（四）加强新品种（配套系）的推广

1. 加大资金投入，打好工作基础

各级政府部门应大力宣传当前引进推广新品种的重要性和必要性，努力争取财政支持。在资金投入上，应加大新品种（配套系）培育基地的投入，使之上规模、上水平。另外，加大对新品种（配套系）的宣传和示范力度，使广大养殖场（户）获得新品种信息，尽快接受新品种（配套系），从而加快新品种（配套系）引进推广步伐。

2. 根据市场需求，培育各具特色的专门化品种

只有生长速度快、饲料报酬高、肉质优、适宜市场推广的品种才具有广阔的推广前景。因此，要了解市场需求，根据市场需求确定品种（配套系）培育目标，要加强与大专院校、科研育种单位的交流与合作，开展种质资源研究，确定品种培育适宜的方向，引进新品种（配套系）的地方，要安排示范推广，筛选适合当地养殖、经济效益好的品种（配套系）。

3. 搞好基地建设，提高种猪质量

育种基地是新品种（配套系）推广的桥梁，搞好良种繁育基地建设至关重要。应让有实力的大企业或科研单位承担新品种（配套系）的维持选育工作，在新品种（配套系）维持选育过程中，必须严格按照选育方案、饲养操作规程和质量监督体系进行，从而加快新品种（配套系）推广的步伐。

4. 良种配良法，挖掘品种潜能

在新品种（配套系）推广中，坚持良种良法一起推，是促进新品种（配套系）推广应用的有效措施，因此，在推广新品种（配套系）的同时，应结合当地的自然环境和生产条件，研究制定与新品种（配套系）相适应的养殖配套技术，并通过开展培训会或发放品种宣传资料和养殖技术资料的方式进行宣传，真正做到良种配良法，从而充分发挥新品种（配套系）的生产潜力，做到大面积推广。

5. 规范品种引进，加强品种管理

在猪种引进时，应严格按照新品种或配套系标准选择种猪或商品猪，并且有清晰的出生日期、免疫记录和系谱。

四川生猪繁育体系建设及育种技术创新研究报告

牛丽莉[1]　顾以韧[2]　梁　艳[2]　张顺华[1]
（1. 四川农业大学，四川成都　611130；
2. 四川省畜牧科学研究院，四川成都　610066）

摘　要：由农业农村部主导实施的《全国生猪遗传改良计划（2009—2020）》将我国生猪遗传改良工作上升到前所未有的地位，实施10年给我国生猪种业带来巨大变化，基本建立形成良种繁育体系，但育种基础工作仍然存在薄弱环节，基因组选择、表型组智能测定等关键技术应用滞后，自主创新能力不强等问题依然突出。2022年4月23日农业农村部印发新一轮全国畜禽遗传改良计划——《全国生猪遗传改良计划（2021—2035年）》提出，到2035年建成完善的商业化育种体系，自主创新能力大幅提升，核心种源自给率保持在95%以上。本报告总结了“十三五”期间四川省生猪遗传改良计划实施以来生猪良繁体系构建取得的进展、育种新技术的开发以及应用情况，并对存在的问题以及未来的工作计划提出建议。

关键词：四川省；生猪；繁育体系；育种技术

前言

2009年农业部出台《全国生猪遗传改良计划（2009—2020）》，并成立全国生猪遗传改良计划专家委员会，制定相关技术规程，启动遴选国家生猪核心育种场，建立全国或区域性种猪遗传评估中心和生产性能测定中心，大力推行全国范围内的生猪联合育种。参与生猪联合育种的主体主要包括育种企业、种猪测定中心、种猪遗传评估中心以及种公猪站4类，加快了生猪良种国产化进程，同时培育了一批具备自主知识产权、生产性能优良、适应市场需求的新品种（配套系），推进了我国生猪种业的发展。通过全国生猪遗传改良计划（2009—2020）的实施，总计遴选了

89家国家生猪核心育种场和4家服务于核心场间遗传交流的种公猪站，覆盖全国24个省份，组建了15万头的核心群，累计收集品种登记数据近900万条、有效性能测定数据700万条。建立了以场内测定为主的生产性能测定体系，组建了全国种猪遗传评估中心，定期发布种猪遗传评估报告，指导企业科学选育。杜洛克猪、大白猪和长白猪重要经济性状遗传进展获得稳步提升，100千克体重日龄分别降低9.0天、6.7天和5.0天，大白猪和长白猪总产仔数分别提高1.7头和1.0头，种群生产性能水平明显提高，基本形成了持续改良、稳步提升的良性循环。此外，以地方猪遗传资源和引进品种为素材，培育了15个新品种及配套系，建立了基因组选择平台，建成了国家级保护猪品种DNA特征库，区域性联合育种实体企业相继成立，建成了相对完善的育种体系，自主创新能力不断提升。

“十四五”期间，中央经济工作会议、中央农村工作会议对打好种业翻身仗做出总体部署，中央一号文件对实施新一轮畜禽遗传改良计划和现代种业提升工程提出了明确要求，并出台了《关于加快生猪种业高质量发展的通知》。2021年4月28日，农业农村部发布第二轮《全国畜禽遗传改良计划（2021—2035年）》提出，力争用15年时间，建成比较完善的商业化育种体系，显著提升种畜禽生产性能和品质水平，自主培育一批具有国际竞争力的突破性品种，确保我国畜禽核心种源自主可控。为此，农业农村部专门成立了全国畜禽遗传改良计划领导小组，领导小组下设办公室、咨询委员会和生猪专家委员会，办公室设在全国畜牧总站，负责具体组织实施工作，咨询委员会主要负责提供战略咨询，专家委员会负责提供专业技术支撑，省级畜禽种业主管部门负责本省生猪核心育种场（国家级、省级）、种公猪站等的管理，省级种猪性能测定中心负责集中测定，育种科研单位进行技术培训。

一、四川生猪良繁体系建设成效显著

（一）相关政策及实施

四川省委、省政府和农业主管部门均十分重视生猪种业发展，2021年省委一号文件《中共四川省委四川省人民政府关于全面实施乡村振兴战略开启农业农村现代化建设新征程的意见》明确提出，将打好种业翻身仗，实施新一轮现代种业提升工程；同时四川将大力培育现代种业园区，支持绵阳建设国家区域畜禽种业创新中心，支持建立育种创新联合体，加大应用现代生物和信息技术开展育种攻关力度，推进国家级育种制种基地建设，支持一批省级优势种业基地加快发展，实施生猪种业提升行动，培育“川系”种猪品牌。农业农村厅发布促进生猪生产保障市场供应9条措施，重点支持部、省级生猪核心育种场建设，支持企业开展种猪选育，加强生产性能测定，提升种猪自主选育能力。

（二）四川外种猪联合育种实施成效显著

四川省已建设8家外种猪国家核心育种场、6家省级核心育种场和5家省级区域性种公猪站（表1）；并分别在四川省畜牧总站和四川省畜牧科学研究院建立四川省种猪遗传评估中心、四川省种猪性能测定中心、四川省种公猪站和四川省生猪分子育种中心四大联合育种平台（表2）。四川省种猪遗传评估中心负责对核心育种场开展的种猪性能测定指标结果进行统一评估，对有效测定数据进行登记造册，开展良种登记，向社会推广良种。目前，积累收集生长性能测定记录32.4万条，基因芯片测定数据1.2万条，测定数量位居全国前列。四川省生猪分子育种中心开展生猪分子育种工作，四川省种猪性能测定中心和四川省级种公猪站负责全省种猪性能的监测工作与全省顶级种公猪的精液生产与配送工作，建立场间遗传联系。此外，四川省畜牧总站还牵头成立组建了省级生猪遗传资源委员会和专家委员会，负责指导全省的种猪联合育种工作。

表1　四川省国家及省级畜禽核心育种场、区域性种公猪站名单

序号	企业名称	市（县、区）	畜种	类别
1	四川天兆猪业股份有限公司	南充市嘉陵区	种猪	国家核心育种场
2	四川御咖牧业有限公司	绵阳市三台县	种猪	国家核心育种场
3	犍为巨星农牧科技有限公司	乐山市犍为县	种猪	国家核心育种场
4	绵阳明兴农业科技开发有限公司	绵阳市三台县	种猪	国家核心育种场
5	江油新希望海波尔种猪育种有限公司	绵阳市江油市	种猪	国家核心育种场
6	乐山牧源种畜科技有限公司	乐山市井研县	种猪	国家核心育种场
7	自贡德康畜牧有限公司	自贡市自流井区	种猪	国家核心育种场
8	四川省眉山万家好种猪繁育有限公司	眉山市东坡区	种猪	国家核心育种场
9	四川省丽天牧业有限公司	达州市达川区	种猪	省级核心育种场
10	彭州金猪农业开发有限公司	成都市彭州市	种猪	省级核心育种场

（续表）

序号	企业名称	市（县、区）	畜种	类别
11	广安德康生猪养殖有限公司	广安市广安区	种猪	省级核心育种场
12	成都远大中实猪业有限公司	成都市蒲江县	种猪	省级核心育种场
13	成都旺江农牧科技有限公司	成都市邛崃市	种猪	省级核心育种场
14	齐全农牧集团射洪有限责任公司	遂宁市射洪市	种猪	省级核心育种场
15	四川鼎王金猪科技有限公司	成都市简阳市	种猪	省级区域性种公猪站
16	四川省丽天牧业有限公司	达州市达川区	种猪	省级区域性种公猪站
17	四川省眉山万家好种猪繁育有限公司松江种猪场	眉山市东坡区	种猪	省级区域性种公猪站
18	宜宾市叙州区德康农牧科技有限公司	宜宾市叙州区	种猪	省级区域性种公猪站
19	绵阳明兴农业科技开发有限公司	绵阳市三台县	种猪	省级区域性种公猪站

表 2　四川省生猪联合育种四大平台

序号	平台名称	建设及管理单位	建设时间
1	四川省种猪遗传评估中心	四川省畜牧总站	2017—2018 年
2	四川省种猪性能测定中心	四川省畜牧科学研究院	2017—2021 年
3	四川省种公猪站	四川省畜牧科学研究院	2017—2021 年
4	四川省生猪分子育种中心	四川省畜牧科学研究院	2017—2021 年

通过对全省 14 家外种猪省部级核心育种场开展外种猪性能测定和遗传评估，初步形成了全省 2 万头跨场选育超级核心群，并结合人工授精体系建设，推广经性能测定的优秀种公猪，有力提高了四川省的种猪质量并促进遗传改良进展向生产群快速传递。

（三）四川外种猪性能测定和遗传评估实施成效

1. 四川外种猪性能测定和遗传评估成果

2021 年，全省 14 个外种猪核心育种场（8 个国家级核心育种场、6 个省级核心育种场）测定种猪 66 919 头，其中有效测定 64 445 头。通过四川种猪遗传评估系统，最终核定杜洛克种猪父系指数≥100、长白种猪母系指数≥100、大约克夏种猪母系指数≥100 的良种猪总计 36 215 头，其中杜洛克 3 606 头、长白猪 12 304 头、大约克夏猪 20 305 头。

2. 100 千克体重日龄表型及遗传进展

2021 年全省性能测定数据平均水平为杜洛克种猪、长白种猪、大约克夏种猪达 100 千克体重日龄分别是 162.71 天、162.79 天、164.93 天，较 2016 年分别缩短了-7.15 天、-4.68 天、-3.65 天。近 6 年（2016—2021 年）性能测定数据统一评估显示，2021 年杜洛克种猪、长白种猪、大约克夏种猪达 100 千克体重日龄估计育种值分别是 -1.89、-1.58、-1.69，进展较 2016 年分别增加了-1.3、-1.52 和 -1.69。(图 1，图 2)。

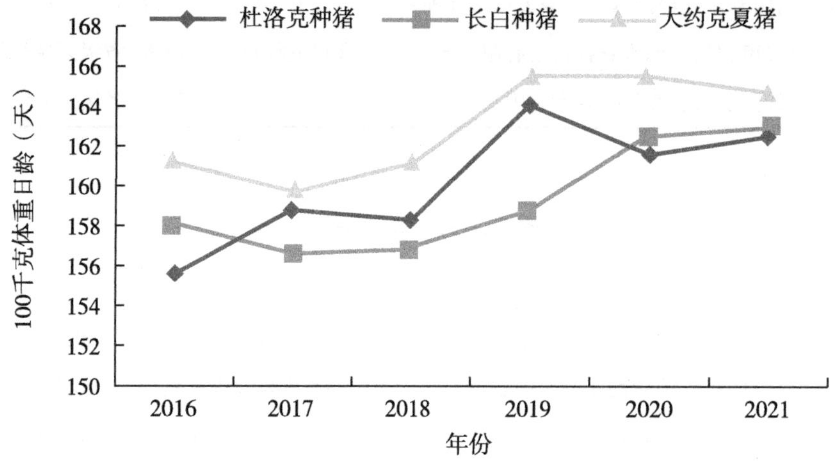

图 1　四川外种猪达 100 千克体重日龄表型进展

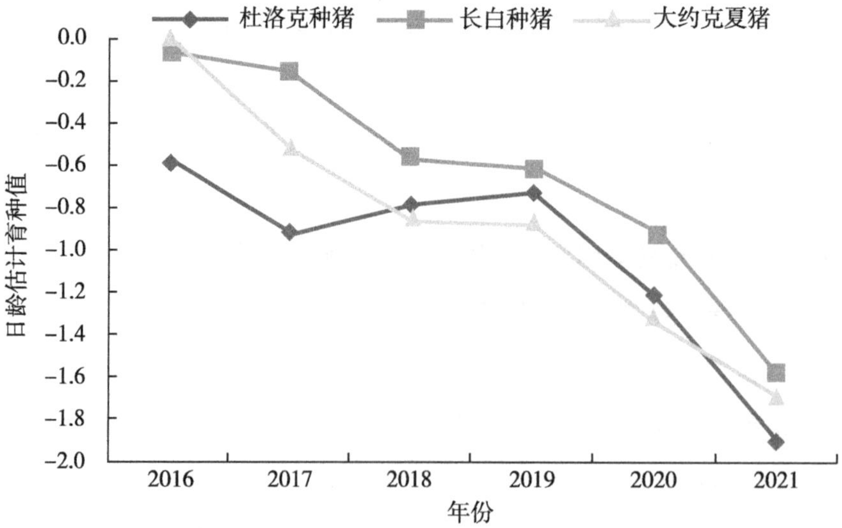

图 2　四川外种猪达 100 千克体重日龄遗传进展

3. 100 千克体重背膘表型及遗传进展

通过全省性能测定数据可知，2021 年度杜洛克种猪、长白种猪、大约克夏种猪达 100 千克体重背膘厚分别是 10.21 毫米、10.38 毫米、10.36 毫米，比较 2016 年分别降低了 0.35 毫米、0.57 毫米、0.63 毫米。对近 6 年性能测定数据统一评估显示，2021 年杜洛克种猪、长白种猪、大约克夏种猪达 100 千克体重背膘厚估计育种值分别是 -0.02、-0.01、0.2，比较 2016 年分别进展了 -0.02、-0.09、0.13（图 3，图 4）。

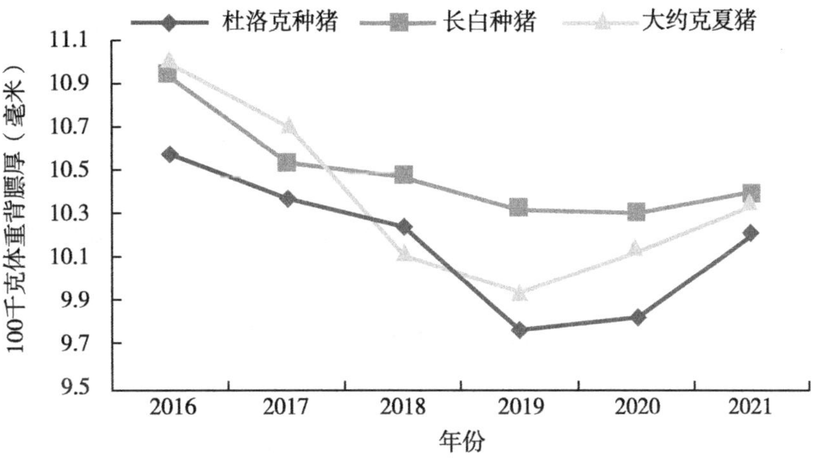

图 3　四川外种猪达 100 千克体重背膘厚表型进展

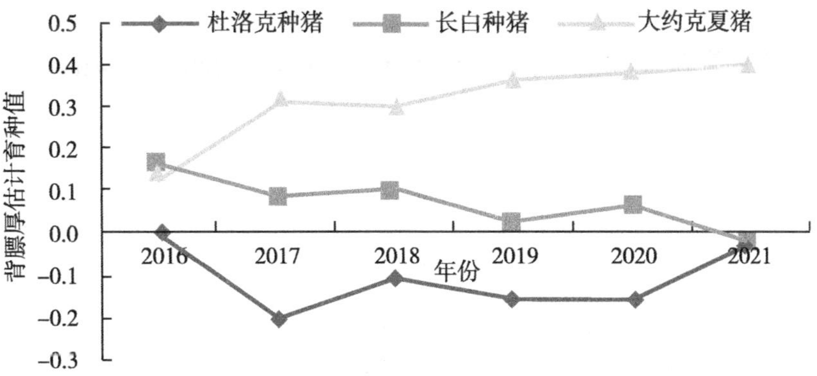

图 4　四川外种猪达 100 千克体重背膘厚遗传进展

4. 种猪窝均总产仔数表型及遗传进展

通过全省性能测定数据可知，2021 年度杜洛克种猪、长白种猪、大约克夏种猪窝均总产仔数分别是 9.8 头、12.67 头、13.53 头，较 2016 年分别进展了 0.38 头、

0.68头、0.63头。对近6年性能测定数据统一评估显示，2021年杜洛克种猪、长白种猪、大约克夏种猪窝均总产仔数估计育种值分别是0.05、0.14、-0.13，进展较2016年分别增加了0.01、0.23、-0.21（图5，图6）。

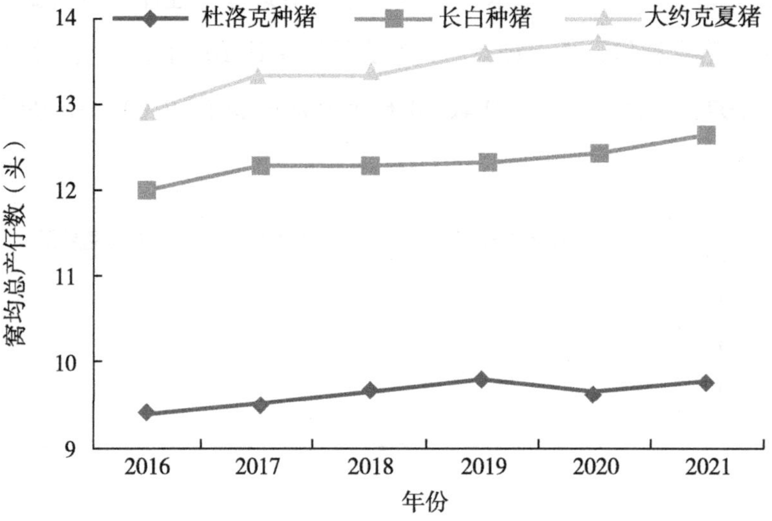

图5　四川外种猪窝均总产仔数表型进展

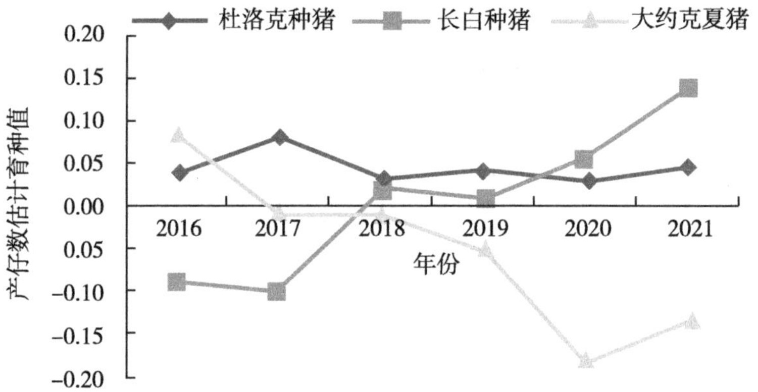

图6　四川外种猪窝均总产仔数遗传进展

5. 种猪选择指数进展

性能测定数据统一评估显示，2021年杜洛克种猪、长白种猪、大约克夏种猪母系指数分别是103.16、110.72、99.00，进展较2016年分别增加了5.78、19.70、-4.62。父系指数分别是105.44、108.89、105.48，进展较2016年分别增加了10.28、15.82、12.77（图7，图8）。

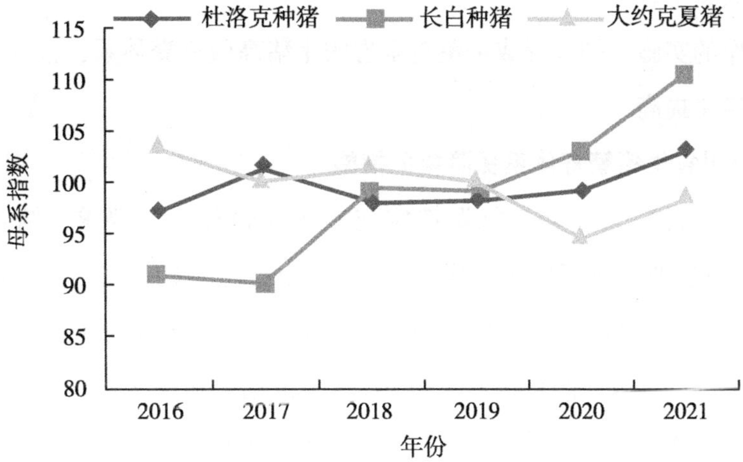

图 7 四川外种猪母系指数选择进展

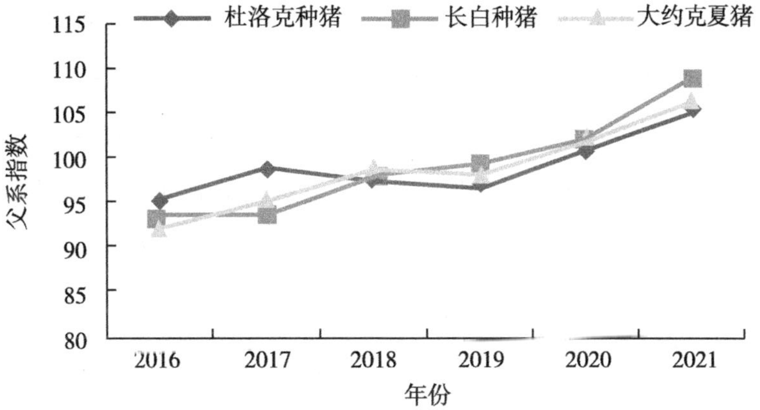

图 8 四川外种猪父系指数选择进展

（四）四川建成生猪“五级”良繁体系

2020 年全省建立生猪核心育种场 20 个（其中部级 7 个、省级 13 个），一级扩繁场 38 个，二级扩繁场 266 个。建立猪人工授精站点 1 028 个，人工授精面达 72.0%，以 DLY 为代表的高瘦肉猪市场覆盖率达 90%以上。进一步加快外种猪自主化选育进程，建立了四川生猪现代种业遗传评估中心、种猪遗传交流中心等公益性育种平台，每年开展场内测定种猪 4 万头以上，累计开展基因组芯片测定和评估 1.2 万头以上。

2021 年，四川省根据《四川省区域性种公猪站遴选标准（试行）》和《关于开展 2021 年四川省区域性种公猪站遴选工作的通知》等文件要求，遴选省级区域性种公猪站共5个。

上述工作的实施，初步形成了覆盖全省的生猪高效良繁体系，推动了全省生猪遗传品质的稳步提高。

（五）四川省生猪繁育体系保障相关措施

按照农业农村部《生猪产能调控实施方案（暂行）》要求，结合《四川省“十四五”推进农业农村现代化规划》，2021年出台了《四川省生猪产能调控实施方案（暂行）》设定四川省能繁母猪存栏量调控目标，即能繁母猪正常保有量稳定在400万头左右，最低保有量不低于360万头。结合各市（州）产业发展布局重点，确定能繁母猪正常保有量（表3）；以能繁母猪正常保有量的90%为标准，确定最低保有量。依托全国生猪规模养殖场监测系统，对年设计出栏育肥猪1万头及以上的规模猪场和国家生猪核心育种场，确定为“国家级生猪产能调控基地”；对年设计出栏育肥猪3 000~9 999头的规模猪场、省级生猪核心育种场、年设计存栏能繁母猪300头及以上的种猪场确定为“四川省生猪产能调控基地”。按照猪场自愿加入并配合开展产能调控的原则，建立国家和省级生猪产能调控基地。目前，农业农村厅网站公布了四川省2022年国家级和省级生猪产能调控基地名单，其中，国家级生猪产能调控基地包括简阳鑫旺达宇农牧有限公司、简阳市赤水畜禽养殖专业合作社等共393家，四川省生猪产能调控基地包括简阳国发农业有限公司、简阳市健硕农牧发展有限公司等共2 500家。各市（州）生猪产能调控基地汇总表(表4)。

表3　各市（州）能繁母猪和规模场（户）保有量

序号	市（州）	能繁母猪正常保有量（万头）	能繁母猪最低保有量（万头）	规模养殖场（户）保有量（个）
1	成都市	23.0	20.7	660
2	自贡市	11.0	9.9	245
3	攀枝花市	4.0	3.6	60
4	泸州市	26.0	23.4	485
5	德阳市	13.0	11.7	660
6	绵阳市	25.0	22.5	1 060
7	广元市	24.0	21.6	765
8	遂宁市	22.0	19.8	820
9	内江市	15.0	13.5	515

（续表）

序号	市（州）	能繁母猪正常保有量（万头）	能繁母猪最低保有量（万头）	规模养殖场（户）保有量（个）
10	乐山市	16.5	14.85	775
11	南充市	39.0	35.1	1 320
12	宜宾市	32.0	28.8	1 200
13	广安市	23.0	20.7	340
14	达州市	26.0	23.4	910
15	巴中市	20.0	18.0	800
16	雅安市	9.0	8.1	300
17	眉山市	15.0	13.5	480
18	资阳市	16.0	14.4	270
19	阿坝州*	3.5	3.15	50
20	甘孜州*	2.0	1.8	10
21	凉山州	35.0	31.5	275
	合　计	400.0	360.0	12 000

注：数据来源于《四川省生猪产能调控实施方案（暂行）》。

表 4　各市（州）生猪产能调控基地汇总

市（州）	国家级调控基地（个）	省级调控基地（个）
成都市	36	130
自贡市	26	92
攀枝花市	0	3
泸州市	14	104
德阳市	14	35
绵阳市	68	355
广元市	25	118
遂宁市	5	126
内江市	11	118
乐山市	29	97
南充市	20	269
眉山市	14	46
宜宾市	34	292
广安市	21	175
达州市	36	255
雅安市	9	33
巴中市	12	167

（续表）

市（州）	国家级调控基地（个）	省级调控基地（个）
资阳市	8	27
阿坝州	0	2
甘孜州	0	4
凉山州	11	52
合　计	393	2 500

注：数据来源于四川省农业农村厅网站。

二、四川省种猪育种新技术研究与应用

（一）全基因组选择育种技术的开发与应用

四川省是全国首批开展猪基因组选择的地区之一。在四川农业大学猪育种团队的科技支撑下，2019 年，绵阳明兴农业、德康农牧等 4 家核心育种场入选农业农村部首批 20 家猪基因组育种计划。随后，四川省畜牧总站与四川农业大学、南京丰顿公司合作，在外种猪传统遗传评估基础上，进一步探索将全基因组遗传评估结果纳入遗传评估模型，完成了生猪基因组评估模型的研制和基因组遗传评估技术体系的建立，实现猪全基因组选择技术的商业化应用。同时，开展将基因组评估技术应用于地方猪群体遗传结构分析和遗传评估。

（二）优质健康猪重要候选基因挖掘及分子育种标记开发

四川农业大学猪育种团队通过应用多种组学技术挖掘生产性状相关的候选基因，用于生猪育种的标记辅助选择，如发现丁酸钠调控 ssc-miR-378b-3p 通过靶向抑制 HDAC3 的表达提高 MEF2D 的乙酰化水平，从而促进慢肌或氧化型肌纤维的形成。采用重测序基因芯片技术分析猪的初生重，达 100 千克体重的天数、背膘厚和眼肌面积，饲料转化率（FCR）、剩余采食量（RFI），出生总数、活产仔数和活产仔重等性状的候选基因，如通过对 1 200 头猪 GBS 测序获得的 345 570 个SNP 进行基因分型，采用单标记回归方法进行 GWAS，共鉴定有 27 个和 13 个显著的 SNP 分别与体重、BFT 相关，提出了 2 个影响体重的位置候选基因 *NSRP1* 和 *CADP*。这是首次利用 GBS 数据确定体重和 BFT 的重要 SNP 的研究报告。四川省畜牧科学研究院猪育种团队采用目标序列捕获和 RNA-seq 技术分别从 DNA、mRNA、miRNA 和 lncRNA 层面挖掘了对瘦肉率（LMP）、背膘厚（BF）、IMF 含量、脂肪酸组成相关

的候选基因和 SNP 分子标记位点 41 个，在细胞或活体水平验证了 8 个候选基因及调控元件的生物学功能，为优质猪新品系创制和新品种（配套系）培育提供了可靠的上游基因资源，并将 *CAV1*、*IRS4* 和 *VRTN* 基因中与 IMF 含量和肋骨、体长等重要经济性状存在紧密关联的 SNP 位点应用于猪新品种（配套系）的选育中，实现了基础研究和育种实践的有机结合。

（三）精液品质相关分子标记的开发

四川农业大学繁殖研究团队长期从事冷冻精液方面的研究，通过 RNA-seq 和 miRNA-seq 评估不同抗冻能力的公猪精子中显著差异的 miRNA 和基因，并指出参与细胞凋亡、能量代谢、嗅觉传导途径、刺激反应和细胞因子—细胞因子相互作用等通路的基因和 miRNA 可能是精子冷冻损伤和冷冻耐受的分子机制。首次报道了 miR-26a 和 PDHX 及其在新鲜、冻融和附睾公猪精子中的表达之间的潜在关系，发现 miR-26a 通过靶向 PDHX，调节糖酵解和氧化磷酸化之间的联系，最终影响公猪精子的活力。

（四）基因编辑技术及在育种上的应用

基因组编辑是指通过人为操作引起基因组特定碱基插入、缺失或替换等，对基因组进行精确修饰和定向编辑的一种生物学技术。基因组编辑技术已经广泛应用于猪生产性能、抗病育种、人类模式动物构建和异种器官移植等方面的研究。

四川农业大学猪育种团队利用基因编辑技术首次成功创制猪经济性状改良的 6 种基因编辑猪，包括骨骼肌生长（*FST* 和 *ZEBD6* 基因）、脂肪沉积（*PTRF* 基因）、代谢能力（*ASGR1* 和 *FAH* 基因）、“红肉”食用安全性（*GTKO* 基因），开创了对川猪进行有目标的分子设计育种、改造乃至猪经济性状（生长速度、瘦肉率等）精准定向改良的先河。

（五）遗传纯度鉴定研究及其在育种上的应用

四川省畜牧科学研究院猪育种团队长期从事猪遗传纯度鉴定研究，通过对不同猪种开展全基因组重测序，鉴定到的 9 套分子标记，每套标记包含 7 个连续的 SNP 位点，并基于自主设计的分子标记信息，研发了地方猪种遗传纯度检测软件系统，实现对不同地方猪种遗传纯度精准鉴定，有效解决了芯片筛选品种特异性位点能力不足的问题。

（六）毛色早期精确预测和选择技术及在育种上的应用

四川省畜牧科学研究院猪育种团队针对专门化品系选育、新品种（配套系）培育和优质黑猪生产中毛色分离的关键技术难题，采用目标序列捕获技术鉴定到与猪毛色存在因果关联的分子标记，构建了黑毛色分子精准预测与鉴定技术，实现了猪育种和商品猪生产过程中后代毛色的快速、定向、高效预测和选择，具有效率高、成本低、耗时短特点。该技术填补了我国猪品种背景快速、定向、通量筛选方面的业界空白，可准确预测和获得纯黑毛色后代，并成功在川乡黑猪新品种培育中得到了应用。

三、存在的主要问题

（一）处于国内种猪性能顶端的优秀核心育种场数量少

2021 年，四川省核心育种场外种猪性能测定成绩与全国生猪核心场平均成绩相比，达 100 千克校正背膘厚和总产仔数指标全面优于全国平均水平，达 100 千克校正日龄与全国核心育种场平均水平相当（表 5）。但值得注意的是，处于国内种猪性能顶端的优秀核心育种场数量却凤毛麟角。根据对国家生猪核心育种场测定数据分析显示（表 6 至表 10），2021 年 12 月全国核心场大白猪、长白猪和杜洛克猪 3 个品种的校正日龄和大白猪、长白猪的总产仔数的前 10 名中，仅自贡德康畜牧有限公司大白猪和长白猪、四川御咖牧业有限公司杜洛克猪校正日龄、都江堰巨星猪业科技有限公司大白猪产仔成绩排名进入了全国核心育种场前 10 名，排名分别为第 8 名、第 5 名、第 8 名和第 2 名，且整体性能与排名第 1 的企业差距明显，如自贡德康畜牧有限公司核心场大白猪和长白猪平均校正日龄分别为 152. 14 天和 151. 06 天，比宁德市南阳实业有限公司的 143. 29 天和 142. 84 天成绩分别少 8. 85 天和 8. 22 天，四川御咖牧业有限公司核心场杜洛克猪平均校正日龄为 151. 57 天，比广西里建桂宁种猪有限公司的 143. 87 天少了 7. 7 天。即便是唯一进入前 3 名的都江堰巨星猪业科技有限公司核心场大白猪产仔数也比牧原食品股份有限公司的产仔数成绩低 0. 64 头，整体水平差距非常明显。这说明四川省核心育种场优秀种猪的性能水平相较国内高水平核心育种场依然有较大提高空间，这也与四川的养猪大省地位不相称。

表5　四川省和全国核心育种场种猪性能测定平均成绩

地点	达100千克校正日龄（天）			达100千克校正背膘厚（毫米）			总产仔数（头）		
	大白	长白	杜洛克	大白	长白	杜洛克	大白	长白	杜洛克
四川	164.93	162.79	162.71	10.36	10.38	10.21	13.53	12.67	9.80
全国	163.69	162.13	161.95	10.85	10.79	10.29	13.11	11.26	9.51

注：数据来源于四川省种猪遗传评估中心和全国种猪遗传评估中心。

表6　2021年12月全国核心场大白猪校正日龄成绩前10名排名（测定量不少于50条）

序号	单位名称	测定量（条）	公猪AGE（天）	母猪AGE（天）	平均AGE（天）
1	宁德市南阳实业有限公司	448	143.49	143.09	143.29
2	福清市永诚畜牧有限公司	111	148.24	148.09	148.17
3	广西农垦永新畜牧集团有限公司良圻原种猪场	67	145.17	151.74	148.46
4	兰州正大食品有限公司	442	149.84	151.18	150.51
5	湖北省正嘉原种猪场有限公司桑梓湖种猪场	484	148.29	152.8	150.55
6	泰和县傲牧育种有限公司	110	151.19	150.84	151.01
7	北京顺鑫农业股份有限公司小店畜禽良种场	452	152.85	151.29	152.07
8	自贡德康畜牧有限公司	343	150.75	153.53	152.14
9	云南福悦发畜禽养殖有限公司	421	151.11	153.72	152.42
10	安徽大自然种猪股份有限公司	579	153.31	153.83	153.57

注：数据来源于全国种猪遗传评估中心《国家生猪核心育种场数据统计分析报表》。

表7　2021年12月全国核心场长白猪校正日龄成绩前10名排名（测定量不少于50条）

序号	单位名称	测定量（条）	公猪AGE（天）	母猪AGE（天）	平均AGE（天）
1	宁德市南阳实业有限公司	251	143.31	142.36	142.84
2	广西扬翔农牧有限责任公司	59	155.25	142.56	148.9
3	福清市永诚畜牧有限公司	110	148.53	151.93	150.23
4	兰州正大食品有限公司	480	149.5	152.18	150.84
5	自贡德康畜牧有限公司	124	150.57	151.55	151.06
6	北京顺鑫农业股份有限公司小店畜禽良种场	399	150.9	151.65	151.27
7	云南福悦发畜禽养殖有限公司	68	151.52	152.31	151.92

（续表）

序号	单位名称	测定量（条）	公猪 AGE（天）	母猪 AGE（天）	平均 AGE（天）
8	江西省原种猪场有限公司吉安分公司	111	154.04	150.56	152.3
9	天津市宁河原种猪场	603	152.58	152.76	152.67
10	广西农垦永新畜牧集团有限公司良圻原种猪场	59	151.18	154.68	152.93

注：数据来源于全国种猪遗传评估中心《国家生猪核心育种场数据统计分析报表》。

表 8　2021 年 12 月全国核心场杜洛克猪校正日龄成绩前 10 名排名（测定量不少于 50 条）

序号	单位名称	测定量（条）	公猪 AGE（天）	母猪 AGE（天）	平均 AGE（天）
1	广西里建桂宁种猪有限公司	85	143.41	144.33	143.87
2	宁德市南阳实业有限公司	94	144.31	144.07	144.19
3	广西农垦永新畜牧集团有限公司良圻原种猪场	68	147.06	145.95	146.5
4	湛江广垦沃而多原种猪场	70	144.03	149.8	146.92
5	福清市永诚畜牧有限公司	245	146.49	148.39	147.44
6	湖南美神育种有限公司	65	145.9	150.19	148.04
7	兰州正大食品有限公司	653	149.96	150.85	150.4
8	四川御咖牧业有限公司	57	153.91	149.22	151.57
9	山东省日照原种猪场	144	155.51	153.54	154.53
10	广西柯新源原种猪有限责任公司	120	154.46	155.17	154.82

注：数据来源于全国种猪遗传评估中心《国家生猪核心育种场数据统计分析报表》。

表 9　2021 年 12 月全国核心场大白猪产仔成绩前 10 名排名（测定量不少于 50 条）

序号	单位名称	分娩记录（窝）	总产仔数（头）	产活仔数（头）
1	牧原食品股份有限公司	120	16.93	14.87
2	都江堰巨星猪业科技有限公司	101	16.88	14.23
3	佳和农牧股份有限公司汨罗分公司	87	16.77	13.86
4	广西里建桂宁种猪有限公司	43	16.21	14.3
5	江西省原种猪场有限公司吉安分公司	143	16.13	14.04
6	湖南美神育种有限公司	68	16.06	15.04
7	广西扬翔农牧有限责任公司	51	15.84	15.55
8	山东益生种畜禽股份有限公司	154	15.55	13.72
9	赤峰家育种猪生态科技集团有限公司	826	15.36	13.98
10	杭州大观山种猪育种有限公司	40	15.3	13.53

注：数据来源于全国种猪遗传评估中心《国家生猪核心育种场数据统计分析报表》。

表 10 2021 年 12 月全国核心场长白猪产仔成绩前 10 名排名（测定量不少于 50 条）

序号	单位名称	分娩记录（窝）	总产仔数（头）	产活仔数（头）
1	广西里建桂宁种猪有限公司	82	16.39	14.89
2	牧原食品股份有限公司	132	16.08	13.99
3	重庆市六九原种猪场有限公司	23	15.43	13.96
4	佳和农牧股份有限公司汨罗分公司	29	15.17	12.9
5	广西扬翔农牧有限责任公司	25	15.0	14.32
6	惠州市广丰农牧有限公司	70	14.66	11.96
7	安徽大自然种猪股份有限公司	22	14.18	12.86
8	浠水长流牧业有限公司	29	14.14	14.14
9	杭州大观山种猪育种有限公司	72	14.12	12.64
10	江西省原种猪场有限公司吉安分公司	23	13.78	12.17

注：数据来源于全国种猪遗传评估中心《国家生猪核心育种场数据统计分析报表》。

（二）个性化育种欠缺，育种新技术创新和应用滞后

种猪育种目标需体现市场需求，并随社会经济的发展和市场需求的变化做出相应调整，现阶段育种目标已不再是单纯追求高瘦肉率和高生长速度，而是转向优质、高效、高产和抗逆，为了适应育种目标多元化发展需要，国际和国内大型育种企业均在种猪遗传参数评估的基础上，制定了个性化育种方案。在对猪育种和育种新技术的创新和应用方面，世界养猪先进国家如丹麦、美国、法国等已先行一步，均建立了严格的种猪性能测定和良种登记制度，利用人工授精网络实现各场间的遗传联系，并将分子标记辅助选择和全基因组选择技术应用于品种选育过程中，且可针对特定性状采用特定的定制小芯片降低基因组分型成本的同时，灵活开展个性化的基因组选育，通过完善的联合育种体系不断加快遗传进展。如加拿大自 1985 年至今，猪背膘厚的改良速度提高了 50%以上，达 100 千克体重日龄的改良速度提高 100%~200%。四川省种猪育种企业普遍缺乏自主创新，除少数企业能通过差异化、个性化的自选性状测定对国外品种进行选育提高外，更多的是在未进行市场调研的情况下简单模仿国外育种目标进行低技术含量的扩繁生产，导致优质核心群供种能力不足。其次，四川省生猪育种企业的研发能力普遍较为薄弱，高校与科研机构在猪育种中仍承担重要角色，政府投资仍然是主要的育种资金来源。在过去几十年间开发的用于猪重要经济性状改良的明确功能的胴体、肉质风味性状主效功能基因和分子标记有限，难以满足育种需要；全基因组 SNP 芯片模板固定、不灵活，不能够

根据特定生产性状开展个性化选择，育种新技术、新方法的研发和推广应用速度慢，生猪育种科研成果和种猪生产需要脱节现象明显。

（三）育种场间联而不合，育种基础工作和技术力量薄弱

四川省目前已推行了基于性能测定的现代遗传评估体系，并通过四川省种公猪站对核心育种场送检种猪集中测定，将优秀种猪精液免费提供各核心育种场，提高了种猪选育的遗传进展，建立了初步的场间遗传联系。但由于多种因素的影响，四川省目前并没有形成联合育种的商业化种猪繁育体系，川猪联合育种整体依然呈“联而不合”状态，导致多数企业由于群体规模太小等原因而使选育的效果不理想，不少引进的猪种在使用几年后生产性能就发现明显退化，又不得不重复引种，不仅造成不必要的资金浪费，而且很难从根本上提高四川省猪育种和生产的技术水平，影响川猪可持续发展。

从技术角度，更大的种猪企业规模意味着更大的群体选择强度，从而意味着可获得更高的遗传进展和育种效率。发达国家的市场集中度较高，少数实力强、规模大的种猪企业占据了较高的市场份额，而四川省育种企业规模整体较小，即便少数企业规模较大，但在人员素质方面也体现出较大劣势，企业技术骨干数量少，甚至一些大型企业也更多的是依靠“产学研”的方式为其生产提供技术支持，其他中小企业的育种技术能力则更为薄弱，部分育种企业甚至没有专职的育种技术骨干人才。

（四）良种繁育体系管理机制不健全

生猪良种繁育体系是由生猪良种繁育和推广应用的相关主体及其关系构成的网络结构，其有效运行需要良种培育、扩繁、推广应用的有效推进和信息反馈，其目标是提高生猪生产率和猪肉质量。四川省良繁体系建设存在的主要问题在于缺乏相关部门和制度加大对种畜禽场、公猪站点的监管，定期对种猪场进行审核评估，定期发布审核结果；立足于生产打基础、育种上水平、供种提质量、引种强监管的基础上，完善种猪良种繁育、生产经营监管、科学推广利用的良性运行机制；利用技术支撑系统、兽医防疫追溯系统，开展种猪测定、按质竞价，提高种猪质量和供种能力。

四、应用发展的对策建议

（一）加强外种猪区域性高效联合育种体系建设

一是充分利用现有的四川生猪育种平台（四川省种猪遗传评估中心、四川省种猪性能测定中心四川省、四川省种公猪站、四川省生猪分子育种中心等），开展区域性种猪统一遗传评估。育种企业按要求保质保量送检，并定期开展引种、精液，促进遗传交流，建立场间遗传联系，实现外种猪区域性联合育种。二是在非洲猪瘟疫情的大背景下，加强对现有育种平台运行经费的财政支持力度，以确保育种平台的高效运转。

（二）加强种业育种创新的途径与落地

首先，做好顶层设计，将各种资源和要素充分整合，做好产业发展规划。其次，强化科技支撑，充分利用四川生猪育种平台及省级核心育种基地，自主开发算法和评估系统，提升遗传评估结果的准确性、及时性与权威性，指导企业实施精准选育；完善猪基因组选择技术平台，不断提升参考群规模和质量并加快推广应用，提升低遗传力性状（繁殖力等）、难以度量性状（肉质等）的育种效率，同时普及常规育种、分子育种和基因组育种等技术手段；构建全产业链育种数据体系，完善种猪登记制度和登记技术规范，开展覆盖核心群、扩繁群、生产群及屠宰加工等环节的全产业链关键数据采集；支持育种企业采用应用人工智能等技术的新型测定装备，建立精准高效表型组测定技术体系，不断提高四川省外种猪生产性能。

（三）加强科企合作，优势互补，助力产业发展，推动种业振兴

在市场需求的引导下，确定育种目标，建立以企业为主体，资本为纽带，利益共享，风险共担的科企合作模式，有效提高研发效率，实现资源共享，优势互补，提升四川省生猪产业整体持续发展能力和国际竞争力。以四川省畜牧总站、四川省畜牧科学研究院和四川农业大学作为技术优势单位，企业作为实施主体，培育具自主知识产权的优质、高效新品种（配套系），并建立利益联结机制，提升创新动力和效果。

总之，四川的生猪育种应坚持立足省内、自主创新、提质保供的发展战略，以推动种猪高质量发展为主题，以国家级和省级生猪核心育种场、区域性种公猪站为抓手，以生猪育种平台为载体，以技术创新和机制创新为根本动力，通过“政产学研用”大联合大协作的组织方式，大力支持联合育种，构建以市场为导向、企业为主体、产学研深度融合的创新体系，由企业、专家、社会政府共同逐步建立基于全产业链的育种新体系，打造具备国际竞争力的川猪种业，引领和支撑生猪产业转型升级。

四川生猪养殖饲料营养发展报告

冯 波[1] 邹成义[2] 卓 勇[3] 李 云[1] 刘进远[2]
王宇萍[1] 邓 卉[2] 车炼强[3]
（1. 四川省饲料工作总站，四川成都 610045；2. 四川省畜牧科学研究院，
四川成都 610066；3. 四川农业大学，四川成都 611130）

摘 要：饲料是发展现代生猪产业最重要的投入品，是实现养猪业持续、健康发展的根本保证。“十三五”以来，四川工业饲料产量和产值稳定增长，生猪饲料营养研究与饲料质量安全监测稳步推进，为助推四川省现代养猪业发展、保障城乡居民肉食品供应、加快农民增收脱贫步伐、促进社会和谐稳定和保障生态文明建设等做出了重大贡献。但是四川省生猪饲料产业中仍存在优质饲料原料短缺、猪饲料生产规模化程度偏低和产能不足、猪饲料生产工艺流程不够优化、猪营养需要及饲养标准应用不精准等影响因素。因此，需要在保障饲料资源供给、推动科技创新、构建饲料营养标准化技术体系、开发新型饲料资源、提高饲料利用效率和饲料质量安全水平等方面下真功夫，全面推进四川省生猪饲料产业健康稳定发展。

关键词：生猪养殖；饲料产业；饲料营养；饲料质量安全

饲料工业是现代畜牧业和水产养殖业发展的物质基础，直接关系着农业、农村经济发展和人民生活水平的提高，已成为我国国民经济的重要基础产业之一。四川省是生猪养殖大省，也是饲料工业大省。四川省饲料工业经过多年发展改革开放与发展，已经建成了包括饲料加工业、饲料添加剂工业、饲料原料工业、饲料机械制造工业和饲料科研、教育、标准、检测等较为完备的饲料工业体系。四川省饲料工业的大力发展，为保障安全优质的动物食品供给，促进粮食的增值转化，带动农业经济结构调整，以及在农民增收、农业增效和养殖产品竞争力增强等方面发挥了重要的作用。

生猪养殖中，饲料成本约占生猪养殖成本的 60%～70%，随着大量现代饲料科技的应用和养殖模式的提档升级，四川省肥育猪料肉比降低到 3：1 以下，出栏缩

短40天左右，养殖效益明显提高，对于保障人民群众肉食品供应起到了积极的作用。随着生猪规模养殖的不断发展，生猪疫病防控形势也越来越严峻，为保证初生仔猪及断奶仔猪的成活率以及提高生猪生长效率，一般会在饲料中添加一些促进生长的矿物元素和药物饲料添加剂。2019年农业农村部发布了194号公告，规定从2020年7月1日起饲料生产企业停止生产含有促生长类药物饲料添加剂（中药类除外）的商品饲料。不少饲料生产企业为满足业主需求，在饲料中添加功能性饲料添加剂来代替药物饲料添加剂，这些功能性饲料添加剂存在非法添加违禁物质的可能，有关部门应加大力度推进饲料质量安全监管，确保全省饲料产品能满足生猪生产需要，助推现代化生猪产业健康高效发展。

一、四川生猪养殖饲料营养的基本情况

（一）四川生猪饲料产业大省地位得以巩固和提升

四川是生猪养殖大省，也是饲料工业的发源地。随着现代饲料营养研究的不断深入以及饲料加工技术和检测技术的提升，极大地推动了四川省生猪产业的快速发展，充分发挥了饲料在生猪养殖中的重要基础作用。

1. 饲料加工能力位居饲料工业大省前列

据统计，2021年全省工业饲料产量1 438.37万吨，产值588.10亿元，分别占全国4.90%、4.81%，位列全国第7。

近年来，四川省饲料生产能力持续增长，工业饲料总产量呈大幅增长趋势（图1）。2021年全省饲料产量较2018年增长32.49%，产值增长43.44%。其中生猪饲

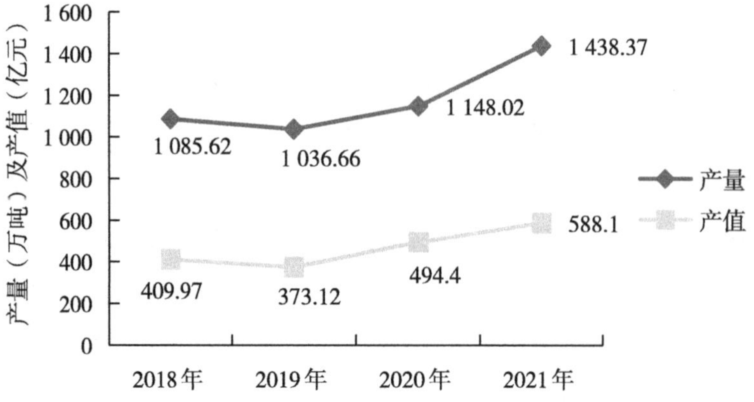

图1 2018—2021年四川省工业饲料产量及产值

料经历了非洲猪瘟疫情影响后也呈现了较大涨幅。

据统计，2021 年全省生猪饲料 994.90 万吨，占全省工业饲料产量的 69.19%，占全国猪饲料产量的 7.61%。虽然受非洲猪瘟疫情影响，2019 年全省生猪饲料产量同比有所下滑，2020 年即恢复增长，2021 年全省生猪饲料达 994.90 万吨（图 2），远超疫情前 740 万吨的年产量，较 2017 年增长 34.87%。

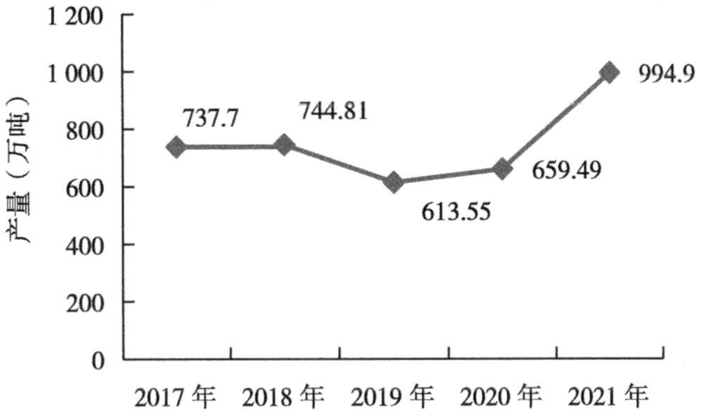

图 2 四川 2017—2021 年生猪饲料产量

从生猪生长阶段来看，2021 年全省仔猪饲料产量 353.5 万吨、育肥猪饲料 418.7 万吨、母猪饲料 165.2 万吨、其他饲料 57.5 万吨（图 3），分别占全省猪饲料总产量的 35.54%、42.08%、16.60%、5.78%，较 2018 年分别增长 -3.20%、57.70%、106.5%、68.82%。从图中可以看出，四川省母猪饲料产量除 2019 年略

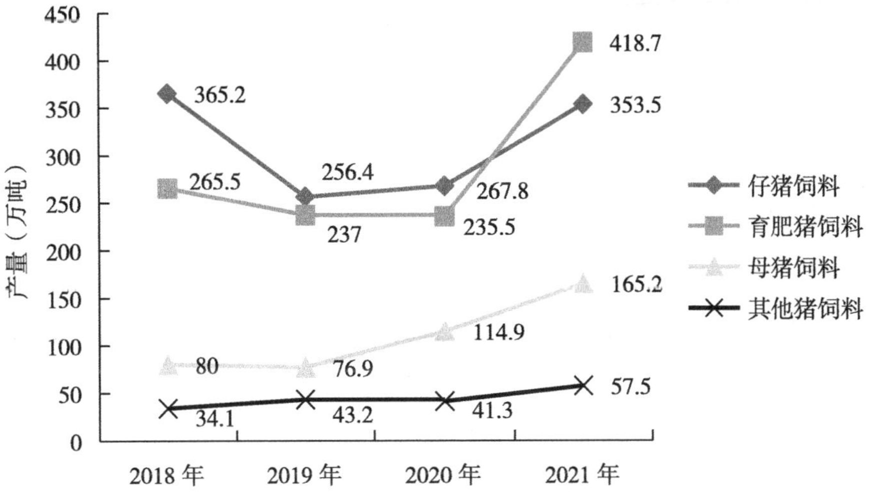

图 3 2018—2021 年猪饲料产量

有下降外，2020 年开始母猪饲料产量大幅增长，充分说明四川省母猪存栏数量的已恢复，甚至超过了非洲猪瘟疫情前的存栏量。

从饲料种类来看，2021 年猪配合饲料产量 939. 5 万吨，猪浓缩饲料 39. 0 万吨、猪添加剂预混合饲料 16. 4 万吨（图 4），分别占全省猪饲料总产量的 94. 43%、3. 92%、1. 65%，较 2017 年分别增长 43. 37%、-39. 63%、-7. 87%。从图中可以看出，四川省猪浓缩饲料产量比重呈逐年下降趋势，配合饲料产量占绝对主导地位。

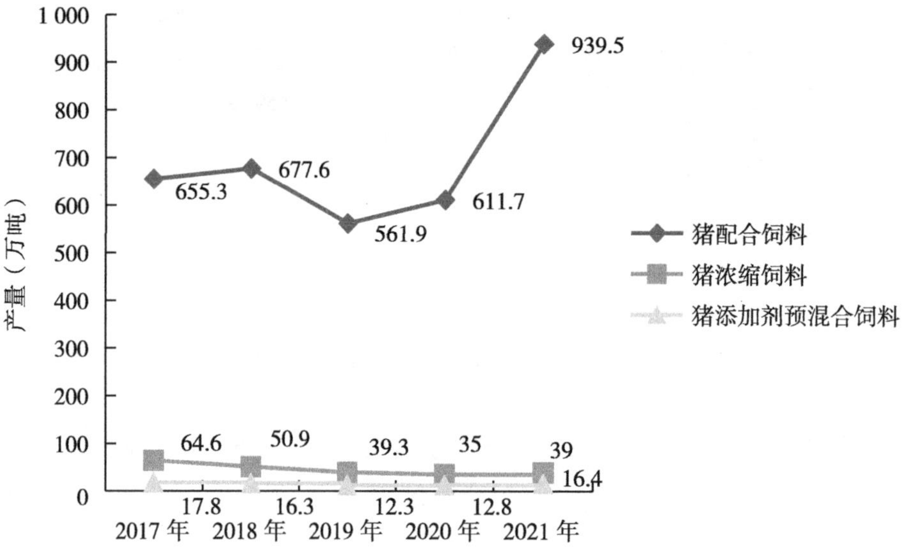

图 4　2017—2021 年不同种类猪饲料产量情况

2. 饲料产业体系日趋完善

经过多年的发展，四川饲料产业逐步形成了以饲料加工为主体，饲料原料、饲料添加剂、饲料机械、饲料检测、饲料科研与技术推广协调发展，以大型龙头骨干企业带动中小型企业共同发展的饲料工业新格局。随着养殖业结构的调整，饲料产品结构不断优化，日趋合理。2021 年生产配合饲料 1 360. 40 万吨，占四川省饲料总产量的 94. 58%，在四川省工业饲料中占绝对主体地位；生产浓缩饲料 44. 72 万吨；生产添加剂预混料 31. 68 万吨。从产品种类来看，猪料引领增长，其他饲料品种均衡发展。猪料产量从 2016 年的 656. 2 万吨增至 2021 年的 994. 9 万吨，所占比重从 61. 3%增至 69. 19%。配合饲料和猪料的大幅增长，充分印证了四川省饲料产业发展明显加快，规模化养殖水平显著提高。

3. 饲料产业多元化发展

随着饲料工作的发展，省内一些饲料产业规模化程度不断提高，通过多渠道融资、多种形式办厂、多种经济形式经营，逐步由粗放型生产转向集约化发展。部分饲料企业大胆引进国外先进技术、设备、投资和管理经验，大力兴办三资企业，积极与国外饲料企业开展考察、研讨、培训和技术交流活动，不断缩小与先进国家的差距。四川省越来越多的饲料及饲料添加剂企业开始开拓国际市场，实施跨国经营战略。新希望、通威、特驱等大型企业在海外纷纷建立了工厂，将成熟的饲料生产、研发、技术、服务、品牌和资金带出国门，畜科、大帝汉克、美溢德、朴瑞威等企业产品远销东南亚市场，并建立了紧密的友好合作伙伴关系。

4. 饲料行业集中度明显提高

随着行业准入门槛提升和市场竞争加剧，产业集中度明显提高。2015 年全省饲料加工企业 357 家，年产 1 万吨以上饲料企业 183 家，占全省饲料加工企业总数的 51.3%，产量占全省饲料总产量的 94.9%；年产 5 万吨以上饲料企业 65 家，占全省饲料加工企业总数的 18.2%，产量占全省饲料总产量的 68.1%；年产 10 万吨以上饲料企业 28 家，占全省饲料加工企业总数的 7.8%，产量占全省饲料总产量的 41.8%。2021 年全省饲料加工企业 343 家，比 2015 年减少 14 家；年产 1 万吨以上饲料企业 198 家，占全省饲料加工企业总数的 57.73%，产量占全省饲料总产量的 96.94%；年产 5 万吨以上饲料企业 98 家，占全省饲料加工企业总数的 28.57%，产量占全省饲料总产量的 80.75%；年产 10 万吨以上饲料企业 50 家，虽占全省饲料加工企业总数的 14.58%，产量却占全省饲料总产量的 56.8%。

5. 科技支撑能力不断增强

四川省生猪营养与饲料科研实力雄厚、研发能力强。2012 年以来，猪营养与饲料科技创新、成果转化得到进一步加强。一是建立了比较完善的猪营养与饲料科技创新、研发和转化平台。为规范新饲料和新饲料添加剂的评审，保证评审工作的科学、公正、公平，提高饲料评审效率，确保饲料和饲料添加剂的安全、有效和环保，2009 年农业部以 1142 号公告确定了全国 20 家有能力承担饲料和饲料添加剂有效性试验机构，四川农业大学和四川省畜牧科学研究院位列其中。2013 年，四川省科技厅批准成立了四川科领生猪产业技术研究院、四川科创饲料产业技术研究院，致力生猪产业和饲料产业的共性与关键技术研究；大型饲料企业普遍增加科技投入，通过建立技术中心，与科研单位合作共建院士（专家）工作站、博士（后）工作站、协同创新中心、专家服务站等，强化“产学研用”结合，推动技术创新与科技成果，为全省饲料行业发展提供强有力科技支撑。二是在猪营养理论、饲料资源高效利用和饲料新产品研发等领域取得一大批科技成果，其中，获四川省科技进步一等奖和二等奖 9 项，取得国家级饲料新产品 3 个。初步形成了大学和科研院所领头，产学研用协同创新的新局面（表 1）。

表 1　近 10 年四川省生猪营养与饲料领域获得的科技成果奖（不完全统计）

序号	获奖项目名称	第一完成单位	获奖年度	获奖类别
1	饲料资源营养增效新技术研究与应用	四川农业大学	2012	中华农业科技奖二等奖
2	猪区域优势饲料资源高效利用技术研究与用	四川省畜牧科学研究院	2012	四川省科技进步二等奖
3	猪鸡饲料净能评定及需要量研究与产业化应用	四川农业大学	2012	四川省科技进步二等奖
4	猪抗病营养理论与技术	四川农业大学	2013	四川省科技进步一等奖
5	高酶活基因重组木聚糖酶的开发与应用	四川农业大学	2013	四川省科技进步三等奖
6	饲用有机微量元素新产品、新技术研究与产业化	四川省畜牧科学研究院	2014	四川省科技进步二等奖
7	利用基因工程菌发酵生产抗菌肽研究	四川华德生物工程有限公司	2014	四川省科技进步三等奖
8	营养调控母猪坯胎存活与发育的机理及应用	四川农业大学	2014	四川省科技进步三等奖
9	酵母硒饲料添加剂的开发与应用	四川农业大学	2014	四川省科技进步三等奖
10	饲用酸化剂新技术新产品的研发与应用	四川省畜牧科学研究院	2014	四川省科技进步三等奖
11	微量元素减量增效技术研究与应用	四川农业大学	2015	四川省科技进步二等奖
12	新型饲用植酸酶和纤维素酶的创制及其应用	四川农业大学	2015	四川省科技进步三等奖
13	固态发酵改善菜籽饼粕营养价值关键技术研究与应用	四川农业大学	2015	四川省科技进步三等奖
14	弱小仔猪生长发育及营养调控关键技术研究与应用	四川农业大学	2016	四川省科技进步二等奖
15	饲用有机微量元素产品创新研制与应用	四川省畜牧科学研究院	2017	神农中华农业科技奖三等奖
16	肉猪阶段性无抗养殖关键技术创新与应用	四川省畜牧科学研究院	2019	四川省科技进步二等奖

（续表）

序号	获奖项目名称	第一完成单位	获奖年度	获奖类别
17	碳水化合物提高母猪繁殖效率的调控机制研究与应用	四川农业大学	2020	四川省科技进步一等奖
18	饲用有机微量元素产品创新研制与应用	四川省畜牧科学研究院	2022	中国产学研合作创新与促进奖产学研合作创新成果奖优秀奖

6. 饲料产业集群初步显现

以成都为轴心，形成了“成—眉—乐”“成—德—绵”“成—资—内”饲料产业集群。例如，成都市新津区产业集群，作为天府新区西区产业园的主要承载地，聚集了希望总厂、中粮、双胞胎、大北农、海大、三旺、普爱、全威、金阳、康菲大地等饲料企业20余家，已初步构建了饲料研发、生产、检测、仓储物流、销售、服务为一体的产业链条，资源配置优化，成本有效降低。眉山市东坡区产业集群，汇聚了通威、华森、科苑、万家好、新农科技、金仁、国全、大众、平春、永丰、金字塔等企业；眉山市彭山区产业集群，汇聚了新希望、正邦、巨星、驰阳、大成农牧、华港、康宏、蒙川等；还有双流集群的特驱、铁骑、正大、通威、唐人神、旺大、安佑、斯特佳、丰达、格蓝、金山科等。

7. 饲料产业龙头作用凸显

经过多年发展，四川省饲料工业形成了大产业、大企业、大品牌。在中国饲料工业协会第七次会员代表大会上，新希望股份、通威股份、铁骑力士集团被授予全国十大领军饲料企业称号，特驱集团、三旺农牧荣登全国三十强饲料企业榜，龙蟒大地荣登全国二十强饲料添加剂企业榜，四川畜科、四川旺达、大帝汉克、广汉吉隆达荣获全国饲料优秀创新企业称号，新希望、通威、四川畜科还获得中国饲料工业协会先进集体称号。新希望畜禽饲料产量，通威和凤凰水产料，特驱猪料，双胞胎乳猪料，铁骑力士禽料，正大和巨星全产业链，四川旺达、万家好猪料，四川畜科中华多维、有机微量元素，吉隆达、蜀星的微量元素，大帝汉克、朴瑞威的饲料调味剂等已成为在饲料行业内已家喻户晓的品牌。他们凭借各自优势延长产业链条，使畜产品从产、供、销多环节不断增值，带动养殖户增收，提高畜牧业效益，充分发挥了龙头企业的领军作用。

8. 转方式调结构和产业提档升级有序推进

大型猪饲料生产企业转变发展方式，调整产品结构，注重饲料产品升级，扩大产业链布局，带动整个产业实现由量到质的提升。全省批准的维生素、氨基酸、有机微量元素、微生物制剂、酶制剂等添加剂生产企业22家，获国家批准的有机微量元素新产品3个。2020年10月，由四川省饲料工业协会牵头，联合行政管理部门和科研单位专家组成联合调研组，对全省7市120个生猪饲料生产企业的调研结果表明，四川省猪饲料产业的提档升级正在有序推进。一是60%以上的猪饲料加工企业非常重视饲料原料品质，主要体现在对原料质量采购（验收）标准进行了重新修订，准入要求更严、更高，对玉米等主要原料实行分级使用。二是在饲料配制方面采用低蛋白质氨基酸平衡饲粮配制技术、降低配方中的豆粕用量，在97家猪配合饲料（含浓缩饲料）生产企业中，有83家企业采用该项技术，占比85.57%。三是在饲料加工调制方面采用新举措，如对玉米、大豆等采用膨化处理工艺，对豆粕等进行发酵处理，猪禽饲料实行分线生产，仔猪饲料采用二次制粒等生产工艺。对72个猪禽配合饲料生产企业中的调研结果显示，建有膨化原料生产线的占比36.11%、建有发酵原料生产线的占比20.83%、猪饲料采用二次制粒的占比59.72%、猪饲料实行专线生产的占比59.72%。

（二）生猪营养需求与饲料高效利用研究取得新突破

近年来，随着四川农业高校、科研院所、大型企业在饲料营养科技领域的创新性工作，在母仔猪营养理论与技术体系的研究与应用取得了重大突破，不仅引领全国动物营养与饲料科学领域的学科发展，而且推动饲料营养高端人才的持续涌现，对四川乃至全国的生猪养殖起到了重要推动作用。

1. 母猪饲料营养研究与应用取得重要进展

与国际先进水平相比，我国养猪生产总体水平至少低30%，母猪终身提供的瘦肉量低40%，其根本原因在于母猪繁殖力低。因此，如何提高母猪繁殖力成为解决我国养猪生产水平低的关键。针对母猪发情受胎率和泌乳力低、使用寿命短、终身瘦肉产量低等问题，四川农业大学联合新希望集团有限公司、四川铁骑力士实业集团、广东温氏食品集团有限公司等大型农牧企业开展技术攻关，形成了《母猪系统营养技术与应用》成果，该成果以系统科学理论和方法为指导、以动物营养及相关学科技术为手段、以提高母猪终身瘦肉提供量为目标，研究了我国优良地方母猪的合理利用模式及引进母猪的繁殖生理特点和营养需求规律，构建了母猪系统营养理论，研制了配套技术和新产品，并在饲料和养猪企业推广应用，产生了巨大经济社会效益。其主要研究成果、技术经济指标和应用推广情况如下：构建了以终身提供优质瘦肉量为目标的母猪繁殖力评价新体系；创建了优良地方母猪的合理利用模式，研制了含梅山猪血缘母猪的营养需求参数和配套饲养技术；揭示了引进品种母猪后备期、妊娠期和泌乳期的繁殖营养生理规律及其机制，构建了提高母猪发情受胎率改善胚胎存活和增强泌乳能力的营养技术体系；揭示了营养与肉质的互作规律，建立了提高母猪终身优质瘦肉提供量的营养调控技术；首创母猪系统营养理论，构建了母猪系统营养参数和配套技术，参与制定中国《猪饲养标准》1 套；研制出了系列母猪饲料新产品，培育了饲料和猪肉产品知名品牌；揭示了母猪系统营养的综合效应：应用母猪系统营养技术，合理利用梅山猪可显著提高母猪繁殖性能和终身优质肉的产量，年提供断奶仔猪数可达 24 头以上，终身提供瘦肉可达 3 500 千克以上，肉质显著优于引进猪；母猪耗料量降低 25%，有机物排泄降低 30%，母猪终身提供瘦肉由 3 500 千克增加到 4 050 千克，每千克瘦肉增重耗料由 7. 2 千克降低到 6. 4 千克，生产效益比国内总体水平提高 20%以上。成果推广应用取得了显著的经济社会效益，经权威同行专家鉴定认为，“该项成果整体达到国际先进水平，部分研究达到国际领先水平”，获 2010 年国家科技进步二等奖。

项目组 2010 年完成的《母猪系统营养技术研究与应用》成果，推动四川省养猪业将母猪年提供断奶仔猪数由 15. 3 头提升至 22. 0 头，为引种母猪的本土化饲养作出了重要贡献，但四川省母猪繁殖效率距离欧美发达国家仍有一定差距，原因在于母猪的繁殖系统位于养分分配末端，规模化条件下母猪营养参数及配制技术尚不精准。碳水化合物是母猪繁殖活动所需能量的主要来源，碳水化合物营养失衡导致机体代谢紊乱、推迟或提早性成熟、降低繁殖效率等问题，但以提高母猪繁殖效率为目标的碳水化合物营养理论与技术体系在国内外仍属空白。针对上述问题，四川农业大学联合中国科学院过程工程研究所、温氏食品集团股份有限公司、广西商大科技股份有限公司、四川铁骑力士实业有限公司、福建傲农生物科技集团股份有限公司等大型农牧企业开展技术攻关，形成了《碳水化合物提高母猪繁殖效率的调控机制研究与应用》成果，提出“基于母猪繁殖生理的碳水化合物营养结构”理念，根据碳水化合物消化代谢特性剖析了以化学性消化为主的淀粉、微生物消化为主的非淀粉多糖、功能性寡糖与特定胎次、特定繁殖器官（卵巢、胎盘/胎儿、乳腺）及特定分子靶标之间的互作规律，揭示了不同水平及类型的碳水化合物对母猪繁殖活动的调控机制，创建碳水化合物营养技术体系，突破母猪繁殖效率低的瓶颈。取得的创新性成果如下：提出“基于母猪繁殖生理的碳水化合物营养结构”理念，依据母猪繁殖生理阶段及碳水化合物组分代谢特点，创建了碳水化合物靶向调控特定繁殖目标的营养原理。围绕特定繁殖器官、特定繁殖阶段，弄清了淀粉、非淀粉多糖（纤维）和寡聚糖等碳水化合物组分或组合提高繁殖效率的作用与机制，揭示了碳水化合物营养—肠—卵巢、胎盘、乳腺的互作关系，创建了“基于母猪繁殖生理的碳水化合物营养结构”理念与技术体系。突破传统粗纤维、Van-Soest 洗涤纤维评估体系，采用可溶和不溶性纤维体系创建了 60 种饲料原料纤维含量数据库及体外发酵参数。通过体内—体外试验，明确了碳水化合物发酵特性与母猪繁殖性能的关系，解决了母猪碳水化合物原料精准利用参数缺乏的问题。率先探明了碳水化合物调控母猪卵母细胞数量和质量的营养原理，构建了提高母猪发情受胎率的营养关键技术。突破了传统 NRC、ARC 体系中以生长性能制订后备母猪营养需求的局限，解决了发情受胎率低的问题。基于碳水化合物调控母猪胚胎及胎儿发育的营养原理，建立了提高妊娠母猪有效产仔数的碳水化合物营养关键技术。采用连续多胎次繁殖成绩确定了妊娠母猪碳水化合物营养参数及饲料配制与管理关键技术；突破了传统以单胎繁殖成绩确定营养需要量的局限，解决了妊娠母猪产程长、死胎率高、有效活仔数低的问题。基于碳水化合物调控母猪乳腺发育的营养原理，精准量化了母猪乳腺组织对碳水化合物代谢底物的摄取特征及调控规律，创建了提高母猪繁殖效率的碳水化合物营养技术体系。成果累计推广 1 000 万头母猪，母猪年提供断奶仔猪数由 22 头提高至 25 头；同行专家认为，该成果围绕母猪产业发展和转型升级的需求，研究内容系统深入，方法先进，创新性突出，整体国际先进，部分国际领先。成果于 2020 年获四川省科技进步一等奖。

2. 仔猪抗病饲料营养研究与应用取得重要进展

我国养猪业一直面临疫病问题的困扰，已成为影响猪肉高效、安全生产的重要制约因素。全国每年因病死亡约 1.5 亿头猪，发生病淘阶段主要是仔猪阶段，引起的直接经济损失超过 1 000 亿元。营养是动物生长和健康的物质基础，长期以来国内外猪饲养标准均是在最适环境条件下以最佳生产性能为标识的适宜营养需要量，不能满足四川省乃至全国养殖模式下维持猪最佳健康水平的营养需要，更没有涉及除营养素以外的其他营养要素。四川农业大学陈代文教授带领四川铁骑力士实业有限公司、新希望六和股份有限公司、通威股份有限公司完成的项目《猪抗病营养技术体系创建与应用》，率先提出“抗病营养”概念，在国际上首次创建了基于营养—微生物—宿主互作、以营养与免疫为核心的猪抗病营养理论，取得了以下重要成果：阐明了仔猪肠道发育关键分子机制。采用基因组芯片技术，率先筛选影响仔猪肠道免疫、细胞增殖分化和营养代谢的基因表达模式，探明了肠道发育的关键节点（出生 3 天和断奶后 3 天），构建了基因互作网络，发现了靶向调控基因（甲基巴豆酰辅酶 A 羧化酶 2、叶酸结合蛋白）；首次阐明宫内发育迟缓猪肠道生物学缺陷及分子机制，发现宫内发育迟缓猪肠道发育和免疫缺陷、细胞黏附和胆汁及离子转运体等基因组 DNA 低甲基化有关，并程序化影响生后肠道发育及功能。揭示了猪肠道微生物与宿主免疫表型关联性，首次发现了白介素 33 在肠道微生物与宿主对话中的重要介导机制。通过高通量测序、菌群移植、短链脂肪酸灌注技术，率先揭示了不同品种猪（大白、荣昌及藏猪）肠道微生物组成与宿主免疫表型的关联性，肠道微生物可携带宿主表型在种间或品种间传递；发现肠道微生物既可直接通过模式识别受体调节宿主免疫细胞增殖及功能，也可通过代谢产物及其 G 蛋白欧联受体 43 信号途径调节宿主细胞免疫和体液免疫，促进 CD4+ T 细胞增殖，降低应激条件下肠炎及腹泻发生程度；另外，宿主也通过黏膜免疫系统调节肠道微生物，首次揭示了肠道分泌的白介素 33 在宿主与微生物对话中的重要介导作用，发现白介素 33 通过 mTOR-STAT3 及 MEK-ERK-STAT3 信号途径调节肠上皮细胞分泌抗菌蛋白 REG3γ，进而调节动物自身肠道菌群结构。探明了营养对仔猪肠道微生物及屏障功能的调控效果及机制。弄清了 15 种营养素（蛋白质、氨基酸、脂肪、淀粉、纤维、微量元素、维生素等）、20 种营养源（淀粉源、蛋白源、纤维源、脂肪源等）及 22 种添加剂（酸化剂、寡糖、丁酸钠、益生菌等）通过改善肠黏膜结构（如绒毛高度、隐窝深度比，连结蛋白）、分泌功能、先天性免疫和肠道菌群平衡 4 条途径调控仔猪肠道屏障功能；首次明确了优化营养素、营养源、营养水平及添加剂组合的极端重要性，从而创建“营养结构”新概念，创建了确保仔猪肠道健康的营养关键技术。其包括①营养源选择：相同营养水平时，实用日粮应用效果优于纯合或半纯合日粮；玉米蛋白不如大豆蛋白和酪蛋白，平衡氨基酸模式仍不能改变此差异；豌豆淀粉优于小麦、玉米或木薯淀粉；椰子油优于鱼油，鱼油优于猪油；豌豆纤维优于大豆和麦麸纤维；②短链脂肪酸组合：乙酸 40.08 毫摩尔/升、丙酸 15.41 毫摩尔/升、丁酸 9.78 毫摩尔/升；③添加剂组合：氨基酸（谷氨酰胺 0.9%、色氨酸 0.3%和精氨酸 1.6%）、微量元素（铜 125 毫克/千克）及非营养性添加剂组合（苯甲酸 2000 毫克/千克+百里酚 100 毫克/千克、甘露寡糖 800 毫克/千克）；④增强宫内发育迟缓猪抗病力：亮氨酸 1.2%、叶酸 10 毫克/千克、核苷酸 0.74%、益生菌 0.02%和 β-羟基-β-甲基丁酸 0.08%等营养参数；⑤饲喂方式和饲料加工：仔猪断奶后 1~3 周，液态料（料水比 2.5∶1）最佳；建立了改善仔猪养分利用率、降低仔猪致敏性腹泻的豆粕发酵、酶解等饲料加工技术参数。研制了“肽元”生物蛋白【川饲添（2012）3118】、“安巢菌宝”【川饲添字（2012）204001】、人工乳“旺仔宝”【川饲证（2013）01011】等抗病饲料和添加剂产品，授权国家发明专利“能改善仔猪肠道健康的饲粮脂肪源组合”（ZL201210164946.2）、“一种降低断奶仔猪腹泻率的复合酸化剂”（ZL201210478863.0）。这些技术的应用极大地改善了四川地区的生猪的健康水平和经济效益。

3. 猪区域优势饲料资源高效利用技术研究与应用取得重大突破

由四川省畜牧科学研究院、四川省畜科饲料有限公司、四川省旺达饲料有限公司等共同完成的“猪区域优势饲料资源高效利用技术研究与应用”科研成果荣获 2012 年四川省政府科学技术进步二等奖。该成果针对我国蛋白原料严重匮乏、能量饲料日益紧张的局面，以西部产量多、分布广的养猪优势饲料资源为对象，以优化处理与有效利用为核心，通过 10 多年系统研究，在全国率先系统性的进行四川地方养猪优势饲料资源处理与利用技术研究。该成果技术创新突出、先进实用，不仅为政府相关部门制定四川省饲料工业的发展规划和养猪模式提供了重要的科学决策依据，也为缓解四川省饲料资源短缺问题，推进四川省养猪生产系统从传统养殖模式向现代养殖模式的跨越式发展提供了强大的技术支撑。

以地方优势饲料资源处理技术和养猪利用技术为研究重点，采用“文献查阅—实地调研、分析—优质化处理—养猪利用技术研究—应用推广”的技术路线，选取菜籽粕、油菜籽、甘薯、食用菌菌糠和啤酒糟为研究重点，对菜籽粕、甘薯和食用菌菌糠进行了发酵处理技术研究；对油菜籽进行了轧胚—膨化加工技术研究；对啤酒糟进行了生物利用率测定和专用酶制剂的研究。开展优质化处理的地方优势饲料资源在猪日粮中饲喂效果研究。将计算机技术与地方饲料资源高效利用相结合，建立地方饲料资源营养成分数据库，研发了配方软件，引进 LIFE-SIM 软件，优化生猪地方饲料资源饲养方案。项目不断强化研究成果在生产中的应用推广，历时 10 年，共开展了 375（场）次培训，培训人员 28 351 人次，发放技术资料 126 750 份。项目技术成熟、适用范围广，项目实施期间推广应用取得的社会、经济效益十分显著。项目技术覆盖省内成都、绵阳、眉山、南充、宜宾、资阳、广安、乐山、自贡、广元等 10 个地区 23 个县（区），累计优化处理饲料 372.99 万吨，新增纯收益 142 682.53 万元。其主要成果点如下：发明不同规模连续化浅层通风菜籽粕固态发酵技术，硫甙含量降低 60.2%，粗蛋白和总氨基酸含量分别增加 16.89% 和 17.02%。在仔猪、生长猪和肥育猪日粮中分别添加 12%、16% 和 20% 的发酵菜籽粕，每千克增重饲料成本较对照组分别降低 12.4%、7.2% 和 15.55%，降低养猪成本效果显著。研究提出优化处理甘薯新技术，获得发明专利（发明专利号 ZL 2005100208 18.0）。生猪饲喂添加 20% 发酵甘薯的日粮后日增重达到 860 克，料肉比为 2.80，每千克增重成本降低 17.01%。研究提出《甘薯藤叶蛋白提取方法》，叶蛋白提取率 20.74%；提取物粗蛋白和粗纤维含量分别为 36.71% 和 2.6%。研发出以食用菌菌糠发酵生产的生物菌糠新产品。确定出日粮中生物菌糠的适宜添加量：仔猪阶段使用比例控制在 6% 以下，生长猪阶段适宜使用比例为 10%～14%，肥育猪阶段适宜使用比例为 16%～20%。首次在国内建立了全脂油菜籽膨化加工的轧胚—膨化工艺。首次在国内采用回—直肠吻合术测定啤酒糟的猪回肠氨基酸消化率；研发出啤酒糟专用酶制剂，促进了啤酒糟的有效利用。

研究开发出具自主知识产权的金丽士饲料配方软件，该软件于 2010 年 2 月 9 日获得国家版权局计算机软件著作权登记证书（证书号：软著登字第 0195451 号）。该配方软件在地方优势饲料资源数据库建立、配方步骤、营养模式等方面进行了创新；在国内率先引进 LIFE-SIM 软件对适度规模猪场生产系统进行模拟评估，预测应用优化处理饲料原料的养猪效果，规避采用新技术风险，保证养殖效益。率先研究提出《四川养猪优势饲料资源优质化处理与应用》技术指南，该指南提出地方优势饲料资源优质化处理技术方案 5 套，形成应用方案 4 套，饲料配方 13 个，且简明实用、指导性强，为四川和我国类似地区推广应用提供技术参考。研究制定出《固态发酵饲用菜籽粕产品标准》《甘薯发酵加工技术规程》于2010年6月1日由四川省质量技术监督局发布，2010年7月1日正式批准实施。其中，《甘薯发酵技术规程》（DB51/T 1085—2022）修订版已于2022年5月20日由四川省市场监督管理局批准发布。

（三）生猪饲料质量安全监测水平持续提升

1. 饲料检测技术研发取得成效

经过几年的努力，省饲料工作总站组织编制的《饲料中氢化可的松的测定》《饲料中二羟丙茶碱的测定 液相色谱—串联质谱法》和《饲料中钒的测定 原子吸收光谱法》3项农业行业标准经全国饲料标准化技术委员会审核同意，已进入标准预审阶段。“氢化可的松”为糖化皮质激素类药物，“二羟丙茶碱”为抗哮喘类药物，两者存在饲料中违法使用风险。《饲料中氢化可的松的测定》标准在修订中增加了液相色谱—串联质谱方法，提高了检测结果的准确性。《饲料中二羟丙茶碱的测定 液相色谱—串联质谱法》标准在国内外行业中属首次研制，填补了国内空白，将为饲料质量安全监管提供新的技术支撑。饲料中钒是畜禽必需的微量元素之一，目前关于钒在动物组织中的营养和治疗研究还刚刚起步，《饲料中钒的测定 原子吸收光谱法》标准的研制，不仅填补了国内该项标准的研发空白，也为进一步推动研究钒在动物营养和治疗中的作用提供了科学可靠的技术手段。

2. 饲料质量安全风险监测与研究取得突破

省饲料工作总站通过对日常监测中发现的未知物的研究，在全国率先发现并确认新型违禁物质，被命名为苯乙醇胺A；率先发现兽药中添加氯丙那林（之后一年央视曝光此类事件）；新发现了饲料中使用“二氢吡啶”；组织对全国范围内的饲料中霉菌毒素污染情况的调研，提出了我国饲料和饲料原料中6种霉菌毒素的12个限量推荐值；通过对大量的检测数据的分析，提出了我国饲料和饲料原料中砷、铅、镉、铬4种重金属限量标准的17个推荐值，已作为修订我国饲料强制性标准《饲料卫生标准》的主要依据。

3. 强化饲料监测，全省饲料质量安全水平逐年提升

近年来，四川省以饲料“全覆盖”监测和专项抽查为抓手，强化饲料监测，确保全省饲料质量安全。“全覆盖”监测覆盖全省500多家饲料生产企业、部分饲料经营门市和养殖场（户），重点监测重金属铅、砷等卫生指标和粗蛋白、铜等主要营养指标；专项抽查涵盖饲料生产、经营和养殖环节，重点监测“瘦肉精”、呋喃唑酮、地西泮、氯霉素、苏丹红、二氢吡啶、苯乙醇胺A、可乐定、赛庚啶、喹乙醇、安普霉素、维吉尼亚霉素等违禁添加物、药物饲料添加剂和牛羊源性成分。

据统计，2017—2021年，四川省饲料工作总站（省饲料监察所）承担政府下达的生猪饲料“全覆盖”监测3 210批（次）、专项抽查476批（次），共计监测量达3 686批（次），检测指标达1.8万余项（次）（图5），其中合格3 609批（次）。5年来，全省生猪饲料质量安全监测合格率一直维持在98%上下（图6）。

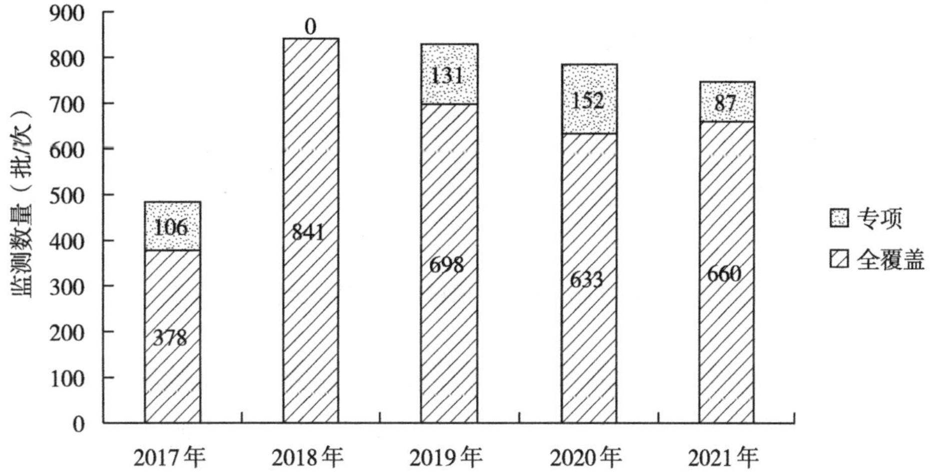

图5 2017 2021年四川省生猪饲料质量安全监测数量

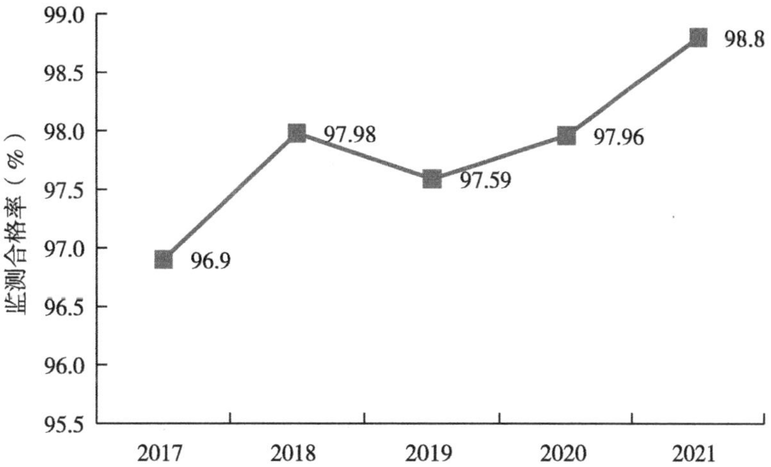

图6 2017—2021年四川省生猪饲料质量安全监测合格率

统计2017—2021年不同阶段猪饲料质量安全监测结果，共监测仔猪饲料2 526批（次）、育肥猪饲料911批（次）、种猪饲料249批（次），分别合格2 474批（次）、889批（次）、246批（次），可以看出5年来种猪饲料质量安全监测总体合格率明显高于仔猪饲料和育肥猪饲料（图7）。

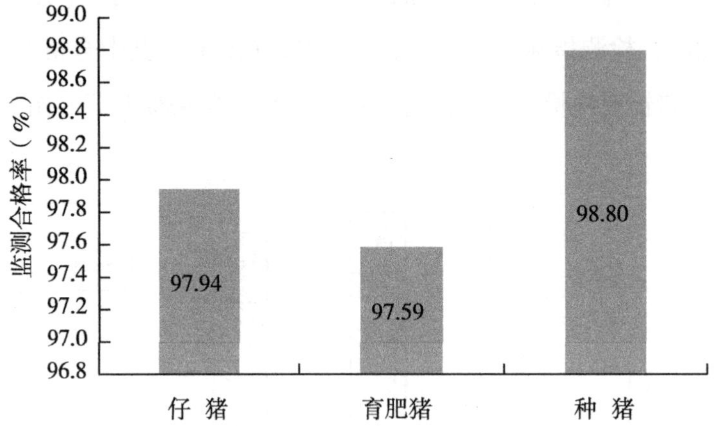

图7 2017—2021年四川省不同猪饲料质量安全监测合格率

2017—2021年仔猪饲料和育肥猪饲料质量安全监测合格率基本维持在97%~98%，但种猪饲料质量安全监测合格率近2年呈下降趋势，应当加以关注（图8）。

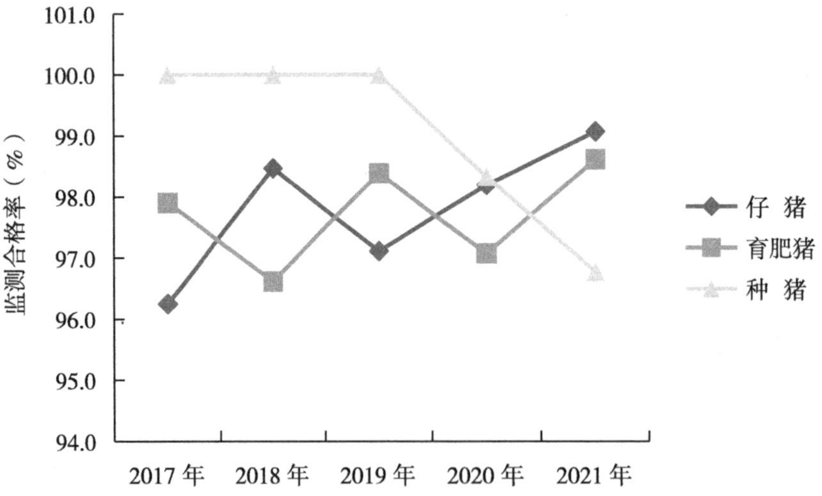

图8 2017—2021年四川省不同阶段猪饲料质量安全监测合格率

二、四川生猪养殖饲料营养存在的主要问题

（一）优质饲料原料短缺还将长期存在

优质饲料资源短缺一直是制约四川省饲料工业发展的重要因素。四川省工业饲料的主要能量饲料原料为玉米，主要蛋白质饲料原料为豆粕、棉粕、鱼粉。四川土地资源紧缺、气候潮湿，本地优质饲料资源严重不足。虽然四川省是玉米、小麦等能量饲料原料主产省，但由于四川省气候潮湿，收储管理难度大，容易滋生霉菌毒素，严重影响饲料产品品质，饲料加工企业大多选用北方省区的玉米和小麦，采购比例分别达到95.7%和89.2%。豆粕、棉粕、鱼粉等饲料原料基本依赖省外调入，甚至从国外进口。四川省具有资源优势的菜籽粕年产量在150万~200万吨，因含有较高的抗营养因子限制了其在猪饲料中的应用。基于2021年猪配合饲料产品总产量940万吨测算，仅满足现有工业加工的猪饲料产品生产需要，省年需调进600万~700万吨玉米、约200万吨豆粕，玉米、豆粕等饲料原料成本平均比我国北方省区高0.1~0.2元/千克。未来5年，随着现代养猪业的发展，大宗原料供需不平衡的矛盾还将加剧。

（二）猪饲料生产规模化程度和产能还有待提高

2021年全省各类饲料加工企业总数343家，其中年产10万吨以上的饲料企业50家，占全省饲料加工企业总数的14.58%。这50家大型饲料生产企业，既包括专一化的猪饲料生产企业，也包括家禽和水产饲料加工企业。2020年10月四川省饲料工业协会的调研统计结果表明，在114家配合饲料（含浓缩饲料）中，单独生产猪饲料的企业只有16家，占比仅14%。未来5年，猪饲料生产集中度要进一步增强，年产10万吨以上的大型专一化生猪饲料生产企业至少要达30家以上，年产50万吨以上的特大型生猪饲料生产企业至少要达5家以上。

2021年，四川省生猪出栏数6 315万头、存栏数4 255万头、能繁母猪存栏数405万头。按照每出栏1头生猪平均需要配合饲料260千克计算，则出栏数6 315万头生猪需要消耗配合饲料1 641.9万吨；每头能繁母猪年消耗配合饲料按1 000千克计，则405万头能繁母猪年消耗配合饲料405万吨。仅出栏生猪和能繁母猪这两项年配合饲料的需求量达2 000万吨以上。然而，2021年全省生猪配合饲料产品总产量只有940万吨，需求量缺口在1 000万吨以上。

（三）猪饲料生产工艺流程需进一步优化

一是需要增强和规范对主要饲料原料的预消化处理。《中华人民共和国农业农村部公告 第194号》规定，自2020年7月1日起，饲料生产企业停止生产含有促生长类药物饲料添加剂（中药类除外）的商品饲料。四川省生猪饲料生产企业积极应对，饲料禁抗后在饲料加工环节采取的应对措施主要包括原料使用实行分级制、建立玉米和大豆的膨化生产线、建立发酵豆粕等生产线、仔猪饲料采用二次制粒等。2020年10月四川省饲料工业协会的调研统计结果表明，原料膨化生产线占比36.11%、发酵原料生产线占比20.83%、仔猪饲料二次制粒占比59.72%。未来，饲料原料的预消化处理还待增强和规范。

二是加速行业生产设备与工艺流程升级换代。对现有猪饲料生产企业，鼓励企业加大投入，加速对配合饲料生产设备与工艺流程升级换代，进一步提高产品质量。对新办和有条件的企业，倡导创新生产过程管理与运营模式，充分利用二维码、云计算、物联网、电子商务等技术和平台，在提高生产效率、提升精细化管理水平、提高客服质量、提升安全保障水平和“互联网+”等方面取得重大进展。积极推广配合饲料散装贮运，节能减排。

（四）科技支撑依然不足

四川生猪饲料产业历经30余年的发展，在省内高校和科研单位引领带动、饲料企业的积极参与下，全省行业的科研实力、科技创新能力不断增强，但与猪饲料产业发展居国内前3的广东、山东、广西等省区相比，还存在不小差距。总体来说，四川省生猪饲料产业的公益性研发投入不够，公共技术共享与服务平台不健全，科技创新系统性不强，拥有独立自主知识产权的核心技术偏少，重大突破性成果与高新技术产品不足，产学研结合模式和机制有待完善。除少数集团企业和头部企业外，四川省大部分饲料企业严重缺乏高层次技术人才，科技研发投入占比销售额不足1%，产品同质化程度高，缺乏技术储备和发展后劲。

近期，亟待建立和完善政府主导、高校和科研单位参与、企业为主体的产业创新技术体系，在已有的四川科领生猪产业技术研究院、四川科创饲料产业技术研究院基础上，进一步吸纳、整合、融合和优化资源配置，加大研发资金投入，重点开展对行业发展有重大影响的共性关键技术研究，如以地方特色饲料资源为对象创制新型能量和蛋白饲料源，建立饲料中有毒有害因子预警预报系统，构建基于净能体系的猪饲料营养价值数据库等。

（五）猪营养需要及饲养标准在生猪养殖中的应用仍不精准

营养需要是指动物在最适宜环境条件下，正常、健康生长或达到理想生产成绩时对各种营养物质种类和数量的最低要求。目前，世界各国均颁布或推荐了不同类型的营养需要量（或饲养标准），目的是使营养物质的定额具有更加广泛的参考意义。近年来，生产中使用较多的营养标准主要有中国的《猪营养需要量》（GB/T 39235—2020）、美国 NRC（2012）、美国卓越养猪研究中心《国家猪营养指南》（2010）。这些标准详细推荐了猪在不同生理、体重阶段的能量、氨基酸、矿物元素、维生素等养分的需要量。尽管如此，营养需要（或饲养标准）中规定的营养物质定额一般不直接在动物生产中应用，原因在于“标准”的产生和应用都是有条件的，提出的需要量面对的是特定的动物、特定的环境下研制的满足其特定生理阶段或状态下的营养物质需要的数量定额。由于四川地区特殊的气候条件以及生猪养殖在品种、饲养环境、管理措施、从业人员水平等方面的差异，导致养猪生产者在应用营养需要量或者饲养标准时存在很大差异；如四川地区存在诸多猪品种，其在繁殖力、免疫力、生长潜能等性状方面与中国的《猪营养需要量》（GB/T 39235—2020）和美国 NRC（2012）等标准提出的动物模型存在较大差异，如苏太母猪（以小梅山、中梅山、二花脸和枫泾猪为母本，以杜洛克为父本杂交育成）在四川邛崃—名山—雅安一带广为养殖，其对纤维、氨基酸、能量等营养素的需求显著区别于 LY 等外来品种，但大量饲料生产企业与生猪养殖企业仍以 LY 的营养推荐进行饲料配制和饲喂。

（六）饲料资源短缺与营养素的环境排放问题突出

四川省年产猪配合饲料约 1 000 万吨，每年需从外省调入（含进口）大约 600 万吨玉米和 200 万吨豆粕，饲料资源短缺已是四川省乃至全国生猪养殖发展面临的“卡脖子”问题。20 世纪 90 年代以后，随着美国 NRC（1998，2012）等欧美饲养标准在我国的广泛传播，致使我国生猪饲料配方以“玉米—豆粕”型日粮为主，导致我国饲料工业对豆粕等饲料资源的需求急剧上升。另外，饲料配方配制不当导致饲料资源的浪费，如生猪养殖企业过度追求蛋白质的摄入数量，忽视了氨基酸平衡或者氨基酸与能量的比值，导致氨基酸无法被利用，通过转氨基和脱氨基作用导致氨基酸转化为尿素等含氮分子随粪尿排至环境中，不仅导致饲料资源的浪费，而且导致环境污染，上述问题是导致影响生猪养殖可持续发展的重要因素。

四川省拥有较为丰富的饲（草）料资源，其中包括农产品加工副产物（如菜籽粕、花生粕等杂粕，玉米、小麦、大米等谷物加工副产物）、糟粕类（如酒糟、醋糟、酱渣和果渣等）、植物及其副产物（如牧草、野草、桑叶、构树叶以及人用蔬菜茎、叶与藤等）等，但非常规饲料资源开发利用受到多种因素影响和阻碍：一是非常规饲料资源数据库缺乏，导致非常规饲料资源在饲料配方中的应用受限；二是非常规饲料资源受到季节和地理文化因素影响，且目前尚缺乏不同饲料资源收割和加工规范标准，影响到其饲料配制；三是非常规饲料资源含有毒素或抗营养因子，降低了饲料营养价值，影响动物的生长和健康。如菜粕、棉粕等原料普遍含有硫代葡萄糖苷、游离棉酚、植酸、单宁、芥子碱、皂素等抗营养因子。然而，目前我国饲料中有毒有害物质和抗营养因子等的去除方法有限，因此需要大力研究非粮蛋白资源中有害物质和抗营养因子含量快速检测以及有效去除方法，为替代豆粕饲料提供保障。

（七）饲料质量安全中的常见问题不容忽视

一是饲料原料或饲料产品霉变。南方地区空气湿度较大，特别是每年的梅雨季节，饲料原料仓库防潮措施不当，极易造成饲料原料的霉变。若使用霉变的原料生产饲料产品，饲料产品中的真菌毒素极有可能超标；即使使用无霉变的原料生产出的饲料产品，若存储时间过长或在运输途中受到雨水浸湿，也会引起饲料的霉变。二是环境污染对饲料原料的影响。部分地区因受到工业污染以及农业生产中超剂量使用农药、化肥，造成土壤或地下水中重金属含量超标或含有其他有毒有害化合物，这些土壤所种出来的饲料原料中重金属或其他有毒有害物质往往也会对饲料安全和食品安全威胁极大。三是矿物质微量元素添加量不足或超量添加。从营养学角度来讲，适量的矿物质微量元素能促进畜禽生长发育，但其需求并非越多越好，如果添加的微量元素超出允许添加范围，就有可能导致畜禽中毒或身体不适，反之会造成畜禽营养不良。如硫酸锌能促进猪的生长，提高免疫力；硫酸铜能让猪长得快，毛色光亮，特别是显著促进仔猪的生长。为此，个别饲料生产企业为满足部分客户的需求，在饲料中超量添加微量元素。长期饲喂含超量微量元素的饲料，可以引起畜禽机体内部分重金属含量超标，不仅会影响畜禽产品质量安全，也会对环境造成污染。四是非法添加违禁药物。2019 年《中华人民共和国农业农村部公告第

194号》的发布，规定从2020年7月1日起饲料生产企业停止生产含有促生长类药物饲料添加剂（中药类除外）的商品饲料，开启了中国无抗饲料的新时代。因此，市场中功能性饲料添加剂的应用越来越普遍。部分微生物、酶制剂、植物提取物、多糖类等功能性饲料添加剂宣称具有“抗生素”替代作用，这些替代产品中存在非法添加违禁物质的可能。若使用了含有非法添加违禁物质的功能性饲料添加剂生产商品饲料，也会导致商品饲料中含有违禁物质。

三、四川生猪养殖饲料营养发展的对策建议

四川省生猪饲料产业发展，要紧密围绕国家大力推进乡村振兴和四川省“稳猪禽、兴牛羊”战略布局和要求，抢抓成渝地区双城经济圈、成德眉资都市现代高效特色农业示范区、成渝现代高效特色农业带、农业科技创新中心、西部现代农业种业发展高地以及四川现代农业“10+3”产业体系建设的良好机遇，着力构建现代生猪饲料产业体系，实现四川由猪饲料工业大省向猪饲料工业强省跨越。

（一）加大供给侧改革稳产保供

加强种植业、饲料加工业、养猪业、食品加工业等的融合，鼓励有条件的饲料加工企业合理利用本地玉米、小麦、稻谷等，降低大宗饲料原料价格波动风险，推进菜籽饼（粕）等区域特色优势资源的饲料化处理与高效利用，切实开展玉米豆粕减量行动。开展非常规饲料资源摸底普查、营养价值评定，重点加大对农副产物、食品加工副产物等优势资源的饲料化处理与高效利用，研究新技术、新工艺，通过物理、生物等改造技术创制新型能量和蛋白质营养源，将资源优势转化为市场优势，丰富四川省生猪饲料产业的能量蛋白饲料来源，减少对省外大宗饲料原料的依赖，稳产保供。制定产业发展规划，倡导和引入有实力的饲料原料处理企业进驻水、电、燃气、蒸汽、环保等配套较为完善和交通便利的工业园区，并在准入条件和税收政策等方面给予支持，大力开发新型饲料资源。

（二）着力推进规模化智能化建设

根据四川生猪发展规划，“产学研用”联合，研发不同猪种、不同生理生长阶段饲粮配制新技术，开发特色养殖品种的饲料产品，实现精细化生产。鼓励企业应用超微粉碎、纳米技术、螯合技术、生物技术、二次制粒等促进饲料原料预消化处理技术和饲料产品加工工艺的换代升级。积极发挥龙头企业带动作用，建立健全利

益联结机制，构建优势互补、利益共享、风险共担、合作共赢的合作机制。实施“品牌”战略，支持打造一批区域公知饲料品牌。以市场为主导，支持企业采取兼并重组、产业联盟等形式进行整合融合，提高行业集中度和专业化生产水平。培育一批大型饲料加工企业成为“种植—饲料—饲养—屠宰—加工—销售—废弃物利用”一体化新型经营主体，促进一二三产业融合发展。对有条件的头部生产企业，鼓励其利用实施四川现代农业“10+3”产业体系建设和“四区一中心一高地”建设的大好发展机遇，到生猪养殖大市（县）或产业集群带，改建、扩建和新建年产20万吨及以上的大型专业化的现代生猪饲料生产基地。充分利用5G、人工智能、“互联网+”等技术，创新生产过程控制管理和运营模式，推动建设基于食品安全的“管产用”大数据实时监控与溯源平台。到“十四五”末，初步建成四川省以信息技术为载体的智慧型生猪饲料产业，生猪优质饲料生产能力达到1500万吨以上。

（三）科技创新驱动生猪饲料发展

省级财政要在公益性研发、重大科技成果转化示范、应用基础研究等领域加大对饲料科技创新的投入和支持力度，大力推进“产学研用”融合，依托科研院所、大专院校、技术服务推广单位和龙头企业科研力量，共同开展产业技术创新与成果转化，以提高饲料转化率为核心的动物营养技术研发、以非粮资源为重点的饲料资源利用研发等，进一步加强省级重点实验室、工程技术研究中心和产业技术研究院等创新转化平台建设，推动四川生猪饲料安全高效利用和产业集群建设等领域的关键技术研究，努力破解制约四川省生猪饲料产业发展中的技术瓶颈。

积极创新“产学研”结合发展模式，探索科技创新、成果转化、推广应用新机制，创新技术链、支撑产业链。营造“大众创业、万众创新”的良好氛围，充分发挥科技创新的核心驱动作用，促进科技创新与生猪饲料产业发展紧密结合。积极鼓励企业参与各级重大科技项目，提高自主创新能力。围绕《四川省激励科技人员创新创业十六条政策》和《四川省“十四五”科技人才发展规划》的要求，深入开展科技人员创新创业改革，探索建立事业导向、利益驱动并重的人才激励新机制。积极探索“产学研”结合在资源共享、成果转化、项目分工、知识产权、利益分配、人才激励等方面对行业科技进步的有益机制，推进科研院所与企业紧密结合，加速科技成果转化。到“十四五”末，初步建成生猪饲料高质量发展强省。

（四）揭示猪的精准营养平衡模式，构建饲料营养标准化技术体系

构建猪的精准营养平衡模式，是实现生猪养殖标准化饲料营养技术体系的重要保障。而精准营养体系的构建不仅需要精准揭示猪对营养物质消化代谢规律，了解能量、蛋白质、氨基酸、矿物质等及其相互关系（如能氮比、氨基酸平衡模式），而且需要了解营养源及其相互关系（如不同蛋白来源之间的相互关系）、营养素、营养源与营养活性物质的相互关系。此外，中国饲料原料来源多，营养成分变异大，饲料原料的有效养分无法准确预估，通常导致饲料营养的不平衡，无法满足生猪养殖的高效生产。因此，需要构建猪的精准营养数据库及预测模型，以便实现生猪养殖的精准营养平衡。此外，猪在不同生理阶段营养需求，不同品种、养殖环境等差异也会导致猪的营养平衡模式发生改变。比如，美国NRC（2012）推荐生长育肥猪每千克增重所需的标准回肠可消化赖氨酸需要量18~19克，但根据四川地区某些大型生猪养殖企业的实际情况，发现每千克增重所需的标准回肠可消化赖氨酸需要量16.5~21.5克，表现出很大的差异。因此，应当引导各生猪养殖企业构建适合自身的生猪养殖营养需要量，特别是养殖地方品种或新品系的生猪养殖企业。

为了解决蛋白质饲料的高效利用和环境污染问题，建议四川的生猪养殖企业及饲料企业充分利用低蛋白日粮技术。农业农村部于2020年修订发布了《仔猪、生长育肥猪配合饲料》国家标准（GB/T 5915—2020），该标准充分利用低蛋白日粮技术，结合最新的猪营养标准，将日粮蛋白质水平按猪营养需要推荐标准降低2~4个百分点，适当添加合成氨基酸，在满足必需氨基酸基础上降低蛋白原料用量，以满足猪对氨基酸需求。根据相关调研报告，发现四川地区育肥猪全程饲料平均蛋白水平降低2~3个百分点，由平均14.5%~16.5%降至12.5%~14.5%，每千克猪肉所消耗的蛋白质下调10%以上。尽管如此，该技术在生产中的应用尚存在诸多问题，由于不同生理阶段的氨基酸的精准平衡模式及其与其他养分的互作关系仍不清楚，且疫病感染条件下，低蛋白的应用技术存在多种限制因素，导致生猪养殖过程中动物的生产性能和健康水平下降。鉴于低蛋白日粮技术对于生猪养殖效益、蛋白质饲料资源高效利用、环境污染等方面的重要作用，建议四川生猪养殖加快构建低蛋白日粮技术体系。

（五）开发四川地区新型饲料资源，提高饲料利用效率

针对四川省拥有的非常规饲（草）料资源，包括农产品加工副产物（如菜籽粕、花生粕等杂粕，玉米、小麦、大米等谷物加工副产物）、糟粕类（如酒糟、醋糟、酱渣和果渣等）、植物及其副产物（如牧草、野草、桑叶、构树叶以及人用蔬菜茎、叶与藤等）等，制定统一规范的收割、加工、储存、收纳标准；同时在新型生物技术支撑下，积极采取物理和化学方法，结合生物改性、发酵、预消化等技术，降低饲料中抗营养因子含量，开发四川地区特有的饲料资源。同时，针对四川地区特有饲料资源营养数据库缺乏等问题，加快分析和完善四川地区特有新型饲料资源中的能量、淀粉、脂肪、蛋白质和氨基酸、矿物元素、维生素等化学成分，通过消化代谢实验评定和构建非常规饲料资源的营养价值数据库，为生产一线高效利用非常规饲料资源奠定基础。

（六）稳步提升饲料质量安全

一是加强饲料原料和饲料添加剂的质量安全监管。饲料原料的安全性直接影响着饲料产品的最终质量。在采购饲料原料以及生产加工成品饲料前，应开展饲料原料卫生指标检测和评价，重点针对真菌毒素、重金属等指标的检测，以确保饲料原料的质量安全，禁止将检测不合格的饲料原料用于生产饲料产品。二是加强饲料产品质量安全风险筛查，健全完善标准体系。及时发现市场上饲料产品或饲料添加剂中可能出现的质量安全风险隐患，针对性的制定检验检测标准，进一步健全完善饲料营养指标和卫生安全指标检验检测标准体系。三是加强饲料产品质量安全监测。2020 年 7 月起，我国正式实施了 194 号公告，这对畜牧养殖提出了严峻的挑战。下一步应加强对养殖环节自配饲料的监管、小众饲料的监测、以及新兴替抗产品的监管，确保饲料产品质量安全。同时，也不能放松对重金属真菌毒素等其他质量安全指标的监测工作。四是进一步健全完善饲料法律法规体系。目前颁布的药物检测方法适用范围基本未包括混合型饲料添加剂产品，建议加快制修订针对混合型饲料添加剂的相关检测判定方法，以便监管部门根据具有法律效力的检测报告，惩治违法违规行为。

四川生猪饲养方式转变及标准化规模养殖发展报告

陶 璇[1] 彭继勇[2] 何志平[1] 应三成[1] 吕学斌[1]
（1. 四川省畜牧科学研究院，四川成都 610066；
2. 四川省畜牧总站，四川成都 610041）

摘 要：四川是全国生猪生产大省，是国家批准建设的优质商品猪战略保障基地，生猪出栏量和猪肉产量一直高居全国首位。四川省生猪养殖长期以来以散养模式为主，在最近10余年里，生猪产业规模化、集约化程度得到一定提高，但总体上看规模养殖比重不高。本报告回顾了中华人民共和国成立以来四川省生猪饲养方式转变及标准化规模养殖发展所经历的历史阶段，介绍了现阶段标准化规模养殖发展现状，对存在的问题进行分析与思考，并提出相应对策建议，旨在为四川省生猪产业转型升级，实现由生猪养殖大省向强省的跨越提供助力。

关键词：生猪；饲养方式；标准化；规模养殖

“民以食为天，猪粮安天下。”作为世界第一生猪养殖及消费大国，生猪产业也是我国老百姓生存之根本，其发展关系着物价稳定、社会经济的平稳运行等重大民生问题。我国生猪产业历经多年的发展，其饲养方式发生了巨大变化。在20世纪60年代和70年代，养猪业只是作为当时我国农村的主要副业，农民主要还是以粮食种植为主，养猪业只是作为农民零存整取、养猪积肥的手段。自改革开放至今，中国养猪业得到了快速发展，生猪养殖数量和水平都有了明显的转变，其存栏量、出栏量及猪肉产量均占到世界50%左右。

四川是全国生猪生产大省，是国家批准建设的优质商品猪战略保障基地，也是《全国生猪生产发展规划（2016—2020年）》确定的7个重点发展省份之一，生猪出栏量和猪肉产量一直高居全国首位，有十分辉煌的历史，在保障全国肉食品有效供给方面具有举足轻重的作用，也为四川省经济社会发展作出了重要贡献。为推动四川农业高质量发展，擦亮四川农业金字招牌，实现四川由农业大省向强省的跨越，四川省决定建设以生猪产业为主的“10+3”农业产业体系。四川省虽是生猪生产大省，但不是强省，生猪养殖长期以来以散养模式为主，在最近 10 余年里，生猪产业规模化、集约化得到一定程度提高，但总体上规模养殖比重不高。本报告将在归纳、分析四川生猪饲养方式转变及标准化规模养殖发展现状的基础上，对存在的问题进行分析与思考，并提出相应对策建议，这对不断提升四川省生猪综合生产能力、促进养殖模式转变、实现川猪产业振兴、擦亮“川猪”金字招牌，实现四川省由养猪大省向强省的跨越具有十分重要而深远的意义。

一、基本情况

（一）生猪饲养方式的发展演变阶段

1. 中国生猪饲养方式的发展演变

我国生猪养殖产业主要经历了四个不同的历史阶段：第一个阶段是 1958—1978 年，我国生猪养殖的数量开始显著上升，主要是传统生猪养殖模式的扩大以及养殖数量的提高。第二个阶段是 1979—1988 年，是我国生猪养殖产业工艺改进改革的重要阶段，生猪养殖的方向朝着机械化、自动化的方向发展。第三个阶段是 1989—2008 年，我国开始全面发展“工厂化生猪养殖”，规模化、机械化生猪养殖技术开始逐渐成熟，是我国规模化生猪养殖发展的重要阶段，生猪养殖的数量和规模获得前所未有的迅速进步。第四个阶段是 2009 年至今，我国生猪养殖的规模进一步扩大，生猪养殖朝着集约化的方向发展，生猪养殖的数量以及猪肉畜牧产品的产量达到全球第一。

2. 四川省生猪饲养方式的发展演变

自改革开放以来，四川的生猪产业取得了长足进步，发生了巨大变化，生猪产业经历了由小到大、由弱到强、由传统到现代的发展过程，基本上完成了由传统家庭副业生产到现代农村支柱产业的转变。在饲养方式上，从传统的千家万户分散小规模养殖逐步转变为适度规模化和专业化养殖，更加注重生态健康，在生产力水平、产品总量、产品质量、产业地位上都取得了明显的进步和提升，实现了从农村家庭副业向农村经济支柱产业转型升级创造了良好的条件，取得了令人欣喜的成绩，可谓变化巨大，效果显著。从中华人民共和国成立起，四川生猪饲养方式可以大致分为四个阶段：1949—1978 年，在计划经济条件下，生猪养殖实行统购统销；1979—2008 年，生猪主要养殖模式为家庭散养；2009—2014 年，家庭散养逐步发展为适度规模养殖，规模养殖活跃；2015 年以后，适度规模养殖与规模养殖并存，但以规模养殖为主。

（1）统购统销阶段（1949—1978 年）。中华人民共和国成立初期，由于经济发展滞后，生产水平低，国家主要农副产品均实行有计划的统购统销。生猪生产实行“调五留五”的政策，养殖规模小、生产水平低，种料、药和技术服务等处于起步阶段，肉食品供给匮乏，人均猪肉消费很低，生猪生产和消费严格按国家计划调配。当时，四川生猪养殖具有气候适宜、农副产品丰富、农村富余劳动力多等优点，生猪养殖成本低、养殖量大，且四川省生产的生猪每年有 1/3 都外调京、津、沪，供应这些大城市猪肉消费，为中华人民共和国成立初期的肉品供应作出了重大贡献。

从 1949—1957 年，四川生猪生产和全国一样，实行“私有、私养、公助”政策，促进了生猪产业发展，使生猪存栏迅速恢复到原有的水平。1958—1960 年的“大跃进”时期，生猪发展政策是把私养的猪收归集体，大办万头猪场，加上当时农业减产、饲料奇缺，生猪生产遭到巨大的破坏。1961 年起，由于实行了“公养与私养并举，以私养为主”的方针，养猪生产又得到迅速恢复和发展。“文革”后，由于一系列的“左”的政策，生猪生产出现大幅下降。

（2）传统家庭散养阶段（1979—2008 年）。四川生猪产业过去是以传统养殖方式和地方品种为主，基本上都是家庭散养，生产水平和经济效益低下。其资金来源于农户自身积累，不需要雇劳动力，饲料主要为青粗饲料，产品基本自养自食，生产与经营严重脱节，粪污直接作为生产肥料。以 1979 年开始兴建的配合饲料工业为标志，四川省开始开发和推广现代养殖配套技术，包括“双推五改”生猪品种改良，并通过国家“九五”重中之重科技攻关项目“四川瘦肉型猪规模化养殖及产业化技术研究与开发”，围绕四川养猪数量多、规模养殖比例低及规模养殖发展存在的一系列技术问题进行了研究与推广，促进了生猪从地方品种向引进品种的转变以及生猪养殖技术水平的提高，极大地推动了生猪改良进程，大幅度提高了生猪生产性能。随着养殖规模的扩大，产品开始销往本地和区域市场。这一阶段，四川省生猪产业饲养方式的特点主要体现在 3 个方面。

以农户小规模分散养殖为主，适度规模养殖开始产生。20 世纪 80 年代初期，人们还处于解决温饱的阶段，粮食生产才是最主要的产业，养猪主要是集体小规模养殖或者家庭零星式散养，显著的特点就是人畜混居、猪牛同栏。到了 20 世纪 80 年代中期，由于生产力提高、生活水平改善，专业养猪大户如雨后春笋般涌现。进入 21 世纪以后，规模经营和专业化生产开始产生并得到了进一步的发展。但直到 2002 年，散养（年出栏 50 头以下）比重为 92.77%，仍然占据了绝对主导地位（图 1）。

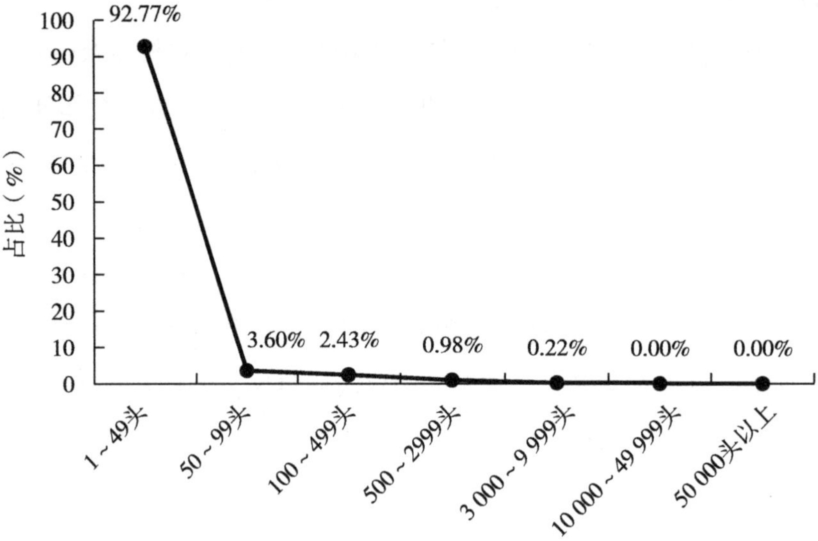

图 1　2002 年四川省不同生猪养殖规模占比情况

数据来源：根据《中国畜牧业年鉴》（2002 年）中数据整理所得。

以家庭副业养殖为主，并向农牧结合、种养配套、综合利用等健康生态养殖模式转变。改革开放以前，农户养猪规模很小，不懂技术，完全依靠自产粮食和副产物进行喂养，生猪养殖只是作为家庭副业而存在。到 20 世纪 80 年代中后期，在适度规模养猪的引领下，随着环境污染问题的日益凸显，人们开始重视环保，通过依托当地特色资源，构建和实践出了“猪—沼—菜、果、桑、渔”等生态循环经济模式。

以传统养殖为主，科学化、标准化生产方式初步产生。改革开放前，养殖的基本上都是地方土杂品种，育肥周期长。20 世纪 80 年代中期开始，四川省开始大面积推广经济杂交及其配套的饲养管理技术。到了20世纪90年代，猪人工授精技术开始逐步推广，公母猪比例从自然交配的1∶25提高到1∶(100~200)，有效提高了优秀外种公猪的利用率。20世纪90年代中后期，由四川省畜科院牵头组织四川农业大学、中国农业科学研究院沼气研究所专家联合攻关，实施国家“九五”重中之重科技攻关项目“四川瘦肉型猪规模化养殖及产业化技术研究与开发”，开展猪高效杂交组合筛选及配套利用、猪高效饲料利用、猪场饲养工艺与管理、猪场疫病控制与猪场保健、猪场环境控制与粪污处理等专题开展研究，将研究提出的技术示范推广，解决了阻碍规模养猪生产发展的技术瓶颈，科学养殖不断深入和推广到生猪养殖过程中，生产方式也逐步向良种化、科学化、标准化和规模化经营转变，提高了生猪养殖的经济、社会和生态效益。

(3) 适度规模养殖阶段（2009—2014年）。此阶段随着四川省开展现代生猪产业试点工作的深入，散养农户逐步被引入适度规模养殖上，规模化养殖展现出更加强劲的良好势头。2009年，四川生猪散养（年出栏50头以下）比重就已经从2002年的92.77%下降到56.53%，年均下降5.18个百分点（图2）。同时，种养配套、农牧结合、综合利用等健康生态养殖模式发展不断成熟，良种化、科学化、标准化生产方式更加突出和广泛应用，现代养殖成为主流。在“建立以适度规模养殖为主导，农户标准化养殖为基础”理念的引导下，以中央加大生猪标准化养殖小区的建设专项投入为契机，四川的商品猪实现了以杂交猪、配套系瘦肉型猪为主的良种

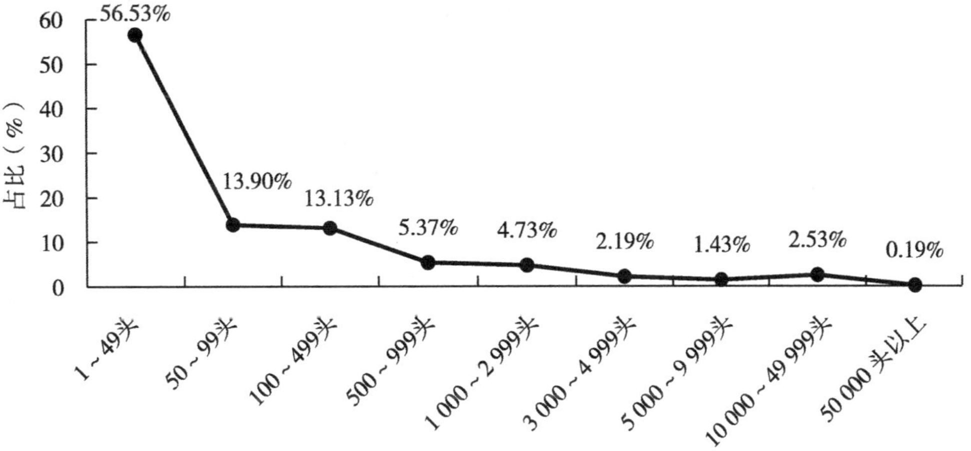

图2　2009年四川省不同生猪养殖规模占比情况

数据来源：根据《中国畜牧业年鉴》(2009年)中数据整理所得。

化，生产周期大大缩短到约 6 个月。

此外，以往规模猪场猪舍多采用分散式布局模式，各个不同阶段按照生产工艺流程布局，猪舍之间间隔一定距离。但随着土地资源的日趋紧张，大跨度全环控猪舍开始出现，即将种猪舍、产仔舍、保育舍等一个或多个功能舍放在一栋猪舍内。最初，为节约土地，减少建设成本，大跨度全环控猪舍内并没有按照单元式设计，种猪栏、产仔栏等之间没有隔墙，全在一个大跨度猪舍内。后来，为阻断猪群间疾病的传播，做好猪场疫病防控，避免滚雪球式连锁效应，产仔舍和保育舍采取单元式设计，实行阶段性“全进全出”生产管理。

在此期间，四川省生猪养殖业形成了包括“六方合作”“联户建圈”“三企共建”“三结合”等具有鲜明地方特色的生猪产业发展创新模式，以养殖大户、种畜场、肉类加工企业、种畜生产企业、基地养殖农户为主体，以分散养殖和规模化养殖相结合的模式进行生猪生产。饲料加工企业向协会农户赊销配送优质饲料，种畜场向协会农户赊销配送优质良种仔猪，协会农户按照标准化要求饲养优质商品猪，肉食品加工企业按订单“优质优价”收购协会农户养殖的优质商品猪，并代饲料加工企业和种猪场扣收向协会农户赊销的饲料和仔猪款。在统一监控标准下，实现了基地式分户饲养，提高了标准化生产水平，实现了畜牧业生产方式的转变。

（4）规模养殖阶段（2015 年至今）。随着城市化水平的提高，非农就业机会明显增多，很多农民选择了进城务工，农村剩余劳动力减少，家庭散养户数也由此减少，加之农业资本投入越来越多，各种新技术和新方法得到广泛推广应用，以及重大疫病防控和国际市场竞争的需要，这些都促进生猪生产向规模化、专业化方向发展。2015 年，全省年出栏 500 头以上的生猪规模养殖比重达到 30. 9%，低于全国生猪规模养殖比重平均水平 44. 0%近 13 个百分点。2015 年以后，家庭散养户退出较快，形成了适度规模养殖与规模养殖并存，但以规模养殖为主的格局。

另外，部分散养升级的“家庭农场”小规模养殖模式逐渐崭露头角。与以往的粗放式农户散养方式不同，“家庭农场”小规模养殖模式是以农户为主体的小型规模化的微观经营体，兼具了小农经济与集体农场的优势，相对扩大了经营规模，又解决了传统的农业经营小、低、散的问题。家庭农场可以根据自己所掌握资源的数量与特点，因地制宜安排组合，具有内部组织成本低、沟通协调成本低、内部环节少、运行费用省等优势。因此，从粗放式散养升级的“家庭农场”小规模养殖模式在这一阶段及未来展现出强大的活力（表1，表2）。

表1　2010—2020年四川省生猪不同规模养殖场（户）变化　　单位：个

年份	年出栏								
	1~49头	50~99头	100~499头	500~999头	1 000~2 999头	3 000~4 999头	5 000~9 999头	10 000~49 999头	50 000头以上
2010	10 830 124	234 553	64 719	10 976	3 566	748	284	256	5
2011	10 036 180	260 414	64 223	10 771	3 776	729	377	252	6
2012	9 433 336	287 920	64 481	12 401	4 063	810	457	290	6
2013	7 645 726	221 391	55 825	10 753	3 626	720	370	256	4
2014	7 373 861	224 432	57 832	11 651	3 583	715	371	259	4
2015	6 767 155	219 538	56 901	12 159	3 717	737	355	248	4
2016	6 252 123	206 629	55 460	13 533	4 202	741	365	239	5
2017	5 612 240	135 508	43 039	10 192	4 258	677	327	185	10
2018	4 911 950	116 587	42 564	8 849	3 891	702	336	180	11
2019	3 685 335	64 791	28 537	9 458	4 692	898	372	178	12
2020	3 668 302	70 147	29 514	9 638	5 386	1 417	580	279	15

数据来源：根据《中国畜牧业年鉴》（2010—2020年）中数据整理所得。

表2　2010—2020年四川省生猪不同规模养殖场（户）占比　　单位：%

年份	年出栏								
	1~49头	50~99头	100~499头	500~999头	1 000~2 999头	3 000~4 999头	5 000~9 999头	10 000~49 999头	50 000头以上
2010	97.17	2.10	0.58	0.10	0.03	0.01	0.00	0.00	0.00
2011	96.72	2.51	0.62	0.10	0.04	0.01	0.00	0.00	0.00
2012	96.22	2.94	0.66	0.13	0.04	0.01	0.00	0.00	0.00
2013	96.31	2.79	0.70	0.14	0.05	0.01	0.00	0.00	0.00
2014	96.11	2.93	0.75	0.15	0.05	0.01	0.00	0.00	0.00
2015	95.84	3.11	0.81	0.17	0.05	0.01	0.01	0.00	0.00
2016	95.70	3.16	0.85	0.21	0.06	0.01	0.01	0.00	0.00
2017	96.66	2.33	0.74	0.18	0.07	0.01	0.01	0.00	0.00
2018	96.60	2.29	0.84	0.17	0.08	0.01	0.01	0.00	0.00
2019	97.13	1.71	0.75	0.25	0.12	0.02	0.01	0.00	0.00
2020	96.91	1.85	0.78	0.25	0.14	0.04	0.02	0.01	0.00

数据来源：根据《中国畜牧业年鉴》（2010—2020年）中数据整理所得。

（二）四川生猪饲养方式转变及标准化规模养殖发展现状

“十三五”以来，四川省生猪产业通过开展全面标准化建设，大力推进生猪养殖设施化、自动化、智能化、标准化规模养殖水平得到提高，饲养方式也发生了转变，具体如下。

1. 标准化规模养殖水平提高

以“畜禽良种化、养殖设施化、生产规范化、防疫制度化、废污无害化、粪便资源化、监管常态化”为主要内容，四川省全面开展生猪规模养殖标准化建设，提高了标准化规模养殖水平。

（1）生猪标准化养殖场建设持续推进。自2007年开始，国家出台了一系列政策措施稳定规模养殖场（户）生猪的供给水平。国家专项安排部分中央预算内投资，逐步推进落实生猪标准化规模养殖场（小区）改扩建项目，对生猪标准化规模养殖场（小区、重点户）予以补助。四川省各地持续推动在建猪场项目顺利投产达产，据行业调度，2019年9月以来全省累计新开工生猪标准化养殖场建设项目4 352个，已完工3 818个（图3和图4），已完工养殖场项目仔猪产能达1 900余万头，全部投产后预计可为四川省新增仔猪产能4 600余万头，其中2021年新建成规模猪场1 115个，新增仔猪产能500万头。

图3　德康集团兴文县标准化种猪场

图4　标准化猪场妊娠母猪舍（左）和产仔舍（右）

（2）龙头企业逐步完善标准化体系。四川省支持龙头企业加快完善标准化体系建设，大力推广“龙头企业+农民合作社（家庭农场）”的发展机制和“适度规模养殖场+粪污三化（无害化、资源化、商品化）+绿色种植园”协调发展的生产模式。按照“有标采标、无标创标、全程贯标”的要求，构建了以产品为主线、质量控制为核心的全产业链标准体系。指导龙头企业制定完善优质、高效、安全生产技术规程，加强生猪养殖投入品使用管理，建立完善畜产品质量安全检测制度，推进规模养殖场健全养殖档案和产品质量安全追溯体系，确保畜产品质量安全。

（3）生猪规模养殖比重稳步提高。随着四川省生猪产业转型升级，以及受非洲猪瘟疫情影响，一些生产设施较差、养殖技术落后、防疫和抵御市场风险能力不足的中小养殖户、散户退出，同时又新建了一批设施设备完善、防疫条件较好、技术水平相对较高的标准化规模养殖场，生猪规模养殖比重稳步提高，从 2010 年的 35.54%到 2020 年的 57.01%，具体变化见图 5。

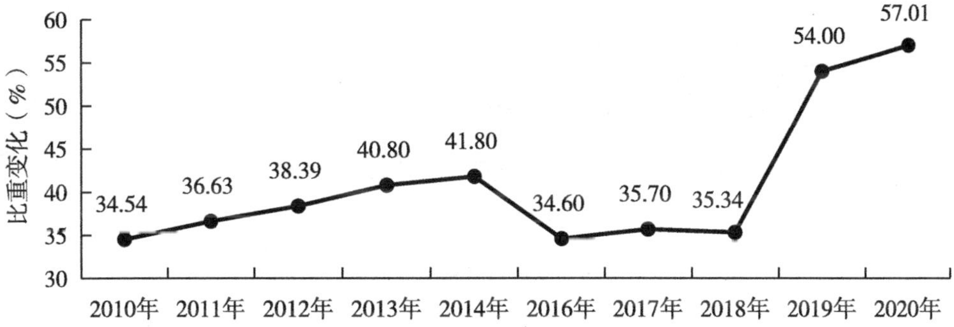

图 5　四川省生猪规模养殖比重变化情况

数据来源：四川省农业农村厅生猪直联直报系统。

2. 集团化、全产业链发展

2018 年非洲猪瘟暴发以后，生猪存栏规模降低，市场价格上升，国家出台各种政策，以加快恢复生猪生产，而各地政府更是在“稳价格保供给”的压力与动力下，大力支持生猪养殖，养猪企业在环评、用地、信贷等方面得到地方政府的大力支持。借此机会，国内养猪业原本的老牌企业温氏、牧原、新希望、大北农等加速扩张，四川也不例外，各个大集团包括新希望、温氏、正大、德康、铁骑力士等争相在四川各地新建大型规模化猪场，生猪产业集团化发展趋势明显。同时，企业边界打破，各集团企业纷纷向产业链上下游延伸融合，构建“饲料生产—生猪养殖—

屠宰加工”的完整产业链，以生猪为核心跨产业融合已经成为不可逆的发展趋势。

3. 楼房养猪兴起

生猪生产在我国农业中占有绝对的地位，生猪存栏量在全世界的占比超过50%。我国可利用于生猪生产的土地资源不多，一直以来严重制约着我国生猪产业发展。楼房养猪作为一种新兴的养猪模式，其实在20世纪60—70年代国内就曾经出现楼房养猪的雏形。四川省楼房养猪的起源较早，1964年四川省畜牧科学研究院董家山牧场建设了3栋2层的猪舍，1996年绵阳酒精厂建设了数栋2层的楼房猪舍(图6)。20世纪70年代末，辽宁省盘锦市就有某生态养猪场采用楼房模式进行生态循环养殖；20世纪80年代，黑龙江省友谊农场建成了1栋2层的猪舍。不过由于当时多方面的原因，楼房养猪没有引起重视，也没有在社会上得到更多的推广。

图6　四川省早期楼房猪场

（左：四川省畜牧科学研究院董家山牧场楼房猪舍；右：绵阳酒精厂楼房猪舍）

到了21世纪初，工业化养猪得到了迅猛发展，规模化、集约化猪场异军突起，出现养猪征地难的问题。在南方山区如福建、江西、广西等地出现了高楼建筑养猪场，其中福建光华百斯特生态农牧发展有限公司、福建闽北延平的福源畜牧发展有限公司、建瓯华峰农牧科技发展有限公司、松溪县的科诚牧业公司都建有楼房猪舍。楼房养猪的出现解决了猪场选址难的问题，克服了养猪规模化、集约化占地多的困境。

现代楼房养猪的真正兴起应该以广西扬翔股份有限公司楼房养猪为标志。2015年，广西扬翔股份有限公司联合来自中山大学、中国农业大学、华中农业大学的养猪权威专家，开始探索楼房养猪模式，2016年开始建设，2017年在贵港市亚计山上建成集群式楼房智能化猪场（图 7），并配套饲料生产、屠宰车间，实现“料、养、宰、加、商”一体化的闭环生产，这标志着现代楼房养猪模式的开始。2019 年 12 月，自然资源部、农业农村部印发的《关于设施农业用地管理有关问题的通知》中指出，养殖设施允许建设多层建筑，代表着“楼房养猪”获得了官方正式认可，极大地加快了生猪养殖行业建设楼房式猪场的节奏。

图 7　广西扬翔股份有限公司贵港市亚计山集群式楼房智能化猪场（2017 年）

四川省现代楼房养猪发展较早的是齐全农牧集团股份有限公司，该公司位于遂宁市桂花镇 8 层楼房猪场于 2020 年 7 月建成并投入使用（图 8）。据行业调度数据显示，2021 年四川省拟建和在建楼房猪舍项目 202 个。相比平层养猪，现代楼房养猪模式具有以下优势。

图 8　齐全农牧集团遂宁市桂花镇楼房猪场

（1）大幅提高了土地的利用率。养猪属于农业项目，是免税企业；因为没有税收，因而不列入地方政府政绩考核范畴，不容易引起政府对企业的重视。同时，猪场废弃物处理不当造成的环境污染问题，常引发企业与周边地区居民关系紧张的现象时有发生。由此，加剧了地方政府与当地居民对养殖业的排斥，导致猪场建设用地选址难上加难的现状出现。另外，由于土地性质的问题，农村地区的土地大多属于林地或基本农田，能够变更用于建设猪场的农业设施用地很少。在一系列问题的限制影响下，想要在有限的土地上建造规模化的猪场，楼房养猪几乎是唯一选择。如年出栏 10 万头仔猪生产能力的猪场，如采用楼房养猪生产模式占地仅 5~8 亩，而采用传统模式饲养大约需要 150 亩，土地利用率得到了巨大的提升。

（2）疫病防控优势明显。楼房养猪模式在疫病的预防和控制方面具有明显的优势，能有效地防控一些烈性传染病的传播。一是楼房养猪自动化程度较高，人员需求减少，人员流动性降低，疫病传播的风险大大降低。二是楼房猪舍与地面接触面积比平层猪舍大大减少，猪群与外界接触的机会相应减少，鼠、虫等传播媒介减少，降低了猪场生物安全防控的难度。三是楼房养猪每层空间相对独立，可基本形成独立的疫病防控系统，能有效避免因为转群、清扫等造成的疫病传播；同时相比平层猪场更易做到净道、污道分开，杜绝病死猪交叉污染。

（3）大幅提高猪场集约化管理水平，生产成本变相减少。楼房猪场配备现代化的环境自动控制系统，对环境中的温度、湿度、有害气体等能有效地控制，创造适合猪群生存的良好环境，最大限度提高养猪存栏密度，实现集约化饲养目标；同时，通过安装自动饲喂系统和清粪设备，减轻工人的劳动强度，大大提高劳动生产效率。此外，虽然楼房养猪的建筑成本提高，但其使用年限和土地利用率均大幅提高，同时配备生猪养殖的数字化、智能化设备，极大地减少了人力成本和防疫成本。

（4）缓解养猪业造成的环境污染。楼房养猪模式可很好地利用楼层落差，将各层的排泄物等污染物收集到一起，减少了排泄物的污染，再配套相应的处理设备，能对生猪生产中产生的废物、废气、病死猪等进行相应集中处理，实现了粪污资源的有效利用、废气有效治理。

猪舍环境控制是楼房猪舍的重要一环。四川夏季属于高温高湿气候，夏季猪舍降温非常重要，所以楼房猪舍基本都安装有湿帘，用于夏季猪舍降温；同时，为做好生物安全防控，大部分楼房猪场都安装了空气过滤装置。目前四川省内楼房通风模式主要有2种：一种是每层楼安装负压风机，采用隧道式通风，利用负压将新鲜空气吸入猪舍，相当于平层猪舍的叠加，如新希望集团在乐至县双河场乡和正邦集团在乐至通旅镇光明农业园区的楼房猪场。另一种也是采用隧道式通风，但风机集中安装在楼顶，利用负压和通风井烟囱效应，将吸入新鲜空气进入舍内，而猪舍内空气通过风井在屋顶集中排放或者集中除臭处理后排放，相对于第一种通风方式可以大大减少风机数量和除臭设施数量，降低运行成本。此外，也有少部分楼房猪场开始探索精准通风和夏季空调降温模式，如四川德康农牧集团在宜宾高县、自贡荣县和绵阳明兴农业公司在三台县新建的楼房猪场。

4. 新型农业经营体系建设初具成效

新型农业经营体系是指大力培育发展新型农业经营主体，逐步形成以家庭承包经营为基础，专业大户、家庭农场、农民合作社、农业产业化龙头企业为骨干，其他组织形式为补充的新型农业经营体系。四川省通过充分发挥农业产业化龙头企业的带动作用和推动利益联结机制建立，在新型农业经营体系建设上初具成效。

一是大力推广“龙头企业+农民合作社+养殖户（家庭农场）”“龙头企业+乡村集体经济组织+养殖户”“龙头企业+国有投资平台+养殖户”等多种合资合作模式，带动了一大批合作社、养殖专业户和家庭农场的发展，推动了新型农业经营体系的建设。二是广泛推广代养、寄养、联创联办多种养殖联结机制，龙头企业组织统一供种、供料、防疫、生产管理技术、回收加工及营销品牌创建，养殖收入由企业兜底，超额分红。

在组织形式上，可以分为2种：一种是养殖专业户和家庭农场独资修建代养猪场。另一种是村集体整合各类资金，招引龙头企业，吸收社会资本投入，通过全资、合资、村民入股等方式兴建“共享猪场”，壮大村集体经济、巩固脱贫攻坚成果。

（1）代养、寄养模式。目前的代养、寄养模式包括铁骑力士集团的“1211”代养模式，巨星集团“公司+合作社+寄养农户”产业化长效帮扶模式，齐全农牧集团“四六开零风险”代养模式，正大集团“1100”标准化养生猪代养模式以及温氏集团生猪代养等等。下面简单介绍2种代养、寄养模式。

“1211”代养模式。即1栋圈舍，夫妻2人，年出栏生猪1 000头，实现养殖利润10万元。公司按照“七个统一”对养殖户进行统一管理和服务，即统一圈舍设计、统一供应猪苗、统一提供饲料、统一提供药品疫苗、统一标准饲养管理、统一合同价回收、统一品牌销售。其中，公司提供的猪苗为21日龄断奶仔猪，约7 000克/头，育肥猪在115千克左右统一回收，饲养期控制在160天左右，公司安排技术人员为养户提供 全程的养殖技术指导和服务。

齐全农牧“四六开零风险”代养模式。由公司统一提供猪苗、饲料、兽药、生猪保险及技术及管理。养殖户提供圈舍和劳动力，生猪育肥后由公司、合作社、养殖户共同选择出售，所获利润“四六分成”（养殖户占60%，公司占40%）。在市场行情低谷时，由公司承担全部风险，保证给养殖户最低150元/头的补助分红。

（2）共享猪场。近年来，受非洲猪瘟疫情影响，农村中小养猪场（户）加快退出，饲养母猪的农户越来越少，仔猪价高、量少，加之养殖用地资源紧缺，制约了散户的生猪养殖。一些地方村集体采用村集体的非永久基本农田，或是农户将自己的非永久基本农田凑零为整，通过村统一规划，集中建设“共享猪场”。共享猪场投资形式包括村集体与企业（合作社）合资、国有企业与贫困户合资、村集体独资、企业投资+贫困户贷款入股等几种；在促进生猪产业发展的同时，也通过“共享猪场”壮大村集体经济、巩固脱贫攻坚成果。“共享猪场”均按标准化猪场要求建设，配备自动供料、自动供水和环境控制系统，粪污处理设施较为完善。

一个典型的代表是正大集团发展的“政府+龙头企业、金融、合作社、农场主、贫困户”种养结合、生态循环“1+5”产业扶贫新模式。该模式以股份合作制的形式组建扶贫专业合作社，把所有贫困户整体纳入合作社范围，把扶贫政策、项目、资金和贫困群众现有资源资本化与产业化，贫困户用政府补贴款和扶贫贷款入股，集体经济组织用扶贫周转金入股，共建正大“1100”生猪代养场（一栋代养场一次存栏生猪1 100头，每年可出栏2批），其收入由作为股民的贫困户与集体经济组织按股分成。

此外，南充市、凉山州也在开展“共享猪场”建设。目前南充市共建成“共享猪场”88个，其中67个场与养殖龙头企业合作托养生猪，20个场自繁自养生猪，1个场饲养母猪繁育销售仔猪。凉山州的共享猪舍（四川省畜牧科学研究院设计）（图9）包括养殖圈舍、贮物空间以及乳猪保温、自动饮水及粪尿贮存等设施，采用集中布局，每户独立使用1个单元，满足每户饲养1头能繁母猪或3~5头育肥猪的需求，经济适用。

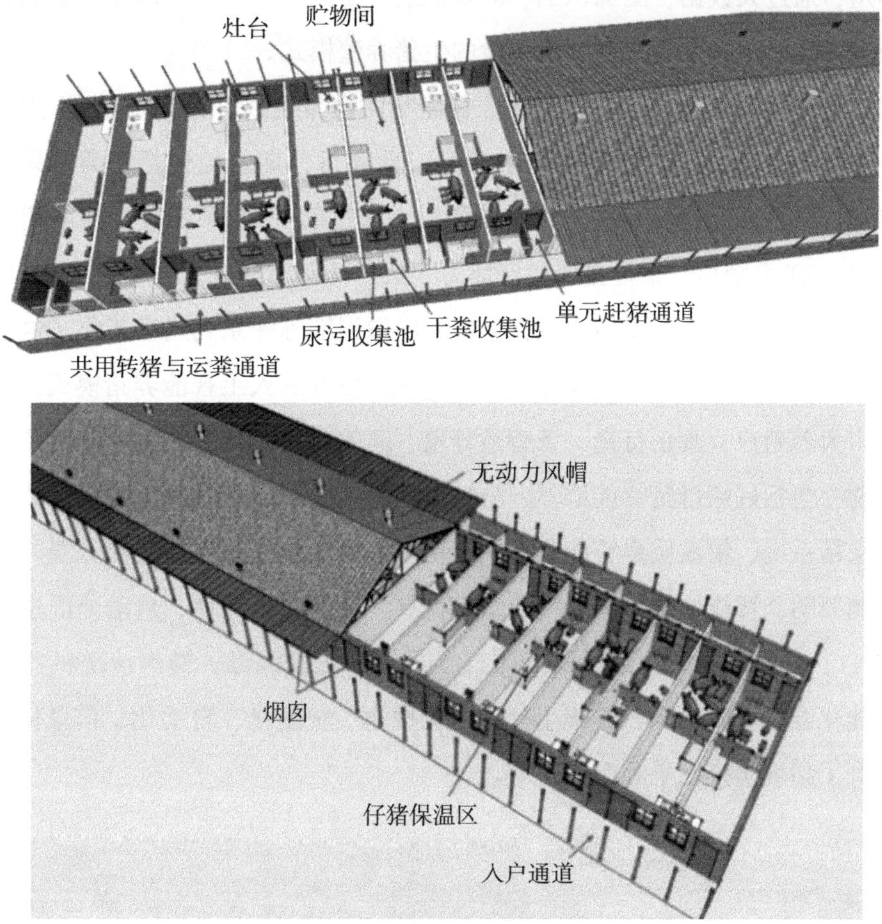

图 9　凉山州昭觉县共享猪舍

目前共享猪场也存在的一些问题，包括：①政府投入不足。部分政府财政困难，缺乏配套资金，扶持力度不够大。②共享示范不够。很多共享猪场是租赁给第三方托养生猪，其大部分收益流向了企业和养殖业主，村民和村集体获得的收益较为有限，利益联结机制不健全，增收效果不佳。③管理水平不高。除由龙头企业直接管理的外，其他场很少有懂技术、会管理的专业技术人员，现代养猪技术、生物安全技术等没有全面普及应用。

5. 智能化养殖发展迅速

随着社会不断发展，城镇化不断推进，从事农业的人口将不断减少。同样的，今后愿意从事生猪养殖的人越来越少，所以生猪养殖的机械化、智能化发展是大势所趋。如今，随着技术的不断发展进步，在养殖行业中，越来越多的养殖企业开启智能养殖，通过大数据、图像识别、语言识别、物流算法、怀孕诊断、智能测温等智能技术的运用来探索高效率、低风险的生猪养殖模式。

2018 年，阿里云与四川特驱集团、德康集团宣布达成合作，将对 ET 大脑进行针对性训练与研发，最终全面实现 AI 养猪。此项目首期落地包括各类猪只数量识别、猪群行为特征分析、疾病识别和预警、无人过磅等 10 项功能。在前期的理论验证阶段，ET 大脑提升了母猪年生产能力 3 头，死淘率降低了 3%左右。阿里已经在德康示范猪场开展设备安装、数据采集、图像识别等一系列启动工作，这将会在今后逐步形成一套系统性、可操作性、综合成本更低的人工智能养猪模式，并复制推广到广大养殖户，真正打造一条智慧养殖、高效养殖的新农牧业生态模式。

目前，包括妊娠母猪智能群养、分娩母猪智能投料（图 10）、公猪精液高仿真自动化采精系统、精液质量智能分析及自动灌装系统、哺乳仔猪智能保温、智能测温、智能照明、智能体重预测、智能猪只盘点、智能健康评估、自动分群系统、保育（图 11）和育肥智能化粥料及液体饲喂系统、智能消毒、粪沟清洗机器人等一大批智能化装备不断涌现，实现生猪生产机械化、智能化、自动化、信息化、精细化，提升了猪场防疫水平和生产效率。

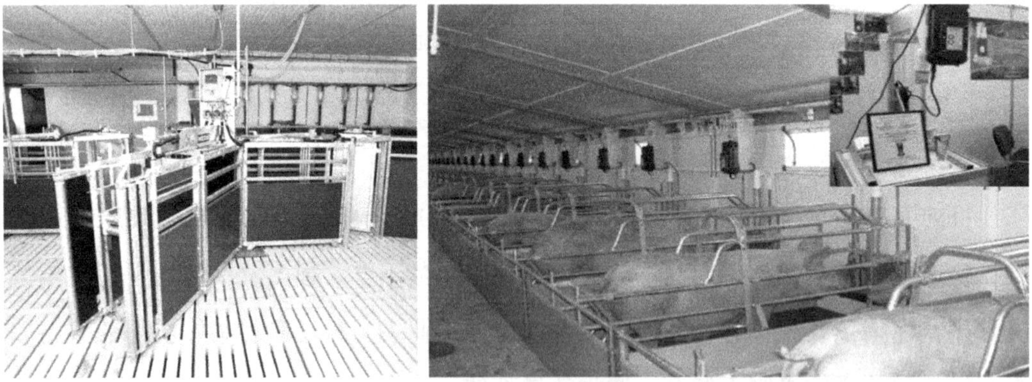

图 10　妊娠母猪智能群养系统（左）和分娩母猪智能精准饲喂系统（右）

规模化发展为生猪养殖智能化、数字化提供了基础，同时智能化又促进生猪养殖规模化的进程。生猪养殖智能化、数字化技术应用在非洲猪瘟防控、废物资源化利用、生态环境改善、生产力提升等方面起到了越来越重要的作用。

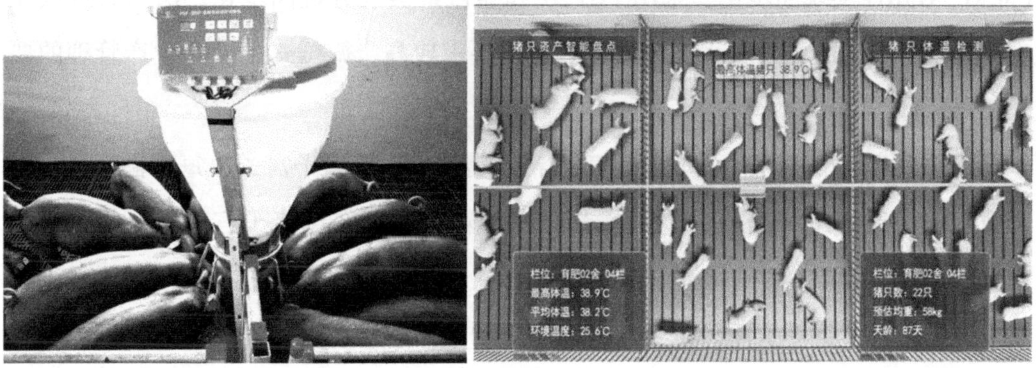

图 11　保育智能化粥料饲喂系统（左）和智能猪只盘点、体重预测和健康评估系统（右）

6. 批次化生产管理和深部输精技术迅速普及

（1）批次化生产管理。我国养猪业存在着多种疾病防控难的问题，如猪繁殖与呼吸综合征、猪圆环病毒病等严重影响我国养猪生产，减少疾病的水平传播对疫病防控尤为关键。在以往生猪生产中，普遍采用连续生产方式，即每天都有配种、分娩和断奶的情况，生产无规律，工人劳动强度大，无法做到真正意义上的全进全出，也无法阻止疾病水平传播。批次化生产模式是一种利用生物技术，将原有每天都有断奶、配种、分娩的连续生产管理模式改为以周为节律的生产模式，猪群采用全进全出饲养方式。周批次包括 1 周、2 周、3 周、4 周和 5 周一批次，但实际生产中，为了保证清洁、消毒和空栏时间，很多采用 1 周、3 周和 5 周一批。采用批次化生产模式，实行全进全出管理，更便于栏舍清洗、消毒、干燥；更有利猪场疫病防控，减少疾病的传播，提高猪群健康水平，提高免疫合格率，减少保健用药，大幅减少母猪非生产天数，提高年产胎数和窝产仔数；同时有利于提高工作效率，降低繁殖管理人员劳动强度，也有利于均衡生产，提高生产设施利用率。对提高猪场的管理效率、降低生产成本、节约劳动力、提高猪场经济效益具有明显的效果。

2000 年左右，批次化生产管理模式就已经在欧洲普及。2015 年左右，批次化管理模式在我国开始逐步推广。目前，四川省的大部分中、大规模养殖场普遍采用批次化生产管理模式，有效提高了猪群的健康和生产水平。

批次化生产管理模式分为 2 种：法国式和德国式。法国式中，后备母猪饲喂烯丙孕激素实现性周期同步化，经产母猪采用统一断奶实现性周期同步化；德国式中，采用同时断奶和烯丙孕激素实现性周期同步化，卵泡发育和排卵分别采用

PMSG、GnRH 实现同步化，采用 PGF2α 和缩宫素实现分娩同步化。法国式批次化生产管理对猪群的健康水平和猪场饲养管理要求较高，德国式批次化生产管理的要求相对较低。

（2）深部输精技术。常规猪人工授精输精部位在母猪子宫颈，每次输精有效精子数要求达到 20 亿~30 亿。深部输精技术的输精部位在母猪子宫体内，每次输精有效精子数只需要 5 亿~10 亿，相比常规猪人工授精技术大大减少精液用量，进而减少公猪引进及饲养费用，降低生产成本，同时缩短输精时间（比常规的人工授精时间减少 3~4 分钟），降低劳动强度，有效避免精液倒流，提高母猪受胎率和产仔数。近年来，深部输精技术已经在四川省大规模猪场普及，提高了猪场生产效率和效益。

二、存在的主要问题

（一）规模养殖水平不高

四川一直是我国的养猪大省，但以中小养殖（场）户为主，规模化率较低。表 3 中，以年出栏量 500 头为生猪规模养殖场标准来看，四川省生猪养殖的规模化率在 2012—2018 年较为稳定，并没有大幅提高，到了 2019—2020 年，非洲猪瘟疫情暴发后，大量中小养殖（场）户由于生物安全防控设施、设备落后，防疫能力不足而退出，生猪养殖的规模化率相比 2019 年之前有较大的提高，但仍然远低于河南和湖南两大生猪主产区，与全国平均水平也有一定差距。由此可见，四川省生猪养殖大多以中小养殖（场）户为主，规模养殖场数量不足，规模化率有待提高。

表 3　生猪养殖规模化率（%）

年份	全国	河南	湖南	四川
2010	0.36	1.49	0.45	0.14
2011	0.41	2.16	0.51	0.15
2012	0.47	2.31	0.57	0.18
2013	0.51	2.51	0.63	0.20
2014	0.52	2.50	0.68	0.22
2015	0.57	2.66	0.70	0.24
2016	0.60	2.42	0.75	0.29
2017	0.57	2.61	0.74	0.27

（续表）

年份	全国	河南	湖南	四川
2018	0.59	3.42	0.74	0.27
2019	0.68	4.30	0.81	0.41
2020	0.78	4.73	1.11	0.46

注：以年出栏量500头为标准。

（二）中小养殖户退出快

随着社会经济发展，四川省城镇化建设进度加快，大部分青壮年进城务工和生活，农村老龄人口增多，青壮年劳动力短缺，加之养殖设施、设备和养殖技术落后，抗疫病和市场风险能力不足，综合经济效益低，散养农户退出速度加快。如果规模养猪场新增产能低于中小场（户）退养规模，将对生猪产能稳定带来挑战。

（三）智慧养殖成行业关注热点，亟须相关标准

在劳动力成本上升、生猪养殖提质增效的双要素驱动下，RFID耳标识别、大量新型传感器和识别技术广泛应用于猪只识别、体重测量、猪只体温等生物学检测，信息化和智能化成为生猪产业发展的重要特点，新型智能温控系统、节水粪尿收集和输送系统、楼房猪场等不断应用。基于4G、5G通讯的数据传输方式推动了远程、无人、实时的猪舍环境控制，人工智能机器人、无人巡检等也进入应用阶段。但智能化养猪领域的相关技术和产品还停留在数据采集和简单分析层面，缺乏关键性的多维数据互联互通以及相关技术标准，亟须完善相关的技术规范。

（四）楼房养猪尚存问题，缺乏相关标准

在非洲猪瘟疫情的背景下，楼房猪舍以占地面积小、高效产出的优势得以迅速推广。但楼房养猪依然有如下几个需要优化和待解决的问题点。

（1）用地问题。2019年9月4日，自然资源部办公厅下发了《关于保障生猪养殖用地有关问题的通知》，明确指出生猪养殖用地作为设施农用地，按农用地管理，不需办理建设用地审批手续。2019年12月17日，自然资源部会同农业农村部印发《关于设施农业用地管理有关问题的通知》明确指出，养殖设施允许建设多层建筑。国家层面的政策导向均为规模生猪养殖和多层猪舍建设开辟了政策通道。楼房猪舍虽属于农业投资项目，但其实质属于建设工程，前期相关审批手续与其他建设用地工程项目有所区别，无法办理建设工程规划许可证和施工许可证，建设管理

部门无法纳入正常的建设项目管理。各地区产业发展方向和发展程度不同，在办理设施用地手续过程中也将面临许多困境。

（2）缺乏相关规划设计标准。楼房养猪虽有较长的历史，但近年来发展的现代化楼房猪舍尚缺乏实践经验，仍缺乏关于楼房猪舍的规划设计、建筑结构、材料配置、施工管理、工程造价等环节的技术规范和标准，设计建设过程中如消防标准、土建标准、工程检测、土地容积率等仍无具体可参考执行的行业标准。此外，专业养殖生产设施设备也缺乏执行标准，大部分处于摸索式改进中。楼房猪场的设计不仅需要猪场设计人员熟练掌握养猪的生产工艺与流程，还需要懂得猪场生物安全防控策略，这对设计人员提出了更高的要求，当前针对楼房猪场的专业设计人员仍十分紧缺。目前，楼房猪舍的设计多为建筑专业人员，缺乏对猪场的生产工艺流程和生物防控策略的了解，容易造成楼房猪场布局和空间设计缺陷。

（3）造价成本高。现在国内楼房养猪的建设单平方造价成本比起传统的平养大约增加了30%以上。同时，楼房养猪配套的附属设施比平养更多，更齐全，投入更高。这对养殖企业在降本增效、持续高效经营上成为一个重点需要解决的问题。

（4）设备选型难。楼房养殖在设备选型上，给养殖企业也带来了一些难度。一是饲料输送距离加长、饲料需提升上楼，饲料输送设备选型成为难点。二是楼房粪污排放量大集中，粪污处理系统同样面临着新的挑战。三是随着非洲猪瘟疫情暴发，很多养殖企业增加了空气过滤系统，并采用集中排放方式，增加了除臭系统，这些增加的设备和建筑模式的变化，都使得风机运行压力大幅度增加。之前行业内风机运行工况大多都是25~37帕，现在如果是高效空气过滤加上集中排风方式，运行工况要达到100帕以上，设计参数甚至要考虑到150帕。这一类风机在畜牧业风机里很难选型，并且成本也高。环境控制器现在也对压力有了要求，设备选型难度增大、成本增加、可选择性差。

（5）施工工艺不合理。猪场建设与民用建筑有很多不同，有它的特殊性。但一直以来，猪场建设就缺乏专业的施工团队，很多施工单位对于养殖业项目缺少敬畏之心，认为猪场建设很容易，对建设标准要求不高，甚至有的施工方会以施工难度高为缘由，更改设计做法，导致施工时工艺不合理，造成渗漏等问题，影响猪场后续正常生产运行。此外，高水平的监管人员也是行业内稀缺的，养殖业主在建造和装修猪圈时往往要紧密跟踪指导，稍有疏忽就容易造成事后返工等不必要的损失。

（五）投机资本进入生猪产业，扰乱市场规律

非洲猪瘟疫情暴发后，由于生猪供不应求，市场价格居高不下，国内养猪业原本的老牌企业温氏、牧原、新希望、大北农等加速扩张，而且有中化、中粮、中农发、首农、北大荒等大型央企、国企纷纷加入养猪大军，各地的国企、房地产企业甚至于银行也争相投入大笔资金开始养猪。培育产业，发展现代生猪养殖业需要大量资本进入，这本无可厚非，但把生猪规模养殖作为资本投机的工具，就改变了生猪规模养殖的意义了。这些资本不了解生猪产业发展规律，缺乏发展生猪规模养殖的技能，入行生猪养殖，或是利用资本风投的运作模式，超越实体，进行虚拟炒作及资本运作，在资本市场融资圈钱，打着产业扶贫和生猪规模养殖的幌子获取银行贴息贷款，通过众筹募集社会闲散资本；或是想在得到国家和当地政府的项目补助资金的同时趁生猪市场价格高狠赚一笔。

投机资本在猪肉市场供不应求时，逐利而来，争补短板，在较短时间内达到供求平衡。而在猪肉市场出现供过于求，猪肉产品价格下跌，盈利减少或暂时亏损时，投机者则责任缺失，为了迅速止损便减少投入，减少生猪养殖数量，甚至终止生猪规模养殖的投入，撤走资金，进而出现实体规模养殖场停工停建、闲置停养现象。这不仅给当地政府留下难以解决的困难和问题，也加剧了猪肉供给市场和猪周期的波动。

三、对策建议

（一）持续深入推进生猪标准化规模养殖场建设

按照农业农村部《畜禽养殖标准化示范创建活动工作方案（2018—2025年）》，持续深入推进生猪养殖标准化示范创建活动，推动中央、省、市、县四级联创，以“畜禽良种化、养殖设施化、生产规范化、防疫制度化、废污无害化、粪便资源化、监管常态化”为主要内容，全面开展生猪规模养殖标准化建设，高标准创建一批生产高效、环境友好、产品安全、管理先进、防疫规范的生猪标准化示范场。以已挂牌的示范场为重点，切实发挥示范带动作用，组织开展多种形式的示范推广活动，带动更多养殖场户在发展标准化生产中受益。

结合非洲猪瘟疫情防控，大力推广支持生猪龙头企业、养殖专业合作社、家庭农场开展全环控、低耗能、环保型的高标准圈舍建设。改善基础设施装备条件，建

设出猪台、洗消间、生物隔离带、高温加压消毒设备等，提升养殖场户生物安全水平。按照“高效、低耗、低排、智能化控制”原则，大力推广技术先进、经济适用、安全可靠的成熟现代装备，实现主要生产环节机械设备齐全、工程配套设施完善，机械化、自动化、信息化融合发展。加大农机购置补贴力度，支持生猪养殖场提升栏位系统、精准喂料系统、供水供电系统、智能环控系统、粪尿收集与资源化利用系统、生物安全系统、信息化管理系统等设施设备，做到应补尽补，改进农机购置补贴方式，加强政策指导和监管。

（二）大力扶持中小养殖场（户）

中小养殖户仍将是四川省生猪养殖的重要组成部分，结合国家和四川省产能调控方案，应因地制宜地发展多种养殖模式，培育多层次的养殖业主，打牢现阶段生猪持续稳定发展的基础，增强抗御市场波动的多元力量。继续推广以大带小的技术提升模式，创新机制，多措并举，大力扶持生猪中小养殖场（户），并引导养殖户降本增效，减少亏损，提升中小养殖户的技术水平。一是加大新型经营主体培育力度。引导合作社、家庭农场发展生猪养殖，支持养殖基础和技术条件较好的养殖户扩大养殖规模，发展适度规模家庭农场，开展多种形式的适度规模经营。二是支持共建联建。通过土地资金入股、投工投劳、产业扶贫周转金扶持等方式，支持“联建猪场”和“共享猪舍”建设，帮助有意愿但条件较差的农户发展生猪产业。三是发挥养殖主体的带动作用。推广“公司+农户”“公司+合作社+农户”等代养寄养模式，通过统一生产、统一营销、技术共享、品牌共创等方式，带动中小养殖户发展生猪产业，建立利益联结机制，推行保底分红、股份合作、利润返还等方式。四是加强技术指导。建立科研院所、农业高校等社会力量对接服务新型农业经营主体的长效机制，依托农民夜校、农业人才教育培训以及新媒体等平台，帮助中小养殖户提升生产技术和经营水平，开展中小农户标准化圈舍设计及参数优化，研究提出易懂易学的中小农户标准化猪舍设计（改造）方案，引导中小养殖场（户）进入现代畜牧业发展轨道。

（三）加大养殖技术科技攻关

近年来，随着集约化、多元化养殖模式发展，川猪生产水平较发达省份和发达国家差距逐渐加大；究其原因，现代养殖装备落后、精细化饲养管理技术研发与应用不足以及自动化、智能化管理体系建设滞后是导致川猪生产效率低的重要原因。

因此，应加大养殖技术科技攻关，研发和构建一批关键核心技术，实现川猪“精细化、自动化、智能化”养殖，整体提升川猪养殖现代化术水平，支撑引领四川省生猪产业健康高效发展。一是加大生产工艺及关键设备的改造和利用研究。消化吸收国际先进现代生猪养殖装备关键技术，开展新型设施设备利用升级改造，研发液态和固态料精准饲喂设备及成套供给系统、生长和健康及环境智能监测设备、精液自动化生产成套设备等设施设备，提升不同规模猪场装备水平及养殖综合生产能力。二是研发精细化饲养管理与新型饲喂技术。研究构建各养殖阶段精细化、多阶段饲养管理模式，实现养殖全程精细化高效饲养管理；研发饲料现场调制关键技术，充分发挥饲料效能、降低氮排放；开展饲养饲喂技术—产品—猪场设备组装集成，形成可应用、可复制、可推广的综合技术方案。三是开展猪舍内环境精准调控技术研究。分析研究猪舍内环境参数的时空分布规律，结合计算流体力学技术等工程技术，开展通风模式系统优化设计，提高猪舍内环境控制“精准化”水平。四是建立楼房养猪相关标准。研究提出适合楼房猪舍的环境控制工艺和饲料输送装备，开展楼房猪舍建筑功能优化与标准化设计研究，结合养殖和建筑需求，提出相关构造要求，形成适用于四川生猪养殖的楼房统一设计标准，让楼房养猪有据可依，更加科学合理。五是大力推行智慧养殖。推动全行业实施数字化、信息化和管理智能化，加大智慧养殖相关装备和技术研发与推广政策支持，建立基于数字化关键技术的智能化养殖平台，促进生猪产业向自动化、智能化转型升级。建立智慧养殖生猪养殖示范园区，推广先进环控技术和解决方案，促进生猪产业走向标准化、智能化与信息化，降低管理成本，提高生产效率，提升产品品质。

（四）推动生猪产业信息现代化

加快大数据、人工智能、云平台及5G传输技术等现代信息化技术的在生猪产业的推广应用。一是支持规模养殖企业建设一批“数字猪场”“智慧猪场”，提高信息化养猪水平。二是支持龙头企业借助数字化技术与中小养殖场（户）相互连通，采用“公司+平台+农户”的模式，加强生产技术指导、提高生产效率，促进转型升级，带领农户实施标准化生产。三是推动生猪产业大数据平台建设，积极参与川渝生猪大数据中心建设，整合生猪生产、交易、屠宰、加工、种猪管理、智慧动监等数据资源，互联共享，实现产业信息现代化。四是加强生猪产销监测与预警，强化生猪网格化管理，强化规模养猪场（户）信息备案管理，建立生猪生产报告制度，加强分析预警，定期发布生产和市场价格动态信息，指导养猪生产。

（五）规范规模养殖，严控投机资本进入

一是制定标准，规范规模养殖。在建设生猪规模养殖场时要严格把关，设置专家论证同意的前置许可，是否立项建设大规模生猪养殖项目，主管部门应组织当地各方专家进行咨询论证，听取专家的一致意见。对不同养殖数量、不同养殖用途的规模场提出场地和配套设施建设及各类技术（包括环境、污物转化等方面的专业技术）人员配置规范，提高进入生猪规模养殖场建设的门槛，确保生猪规模养殖项目建设的科学合理性和成功率。

二是加强风险管理，严控投机资本进入。社会资本集中拥入生猪产业是导致当前生猪规模养殖乱象的原因之一，因此，在生猪规模养殖的发展中，支持懂专业、资金实力雄厚、诚实守信、社会信誉度好的企业进入生猪规模养殖行业。同时，要特别注意投机资本的进入，防止资本的短期行为，要审查资金投入的可靠性，防止项目挤占百姓利益和骗取政府补助资金的行为，避免蜂拥而起，不分良莠，把没有专业能力、社会诚信度差的投机业主引入生猪规模养殖行业。对养殖上市公司，要加大监管力度，防止虚假炒作，过度推高行情。

四川生猪健康高效养殖科技创新报告

杨加豹[1]　余　冰[2]　陈　瑾[1]　虞　洁[2]　郑　萍[2]　朱　淋[3]　刘亚男[1]
（1. 四川省畜牧科学研究院，四川成都　610066；2. 四川农业大学，
四川成都　611130；3. 绵阳明兴农业科技开发有限公司，四川绵阳　621102）

摘　要：健康高效是生猪养殖的目标，也是保障四川省生猪产业可持续、健康发展的根本保证。四川省历来重视生猪养殖科技创新。“十三五”以来，在生猪“抗病营养”“无抗养殖”“减排增效”“液态饲喂”等领域的科技创新取得长足发展，为助推四川省由养猪大省向养猪强省转型升级、保障城乡居民肉食品供应、促进社会和谐稳定和保障生态文明建设等作出了重大贡献。但是，因四川省生猪养殖发展历程和特殊的自然环境条件等因素影响，四川省在生猪健康高效养殖领域仍存在现有先进技术成果推广应用不够、优质饲料原料短缺而地方饲料资源改造技术不足、“饲料无抗+玉米豆粕减量+非洲猪瘟”多重因素叠加下现有技术支撑不足等众多问题。因此，需要在开发新型饲料资源、改善生猪健康水平、提高饲料利用效率、降低养殖排放、改变饲喂方式等领域推动科技创新、构建现代化的健康高效养殖技术体系，助推四川省生猪产业高质量发展。

关键词：生猪；健康；高效；无抗；减排；科技创新

四川省是生猪养殖和猪肉消费大省，常年生猪出栏量、猪肉消费量约占全国1/10，生猪产业一直是四川农业农村经济中重要的支柱产业之一。四川省历来重视生猪产业科技创新，目前拥有四川农业大学、四川省畜牧科学研究院、四川大学等多家优势科研单位，同时也拥有新希望、通威、铁骑力士等一大批行业龙头企业。通过“产学研用”协同攻关，为川猪产业的发展提供了有力的科技支撑和产业基础。特别是在生猪健康高效养殖领域，持续开展了副产物的资源化利用研究，创建了猪抗病营养技术体系，建立了无抗养殖关键创新技术，助推了四川省绿色饲料生产和生猪无抗高效养殖发展。尽管四川省生猪全产业链在“十三五”期间取得了较

大发展，但当前仍然面临一系列“卡脖子”问题。四川省地形条件复杂，玉米、大豆种植产能低，优质饲料原料主要靠省外和国外调入，饲料配制理念和调制工艺缺乏创新。地方饲料资源产量大、质量稳定、营养素含量丰富，但因抗营养因子含量多，且因技术条件限制，开发利用不足。与此同时，四川特殊的自然环境条件对保障生猪健康高效生产的营养需要与饲料配制技术提出了更高要求，以确保健康为前提的营养饲料技术和新产品研制，以高效利用为目标的四川省丰富的农副产物的研究改造，进而创制高效生物饲料和全局饲料迫在眉睫。

一、四川生猪健康高效养殖科技创新基本情况

（一）猪饲料资源开发与饲料利用技术不断创新

1. 饲料原料资源开发与改造技术取得新进展

四川省饲料原料极度依赖省外调入或进口。玉米和小麦的外购比例分别达到95.7%和89.2%，豆粕、棉粕、鱼粉等饲料原料也基本是省外调入或国外进口。另外，四川省具有较为丰富的非常规饲料原料资源，菜籽粕年产量在150万~200万吨，白酒糟年产量在1 000万吨左右。此外，啤酒糟、面包糠、面包屑、饼干渣、方便面下脚料等食品加工副产物和废弃物也开始作为饲料原料被各饲料企业广泛应用，显著降低了饲料成本。但这些原料的产量有限，且容易出现腐败、氧化酸败等情况，只能管控使用或机会利用。近年来，构树、蛋白桑等开始作为饲料原料出现，但其营养价值、应用技术等还有待研究。

菜籽粕是四川省的优势资源，其蛋白含量与大豆相当，硫氨基酸含量甚至高于豆粕。但油菜籽产量中双低油菜籽所占的比例有限，每年会有5%~10%的菜籽饼粕用作肥料，造成了极大的浪费。另外，菜籽饼粕中含有较高的粗纤维和多种抗营养因子（硫甙、植酸、多酚等），这些抗营养因子，包括非淀粉多糖（NSP），其在单胃动物生产中有降低有效能值、减少养分利用率、影响适口性、损害内脏器官等负面作用，且菜籽饼粕的颜色以深棕色为主，其在饲粮中含量超过10%会显著影响饲料的感官色泽，这也影响了其在饲料工业中的利用程度。近年来，不同处理方法改善菜籽饼粕营养价值的研究很多，包括物理、化学以及生物的方法。总体来看，物理、化学方法处理菜籽饼粕，硫甙及代谢产物降解率虽高（60%以上），但对菜籽饼粕中的营养物质会有一定的破坏，如高温压榨方法会影响蛋白品质，尤其赖氨酸

含量；氨碱处理会导致一些营养物质的损失，此外也有环境污染、处理成本高等问题，这些均使得许多物理、化学处理方法一直没能有效地推广。微生物发酵不仅可以降低菜籽饼粕中的多种抗营养因子，同时发酵过程对菜籽饼粕的养分破坏较少，甚至还可以提升菜籽饼粕的营养价值，且从生产成本和环境保护的角度考虑，也比物理、化学的方法更适合。四川农业大学通过黑曲霉对菜籽粕进行固态发酵，破坏了菜粕的表面结构，降解了大分子有机物和抗营养因子，显著改善其对猪的营养价值和饲用价值；与未发酵菜粕相比，发酵菜粕具有更高的可消化磷和有效能值，在饲粮中等量替代10%豆粕，不影响生长育肥猪的生产性能和养分消化率。相关成果获2016年四川省科技进步三等奖。

白酒糟（干物质）的主要营养成分是粗蛋白质、粗脂肪以及部分未被微生物利用的淀粉、残糖。由于营养成分的较大差异，不同白酒糟的营养特性具有多重性。鲜白酒糟具有水分含量高，易滋生霉菌，不易储存；中性洗涤纤维含量高，能值低，养分利用效率较低；含有植酸、草酸、鞣酸等物质，影响适口性等问题，限制了其在生猪养殖业中的使用。利用酶解、微生物发酵等预处理技术可以改善白酒糟的理化结构和营养特点，使其富含多种有益于动物肠道健康、增强机体免疫力的功能性物质，如微生物次级代谢产物、细胞壁多糖、B族维生素等，从而提高白酒糟作为饲料资源的附加值。新鲜白酒糟作为培养基，经灭菌—调pH值—调碳氮比（C：N）—调营养源—调水分—固态接种、液态发酵—扩大培养—烘干灭菌—粉碎造粒—包装成品等工艺，经36小时发酵后，发酵白酒糟的粗蛋白质含量提高至30%以上，粗纤维含量降到18%以下。经每克2.3×10^{8}CFU的酿酒酵母固态发酵，提高了白酒糟的pH值，再经每克2.8×10^{9}CFU的枯草芽孢杆菌发酵形成酵母培养物，发酵结束后经低温烘干，分离稻壳得到含有丰富营养物质的白酒糟酿酒酵母培养物。发酵白酒糟的干物质、粗蛋白质及粗纤维的消化率分别比未发酵白酒糟提高了11.4%、11.3%和40.7%，极大提高了酒糟的饲用价值，也涌现出了四川润格等专业生产发酵酒糟饲料原料的企业。

2. 系统评估筛选和创制了多种保障猪健康高效养殖的添加剂

（1）评估筛选了多个改善生猪健康和饲养效率的饲料添加剂。发现妊娠后期和哺乳期母猪于日粮中添加适量金银花和黄芩提取物，比例（50%：30%）且剂量为1.0克/千克时有利于提高母猪分娩成绩，同时增加母猪泌乳量和改善乳品质；进一步分析血液指标发现，金银花和黄芩提取物可以调节母猪机体糖脂代谢，增加母猪抗氧化酶和抗炎因子表达，进而增强母猪免疫力和抗氧化能力，减少妊娠后期和分娩应激。添加绿原酸可改善断奶仔猪养分利用率，且可通过提高断奶仔猪黏膜抗氧化能力、抑制炎症反应，降低肠上皮细胞凋亡和肠道上皮屏障通透性，进而维护肠道屏障结构及功能的完整性。日粮补充600毫克/千克白藜芦醇促进仔猪线粒体生物合成和呼吸链传递，提高ATP含量，促进机体氧化还原平衡，调节机体糖脂代谢基因表达，提高了弱小仔猪的生长性能，促进仔猪肌纤维由快肌向慢肌转化，且改善了仔猪抗氧化能力和空肠屏障功能。仔猪饲粮添加鞣酸蛋白不影响生长性能，但可降低仔猪腹泻率，改善肠道形态，提高机体抗氧化能力，上调肠道紧密连接蛋白相关基因的表达，改善后肠微生物稳态和发酵，适宜添加量为0.2%～0.4%。饲粮中添加大豆黄酮可能通过调节生长肥育猪的内分泌，改善猪的生长性能并提高胴体品质；此外，大豆黄酮还能增强机体抗氧化能力，调节组织器官糖脂代谢关键基因的表达，从而改善肉品质。

（2）创制了多款新型饲料添加剂。防御素是哺乳动物先天免疫的重要组成部分，近年研究发现防御素具有抗菌活性、促炎抗炎、适应性免疫等多种生物学功能，既具有开发成抗生素替代品的潜力，又可以作为提高抗病力的药物靶点。四川农业大学克隆并分析了猪防御素114（*PBD114*）基因序列，比较了不同品种猪*PBD114*基因表达的差异，探索了*PBD114*的表达调控机制；在此基础上，成功表达出PBD114蛋白，并以小鼠和IPEC-J2细胞为模型，研究了PBD114在缓解肠道屏障炎性损伤中的作用和机制。此外，还合成并分析了家蚕抗菌肽*BMGlvA2*基因序列，并成功异源表达出了BMGlvA2，在此基础上研究了BMGlvA2在缓解大肠杆菌诱导肠道屏障炎性损伤中的作用和机制，发现通过异源表达获得的BMGlvA2具有抑菌作用，且不影响细胞活性；进一步的体内外研究表明，在E. coli K88攻毒条件下，BMGlvA2可以通过调控NF-κB信号通路，抑制关键蛋白IκBα和NF-κB磷酸化，减少肠上皮细胞炎症因子释放，改善肠道紧密连接蛋白的分布和丰度，进而缓解E. coli K88导致的炎性损伤。四川农业大学还开发了以乳酸、谷氨酰胺、酶制剂和枯草芽孢杆菌为主的复合营养素，发现饲粮添加复合营养素可促进肠道形态恢复，减少仔猪腹泻，改善仔猪健康及生长性能。

此外，四川省畜科饲料有限公司、四川吉隆达公司等单位还先后开发出了柠檬酸铜饲料添加剂新产品以及纳米硒、氧化锌量子点等新产品，逐步推向市场。

（二）猪营养与健康保障理论和技术取得重大进展

猪的健康水平是影响养猪生产水平和效益的重要因素，在规模化养殖条件下猪健康的重要性尤为突出。近几年来，我国养猪业一直面临疫病的威胁和困扰，不但使其生产潜力不能充分发挥，而且因防病治病大量使用药物导致猪肉安全质量得不到保障，严重影响养猪业的可持续发展。营养物质是一切生命活动的物质基础，既影响动物生产潜力和效率，也决定了动物健康状况。近些年来，四川省相关高校与科研院所科技人员在生猪营养与健康领域，开展系列研究取得重要进展，《猪抗病营养技术体系创建与应用》成果获 2018 年度国家科技进步二等奖，为生猪饲料端禁抗和养殖端减抗背景下生猪的健康养殖提供了有力支撑。

1. 创建“抗病营养”概念，在国际上首次提出了以营养与免疫为核心的猪抗病营养理论

（1）发现了营养通过促进免疫系统发育、调节免疫功能、维持肠道微生态稳衡、修复受损组织、干预信号通路等路径影响猪抗病力。揭示了藏猪、荣昌猪和 DLY 猪抗病力差异与先天免疫相关基因的表达差异有关，精氨酸、维生素 A、锌等营养素可上调抗病基因表达。评估了 21 种营养素和 18 种添加剂对免疫机能的影响，发现营养可通过影响 TH1/TH2 免疫系统平衡和免疫分子表达，增强猪先天性免疫力。

（2）探明了维生素、氨基酸等 11 种营养素对圆环病毒、大肠杆菌等 7 种病原攻击下仔猪抗病力的影响，发现营养通过抑制病原复制或活力、促进特异性抗体分泌、干扰信号通路有效缓解病原危害。

（3）揭示了肠道发育关键时间节点，探明了肠道微生物功能及其与营养、宿主的关系，评估了 15 种营养素、18 种营养源及 10 种添加剂对肠道屏障功能的影响，发现营养通过改善肠黏膜形态结构、调节分泌功能、增强免疫机能、维持肠道菌群平衡等途径保障肠道健康。发现霉菌毒素和应激可改变猪免疫功能及营养代谢规律，优化营养方案可调节内分泌、免疫机能和营养代谢，缓解其危害。

2. 率先探明了猪肠道发育关键分子机制，揭示了部分营养与肠道微生物及屏障功能互作关系，构建了确保肠道健康的营养原理与关键技术

（1）阐明了猪肠道发育关键分子机制。率先筛选影响仔猪肠道免疫、细胞增殖分化和营养代谢基因表达模式，探明了肠道发育的关键节点（出生3天和断奶后3天），发现了靶向调控基因。

（2）揭示了肠道微生物与猪免疫系统互作关系。率先揭示了不同品种猪（大白、荣昌及藏猪）肠道微生物组成差异及其与宿主免疫表型的关联性；发现肠道微生物既可直接通过模式识别受体调节宿主免疫细胞增殖及功能，也可通过代谢产物及其信号途径调节宿主细胞免疫和体液免疫，促进CD4+ T细胞增殖，降低应激条件下肠炎及腹泻发生程度；肠道微生物调节宿主免疫应答的同时，宿主也通过黏膜免疫系统调节肠道微生物。

（3）探明了营养对仔猪肠道屏障功能的调控效果及机制。弄清了营养素（蛋白质、脂肪、淀粉、纤维、精氨酸、谷胺酰胺、铜、锌）及添加剂（酸化剂、寡糖、丁酸钠）通过改善肠黏膜结构、分泌功能、先天性免疫和肠道菌群平衡4条途径调控仔猪肠道屏障功能；发现不同营养源（淀粉源、蛋白源、纤维源、脂肪源等）及功能添加物（寡糖、有机酸、益生菌等）对肠道屏障功能的调节效应与肠道微生物密切相关；首次明确了优化营养素、营养源、营养水平及添加剂组合的极端重要性，从而创建"营养结构"新概念。

（4）构建了确保仔猪肠道健康的营养关键技术。包括营养源选择（玉米蛋白不如大豆蛋白和酪蛋白，平衡氨基酸模式仍不能改变此差异；豌豆淀粉优于小麦、玉米或木薯淀粉；椰子油优于鱼油，鱼油优于猪油；豌豆纤维优于大豆和麦麸纤维）、短链脂肪酸组合（乙酸40.08毫摩尔/升、丙酸15.41毫摩尔/升、丁酸9.78毫摩尔/升）、氨基酸组合（谷氨酰胺0.9%、色氨酸0.3%和精氨酸1.6%）、非营养性添加剂组合（苯甲酸2 000毫克/千克+百里酚100毫克/千克、甘露寡糖800毫克/千克）等。建立了改善仔猪养分利用率、降低仔猪致敏性腹泻的豆粕发酵、酶解等饲料加工技术参数。

3. 探明了病源性致病因子对猪免疫机能和营养代谢的影响，构建了提高猪免疫力的营养原理与关键技术

（1）首次证实不同品种猪抗病力差异与抗病基因表达有关，探明营养通过促进免疫系统发育、调节免疫功能、修复受损组织等影响免疫力。发现藏猪抗病基因β防御素等表达量显著高于梅山猪、荣昌猪和杜长大猪；精氨酸、维生素A、锌等营养素可上调猪抗病基因表达；评估了蛋白源（血浆蛋白粉、鸡蛋粉、植物蛋白）和脂肪源（鱼油、大豆油、椰子油、玉米油、猪油）、微量元素锌和硒、维生素 A、维生素 E 和维生素 D、糖萜素和甘露寡糖等 21 种营养素和 18 种添加剂，发现这些营养要素可通过多种途径调控仔猪先天性免疫功能。

(2) 构建病源性致病因子攻击模型，揭示了致病因子与营养的互作关系及可能机制。构建了 7 种病原包括病毒（猪圆环病毒、轮状病毒）、细菌（大肠杆菌、沙门氏菌杆菌）、弱毒疫苗（猪瘟、伪狂犬病弱毒、猪繁殖和呼吸综合征）及细菌脂多糖攻击动物模型、沙门氏菌攻击巨噬细胞模型，系统研究了病源性致病因子对猪免疫机能的为害和营养抗病功效及机理。发现 11 种营养素（维生素 D、生物素、叶酸、精氨酸、苏氨酸、色氨酸、锌等）、营养源（血浆蛋白粉、椰子油和鱼油等）及添加剂（益生菌、植物精油、有机酸）缓解 7 种病源性致病因子对猪的致病作用，其作用机理与抑制病原复制或活力，促进特异性抗体生成，缓解免疫损伤有关。

(3) 构建了缓解病源性致病因子为害的营养关键技术。确定了增强猪瘟疫苗保护效应的适宜蛋白源（血浆蛋白、喷雾干燥鸡蛋粉）及硒水平；提高猪繁殖与呼吸综合征病毒特异性抗体生成的必需氨基酸模式（赖：苏：色=100：80：26）；缓解繁殖与呼吸综合症病毒和猪圆环病毒为害的维生素水平（维生素 A 11 000IU/千克、生物素 0.2 毫克/千克、叶酸 15 毫克/千克和 25-OH-D3 2 200IU/千克）；缓解致病性大肠杆菌为害的添加剂组合（苯甲酸 3 000 毫克/千克+凝结芽孢杆菌 400 毫克/千克+牛至油 400 毫克/千克）；免疫应激下仔猪蛋白质适宜需要量为 17%，氨基酸模式为 DLys：DMet：DTrp：DThr=100：27：29：59，应激后恢复期适宜蛋白水平为 23%，氨基酸模式分别为 100：27：26：59。

4. 探明了饲料源性致病因子对猪免疫机能和营养代谢的影响，构建了缓解致病因子危害的营养原理与关键技术

(1) 探明了饲料霉菌毒素毒性机理，构建了防霉抗霉营养原理及关键技术。率先发现了饲料霉菌毒素主要通过破坏机体氧化还原平衡和肠道及肝脏功能，影响猪采食和生长。发现营养性抗氧化剂（酵母硒和维生素 E）可提高抗氧化酶活性，降低 ROS 水平，缓解霉菌毒素造成的机体氧化损伤和肝细胞破损，增加养分转运载体基因表达。率先开发了改进型酶联免疫吸附法，检测黄曲霉毒素 B1 的灵敏度比 GB/T 17480-1998 方法提高 10%~60%；通过对全国 11 个省份主要饲料原料及产品近1300个样品的检测，弄清了我国主要饲料原料及产品霉菌毒素的污染程度及规律。筛选了对黄曲霉毒素B1具有良好吸附效果的吸附剂组合（活性炭、硅铝酸盐、酵母细胞壁），明确了缓解霉菌毒素为害的适宜甘露寡糖水平（0.2%），且发现过量添加吸附剂不利于猪健康。

（2）构建氧化应激模型，探明了营养抗氧化的基本原理，建立了抗应激营养关键技术。硒通过降低ROS产生增强抗氧化能力；合理的色氨酸和精氨酸供给可改善必需氨基酸模式，抑制炎性反应，缓解仔猪氧化应激；葡萄籽原花青素可调控抗氧化和线粒体细胞凋亡通路关键分子表达，降低氧化应激及肝细胞凋亡，维持肝细胞完整性。筛选了缓解猪氧化应激的营养素及添加剂用量（精氨酸1.6%、色氨酸0.3%、硒0.4毫克/千克、茶多酚500毫克/千克、葡萄籽原花青素100毫克/千克、壳寡糖50毫克/千克等）。

（三）猪营养与减排技术成效显著

畜牧业产生的大量污染物已经成为生态环境污染的重要源头。温室气体、粉尘与病原微生物等污染物排放，以及粪便中重金属和抗生素等残留和循环，已经成为畜禽养殖业亟待解决的关键问题。在我国温室气体净排放总量中，农业占17%~18%；在甲烷和氧化亚氮等气体排放中，农业占比高达48%。因而，从源头提高动物对饲料养分的利用效率、控制养殖业污染物排放已经成为行业的共识。四川省高校、科研院所与企业“产学研”协同创新，助推生猪产业绿色发展。

1. 构建了低蛋白日粮配制技术

低蛋白质日粮技术，是根据蛋白质氨基酸营养平衡理论，在不影响动物生产性能和产品品质的条件下，通过添加适宜种类和数量的工业氨基酸，降低日粮蛋白质水平、减少氮排放的技术。研究表明，饲粮蛋白质水平从12.5%降低到10.5%，对肥育猪的生长性能和胴体性状无显著影响，可显著降低肥育猪的氮排放，饲粮蛋白质水平每降低1个百分点，肥育猪总氮排放降低13.7%。2018年10月中国饲料工业协会团体标准《仔猪、生长育肥猪配合饲料》正式发布，该标准聚焦降低配合饲料蛋白含量，倡导高效低蛋白日粮体系的应用，猪配合饲料中的平均粗蛋白水平由16%降至14%。发布会上，新希望六和股份有限公司和广东温氏食品集团股份有限公司代表饲料企业和养殖企业宣读了《采用团体标准承诺书》。团体标准发布后，在大型企业的示范引导作用下，四川饲料企业也积极采用低蛋白日粮技术。根据

2020年对全省部分饲料企业的调查结果，在97家猪配合饲料（含浓缩饲料）生产企业中，有83家企业采用该项技术，占比85.57%。生长育肥猪全程饲料平均蛋白水平降低2~3个百分点，由平均14.5%~16.5%降至12.5%~14.5%。此项技术的利用显著减少氮和有害气体排放，降低饲料成本，改善肠道健康，并显著缓解我国大豆进口依存度。

2. 创建了粪污重金属减排营养调控技术

猪的微量元素需要量较低，但其对猪的正常生长发育非常重要。饲料中添加的铜、锌微量元素既是动物必需的营养性添加剂，采食后绝大部分通过粪尿排出超过农作物种植的还田上限值又会成为土壤重金属污染。目前饲料生产中使用的微量元素主要以无机盐（硫酸盐、氧化物等）的形式添加到饲料中。由于无机微量元素难吸收、生物利用率低，实际生产中的添加量常超过猪的需要量。过量的微量元素不仅对动物的健康和食品安全造成威胁，还会导致严重的环境污染。以锌为例，据日本有关专家推测，如果所有猪粪中的锌停留在土壤中，锌含量将在17年内超标（120毫克/千克），被污染的土地将不再具有可耕性。鉴于高剂量微量元素添加造成的为害，2018年农业农村部对《饲料添加剂安全使用规范》进行了修订，最大的变动就是仔猪断奶后前两周饲料中锌（氧化锌形式）的添加量从2 250毫克/千克下降到1 600毫克/千克，同时大大降低了猪料中微量元素铜、锌的使用量。25千克以内仔猪铜的最高限量从200毫克/千克降到125毫克/千克，30~60千克生长猪铜的最高限量从150毫克/千克降到25毫克/千克。猪料中锌的限量从150毫克/千克更改为25千克体重以下仔猪110毫克/千克，25千克体重以上生长肥育猪80毫克/千克。

四川省高校、科研单位在微量元素重金属减量增效，降低排放方面进行了技术攻关和创新，取得了显著成效。《饲用有机微量元素新产品、新技术研究与产业化》《微量元素减量增效技术研究与应用》成果先后获得了2014年、2015年四川省科技进步二等奖。

（1）构建了饲料原料中的微量元素含量数据库。对主要的饲料原料中微量元素含量做了检测和总结，构建了饲料原料的微量元素含量数据库，为饲料中精准应用微量元素奠定初步的理论基础。

（2）重新评估了生长育肥猪的微量元素添加量。提出了当猪体重大于50千克时，采用不考虑基础饲粮所含微量元素，直接额外添加至 NRC（2012）铜铁锌锰推荐水平的微量元素添加模式既能提高猪生产性能，也减少微量元素排放。确定了猪 25~55 千克、55~75 千克、75~100 千克、100~125 千克体重阶段饲料外添加锌需要量分别为 60 毫克/千克、40 毫克/千克、80 毫克/千克、60 毫克/千克，全程 25~125 千克需要量为 60 毫克/千克。

（3）从“养殖业—种植业生态循环”的角度提出生长育肥猪饲料微量元素适宜添加量。建立了日粮锌水平添加量与粪锌水平关系的回归模型方程：$y=6.6329x+281.01$，$R^2=0.8837$（y=粪锌含量、x=饲料锌添加水平，DM 基础，$P=0.017$）。根据《畜禽粪便还田技术规范》国家标准（GB/T 25246—2010）农作物对粪便锌上限要求最低的蔬菜在酸性土壤、中性土壤条件下对粪锌含量要求，酸性土壤、中性土壤条件下粪锌含量应分别控制在 500 毫克/千克、700 毫克/千克以下，使用以上建立的模型来预测饲料锌添加水平应分别不高于 33 毫克/千克、63.2 毫克/千克。综合猪生产性能及猪粪还田重金属标准，生长育肥猪饲料锌添加量应控制在 33~60 毫克/千克。

（4）研发了微量元素高效利用新技术。研制了有机微量元素乳酸锌、富马酸亚铁和柠檬酸铜，并评价了其使用效果：与无机微量元素相比，在仔猪日粮等量添加时，可以显著提高仔猪平均日增重 24.68%，显著降低腹泻率 57.42%；低剂量添加时（降低 17%~50%），可以显著降低腹泻率 43.06%。通过比较不同组合有机微量元素（与无机微量元素相比降低用量）对中大猪排泄物中微量元素及重金属含量的影响，形成“最优微量元素营养”平衡技术。研制了新型锌添加剂纳米氧化锌，揭示了纳米氧化锌的物理尺寸与其生物学活性的关系，发现纳米氧化锌发挥生理效应的物理尺寸应小于 50 纳米；50 毫克/千克的 20 纳米氧化锌和 380 毫克/千克的包被氧化锌可通过增强肠上皮细胞抗氧化能力、抑制肠上皮细胞凋亡、降低产肠毒素大肠杆菌粘附等改善肠道屏障功能，减少仔猪腹泻。集成的微量元素减量增效技术可使断奶仔猪腹泻率降低 19%，铁添加量降低 73%，锌降低 87%，铜降低 88%，锰降低 85%，粪锌排放量降低 70%。

新技术和新产品的研发为四川省安全环保的饲用微量元素工业的发展提供了强有力的技术支撑，涌现出了一批如四川省畜科饲料有限公司、吉隆达集团、成都蜀星饲料有限公司等具有行业影响力和知名度的企业。四川省获国家批准的有机微量元素新产品3个，获国家专利20余项。在增效减排的理念下，推动微量元素行业的技术升级和产品更新换代。未来将着重在有机微量元素新剂型、新元素、纳米技术及生物新材料原创开发及应用方面，站在科技前沿，引领微量元素行业发展，助推养猪业的绿色环保发展。

（四）生猪健康高效饲喂模式和饲养方式不断创新

饲喂模式和饲养方式影响着生猪饲料营养效果的发挥，决定着猪场的养殖效益。随着生猪养殖大背景的变化和相关设施设备研发技术的发展，四川省生猪健康高效饲喂模式和饲养方式不断创新，取得了明显进展。

1. 新型液态饲喂技术成为关注热点

早在生猪集约化养殖发展之前，农村常采用生产生活余下的农产品与水混合以液态饲料的形式饲喂猪只。随着饲料工业的发展，全价配合饲料的出现，四川省生猪养殖模式逐渐转变为固态粉料或颗粒料饲喂。固态饲喂是一种传统的饲喂方式。虽然固态饲料易于储存和运输，同时可降低劳动强度，但是固态饲喂在生猪养殖过程中，特别是仔猪阶段会降低生长性能，并对机体健康产生负面影响。仔猪从断奶前采食母乳到断奶后采食固态饲料，这种料型的巨大转变使得仔猪采食量显著下降，摄入的营养物质无法满足维持需要，导致断奶后失重、肠道绒毛萎缩等一系列的问题。同时固态饲喂粉尘大，猪只易发呼吸道等疾病，降低猪场养殖的经济效益。

液态饲喂是将全价配合饲料和水按照预先设定好的比例，通过液态自动饲喂器（由料桶、动力装置、传感器和料盘组成）搅拌后进入料盘，供给猪只采食。液态饲料形态与母乳相似，仔猪不需要额外的时间来学习饮水和采食，有效的缓解断奶应激导致的低采食量，改善断奶后生长性能和腹泻。因此，液态饲喂更符合仔猪消化生理特点。但是原始的人工液态饲喂方式因为其存在的缺点无法满足现代化生猪养殖的需要。随着现代养殖设备与设施自动化和智能化的发展，现有新型液态饲喂设备基本能够满足现代化生猪养殖的液态饲喂，并在生产上逐渐得到应用和推广。四川省部分养殖场已经采用全自动液态饲喂设备，其应用效果显著：第一，改变了饲料的料型，改善其适口性，显著提高猪只采食量；第二，降低饲料的粉尘，改善猪舍环境，显著降低猪只呼吸道疾病的发生率，改善猪只健康；第三，通过传感器进行感应下料与否与多少，减少饲料浪费和人力劳动。但是，目前四川省液态饲喂推广面不够，应用比例低，一方面是由于设备一次性投入大，特别是对于现有猪场进行改建施工工程量大，成本高，同时又影响生产；另一方面是养殖者对液态饲喂技术的认识不足。此外，液态饲喂技术结合菌酶协同发酵工艺可以从整体入手，全面改善饲料品质，改善饲料的风味，提高饲料的可消化性，同时还增加活性益生菌数量以及微生物代谢产生的抗菌物质、消化酶、乳酸等有益于机体健康的物质，从而显著提高生猪健康水平和生长性能。

2. 无抗养殖关键技术取得重大突破

抗生素（包括化学合成药，此统称为抗生素或抗菌药）在饲料及养殖中应用为提高生产效率、满足人类日益增长的畜产品需求作出了重要贡献，但长期使用导致的畜产品药物残留、细菌耐药性和环境污染等负面效应越来越突出，引发畜牧业生产安全、动物源性食品安全、公共卫生安全和生物安全问题。美国华盛顿大学卫生计量与评估研究所保守估计，2019 年有 127 万人直接死于抗生素耐药，另有 495 万人死亡与抗生素耐药相关。英国政府委托进行的《抗生素耐药审查》报告显示，2050 年，预计抗生素耐药可能导致 1000 万人死亡。动物养殖抗生素类药物长期使用恶化了耐药菌的传播、加重了“超级细菌”产生，导致畜产品药物残留食品安全风险、未吸收抗生素通过粪尿排放引起生态环境、水源抗生素化污染。因此，饲料禁抗、养殖端减抗及无抗化已经是世界畜牧业发展的必由路径，是新的一场养殖业技术革命。我国饲料禁抗与养殖端减抗、限抗工作实施起步较晚，晚于瑞典 1986 年饲料禁抗 34 年、欧洲 2006 年全面饲料禁抗 14 年。我国 2018 年首次发布关于开展兽用抗菌药使用减量化行动试点工作的通知，2020 年农业农村部发布了 194 号公告，自 2020 年 7 月 1 日起，饲料禁止添加促生长类药物饲料添加剂（中药类除外）。2021 年农业农村部及四川省再次印发《全国兽用抗菌药使用减量化行动方案（2021—2025 年）》的通知、《四川省兽用抗菌药使用减量化行动实施方案（2021—2025 年）》的通知，大力开展养殖端“减抗、去抗”的国家行动。

无抗养殖的兴起源于欧洲针对细菌耐药性的广泛产生而采取的饲料禁抗、养殖减抗、限抗政策以及消费者对畜产品药物残留损害健康的担心而推动养殖场自发减少抗生素使用或采用无抗养殖模式。像欧盟的饲料禁抗、养殖减抗历程一样，我国饲料禁抗与养殖减抗后的一段时期内必然会造成生猪生产性能下降、发病与死亡率上升问题，最终导致生产成本升高。为此，四川省饲用抗生素替代技术、养殖端减抗、无抗养殖技术虽然起步较晚，但是近10多年来在吸取欧洲先进经验的同时，以四川农业大学、四川省畜牧科学研究院为代表的省内一批大专院校及科研院所以及大型企业集团加大力度进行自主研发，创新了一批具有自主知识产权、已经在大力推广应用的成果技术。《肉猪阶段性无抗养殖关键技术创新与应用》成果获2019年四川省科技进步二等奖，成果构建了肉猪阶段性无抗养殖关键技术体系，实现了无抗肉猪规模生产，达到了猪肉产品无药物残留目标。

（1）研制饲料替抗关键技术，确定无抗日粮关键营养参数，创新集成肉猪无抗饲料配制技术。建立了10种常用有机酸抗猪源大肠杆菌及沙门氏菌抑菌效力数据库，建立了有机酸用量与日粮系酸力关系的22个直线回归方程，创立了以柠檬酸为基准的有机酸抑菌及日粮系酸力当量关系数学模型。根据有机酸之间的抗菌和系酸力当量关系，开展了有机酸体外抗菌高效组合筛选及仔猪、生长育肥猪验证试验，形成了有机酸复配产品13个，系统研究了有机酸、益生菌、植物提取物等替代药物饲料添加剂对仔猪及生长育肥猪生产性能、肠道健康、免疫能力等方面的影响，创建了9套替代药物饲料添加剂方案，其生产性能、腹泻率、养殖效益接近或达到抗生素效果，其中产乳酸菌素屎肠球菌、植物提取物增重分别优于抗生素4.2%、6.9%，饲料效率改善0～3.0%，腹泻率、死亡率无差异，养殖效益提高5.0%以上。研究建立了川藏黑猪、DLY猪无抗饲料中能量、蛋白质和纤维的需要量，为无抗饲料配制提供了关键营养参数。

（2）构建了肉猪阶段性无抗养殖技术体系，制订了无抗养殖与无抗饲料技术标准，填补了肉猪无抗养殖过程中无标可询的空白。以猪肉无药物残留为目标，首次定义了“肉猪阶段性无抗养殖”的术语及其内涵（出栏前不少于50天的养殖期间不使用抗生素的肉猪养殖）。创新阶段性停药饲喂技术，提出了35千克至出栏和60千克至出栏两种停药饲喂技术。针对饮水中细菌滋生而增加疾病发生风险，开发了由乳酸、甲酸、柠檬酸等有机酸组成的饮水酸化剂产品，形成了肉猪饮水酸化剂使用技术。制定了《肉猪阶段性无抗养殖技术规程》（DB/T 2337—2018）、《生猪无抗生素饲料配制技术规程》（DB51/T 2705—2020）2项四川省地方标准，编著了《安全高效生猪养殖技术》，编制了《肉猪无抗养殖技术指南》，构建了肉猪无抗养殖技术体系，指导无抗肉猪生产。应用无抗养猪技术生产的肉猪，从2014—2021年，8年间共屠宰取样猪肉29批次，猪肝4批次，抗生素药物残留未检出，质量指标符合绿色食品标准，解决了猪肉产品药物残留问题，实现了无抗肉猪规模化生产。

该项目技术实现了饲料全程无抗、养殖总体减抗、出栏肉猪阶段性无抗的绿色养殖模式，肉猪养殖既保证了高效生产，又解决了猪肉药物残留问题，食品安全水平明显提高，环境抗生素排放显著减少。该项目成果为四川乃至全国的生猪产业高质量发展提供了关键模式和重要蓝本，为乡村振兴和农业生态文明建设提供了重大科技支撑，推广价值高、应用前景广阔。

（五）创建生猪效益指数评价方法

近年来“互联网+”、物联网的智慧化、数字化技术在畜牧养殖业方面发展势头迅猛，人工智能养猪已经有实际运作案例，但在饲料行业、生猪养殖产业发展模式急剧变化背景下，以养殖效益、饲料或肉猪的经济价值动态评价为核心的生猪效益指数评价方法研究滞后，更缺乏快速精准动态评价实用软件。生猪养殖效益评价方法上全世界都缺乏集动物生产性能参数、饲料及畜产品价格参数为一体的养殖效益指数（纯利润）精准动态的评价方法。欧洲养殖效益评判的重要工具——欧洲肉鸡指数实际上只是生产性能指数，并没有导入经济参数，因而不能准确评价养殖效益。美国爱荷华州立大学长期评价养猪利润回报，但只是详细列出参数计算，并未形成代表畜牧经济学意义的剖分模型方法及软件工具。我国评价生猪养殖效益的手段还是沿用猪粮比作为生猪盈利指数来判断盈亏，猪粮比只是养猪经济的一个宏观判断盈亏指标。猪粮比是生猪价格与玉米的比值，没有把蛋白原料或非玉米型日粮类型包括在内，更不能根据生产性能参数与饲料及猪苗价格参数来实测与预测猪价盈亏平衡点，因而不能精确判断盈利与否，更不能精准指导生猪养殖降本增效。因此，生猪效益指数评价需要创新建立精准评价数学模型，开发实用评价软件，实现养殖效益快速准确实测与预测，指导生产降本增效。

四川省畜牧科学研究院无抗养殖技术团队发明了“饲料营养经济价值的评价方法”（ZL201410291034.0），创建了“养殖效益—饲料价值—肉猪价值”生猪效益指数评价体系，构建了养殖经济效益评价模型、饲料营养经济价值评价模型和无抗肉猪经济价值评价模型，开发了相应的评价软件系统（软著登字第 1585973 号、1663163 号、1716967 号），具有养殖效益、饲料价值和肉猪价值实测与动态预测等功能，实现了养殖技术与饲料等产品经济效果评价的数字化、便利化和可视化，解决了肉猪生产新技术与产品的经济效果量化评价难题。

养殖经济效益评价模型、饲料营养经济价值评价模型和无抗肉猪经济价值评价模型如下。

（1）养殖经济效益评价模型：

$$Profit(元/头) = WG\times(1-MO)\times(AP_f-FP\times FCR)+BW_i\times\{AP_f\times(1-MO)-AP_i\}+BW_i\times MO\times FP\times FCR-OC。$$

（2）饲料营养经济价值评价模型：

$$FP_b=\{WG_b\times(1-MO_b)\times AP_{fb}-WG_a\times(1-MO_a)\times AP_{fa}+WG_a\times(1-MO_a)\times FP_a\times FCR_a+BW_{ib}\times AP_{fb}\times(1-MO_b)-BW_{ia}\times AP_{fa}\times(1-MO_a)-BW_{ib}\times AP_{ib}+BW_{ia}\times AP_{ia}-BW_{ia}\times MO_a\times FP_a\times FCR_a-OC_b+OC_a\}\div\{FCR_b\times[WG_b\times(1-MO_b)-BW_{ib}\times MO_b]\}$$

（3）无抗肉猪经济价值评价模型：

$$AP_{fb}=\{AP_{fa}\times(1-MO_a)\times(WG_a+BW_{ia})+FP_b\times FCR_b\times[WG_b-(WG_b+BW_{ib})\times MO_b]-FP_a\times FCR_a\times[WG_a-(WG_a+BW_{ia})\times MO_a]+AP_i\times(BW_{ib}-BW_{ia})-PDC\}\div[(1-MO_b)\times(WG_b+BW_{ib})]。$$

以上 3 个模型揭示了养猪纯利润、饲料产品价值、无抗肉猪价值与增重、饲料价格、料比、死亡率、猪苗价格以及其他成本（药品、人工、水电、折旧、资金利息、保险、环保、消洗等）的关系以及这些参数对养殖利润、饲料价值、无抗肉猪价值的影响规律，厘清了饲料产品的营养学价值与养殖新技术新模式对动物生产性能影响的经济畜牧学意义，开发的软件系统可以快速动态评价任何一个参数的变化对养殖纯利润的影响，为养殖生产、经营、投资提供决策依据，实现养殖效益快速准确实测与预测，指导生产降本增效。

二、四川生猪健康高效养殖科技创新存在的主要问题

（一）多层次养殖类型与养殖条件并存，饲养管理水平千差万别，现有储备的健康高效养殖技术难以同时适应所有养殖类型

四川规模化养殖程度 10 年间从 2010 年的大约 34%上升到 2020 年的 57%，规模化率低于河南、湖南等省份。养殖条件上具有最先进的智能化、可视化、全环控设备设施与先进管理水平的集约化大型养殖场到传统家庭农场以及山区、丘陵一家

一户沿袭传统地圈养殖的小散农户并存。因此，在养殖条件好的规模场应用成熟的无抗饲料配制技术与健康养殖技术在管理水平差的养殖场或养殖条件落后小农户养殖中难以充分发挥技术优势，养殖效果大打折扣，生产效率降低，养殖成本居高不下，尤其在饲料禁抗后这种现象更为突出。

（二）豆粕、玉米减量替代的本地饲料资源利用率不足，优质化加工处理工艺水平有限，饲料成本难以明显降低，影响养殖效益最大化

四川省地形条件复杂，玉米、大豆种植产能低，优质饲料原料主要靠省外和国外调入，然而菜籽（饼）粕、酒糟、米糠等加工副产物产量大、质量稳定、营养素含量丰富，但因抗营养因子含量多、技术条件限制，开发利用不足，且因饲料配制理念和调制工艺缺乏创新，限制了农副产物在养猪生产上的广泛应用，制约了饲料成本降低，影响养殖效益最大化。

现有非常规饲料资源的改造主要以生物技术为主，通常使用发酵、酶解和菌酶协同发酵等方式，降解其中的抗营养因子，提高消化利用率。但这些加工处理方式均需要较高的水分含量才能发挥作用，后续如没有烘干工艺将限制其在饲料中的用量，也不便于大规模使用。而烘干又会提高成本，降低其使用价值。

（三）生猪养殖规模化、集约化程度越来越高，粪污产生量大、集中度高，猪粪重金属含量超标现象存在，种养循环消纳受限，生猪规模化养殖与环保矛盾突出

生猪养殖随着规模化程度越来越高，特别是2019年四川遭受非洲猪瘟影响后，养殖量大幅减少导致猪价飙升，养猪暴利吸引大量资本进入，加上政府保供压力下的政策支持力度加大，2021年生猪出栏量6314.8万头，产能恢复至常年水平。但是非洲猪瘟导致小散户大量退出，规模养殖比例上升到50%以上，大型、特大型猪场及多层楼房养猪大量出现，粪污产生量大而集中，种养循环土地配置难度大、不合理，环保压力前所未有。另外，在保证动物生产性能的前提下，通过营养调控技术降低粪便排放总量以及饲料的氮、磷及铜锌重金属减量是实现养猪生态减排的保障。养猪粪便氮、磷过多排放需要匹配更多的土地消纳，铜、锌等重金属含量超过适宜还田的上限值则对农作物有直接的毒害作用。农业农村部先后发布两次发布《饲料添加剂安全使用规范》（2009年的1224公告与2017年的2625公告），饲料中铜、锌微量元重金属允许上限大幅度降低。经测定，饲料经消化吸收后粪便铜锌含量是饲料的5~8倍，按照2 625公告仔猪（≤25千克体重）饲料的铜125毫克/

千克、锌 110 毫克/千克的允许上限量标准，则粪便含量（干物质计）均会达到 600～900 毫克/千克，大大超过我国的农用地土壤污染风险管控标准（GB 15618—2018）（铜 50～200 毫克/千克、锌 200～300 毫克/千克的农用地土壤污染风险筛选值标准），也超过我国的《畜禽粪便还田技术规范》（GB/T 25246—2010）标准中蔬菜、水稻甚至旱田作物对粪便铜含量的上限值，以及蔬菜、水稻种植对粪锌的含量的上限值。2625 公告中仔猪断奶前 14 天允许使用最高 1 600 毫克/千克饲料的高锌。经测定仔猪饲料中 1 620 毫克/千克的锌时粪便锌含量为 10 176 毫克/千克，远远超过 GB/T 25246—2010 中蔬菜、果树、水稻、旱田作物对还田粪便锌的限制（超过旱田作物上限量的大约 3 倍），更超过了 GB 15618—2018 农用地土壤污染风险筛选值最高量（300 毫克/千克）的约 3.4 倍。欧盟从 2022 年 7 月已经禁止断奶仔猪饲料中高锌使用，我国估计在未来 5 年内也将禁止仔猪饲料中高锌使用。即使按照 2625 公告中生长育肥猪饲料中的铜、锌含量上限值要求配制饲料，粪便的铜、锌含量也超过蔬菜、水稻酸性土壤种植要求以及蔬菜中性土壤对铜、锌的限量要求。因此，通过营养调控技术，在不损害生猪生产性能的条件下，减少饲料氮磷含量，提高养分效率利用率，减少粪污总量排放；同时采用饲料微量元素减量增效技术，才能解决粪便重金属还田超标问题，才能实现生猪产业生态化种养循环绿色发展。

（四）生猪健康高效养殖科技累积不够，现有成果技术转化缺乏持续熟化应用平台，产学研用融合度不高，科技支撑产业发展不足

一方面，四川地处西部，人多地少，全省土地总面积占全国 5.1%，居全国第 5 位，但人均土地 0.6 公顷，仅为全国平均水平的 76%。人均耕地 0.08 公顷，仅为全国平均水平的 73%，加上四川气候潮湿，粮食作物易产生霉变。因此，四川的优质能量、蛋白原料等畜牧资源比较匮乏，玉米、豆粕等原料绝大部分从外省调入或国外进口，迫切需要生猪健康高效的饲料营养及养殖科技支撑发展，使其生猪生产投入的饲料养分利用最大化，以最小的物质投入换取最大的猪肉产出，实现高效生产。

另一方面，饲料禁抗、养殖减抗行动实施的时间较短，前期研发经费投入总体不足，生猪无抗高效生产核心技术储备不够，立竿见影的突破性成果技术及产品不多，“产学研用”深度融合机制不完善，科研院所及高校与生产企业紧密联结的科技成果转化平台不健全，成果转化产生的利益分配机制需要完善。这些因素导致科技创新驱动力不够，科技支撑后劲不足，亟待改善。

三、四川生猪健康高效养殖科技创新的对策建议

（一）政府加大科技研发投入，建设政府支持、科研院所主导与企业落地的试验站类型的技术研发平台，保障共性关键技术的突破

生猪健康高效养殖对保障四川省生猪产业可持续发展，实现由养猪大省向养猪强省的跨越具有重要意义。各级科技管理部门在生猪养殖板块科技创新持续有经费投入，特别是“十四五”省科技厅启动了“生猪重大专项”，研发经费投入明显增加。但是，要保障四川省生猪健康高效养殖上新台阶，其关键技术体系涉及环节多、影响因素也多，不仅需要投入更多经费开展基础研究，还需要增加在科研院所与具备基础条件的养殖企业共享的应用技术研发平台上增加投入，建立落地于企业的省级或市级试验站，针对健康高效养殖与生态环保技术重点难点，开展长期攻关，大量累积数据，突破共性技术。

（二）企业加强与科研院所紧密联结、共建成果转化平台，充分发挥现有技术成果潜力，为乡村振兴贡献力量

现代生猪养殖面临的最大问题是猪只的健康问题。营养与动物健康关系十分密切，同时也是影响动物健康的诸多因素中最易调控的因素。大力推广应用抗病营养原理与技术，以饲料“营养结构”平衡为核心，构建饲料抗病技术体系，利用生物酶解技术、生物发酵技术等对饲料进行生物改造，结合液体饲喂技术以及合理的饲养管理技术，提高机体的抗病能力，降低养猪成本，提升养殖效益，确保动物健康和高效生产。同时加强无抗高效养殖关键技术在不同养殖类型及养殖条件的熟化应用，解决不同层次生猪产业的健康高效养殖技术需求。大型养殖或饲料生产企业需要加强与科研院所共建紧密合作的成果转化平台，不仅要投入研发经费，而且与科研院所要形成合理的因成果转化新增的利益分配机制，打通科技人员科研成果落地应用“最后 1 公里”的瓶颈，解决企业自生可持续发展的科技支撑，同时带动区域养殖场（户）、小农户生猪养殖实现健康高效生产，为乡村振兴贡献科技力量。

（三）加强养殖企业技术人才队伍培养，提高猪场核心竞争力

现代养猪业是信息化、技术化、现代化的养殖业，需要一支稳定的讲科学、用

科学、会科技的技术人员和管理人才队伍，一旦出现人员的变动如果工作交接不及时，人才队伍衔接不上，对于生产来说就会造成极大影响。培育养殖后备人才、储备养殖科技干部是养殖场必不可少的程序，加大人才培养力度是养殖场能够长久发展的有效措施。把新的理念、新的经营思维与模式引入养殖场，培育适合现代养殖场的新式人才，是保证养殖场不断发展、不断提升核心竞争力的重要措施。

（四）发展适度规模与家庭农场养猪，充分发挥技术的护航作用

规模过大，疾病防控以及环保压力比较大；规模太小，设备落后，很难发挥现有先进的养猪技术。适度规模与家庭农场是按照市场经济的要求，养猪生产者结合自身的经济实力、生产条件和技术水平及种养循环的合理土地消纳配置，充分利用自身的各种优势，把资金、土地、技术、市场、设备等资源结合在一起进行科学化管理，以取得最好经济效益为目标来确定养殖规模。适度规模可有效利用劳动力、当地农产品和农作物等资源优势；推广应用先进养猪技术，提高资源的循环利用，降低环境污染，减轻市场和疫病带来的不利影响。

四川生猪疫病防控技术研究报告

陈弟诗[1] 张 毅[1] 邵 靓[1] 陈 斌[1] 阳爱国[1] 徐志文[2] 周远成[3]
康润敏[3] 李旭廷[3] 王海波[4] 牟登育[4] 郭 莉[4] 岳秀英[4]
（1. 四川省动物疫病预防控制中心，四川成都 610041；2. 四川农业大学，四川成都 611130；3. 四川省畜牧科学研究院，四川成都 610066；4. 四川省兽药监察所，四川成都 610041）

摘 要：疫病防控是生猪产业稳定发展的关键环节。四川省多个高校、省级科研院所、疫控等技术单位、重点实验室、工程技术研究中心和上百家动物药品制造企业从事生猪疫病防控相关技术的研究，经过长期研究实践，在生猪病原学、流行病学、诊断技术、疫苗、药物和综合疫病防控技术等领域取得了一系列具有自主知识产权的新产品、新技术、新方法和新理论。但由于生猪疫病本身的复杂性和新发传染病的不可预知性、养殖生产设施设备条件、饲养管理水平、生物安全措施、防疫意识、防疫机制体制以及技术方法产品科研创新不足等一系列问题，导致生猪疫病防控难度大。本报告对四川省近年来在生猪疫病防控领域取得的科研成果进行了总结，对当前四川省生猪疫病防控中存在的问题进行深入剖析并提出了应对策略，以期为四川省生猪疫病防控政策的制定和生猪产业的健康发展提供参考。

关键词：生猪；疫病防控；流行病学；诊断；疫苗；兽药；生物安全

生猪产业是四川农业最重要的支柱产业，全产业链市场价值约 3 700 亿元，扛起了农民增收的大梁和农村经济发展的重任，长期以来，四川都是全国第一养猪大省，2020 年，四川省猪肉产量在全国排名前 10 的地区（总占比达 64%）中以 9. 3%的高占比位居第一，截至目前，四川省生猪出栏量和猪肉产量以绝对的优势稳居全国第一。2021 年全国生猪出栏 6. 7 亿头，能繁母猪存栏 4 327. 0 万头，其中，四川省出栏生猪 6 314. 8 万头，能繁母猪存栏 405. 2 万头，生猪出栏量和能繁母猪存栏分别占全国的 9. 41%和 9. 36%。但由于受到饲养管理、疫病防控等因素制约，全国和四川省能繁殖母猪年提供出栏生猪数远低于欧美生猪养殖发达国家的数据。而在生猪产业发展和养殖过程中，生猪疫病是最重要的影响因素之一。

疫病的暴发有如下影响：第一，会对生猪生产和猪肉供给造成严重影响，不仅直接造成猪群发病率、死亡率提高，导致生猪生产成绩断崖式下降，疫病的持续存在导致猪群长期渐进性消耗和损失，同时由于扑杀和销毁导致猪肉产量大幅度下降，给生猪养殖从业者造成不可估量的损失。第二，重大生猪疫病如非洲猪瘟等的暴发还会直接削减猪肉消费需求，导致市场短期的结构性突变，影响市场供求关系，从而导致生猪产品价格的剧烈波动，一方面，疫病造成生猪存栏量即时性冲击，养殖者短期加快出栏，增加市场供给，猪价暴跌，疫情的发酵还会加剧养殖从业者对于后市的担忧，养殖者生产成本增加造成补栏积极性下降，甚至减少能繁母猪的存栏，对于后期猪肉供应会产生剧烈的影响；另一方面，由于疫病暴发，猪肉食品携带病毒的可能性大大增加，消费者恐慌减少猪肉和猪肉食品消费转而选择其他肉类，导致供大于求，并通过产业链向前传导影响畜牧业的生产。第三，生猪疫病暴发还会对猪肉产品的国际贸易造成严重限制，对生猪期货交易造严重影响。第四，猪链球菌病、猪伪狂犬病、猪流感病等人畜共患疫病可能引发公共卫生安全问题，造成生物安全威胁。因此，生猪疫病不仅阻碍养殖业发展，对市场造成巨大经济损失，而且对人类健康和生物安全造成严重威胁。如 2004 年四川省爆发猪链球菌疫情，全省累计发生人感染猪链球菌病 204 例，死亡 38 例，波及全省 12 个市，37 个县（市、区）；2006 年暴发高致病猪繁殖与呼吸综合征；2010 年新型猪伪狂犬病暴发；2011 年前后暴发的猪流行性腹泻，造成 50%的猪场感染，导致每个猪场 70%的新生仔猪发病死亡；2018 年暴发非洲猪瘟疫情，这些疫情均给全省生猪产业造成了巨大的经济损失。其中，以 2018 年的非洲猪瘟疫情影响最为深远，该疫情波及全国主要生猪养殖区，全国累计报告疫情超过 200 起。非洲猪瘟疫情导致四川省存栏急剧下降，从 2018 年前全省生猪年出栏稳定在 7 000 万头左右，疫情暴发后的 2018 年、2019 年、2020 年生猪出栏分别为 6 638. 3 万头、4 852. 6 万头、5 614. 4 万头，2019 年、2020 年生猪出栏较疫情前分别下降 26. 9%和 15. 42%，至 2021 年才恢复到疫情前的产量，给生猪养殖也造成了毁灭性的打击。

由于众多不利经济影响和现实疫情的严峻性，生猪疫病防控是一项需要各级各部门共同努力的长期工作。近年来，尤其是非洲猪瘟暴发后，随着我国和各地不断加大对生猪疫病防控工作的投入力度，加强区域防控合作，使得生猪疫情影响范围、造成的经济损失趋于减小。但四川省猪场数量虽多，总体养殖水平仍然较低，种源特别的地方品种带毒严重，区域间差异巨大，散养比例仍高，疫病防控和生物安全意识低，生物安全设施设备落后，疫病防控形势依然严峻。

随着生猪养殖集约化快速发展，生猪及猪肉频繁贸易，生猪产业链涉及主体增多，种猪培育、生猪养殖、活猪调运、屠宰加工、包装流通等诸多环节流通，生猪疫病流行形势愈加复杂：混合感染严重，地方病难以根除，新发疫病、外来疫病传播速度快、范围广，病原变异快，呈现非典型疫病，旧病新发，不断为生猪疫病防控带来新的挑战，增大净化消灭难度。依赖药物防控导致细菌耐药性产生和产品药物残留，影响产品安全和出口、猪病治疗用抗生素与人用药物的交叉耐药导致了严重的公共安全隐患。生猪养殖业的周期性与生猪疫情密切相关，由疫情造成的经济损失和行业无序竞争对给生猪从业人员带来了巨大的经济风险。因此，为保障川猪生产平稳发展，健全川猪产业有序发展长效机制，继续推动四川省实现由生猪养殖大省向强省的跨越，擦亮“川猪”金字招牌，必须加强四川省生猪疫病防控，从疫病诊断、监测流调、新兽药研发、消毒及无害化处理、疫病综合防控体系建设、疫病的区域净化消灭、生物安全等方面着手加大投入，提高区域生猪疫病防控意识和水平，进一步减少因生猪疫情造成的经济损失，减少生猪疫情的发生频率和传播风险，确保人民健康安全，生猪疫病防控技术是生猪产业发展的关键，也是打好种业翻身仗必须解决的“卡脖子”技术，是巩固脱贫攻坚、加快推进乡村振兴和农业农村现代化的技术支撑。

一、四川生猪疫病防控技术研究进展

四川有四川农业大学、四川大学、四川省动物疫病预防控制中心、四川省畜牧科学研究院、西南民族大学、成都市农林科学研究院、成都农业科技职业学院等多个高校、科研院所和技术单位从事生猪疫病防相关技术的研究，设有动物疫病与人类健康四川省重点实验室、动物疫病防控与食品安全四川省重点实验室、畜禽生物制品四川省重点实验室和动物生物技术中 4 个省级重点实验室，四川省动物疫病预防控制中心及西南区动物疫病区域诊断实验室、全省唯一的省级动物疫控生物安全三级实验室以及四川省新兽药工程技术研究中心、四川省动物生物制品工程技术研究中心、四川省生猪健康养殖工程技术研究中心、四川省饲用有机微量元素工程技术研究中心、四川省生猪无抗养殖工程技术研究中心5个四川省工程技术研究中心从事生猪疫病各领域的研究。同时，全省21个市州和183个县均设有动物疫病预防控制机构，目前有自贡、雅安、内江三市和部分县将动物疫控预防控制中心合并，但仍保留其职责，负责生猪疫病的监测、检测、诊断、流行病学调查、疫情报告及其他预防、控制等技术工作，承担疫病净化、消灭的技术工作。此外，全省共有兽药生产企业117家，其中化药和中兽药企业111家，生物制品企业6家，除10家企业专事生产渔药、消毒剂外，其余厂家均从事生猪疫病防控相关产品的生产和服务。“十三五”以来，通过政府部门、高等院校、科研教学单位、动物疫控机构、相关企业、新型农业经营主体等“政产学研推用”多方协同对生猪疫病防控技术进行了研究、应用和推广。摸清了全省生猪主要疫病流行病学特征，建立了一系列针对新发传染病和常见传染病的精准快速检测方法，研发了一系列猪用新型疫苗、创新免疫模式，开发了系列化学产品和中兽药“替抗”类产品，建立了生猪主要疫病菌毒种库，优化筛选了非洲猪瘟常态化猪场消毒配套方案，研制了病死猪无害化处理配套技术和智能监管系统，建立了四川生猪综合防控体系，开展了生猪重大动物疫病净化与区域示范研究，编制了生猪病原检测、疫病预防与净化、科学用药等技术资料，取得了一系列具有自主知识产权的研究成果，创制获批国家一类新兽药（生药）2项、二类新兽药（生药）5项、新兽药临床批件113项，获批国家发明专利53件，颁布四川省生猪疫病防控新技术地方标准8项，出版专著5本，发表论文200多篇。

（一）生猪主要疫病流行病学调查研究进展

四川农业大学、四川省动物疫病控制中心、四川大学和四川省畜牧科学研究院以及畜科生物工程有限公司等高校、科研院所和企业长期从事动物疫病流行病学研究，针对生猪重大疫病如非洲猪瘟（ASF）、口蹄疫（FMD），生猪主要免疫抑制性传染病如猪瘟（CFS）、猪伪狂犬（PR）、猪繁殖与呼吸综合征（PRRS）等，生猪主要病毒性腹泻病如猪流行性腹泻病毒（PEDV）、猪传染性胃肠炎病毒（TGEV）等，生猪主要细菌性传染病如猪链球菌、副猪嗜血杆菌、猪传染性胸膜肺炎放线杆菌等开展了流行病学调查和分子流行病学研究。分离鉴定了变异株伪狂犬病毒、猪繁殖与呼吸综合征病毒重组毒株、猪流行性腹泻变异株等多个具有新的遗传特征的流行毒株，掌握了四川省常见传染病的流行特征。发现生猪新发病毒病如猪繁殖与呼吸综合征病毒Ⅰ型、猪环曲病毒、猪嵴病毒、猪博卡病毒等在四川省的流行情况，并对其进行了流行病学和分子流行病学研究，为四川省生猪新发疫病防控决策提供了临床数据和理论依据。生猪主要疫病流行病学调查研究丰富了四川省和全国生猪主要疫病的流行病大数据，为四川省生猪疫病免疫程序的制定和疫苗的选择提供科学依据，为分级分类精准科学指导四川省生猪疫病防控和净化提供了技术支撑。

1. 重大疫病口蹄疫

（1）2015—2021年全省生猪口蹄疫疫情情况。口蹄疫主要侵害猪、牛、羊等偶蹄动物，世界动物卫生组织（OIE）将其列为A类传染病之首，是国际贸易中最重要的贸易技术壁垒之一。四川省地理位置独特，与藏、滇、黔、渝、陕、甘、青等省（区、市）接壤，是中国西部地区重要的物资集散地。口蹄疫监测和分子流行病学调查和结果的应用，对于我国中西部地区和全省口蹄疫防控工作具有十分重要的意义。2016—2021年，农业农村部公布四川省2起生猪口蹄疫疫情：①2016年1月5日，四川省广元市经济技术开发区某屠宰场从外地调入的生猪出现疑似口蹄疫症状，发病猪30头。当日，省动物疫病预防控制中心诊断为疑似口蹄疫疫情。1月7日，该起疫情经国家口蹄疫参考实验室确诊为O型口蹄疫疫情。②2016年3月2日，四川省德阳市广汉市一生猪屠宰场猪只出现疑似口蹄疫症状，发病8头。3月4日，四川省动物疫病预防控制中心诊断为疑似口蹄疫疫情。3月10日，经国家口蹄疫参考实验室确诊，该起疫情为O型口蹄疫疫情。疫情发生后，当地按照有关预案和防治技术规范要求，切实做好疫情处置各项工作。已对91头生猪进行了扑杀和无害化处理。

（2）口蹄疫流行病学调查研究进展。2015—2019年，全省共监测到FMD病原学阳性样品17份，样品来自临床查验疑似样品、省外输入和四川省屠宰场监测，其基因型研究结果表明，共获得17株FMDV的*VP1*基因序列，其中2016年4株、2017年5株、2018年8株，均为O型毒株（图1）。与四川省2016年以前的FMDV基因型流行情况相似，2016—2018年FMDV基因型仍以O型的mya98（缅甸98）亚型为主，占58.82%（10/17），其他亚型均有发现，包括Cathay型（猪毒）2株、A型G2亚型1株、泛亚型1株、Ind-2001型3株。通过比较分析，近3

年，四川省 FMD 流行存在以下新特点：①2016 年广元、2017 年阿坝发现的 mya98 亚型毒株与东南亚经典 mya98 毒株同源率仅为 93%，出现较大变异，可能影响毒株的毒力和免疫保护率，世界范围还未见此变异毒株的报道。2018 年四川省未发现此毒株的流行。②2016 年，省内检测发现 Cathay 亚型、A 型 G2 亚型毒株，但 2017—2019 年未在省内发现。③2018 年新出现 Ind-2001 毒株，该毒株属 O 型中东-南亚（ME-SA）拓扑型，与泛亚毒株亲缘较近，起源于印度，在尼泊尔、不丹和孟加拉等周围地区引起了广泛的流行，随后扩散到中东的阿联酋等地区，至今在尼泊尔、不丹和孟加拉一直存在，是引发这些地区 2009—2014 年疫情的主要病原。据报道，已在我国发现此亚型毒株，四川省今年发现的毒株与该毒株亲缘关系很近，同源率 97%以上，应注意关注该新毒株在四川省的动向，并加强防范工作。

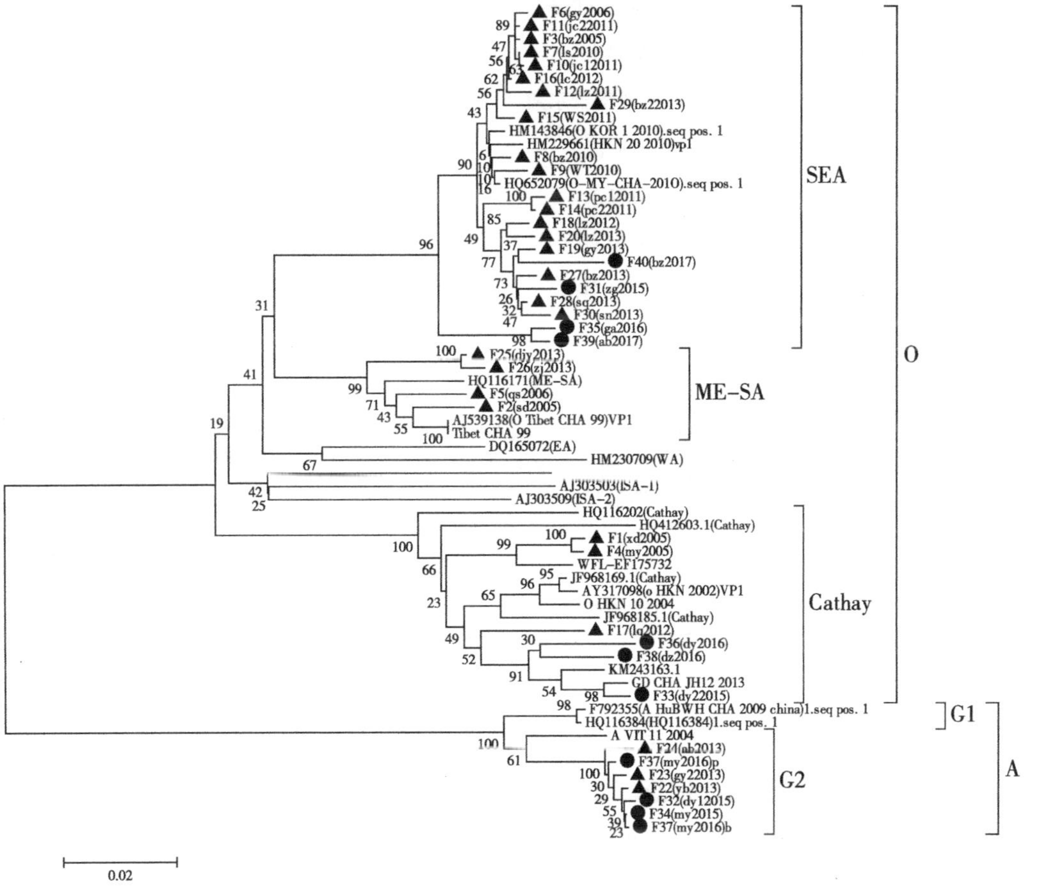

图 1 四川省 2005—2019 年口蹄疫毒株 *VP1* 基因进化树

注：●表示四川省 2015—2019 年监测的 FMDV 毒株 ▲表示四川省 2005—2014 年监测的 FMDV 毒株。

2. 重大疫病非洲猪瘟

（1）全省非洲猪瘟疫情。2018 年 11 月 6 日四川省宜宾高县暴发首起非洲猪瘟疫情，截至 2021 年年底农业农村部公布四川省疫情 17 起（表 1），扑杀生猪上百万头，造成直接和间接经济损失上百亿元。

表 1　2018 年四川省非洲猪瘟疫情发生情况

序号	发生时间	地点	地点	存栏数	发病数	死亡数
1	2018 年 11 月 16 日	四川省宜宾市高县	养殖场	40	16	10
2	2018 年 11 月 17 日	四川省成都市新津县	养殖场	110	27	13
3	2018 年 12 月 5 日	四川省泸州市合江县	养殖场	165	68	68
4	2018 年 12 月 12 日	四川省巴中市巴州区	养殖场	117	51	19
5	2018 年 12 月 16 日	四川省绵阳市盐亭县	养殖户	210	35	26
6	2019 年 3 月 12 日	广安邻水	高速查获	150	—	9
7	2019 年 5 月 20 日	四川省阿坝州若尔盖	排查	429	111	78
8	2019 年 7 月 17 日	乐山夹江	养殖场	102	21	21
9	2019 年 12 月 24 日	四川叙永	违规调运的生猪	435	—	15
10	2020 年 10 月 26 日	凉山宁南	外省违规调运生猪	35	14	7
11	2020 年 4 月 21 日	四川省巴中市	违规调运生猪	106	—	2
12	2020 年 3 月 2 日	四川省乐山市	外省违规调运仔猪	111	—	7
13	2020 年 3 月 13 日	四川省泸州市	外省违规调运仔猪	120	—	12
14	2020 年 3 月 28 日	四川省广元市	外省违法调运生猪	128	—	6
15	2020 年 4 月 1 日	四川省乐山市	外省违法调运生猪	83	—	1
16	2021 年 3 月 5 日	四川省小金县	养殖场从外省违规调运的生猪	127	38	38
17	2021 年 3 月 9 日	四川省华蓥市	外省违法调运生猪	10	2	2

（2）全省非洲猪瘟监测。省动物疫病预防控制中心开展了非洲猪瘟的日常检测、春秋防集中监测和飞行检查（表 2）。①日常检测。截至目前，共检测各地疫控机构及第三方非瘟检测实验室送检猪病料组织、血液、唾液拭子、猪肉产品、环境拭子、饲料等非洲猪瘟病原学样品 5 060 份，阳性 811 份。②春秋防集中监测。春秋防共监测非洲猪瘟样品 8 432 份，158 为阳性。③飞行检查。对全省屠宰场、养殖场户、市场以及第三方非洲猪瘟检测实验室“飞行”检查，共抽检检测场

(点) 245个，样品4 710份，阳性179份，涉及场点59个。

表2 四川省非洲猪瘟监测数据

年份	监测项目					
	日常监测（各地送检病料组织、血液、拭子等）		春秋防集中监测（血液）		飞行检查（屠宰企业、养殖场户、市场的环境拭子、血液）	
	样品数	阳性数	样品数	阳性数	样品数	阳性数
2018	2 756	90				
2019	957	466	2 751	53	1 672	53
2020	582	149	3 486	85	2 371	66
2021	482	94	1 470	20	423	30
2022	283	12	725	0	244	30
合计	5 060	811	8 432	158	4 710	179
总计	共监测ASF样品18 202份，阳性1 148份					

（3）全省非洲猪瘟流行特点。①疫情发生的强度和造成的损失下降。与2018年相比，2020年以后疫情数量与强度均有下降，疫情呈现点状散发。②疫情群间分布以小规模场为主，2019年9月至今，92.6%疫情发生在500头以下猪场，其他规模场仅占7.4%。表明规模场防控能力得到较大改善，生物安全防护水平和精准清除水平有了较大提高；现阶段非洲猪瘟主要发生在生物安全防护水平较低的养殖场户。③流行毒株复杂化。国内流行毒株仍以基因Ⅱ型为主，但传统野毒株、非法疫苗株、自然变异株同时存在。当前新型毒株的临床和检测表现都发生了新变化。临床症状：疫病烈性程度降低；感染猪只出现超长潜伏期，可长达30天以上；临床症状多样性，亚临床和慢性病例增多、温和型病例可能只出现发热症状，死亡率降低、发病不易察觉。实验室检测：经典毒株的临床表现与检测阳性通常时间一致，或检测阳性比临床表现早1~2天。新毒株却是先出现多天不吃、少吃或跛行等症状，但连续性检测环境大面积阳性但猪群阴性。即先出现临床表现，再出现检测结果阳性，且时间上差异1~5天。弱毒株的唾液样本、肛拭子样本可在第6天检出；血液样本则在21天后检出。④病毒污染依然点多面广。飞行检测结果看，场点阳性率仍较高。屠宰场污染仍然较重，且分布点多面广，防控形势仍十分严峻。⑤广元、巴中、汉中野猪非洲猪瘟疫情提示ASFV已经在秦巴山区的野猪群体可能存在

流行，并导致野猪死亡。⑥主要传播途径发生转变。餐厨剩余物喂猪：2018 年为 40%，2021 年降为 0。车辆和人员带毒：2018 年为 32%，2021 年降为 11.1%。生猪及其产品异地调运（网购）：则由 2018 年 28%到 2021 年上升到 88.9%。

3. 生猪主要免疫抑制性传染病

生猪主要免疫抑制性传染病不仅引起猪群发生原发性病原感染，造成繁殖障碍和严重的呼吸道病，而且引发死亡；更为严重的是损害猪的免疫功能，导致免疫耐授，免疫麻痹，对疫苗注射不产生免疫应答，致使机体抵抗力低下，易遭受其他病毒性和细菌性传染病和寄生虫病的并发与继发感染。当前在许多规模化养殖场和广大农村中、小、散户的猪群中发病率和死亡率不断增高，病因复杂化、临床表现多样化、经济损失严重，均与猪群中广泛存在的免疫抑制性传染病密切相关。生猪主要免疫抑制性传染病如猪瘟、猪伪狂犬、猪繁殖与呼吸综合征病毒、猪圆环病毒等，由于疫苗免疫效果确实，四川省猪瘟、猪伪狂犬防控情况相对较好，而猪繁殖与呼吸综合征病毒和猪圆环病毒在四川省对养猪业为害相对严重。

（1）猪伪狂犬病（PR）。自我国学者刘永纯 1948 年首次报道了猫的伪狂犬病之后，1956 年周圣文在哺乳仔猪中发现伪狂犬病。到目前，全国各省（市区）已发现本病。但由于我国在 1979 年引进了 Bartha-K61 株疫苗广泛使用，PR 得到有效控制，并没有出现大的流行。从 2011 年 10 月以来，我国黑龙江、吉林、辽宁、北京、天津、河北、山西、山东、河南等多个地区免疫了 PRV 弱毒疫苗的大型规模化猪场相继暴发了特征的 PR，PRV 野毒株抗体（gE 抗体）阳性率上升达到 50%以上，部分猪场生长育肥猪的死亡率达到 10%~30%。2013 年疫情开始扩散到南方多省，广东、广西等地区表现明显。2014 年福建、山西、云南等地区猪场也出现典型的 PR。到目前为止，这种现象已基本遍布我国主要养猪区城。2011—2015 年，对中国 21 个省市 1 537 个规模化猪场不同猪群的伪狂犬病野毒感染血清流行病学调查，PRV 阳性猪场比例为 64.0%；血清 gE 抗体平均阳性率为 31.60%。2012 年至今，我国学者先后分离鉴定出 HeN1 株、ZJ01 株、TJ 株、JS-2012 株、JL 株、DQ 株、LX 株、HLJ8 株、SMX 和 HN1201 等 20 多株 PRV 新毒株。对 2016—2021 年四川省规模猪场的 18073 份血样进行了 PRV 的血清学调查，调查结果显示 PRV gE 抗体阳性率为 22.64%，不同地区阳性率为 10.86%~57.29%，表明四川省猪伪狂犬病野毒感染仍较为严重。根据中国动物疫控中心监测统计数据，我国重点原种猪场

2014—2018 年猪伪狂犬病感染情况为场阳性率 33%~30.5%，个体阳性率 23.66%~17.98%，虽近年有一定下降，但 PR 在我国仍然广泛流行并存在暴发的风险。

对四川省 4 个重点原种猪场 2015—2019 年 PR 野毒感染和免疫情况进行了持续跟踪调查和分析，5 年采用 PRV gE 和 gB ELISA 共检测猪血清样品 1 600 份，gE 抗体均为阴性，gB 抗体阳性率均高于群体免疫合格率（70%）；采用 gE 实时荧光定量 PCR 方法检测扁桃体样品 800 份，精液样品 100 份，PRV 核酸结果均为阴性，说明这 4 个重点原种猪场均未发现 PRV 野毒感染、潜伏感染和持续带毒现象，特别是种公猪无野毒感染和带毒情况，表明四川省在原种猪场 PRV 防控中取得了较好成效。

2019 年四川省五大片区的 17 个规模化猪场进行猪伪狂犬病血清流行病学调查，1388 份血清样品中，PRV-gB 抗体总阳性率为 84.51%，PRV-gE 抗体总阳性率为 15.63%；17 个规模化猪场中，PRV-gB 抗体场阳性率为 100%，PRV-gE 抗体阳性猪场 10 个，场阳性率为 58.82%，表明四川省规模化猪场 PRV 感染程度较轻，但部分猪场免疫抗体水平较低，野毒感染情况较严重，尤其是哺乳仔猪、育肥猪和经产母猪群。

2019—2020 年四川省 11 个地区来源的 466 份 PR 疑似样本进行了实时荧光 PCR gE 基因检测，总阳性率为 10.94%，育肥猪样本中 PRV 野毒阳性率 11.26%极显著高于哺乳仔猪 4.76%（$P<0.01$）；对其中 12 个流行株的 4 个主要基因 *gC*、*gD*、*gE* 和 *gB* 进行克隆测序和编码氨基酸遗传进化分析，并通过 *gC* 和 *gE* 基因遗传进化树分析遗传进化特征，结果均为基因Ⅱ型，与国内近年流行株处于同一大支，与四川早期流行株的遗传关系较远（图 2）。

（2）猪繁殖与呼吸综合征（PRRS）。除非洲猪瘟外，PRRS 是严重影响我国养猪生产的重要疫病。1995 年末，猪繁殖与呼吸综合征病毒 PRRSV 首次在我国华北地区发现。2006 年，我国大面积暴发高致病性 HPRRSV，给我国养猪业造成了巨大经济损失。2013—2014 年，我国再次广泛暴发 PRRS，经病原分离鉴定为 NADC30-like 毒株，表明我国 PRRSV 毒株流行情况变得愈加复杂。尽管目前有数种疫苗使用于临床中，但其保护效果仍不够理想，特别是 PRRSV-2NADC30-like 毒株的大量出现，我国 PRRSV 防控面临新的难题与挑战。近年来，PRRSV 的流行强度进一步呈下降趋势，全省范围内无流行性疫情发生，以地方性流行和散发为主。然而，

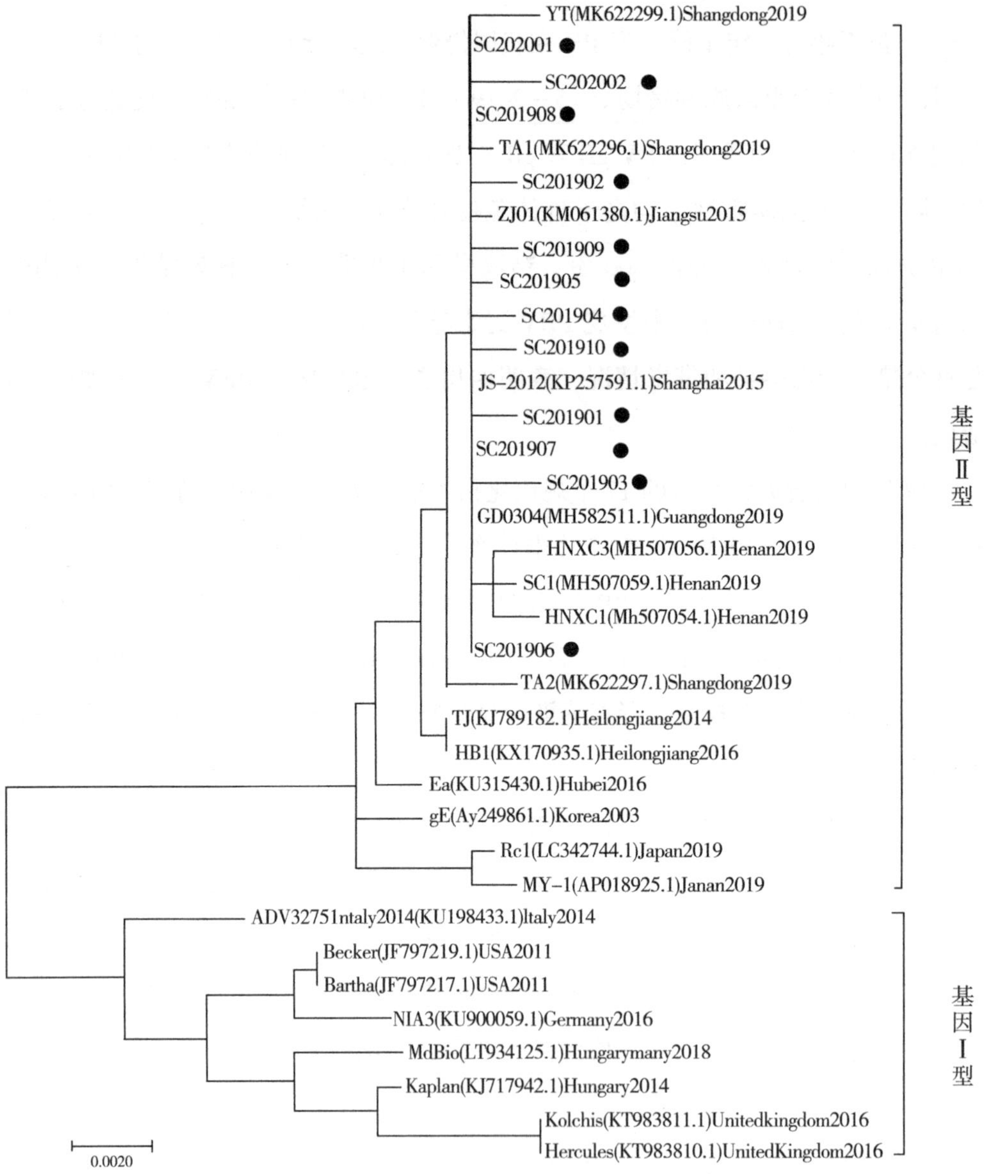

图 2　基于 *gE* 基因构建的遗传进化树

从猪场层面来看，PRRS 的流行范围较广、临床疫情持续不断，对养猪生产的为害仍然严重。临床以母猪繁殖障碍（流产、产死胎）、保育猪和生长育肥猪的呼吸道疾病以及继发感染为特征，保育猪和生长育肥阶段猪的感染率高居不下，一些养殖场保育猪的病死率与死淘率超过 20%。PRRSV 感染猪场呈现感染率高、毒株类型多样，流行毒株以 PRRSV-2 谱系 1 的类 NADC30 毒株及其重组毒株为主。

杨汉春对全国 21 个省（市、区）200 余家猪场的血清学监测结果显示，猪繁殖与呼吸综合征病毒抗体总阳性率为 64.61%，各地区抗体平均阳性率介于 20%～100%。对部分未使用疫苗的养殖企业猪群的血清学检测结果显示，在保育和生长育肥阶段 PRRSV 呈现高感染率，猪群的抗体阳性率介于 40%～100%。对部分临床样本猪繁殖与呼吸综合征病毒 *nsp2* 基因和 *ORF5* 基因的检测和序列测定结果显示，属于 PRRSV-2 谱系 1 的类 NADC30 毒株（包括与谱系 8 毒株的重组病毒）占 47.62%，属于 PRRSV-2 谱系 1 的类 NADC34 毒株占 0.71%，属于 PRRSV-2 谱系 5 的毒株（类 VR-2332 疫苗毒株）占 45.24%，未检测到 PRRSV-1 毒株。

2016—2017 年采集自四川地区的疑似 PRRSV 感染病料中扩增 *ORF5* 基因并进行测序分析。结果显示（图 3），共得到 12 个 *ORF5* 基因序列，核苷酸序列同源性为 82.3%～99.8%，推导的氨基酸同源性为 81.1%～99.5%。遗传变异分析结果显示，12 个序列均属于美洲型，其中有 10 个属于以 JXA1 株为代表的 Ⅰ 亚群，另 2 个分别属于以 NADC30 株为代表的Ⅲ亚群和以 QYYZ 株为代表的 V 亚群。由此可见，近两年四川地区流行的 PRRSV 以 HP-PRRSV（JXA1-like）毒株为主，且有 NADC30-like 和 QYYZ-like 毒株出现。

对 2018 年四川省 21 个地区的 378 份疑似 PRRSV 感染猪病料样品进行了荧光 RT-PCR 检测，结果显示（图 4），378 份病料样品中有 69 份阳性样品，PRRSV 阳性率为 18.25%。通过对其中 23 株 PRRSV 的 *ORF5* 基因序列分析结果显示，23 株 PRRSV 之间核苷酸相似度为 81.6%～100%，推导的氨基酸相似度为 81.4%～100%。均属于美洲型毒株。其中，1 株属于以经典毒株 VR2332 为代表的亚型Ⅰ，17 株属于以高致病毒株 JXA1 为代表的亚型Ⅱ，5 株属于重组毒株 NADC30 为代表的亚型Ⅲ，说明 2018—2019 年四川省 PRRSV 流行毒株存在基因多样性，HP- PRRSV 依然是主要流行毒株，但仍存在不断进化的经典毒株，同时，类似 NADC30 和 QYYZ 的重组毒株也开始出现。QYYZ 毒株在 2005 年以后很少分离到，但有研究表明 2010 年类似 QYYZ 的毒株在我国重新出现，亚群Ⅲ部分毒株与 QYYZ 株同源性较高，说明类似 QYYZ 的毒株在四川地区也有流行。通过氨基酸突变位点和 N-糖基化位点分析发现 GP5 2 个重要抗原表位相关区域和毒力相关位点均发生了一定程度突变，可能影响了病毒逃避机体免疫和病毒毒力，因此在今后的 PRRSV 防控中，更需要加强遗传进化分析，根据不同路类型的毒株，选择有针对性的疫苗和防控策略。

图 3　2016—2017 年基于 PRRSV *ORF5* 基因序列的遗传进化树

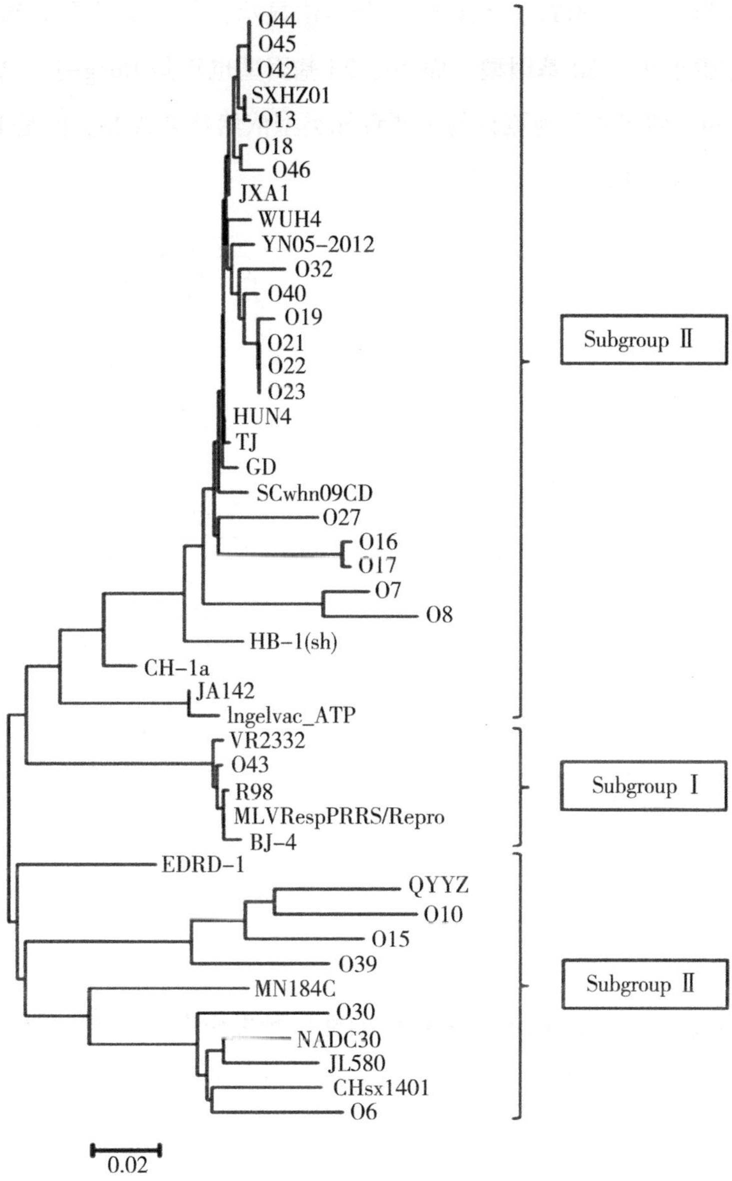

图 4 2018 年 PRRSV *ORF5* 基因遗传进化树

（3）猪圆环病毒病（PCV）。2011—2013 年从四川省分离的猪圆环病毒（PCV2）的 ORF2 核苷酸序列可以分为 2 个大群（图 5），即 PCV2a 和 PCV2b；4 个亚群，主要为 1A、1B、1C 和 2B 亚群，其他亚群没有分离到。而 2014—2015 年亚型变化明显，2014—2015 年得到的 19 株 PCV2 全基因序列与 GeneBank 的世界各国不同毒株对比分析结果按 PCV2 国际通用的分型法归纳得到：2a（GA1、NC1）、2b（YA1、BZ1、SN2、MY1、ZG1、CD1、CD3、PZH1）、2d（YA2、SN1、CD2、NJ1、

SN3、DY1、LZ1)、2e(MY2)(图 6)。分类法显示，基因全长为 1 768 的 2a、2e 基因型数量远少于 2b、2d 基因型。而 2b、2d 基因型也正是 Dong-Jun An 分型法中的 PCV2 GroupI。四川省目前流行的主要毒株类型依然是 PCV2b，但是 PCV2d 基因型数量的上升十分迅速。

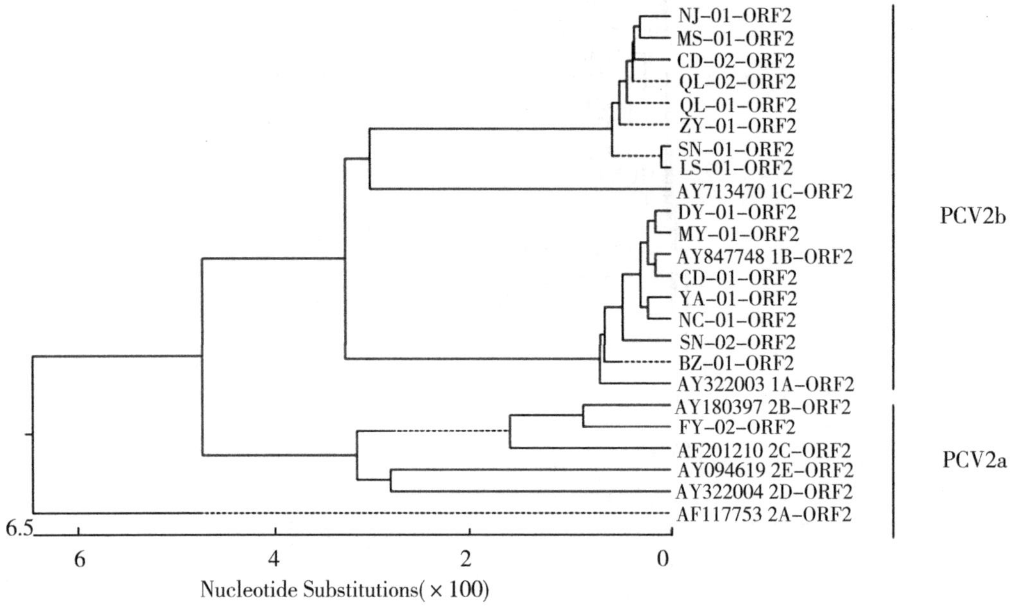

图 5　2011—2013 年四川地区猪圆环病毒 2 型流行毒株遗传进化树

4. 生猪主要病毒性腹泻病

猪流行性腹泻病毒（PEDV）和猪传染性胃肠炎病毒（TGEV）是出现时间较早的引起猪腹泻的冠状病毒。据调查显示，2012—2019 年，PEDV 在美国、哥伦比亚、意大利和德国等欧美国家以及韩国、日本和越南等亚洲国家持续流行，特别在 2013—2014 年，美国由 PEDV 引发的疫情蔓延 17 个州，至少 800 万头新生仔猪死亡。2016 年以来，国内不同地区腹泻样本中 PEDV 检出率一般为 41%~78%，流行态势日渐加剧。特别是在 2016 年和 2017 年，东北、华北和华南部分地区 PEDV 阳性率分别达到 74.62%、73.26%和 63.1%，部分已免疫 PEDV 经典毒株疫苗的猪群仍然持续感染发病。

从 2010 年 12 月起，四川省各猪场相继发生了严重的 PEDV，发病快、仔猪死亡率高、传播性强，造成 50%以上的猪场感染，且新生仔猪死亡率达 70%以上。对 2014—2015 年对四川省多个养殖场猪腹泻病毒病原感染情况的调查，在成都、绵

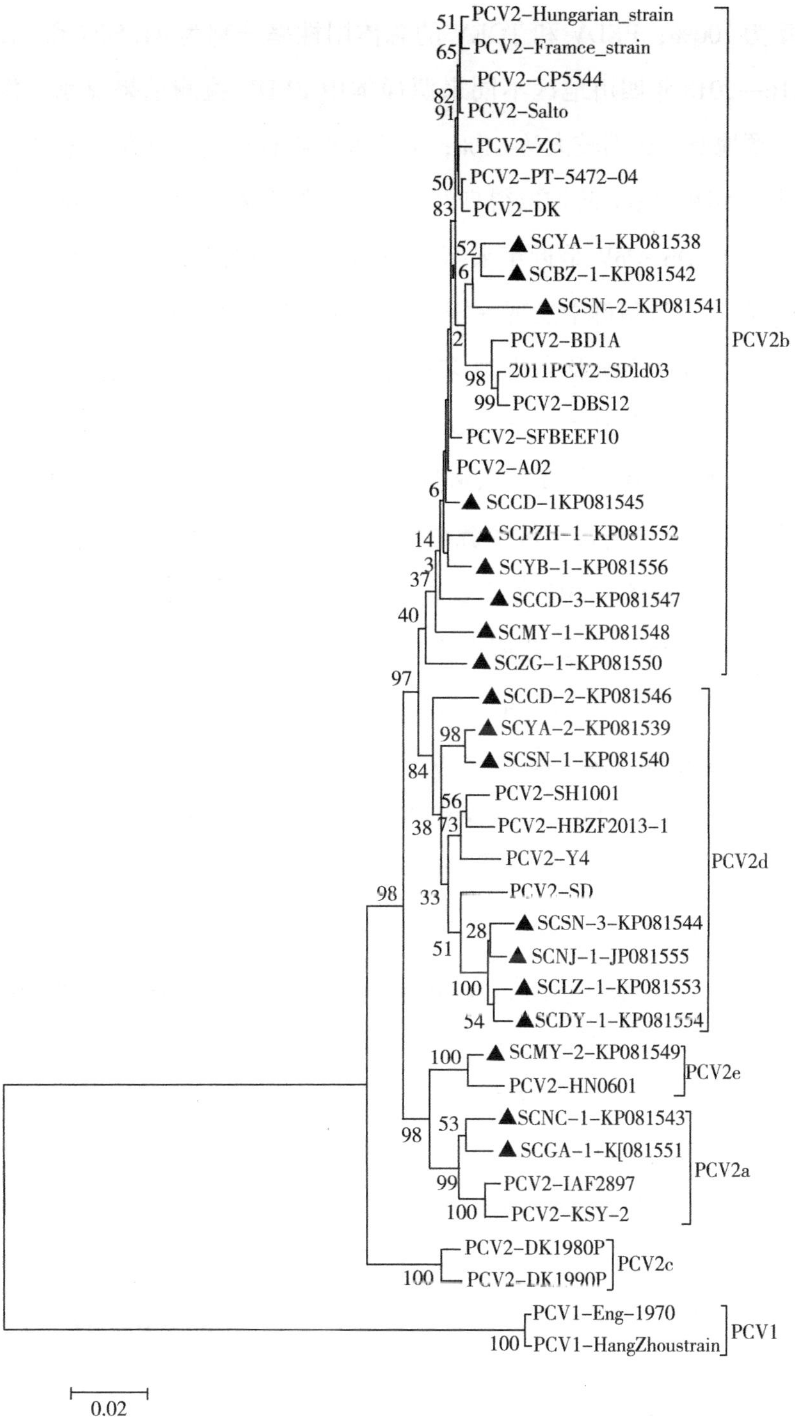

图 6 2014—2015 年四川地区猪圆环病毒 2 型流行毒株遗传进化树

阳、德阳、眉山、资阳、雅安、内江、宜宾和达州 9 个地区来源样本中，PEDV 的群体阳性率为 100%；PEDV 和 TGEV 的总体阳性率分别为 41.54%和 11.54%。此外，对 2016—2018 年四川地区不同来源样本中 PEDV 检测结果显示，发生 PEDV 的地区新疫源地所占比例较大达 61%；老疫源地或有过病史存在的地区，发病数呈现下降趋势，表明 PEDV 防控取得良好的效果，但整体形式依旧严峻。

PDCoV 和 SADS-CoV 是近年来新出现的 2 种导致猪腹泻的冠状病毒。PDCoV 首次于 2012 年在香港猪群中发现并报道，是 δ 冠状病毒中唯一感染非禽类的冠状病毒，之后在美国、韩国及东南亚多国家养殖场被检出。目前，国内多地均有 PDCoV 检出，且阳性率为 25.76%~58.33%，这表明 PDCoV 已普遍存于我国养殖场。SADS-CoV 则于 2017 年在广东清远某猪场腹泻猪样本中被首次检出，通过全基因组测序分析证实该病毒与蝙蝠源的 HKU2-CoV 同源性为 95%，存在相似的演化关系。随后，对 2016—2017 年广东省 11 个不同地区来源的腹泻仔猪样本进行回溯性调查发现，SADS-CoV 群体阳性率达到 100%，在肠内容物中检出率为 25%~77.8%，粪便中检出率为 0~100%。此外，所有样本中 SADS-CoV 与其他腹泻病原的混合感染率达到 62.2%，其中与 PEDV 和 PDCoV 混合感染率分别为 40.5%和 13.3%。除广东省外，2018 年在福建和江西等省也有 SADS-CoV 检出的报道，这提示 SADS-CoV 在我国南方地区流行趋势逐步上升，同时也逐渐成为威胁生猪养殖业发展的重要新病原。

2020—2022 年对来自四川绵阳、乐至、雅安、巴中和南充地区的 281 份腹泻临床样本进行分子流行病学调查。结果显示，PEDV、猪 A 群轮状病毒（GARV）、猪德尔塔冠状病毒（PDCoV）和猪捷申病毒（PTV）在四川地区总体阳性率分别为 14.2%、13.2%、15.6% 和 12.5%，群体阳性率分别为 60%、80%、60% 和 60%。PEDV 和 GARV 混合感染率为 2.1%，PEDV 和 PDCoV 混合感染率为 6.4%，PDCoV 和 PTV 混合感染率为 2.8%，PEDV、GARV 和 PDCoV 混合感染率为 1.7%。对阳性样本中病毒基因进行扩增，共获得 6 株 PEDV *S* 基因，4 株 GARV *VP4* 和 *VP7* 基因，1 株 PDCoV *S* 基因和 1 株 PTV *3D* 基因。进化树分析表明，6 个 PEDV 毒株均为 GⅡ亚群，近年来四川地区流行的 PEDV 毒株主要包括 GⅡ-b 和 GⅡ-c 亚群，S 蛋白氨基酸序列发生了不同程度的变异，部分氨基酸变异位点存在于抗原表位内，并引起了预测抗原指数的变化。在四川部分地区流行的 GARV 仍以 G3P［13］和 G9P

[13] 型为主，与以往流行毒株相比，VP4 蛋白发生了不同程度的变异。PDCoV 和 PTV 基因序列也发生了一定程度的变异，引起抗原指数变化。该研究丰富了猪腹泻病毒的分子流行病学研究资料，揭示了其在本地区的遗传变异和进化规律，为本地区相关疫病的防控措施制定提供了理论参考。

5. 生猪主要细菌性传染病流行病学调查研究进展

目前猪场常发病通常都是混合感染，单一的细菌性病或者病毒性疾病较少见，临床常见的有细菌和病毒，细菌和细菌，或者细菌、病毒和寄生虫混合感染。目前，威胁四川省养猪业的主要细菌性传染病有猪链球菌病、猪传染性胸膜肺炎、猪副嗜血杆菌病、猪巴氏杆菌病、猪丹毒等，这几种细菌性传染病对生猪养殖造成的为害和损失最为严重，同时链球菌还对人类健康造成严重威胁。四川省部分地区猪场的猪副嗜血杆菌病和猪传染性胸膜肺炎发病率较高，在生长育肥阶段的猪群中，胸膜肺炎放线杆菌常与猪繁殖与呼吸综合征病毒混合感染，造成较高的病死率。猪副嗜血杆菌病大多继发于猪繁殖与呼吸综合征和猪圆环病毒 2 型感染等，与猪链球菌的混合感染比较常见。

(1) 猪链球菌病。2005 年 6 月下旬开始出现病死猪宰杀人员或食用病死猪肉的人员死亡，由于病因不清，加上网络和有关媒体的报道，当时人们将其称为“夺命怪病”“不明原因猝死症”“中毒性休克综合征”等，在国内外引起广泛关注。6 月 24 日报告首例病例至 8 月 22 日疫情解除，四川省累计报告人感染猪链球菌病例 204 例，其中死亡 38 例，治愈出院 146 例，现住院病例 20 例，病例分布在资阳、内江、成都等 12 个市，37 个县（市、区），131 个乡镇（街道），195 个村（居委会）。生猪猪链球菌病疫情发生于资阳、内江、成都、绵阳、自贡、泸州、南充、德阳 8 个地市、21 个县市区、88 个乡镇、149 个村，死亡猪 647 头。

2006—2021 年共调查 32778 个生猪养殖场点，发病场点 2927 个，调查生猪养殖场点的场发病率由 16.04%下降为 5.65%，调查生猪群体猪链球菌病临床发病率由 5.63%下降为 1.12%，死亡率由 3.08%下降为 0.82%。2012 年以后，四川省大部分地区未再进行猪链球菌疫苗免疫，血清抗体检测结果可反映猪群自然感染情况。对 2013—2021 年采集的四川省 21 个市（州）的 16544 份未免疫猪血清进行了猪链球菌 2 型的血清流行病学调查，结果表明，猪链球菌 2 型的阳性检出率从 13.92%下降至 4.82%。

根据猪链球菌病历史流行情况，选择资阳市雁江区、内江市资中县、乐山市沙湾区开展病原流行病学调查，每年随机采集健康猪群鼻拭子和扁桃体进行猪链球菌带菌率检测。2006—2021 年共采集健康猪群样品 13 800 份，细菌分离、纯化后进行 PCR 鉴定，结果显示健康猪群猪链球菌携带率从 25. 50%下降至 7. 83%。

运用建立的猪链球菌 33 个血清型 PCR 分型方法对健康猪群分离的 2 341 株和发病猪群分离的 223 株猪链球菌菌株分别进行血清型鉴定（图 7）。结果显示，健康猪群主要包括血清型 1~5 型、7~12 型、15 型、16 型、19~21 型、29 型、30 型；发病猪群主要包括血清型 1~5 型、7~9 型、12 型、16 型、17 型、19 型、26 型、28~30 型。

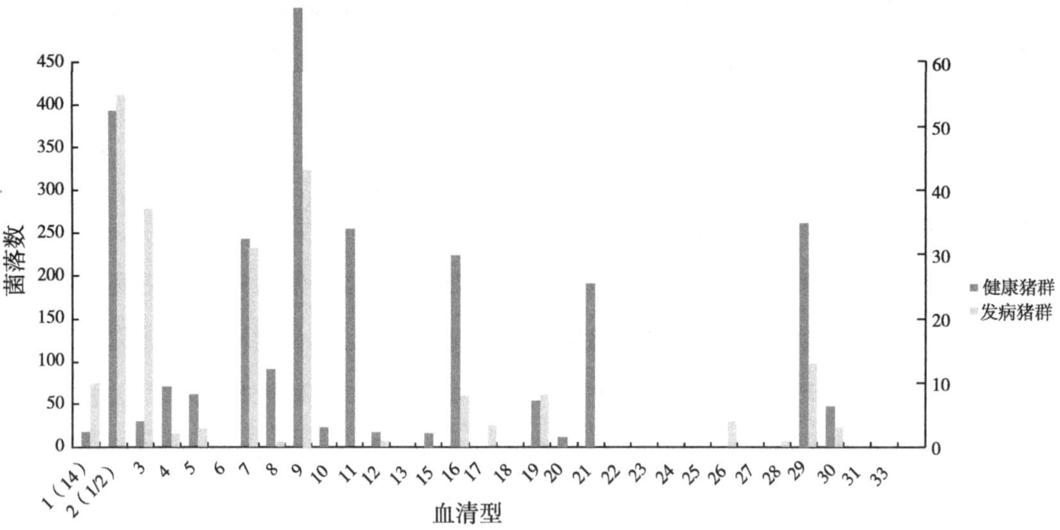

图 7　健康猪群和发病猪群猪链球菌血清型分布对比

在健康猪群中的优势血清型为 2 型（16. 70%）、9 型（14. 14%）、29 型（11. 19%）、11 型（10. 89%）、7 型（10. 34%）、16 型（9. 57%）和 21 型（8. 24%），发病猪群的优势血清型为 2 型（24. 66%）、9 型（19. 28%）、3 型（16. 59%）、7 型（13. 90%）。血清型 6、13、18、22、23、24、25、27、31、33 型在健康猪群和发病猪群中均未检测到。健康猪群和发病猪群中血清 2 型的分离率均最高，分别为 16. 70%和 24. 66%，证实猪链球菌 2 型的携带率和临床感染率高于其他血清型。同时，在健康猪群和发病猪群中血清 7 型、9 型的分离率也较高。此外，本报告还分离到的血清 16 型同样为人畜共患，具有重要的公共卫生意义。

从发病猪群分离的57株猪链球菌开展13种抗生素的耐药性调查，结果显示，四川省发病猪群分离的猪链球菌对青霉素类最敏感，敏感率可达90%以上，头孢类和喹诺酮类较为敏感，氟苯尼考和复方新诺明中等敏感。耐药性最严重的是四环素类、大环内酯类和氨基糖苷类抗菌药。

四川省最常与猪链球菌病混合感染的细菌病是副猪嗜血杆菌病，最常与猪链球菌病混合感染的病毒病是猪蓝耳病、猪瘟等免疫抑制病。细菌、病毒的混合感染给猪链球菌病的防控增加了难度。

（2）猪副猪嗜血杆菌病。对采集自四川省广元、绵阳、成都、简阳、西昌等地的256份病死猪肺部组织病料，经染色镜检、生化鉴定、16sDNA鉴定为猪副猪嗜血杆菌分离率达32.03%。按KRG琼脂扩散方法对分离菌鉴定的82株副猪嗜血杆菌四川株进行血清型分型。结果表明，分离株中有64株可以确定血清型，占总分离菌株的78.05%，另有18（21.95%）株分离菌株不能确定血清型。血清学分型结果表明，在四川地区以血清5型32株（39.02%）、13型19株（23.17%）为优势菌株，同时确定血清4型8株（9.76%）、12型5株（6.1%）、13型19株（23.17%）和未定型18株（21.95%），表明四川地区至少存在5种血清型的感染，提示四川地区副猪嗜血杆菌感染的复杂性。同时不同地区流行血清型的不同，导致该病的预防与控难度巨大。

副猪嗜血杆菌四川分离株存在不同程度的耐药性，对林可霉素、羧苄青霉素、恩诺沙星、阿米卡星、磺胺甲恶唑表现出较高的耐药性，耐药率为59.76%～78.05%，对红霉素、庆大霉素的耐药率为41.46%～52.43%；并呈现不同程度的多重耐药情况，其中以5（21.95%）、6（25.61）、7（30.49）、8（23.17%）重耐药为主，尤以7重耐药最多，另外有8.54%菌株可耐受13种药物，提示副猪嗜血杆菌的耐药菌谱在不断的扩大。

6. 生猪新发现病毒

（1）猪细环病毒（TTSuV）。2010—2011年256份血液样品分别采自遂宁、绵阳、成都、德阳、雅安等地区规模化猪场，少数样品采自农村散养户。对采集的血液样品进行检测，结果显示，46份TTSuV1为阳性，阳性率为18.1%；100份TTSuV2为阳性，阳性率为39.4%；TTSuV1和TTSuV2混合感染的样品26份，混合感染率为10.2%。

（2）猪环曲病毒（PToV）。对四川省12个地区不同猪场的PToV感染情况进行调查，证明了PToV在各地区的传播。利用已经成功建立的RT-PCR检测方法，对872份粪便样品进行检测，结果显示，总的阳性率为37.96%，而其中遂宁、德阳、宜宾、成都、绵阳及眉山6个地区的阳性率都高于总阳性率。

四川地区发现的PToV的*M*基因序列与参考序列可以很明显的分成2个大组，为组1和组2（图8），在组1中又可分成3个亚组：组A、组B化及组C。其中除2

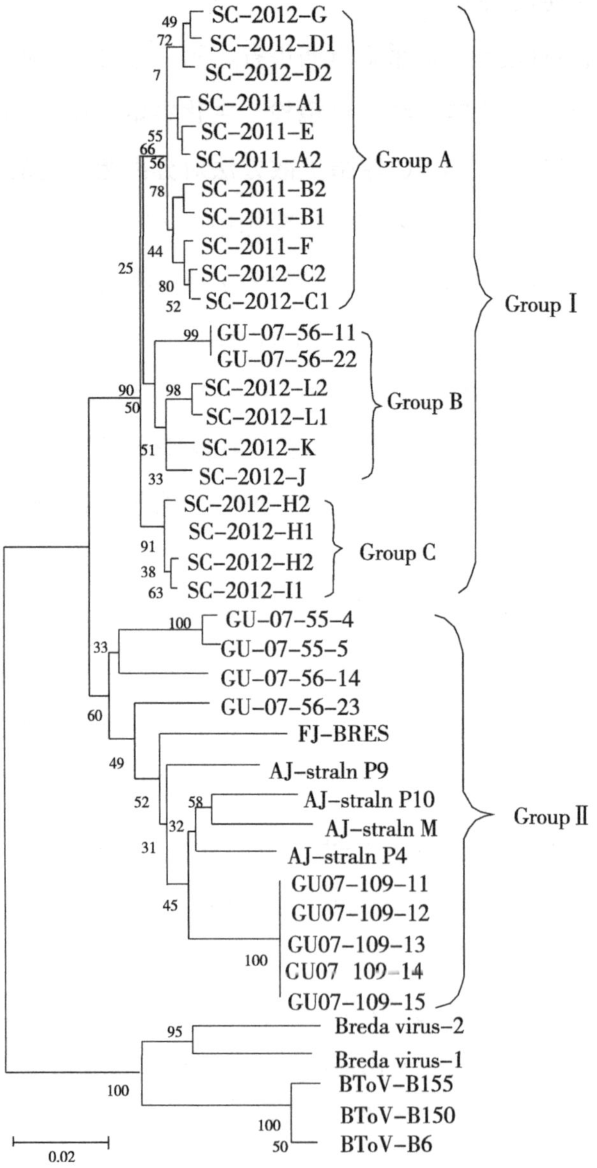

图8　猪环曲病毒*M*基因遗传进化分析

株韩国株序列属于组 1 外，其余的 PToV 参考株属于组 2。特别是有 4 株测序序列与那 2 株韩国株序列同属于组 6，由此推测，也许部分检出毒株是由韩国传入中国，全部的猪环曲病毒 *M* 基因序列的分群并没出现明显的地域性。

（3）猪嵴病毒。从四川不同地区采集的保育猪粪便 123 份，用项目组建立的猪嵴病毒检测方法开展检测工作，结果显示，猪嵴病毒呈阳性 73 份，阳性率达 59.35%。

从 NCBI 上下载中国、泰国、日本等分离的猪嵴病毒的 *VP1* 基因序列，构建了系统进化树，（图 9）结果显示，JX294863 与匈牙利株在一个分支，说明二者之间亲缘关系近。表明四川地区猪嵴病毒与国外分离株亲源关系近。

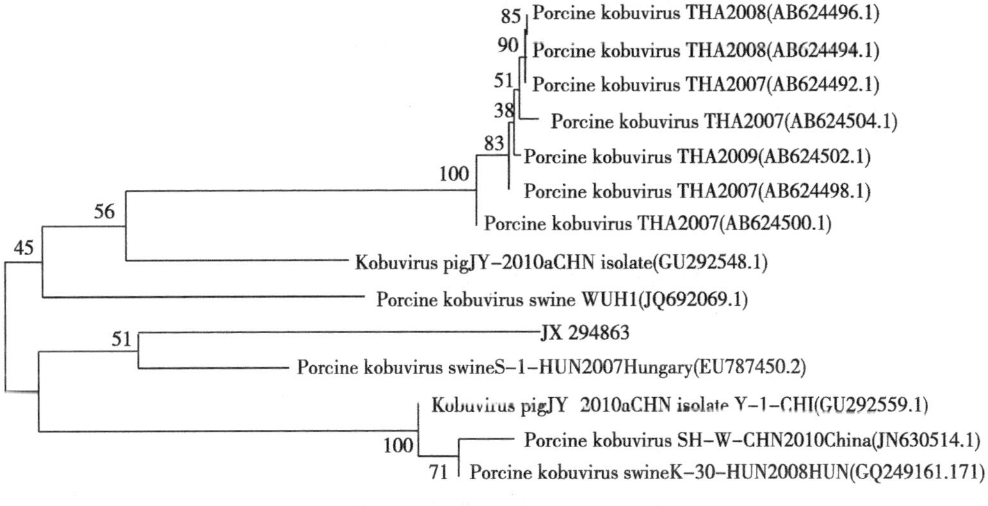

图 9 猪嵴病毒遗传进化分析

7. 四川省生猪主要猪病的流行趋势分析

（1）非洲猪瘟。由于非洲猪瘟病毒的污染面大，污染环节和传播风险点多，一些污染源和传染源难以彻底消除，一些场点（如病死猪无害化处理场、屠宰厂以及农贸市场）的污染持续存在，是造成非洲猪瘟病毒传播与扩散的重要风险点；与生猪养殖企业相关的人员、运输工具、物资、饲料、饮水、用具、食材以及养殖场周边环境受到污染概率高；一些地区的病死猪掩埋点也是疫情传播的风险点之一，养殖企业处置疫情不规范同样可以造成环境污染和疫情扩散；此外，一些发生过疫情的养殖场未彻底清洗与消毒，从而导致病毒长时间存在于养殖环境，并在猪群间循环感染。加之非洲猪瘟病毒毒株的多样化和非典型化，防控形势不容乐观。非洲猪瘟仍然会对生物安全措施不完善的中小型养猪场（户）构成巨大威胁。农业农村部非洲猪瘟相关实验室已检测到非洲猪瘟病毒基因Ⅱ型与基因Ⅰ型毒株的混合感染，显而易见，非洲猪瘟病毒毒株间的重组现象以及流行毒株的多样性会持续加剧。未来非洲猪瘟在常态化下，疫情发生与流行可能会相对较平稳，部分地区可能反复，雨季发生较大范围疫情的风险仍然很大。

（2）猪繁殖与呼吸综合征。PRRS总体会呈较为平稳态势，不会出现暴发性或流行性疫情，在猪场层面流行、零星散发和持续发生是主要流行形式，对四川省生猪生产的影响不会减轻。PRRSV-2谱系1的类NADC30毒株及其重组毒株仍然是优势流行毒株，一些养殖场毒株复杂多样的局面不会有太大的改观，甚至会有加重的可能，但对生产的影响可能会有所减轻。因引种和购入生猪，存在PRRSV新毒株传入养殖场而造成猪群不稳定的风险。同属于PRRSV-2谱系1的类NADC34毒株的流行面有进一步扩大的可能。从北美引入种猪的养殖企业如果引种检疫与监测执行不到位，不排除美国PRRSV1-4-4变异毒株—Lineage1C毒株传入和引起PRRS新发疫情的风险。

（3）猪流行性腹泻。猪流行性腹泻带来的为害和损失不亚于非洲猪瘟疫情，四川省猪流行性腹泻病毒（PEDV）流行毒株依然是基因型GⅡb。导致养殖场猪流行性腹泻疫情发生的主要因素：一是生物安全体系不完善和生物安全措施执行不到位（如运输工具清洗消毒不彻底、人员管控不严格、引入带毒后备母猪）；二是产房、保育和生长育肥（成）阶段不能做到全进全出，难以对猪舍进行彻底消毒，导致PEDV在猪舍中长时间污染。由于猪流行性腹泻免疫预防需要依靠母源免疫的特殊性，现有疫苗的免疫效果并不尽人意。因此，控制猪流行性腹泻不能单纯依赖疫苗免疫，需要采取综合性防控措施。冬春季节仍是猪流性腹泻高发节点，如果养殖场存在PEDV污染，出现暴发性、流行性或持续性疫情不可避免。生物安全管控不严也会造成PEDV传入养殖场，这对于大型猪场而言，引发较为严重疫情的风险很大。

（4）其他猪病。猪瘟、猪口蹄疫、猪伪狂犬病等会呈平稳态势，不会发生大的疫情。副猪嗜血杆菌病和猪传染性胸膜肺炎仍然是对养猪生产影响较大的2种细菌性疫病，在高热高湿季节，四川省猪链球菌病、猪巴氏杆菌病、丹毒等其他细菌病仍然会常见和多发。在楼房集群式养殖条件下，由于养殖规模扩大和饲养密度加大，一些细菌性呼吸道疫病对养猪生产的为害可能会呈现加重的趋势。农业农村部印发了《全国兽用抗菌药使用减量化行动方案（2021—2025年）》，在减抗背景下，猪场细菌性疫病的发生率可能会呈现上升趋势。因此，如何合理、科学、规范使用抗菌药物，是养殖场面临的重要课题。

种场猪圆环病毒2型感染率呈下降趋势，但其他规模场带毒率仍然较高，发展呈平稳态势；与仔猪腹泻有关的猪丁型（δ）冠状病毒感染有可能零星暴发，部分地区轮状病毒感染较为严重；其他新发现病毒病不会对生猪生产造成太大影响，但需注意对人的传播情况。

（二）生猪主要疫病检测诊断技术研究进展

猪病流行错综复杂，特别是猪群免疫抑制、混合感染、继发感染、协同感染日趋严重，加上当前对感染与免疫动物难以鉴别，猪病防控与净化面临巨大挑战。由于发达国家对进口诊断试剂的长期垄断，导致诊断试剂价格昂贵，也使得猪病监测成本居高不下，并制约我国生猪产业竞争力的提升。同时生猪疫病的检测技术是生猪疫病防控净化的关键手段，也是疫情“早、快、严、小”处置的前提条件，所以高效、精准、快速、简便的诊断技术一直是生猪疫病防控技术方面研发的重点和难点，随着生物、材料、电子、设备等科技进步，检测技术也在不断更新。四川农业大学、西南民族大学、四川省动物疫病控制中心和四川省畜牧科学研究院与畜科生物工程有限公司、成都微瑞生物科技公司、宁波爱基因科技有限公司、四川纳比生物科技有限公司等，围绕生猪重要、主要疫病和新发现传染病新诊断标识发掘鉴定、多病原混合感染鉴别诊断、高通量检测、轻简化快速诊断、现场及时检测、诊断试剂产业化关键技术等重点研究方向，根据不同场景、不同需求、不同实验条件等，系统开展猪主要疫病诊断与检测新技术研究，建立了一系列适合实验室精准应用的分型、多重常规PCR和荧光PCR检测方法、适合携带现场的快速新型高敏荧光检测方法、适合实验室和现场多种病原检测的微流控芯片恒温快速检测方法等，为四川省生猪疫病发现提供新的技术手段和支撑。

1. 研制了一批生猪主要疫病和新发现病毒病的精准检测方法

研制了FMDV三重分型检测诊断试剂盒、链球菌分型PCR试剂盒、PRV实时荧光定量PCR、微滴数字PCR检测方法、PRRSV分型PCR方法和荧光定量PCR、新发现病毒性病原猪巨细胞病毒、猪环曲病毒、猪细环病毒、猪嵴病毒等的实验室常规套氏PCR、荧光定量PCR、LAMP等检测方法。

（1）研制 FMDV 三重分型 RT-nRCR 检测诊断试剂盒。研制了 FMDV 三重分型检测诊断试剂盒，针对 FMDV 主要血清型 O 型、A 型和 Asia1 型的通用型检测试剂盒的 nRT-PCR 方法。经比对，该试剂盒能特异性检测 O 型、A 型和 Asia1 型 FMDV，对猪瘟病毒、圆环病毒等 10 种其他猪源病毒的检测结果均为阴性，敏感度和特异性高，可检测动物 OP 液、血清或组织中的口蹄疫病毒 RNA。本试剂盒成本低于商品化试剂盒 50%，大幅度降低了检测成本。目前，该试剂盒已在省中心实验室和绵阳、广元、达州、南充、内江、眉山 6 个区域实验室示范应用，用于健康猪群口蹄疫病原监测。2013—2015 年累计使用试剂盒 1 520 个共检测 30 000 余份样品，检测阳性样品经用口蹄疫国家参考实验室的口蹄疫病毒 RT-PCR 检测诊断试剂复核，结果符合率为 100%。

（2）研制了猪链球菌 2 型、7 型、9 型 PCR 定型试剂盒。研制了猪链球菌 2 型、7 型、9 型 PCR 定型试剂盒，具有较好的特异性、敏感性和可重复性，与传统分型方法相比符合率高，适用于临床大量样品的检测和流行病学调查。经过对 2 型、7 型、9 型各型引物不同配比浓度、退火温度、延伸时间的摸索，最终确定猪链球菌 2 型、7 型、9 型三重 PCR 的最佳反应体系，组装 PCR 试剂盒。分别以猪链球菌 33 个血清型参考菌株的基因组为模板，进行 PCR 扩增，试验结果显示，2 型、7 型、9 型三重 PCR 特异性良好，无血清型间交叉反应。敏感性试验结果表明，试剂盒对 2 型、7 型、9 型猪链球菌的最低检出限均为 19，达到要求的最低检出限 10CFU 的标准。批内重复性试验结果显示，同批次的 5 个不同试剂盒检测结果与菌株实际背景完全相符；批间重复性试验结果显示，不同试剂盒检测同一份临床样本的变异系数为 0。以上结果表明该试剂盒具有良好的批内和批间重复性。运用猪链球菌 2 型、7 型、9 型 PCR 定型试剂盒共检测临床送检菌株和猪场采集菌株 1 000 份，检测结果为血清 2 型菌株为 144 株，血清 7 型为 39 株，血清 9 型为 31 株，阳性率分别为 14. 4%、3. 9%、3. 1%。从 1 000 份血清样品中随机抽取 200 份样品，用猪链球菌 2 型、7 型、9 型参考血清和猪链球菌 2 型、7 型、9 型 PCR 定型试剂盒同时进行检测，并对检测结果进行比较分析，总符合率为 98%。

2. 研制了非洲猪瘟等主要猪病现场快速（POCT）高敏荧光分析法

非洲猪瘟高敏荧光分析法已列入新版国家标准《非洲猪瘟诊断技术》（GB/T 18648—2020）作为诊断方法之一，利用免疫层析技术原理，采用高敏荧光纳米微球标记非洲猪瘟 P30 的双单抗夹心法，使用定量检测高敏荧光分析仪读取分析和判定结果。与荧光 PCR 比较仅有 2 个 CT 差距，特异性强，敏感性高，同时检测试剂盒和判定仪器携带方便，主机外形尺寸 150 毫米×95 毫米×55 毫米、主机净重≤0.5 千克，采用简单的滴样操作（一键操控、非专业人士也可使用），过程污染少、荧光示踪物稳定不受检测环境干扰、免疫反应时间短，检测时间仅 15 分钟，实现现场精准及时快速检测；通过手机 APP/PC 软件，经云平台大数据处理，即时、精准、定量地显示并自动保存检测结果（<10 秒）。配套其他主要猪病抗原抗体高敏荧光检测方法，通过“现场检测排查+实验室符合监测”结合，实现早期甚至超早期的非洲猪瘟等主要疫病的预警与精准清除，或群体免疫及健康状态监测，为早发现、早处置提供科学有效精准的检测手段。

3. 研制了可用于临床现场的生猪疫病 CPA 检测试剂盒

非洲猪瘟病毒、猪繁殖与呼吸综合征病毒、猪伪狂犬病毒、猪流行性腹泻病毒、猪传染性胃肠炎病毒的 CPA 检测技术是一种基于交叉引物恒温扩增的分子生物学检测技术。该技术方法对设备要求低，半小时内出具检测结果，灵敏度高（<10copies）；扩增产物用免疫探针法检测，肉眼可直接观察结果，且专利技术检测装置可有效预防气溶胶溢出污染；反应酶经特殊玻璃化处理，可常温保存和运输，便于基层使用，特别适用于养殖现场和经费不足的实验室使用。

4. 研制了主要猪病多重微流控芯片恒温快速检测技术

非洲猪瘟等主要猪病微流控芯片的基因检测技术，是将微流控芯片和改良恒温扩增技术（LAMP）相结合，在反应体系里加入金纳米颗粒，达到热启动的目的，避免在升温过程中的非特异性反应，部分试剂预埋于微流控芯片上，实现多靶点、高通量分析，同时检测同一样品的多项不同指标；半小时内出具检测结果，检测方便性极大提高，灵敏度高（<10 copies），显著节省检测时间，实验结果精准；可将多种病原（如猪瘟、伪狂犬、高致病性猪蓝耳、圆环四联检测，猪口蹄疫、猪细小病毒、乙脑病毒三联检测，蓝耳分型三联检等）整合到一起进行多靶点同时检测，目前最多可实现对一个样本一次性 32 个指标同时检测，很大程度上满足疫病混合感染鉴别诊断和早期预警的需求，节约检测时间和成本；部分试剂预埋于微流控芯片上，可常温保存，使用时只需加入反应液与样品的混合液，操作简便，仪器配备锂电池，适合现场快检。

5. 研制了主要猪病高效液相芯片

非洲猪瘟—猪瘟—蓝耳—伪狂犬—圆环病毒多重液相芯片，是利用磁条码代替磁珠，磁条活化后，将可用于诊断的非洲猪瘟、猪瘟、蓝耳、伪狂犬、圆环单抗分别耦联包被在不同“刻度标志”的磁条上，包被清洗减少非特异性反应，每个磁条码代表一种病毒检测项目。然后在反应器中依次加入待检样本和报告分子，样品中的目的蛋白能都与包被在磁条上的单抗和报告分子特异性结合，使交联探针的磁条携带上报告分子，随后利用专用仪器对磁条进行检测和结果分析。检测仪器采用微流技术使磁条快速单列通过检测通道，首先使用“相机”检测器对通过的磁条上的“码”进行识别以鉴别反应类型，然后通过激光对磁条上的报告分子上的报告荧光进行检测，绿色激光可确定磁条上结合的报告荧光分子的数量，从而确定磁条上结合的目的分子的数量（定量）。在反应结束（约30分钟）后，每加1分钟即可完成一个反应类型的鉴定，即当用于多通量检测时，当反应结束后，第一个项目在第30分钟时可以读出，第二个、第三个……第N个项目陆续在第31、32、33分钟……读出，从而可实现微量样品的高通量、高效率检测。具有全自动化、高通量、可定性或定量检测的特点，很好地解决操作烦琐、人为误差、常规荧光PCR检测通量小、耗时长，普通免疫学方法灵敏度低的问题。可用于疫控中心、海关、专业检测机构和大型养殖集团实验室使用。

（三）猪用疫苗及免疫技术的研发

1. 猪用新型疫苗的研发

四川农业大学、四川省畜牧科学研究院与畜科生物工程有限公司组建了畜禽生物制品四川省重点实验室、四川省动物生物制品工程技术研究中心以及动物生物技术中心等多个平台，长期致力于猪伪狂犬病基因缺失疫苗以及载体疫苗的研究，在10多年的研究中，取得一系列有重大学术价值和实际应用价值的研究成果。

率先在国内系统而深入地开展了伪狂犬病病毒分子生物学研究；探明了亲本毒株PRV Fa株的生物学特性和分子遗传背景，为开展基因缺失疫苗的构建打下了坚实基础。①构建了PRV Fa株、MⅢ株3个系列的基因文库。②确定了Fa株BamHI和KpnI大部分限制性酶切位点，绘制了物理图谱。对国内外毒株进行了酶切图谱分析，确定Fa株与欧洲株和美洲株无同源性，而与台湾株同源。③测定了gI、gE全基因序列和gI、gp63缺失株缺失部位及其两端序列。④构建了PDTK、PP63LacZ

等 4 个转移载体质粒，为我国动物病毒基因工程的研究奠定了坚实的理论基础。

首次在国内运用缺失、重组等基因工程技术，成功地构建了 4 个系列的基因缺失疫苗株：PRV Fa 株 *TK* 基因、PRV Fa 株 *gI−/gp63* 基因、PRV Fa 株 *gI−*、*gp63−*、*LacZ* 基因、PRV Fa 株 *TK−*、*gI−*、*gp63−*、*LacZ* 基因等系列缺失株；动物实验表明这些基因缺失株均为优秀的疫苗候选株，同时可用作载体构建动物活载体疫苗。

研制了我国第一个伪狂犬病三基因缺失疫苗 SA215，该疫苗对各年龄阶段猪群均安全有效，可通过滴鼻、口服、肌肉注射等多种方式免疫，免疫后可以诱导免疫动物产生广谱性的高滴度中和抗体，其稳定性和免疫效力优于进口疫苗。在此基础上制定了疫苗生产制造检验规程和质量标准，经向农业农村部上报，该生产制造及检验规程及质量标准符合规定，疫苗 SA215 获得了国家新兽药证书成为我国第一株动物病毒基因工程疫苗。为今后我国动物病毒基因工程疫苗的研究和产业化发展提供了有力的借鉴。

结合动物试验、田间试验、区域试验结果表明，SA215 株对仔猪、育肥猪、母猪、兔、犬、山羊、绵羊、黄牛和水牛等多种动物安全，且产生良好的保护。按制定的免疫程序免疫接种动物能有效地预防伪狂犬病的发生。

如今猪伪狂犬病活疫苗（SA215 株）获得了国家发展和改革委员会“绿色农用生物产品高技术产业化项目”的资助，在畜科生物工程生物工程有限公司实现产业化推广，截至目前在全国累计推广数亿头份，为我国猪伪狂犬病的防控作出了重要贡献。

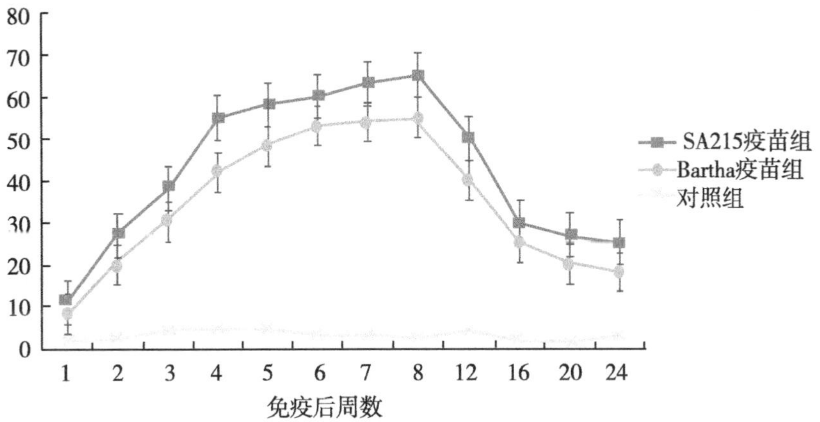

图 10　猪伪狂犬病活疫苗（SA215 株）免疫后中和抗体变化趋势

2. 猪用疫苗免疫增强剂、佐剂、新型疫苗稀释液研究

畜科生物工程有限公司、四川农业大学、四川百诺吉科技有限公司等开发了一系列具有自主知识产权的适用于各类疫苗的免疫增强剂、免疫佐剂和新型疫苗稀释液。其中畜科生物工程有限公司开发出一系列新型疫苗佐剂和疫苗稀释液可以用于活疫苗、灭活疫苗和亚单位疫苗，促进猪瘟活疫苗、猪伪狂犬病活疫苗、猪流行性腹泻活疫苗、猪伪狂犬病灭活疫苗等疫苗的免疫效力，减少动物体在免疫空白期的感染率和发病率。以伪狂犬病毒活疫苗等疫苗为例，将免疫增强剂制备成稀释液，可以常温保存，免疫后猪伪狂犬病毒中和抗体较对照组高 2~4 倍，并且能够通过鼻腔喷雾、肌肉注射和口服等多种方式免疫，刺激动物机体系统性的免疫反应和广谱性的中和抗体。该产品目前已经在市场上推广使用，累计推广约 1 亿头份。

百诺吉研发出多种动物疫苗用水包油佐剂、油包水以及水包油包水双相佐剂，其中水包油佐剂主要成分为：80.7%~89.5%的矿物油，2.1%~2.5%的司盘 80，3.0%~5.3%的吐温 85，1.5%~3.5%的月桂酸聚乙二醇甘油酯，0.5%~4.7%的聚甘油-6 辛酸酯，2.2%~3.6%的聚氧乙烯蓖麻油。佐剂原材料均采用医药级的矿物油和非离子型乳化剂，成分安全、纯度较高，制备的成品佐剂成本相对较低；佐剂中乳化剂占比 10%~20%，降低了因乳化剂过多而产生副反应的风险，多种乳化剂的配比，可减少乳化剂的用量，同时能保证疫苗的稳定性；其中司盘 80、吐温 85、月桂酸聚乙二醇甘油酯、聚甘油-6 辛酸酯、聚氧乙烯蓖麻油为乳化剂，各乳化剂 HLB 值（亲水亲油平衡值）的和在 10.5~12.5，其乳化剂 HLB 值更适合乳化白油形成水包油疫苗，且使形成的水包油疫苗很稳定；该佐剂和抗原在室温条件下，按照体积比［（15：85）~（25：75）］用搅拌机低速搅拌乳化制备疫苗，制备工艺和设备可规模化持续生产，较现有的进口佐剂 15A 推荐的乳化质量比 15：85 有更大的应用范围，可减少抗原的用量，降低疫苗生产成本；佐剂制备的疫苗黏度低，约为 5 厘泊（水的黏度约为 3 厘泊），在 4℃保存 12 个月以上稳定，37℃保存 6 个月以内稳定，室温保存 12 个月稳定，稳定性优于国内外同类产品，疫苗粒度小，中位粒径（D50）小于 200 纳米，粒度小且分布集中，有利于疫苗的稳定性及抗原的摄取，同时可达到缓释效果，提高二次免疫水平。此外四川诺顺科技有限公司开发的双相佐剂经过四川农业大学动物医学院测试表明，该佐剂免疫效果优于同类别进口佐剂，并于 2019 年获得四川省科技进步三等奖。

3. 非洲猪瘟常态化下联合免疫技术

猪场根据自身情况在现有免疫程序上进行调整，将免疫时间接近的活疫苗和活疫苗或佐剂类型一致的灭活疫苗进行混合后免疫，或者将灭活疫苗和活疫苗不同佐剂类型的灭活疫苗以分点注射的方式进行联合免疫。

（1）种猪联合免疫。种猪的免疫可以将猪瘟和猪伪狂犬病活疫苗、猪乙型脑炎灭活疫苗和猪细小病毒灭活疫苗、猪伪狂犬病活疫苗和猪传染性胃肠炎、猪流行性腹泻二联活疫苗、猪繁殖与呼吸综合征灭活疫苗和猪口蹄疫 O 型、A 型二价灭活疫苗分别进行混合后免疫，一年免疫 3~4 次。

（2）自繁自养猪场仔猪联合免疫。自繁自养猪场仔猪的联合免疫在猪场现有免疫程序上进行微调，将免疫时间接近的疫苗微调后进行联合免疫，推荐免疫方式见表 3。

表 3　自繁自养猪场仔猪联合免疫方式

免疫时间	使用疫苗	推荐剂量	免疫方法
1 日龄	猪伪狂犬活疫苗 SA215 株	0.5~1.0 头份	喷鼻
7 日龄	猪圆环 2 型+猪支原体肺炎灭活疫苗	各 1 头份或者联苗 1 头份	肌注
28~35 日龄	猪瘟活疫苗（猪瘟、猪丹毒、猪肺疫三联苗）	1 头份	肌注
65~75 日龄	猪瘟活疫苗（猪瘟、丹毒、猪肺疫三联苗）+猪伪狂犬病活疫苗+口蹄疫 O 型、A 型二价灭活疫苗	各 1 头份	左右两边分点肌注

猪场实行联合免疫后可分别在疫苗初次免疫前以及初次免疫和加强免疫后 4 周采集血清测定相应疾病的抗体阳性率，根据抗体检测结果进行免疫程序的调整或者免疫效果的验证，确保联合免疫的效果达到或者优于原有免疫方式。

（3）散养和外购仔猪联合免疫，其免疫方式见表 4。

表 4　散养和外购仔猪联合免疫方式

免疫时间	使用疫苗	推荐剂量	免疫方法
进场 7 天	猪瘟活疫苗（猪瘟、丹毒、猪肺疫三联苗）+伪狂犬 SA215 株+口蹄疫 O 型、A 型二价灭活疫苗	各 1 头份	左右两边分点肌注

（续表）

免疫时间	使用疫苗	推荐剂量	免疫方法
进场 21 天	经典猪繁殖与呼吸综合征弱毒疫苗	1 头份	肌注
进场 35 天	猪瘟活疫苗（猪瘟、猪丹毒、猪肺疫三联苗）+伪狂犬 SA215 株+口蹄疫 O 型、A 型二价灭活疫苗	1 头份	左右两边分点肌注

（四）猪用新兽药研发与中兽药开发应用

1. 新兽药研发概况

兽药是动物疫病防控的重要保障，其中疫苗是防控动物传染性的最经济和有效是方式，为保障养殖业的健康发展，减少传染病为害，四川省内高学校、企业和科研院所多个团队长期致力于动物生物制品和动物药物的研发。全省兽药经营企业 3 800 家。近年来，省内兽药销售收入保持稳步增长，年均产值约 38 亿元，缴纳税收约 4 亿元，税负率超过 10%。全省兽药生产化学药、中兽药、生物制品种类齐全，企业共取得有效批准文号 12 623 个，但实际生产使用率不足 50%，其中，化药以抗生素治疗类药物为主，产值占比约 60%；中兽药以清热、解毒、健脾等散剂、颗粒剂为主，产值占比约 23%；生物制品以冻干疫苗为主，产值占比约 17%。另外，在市场销售上，省内占比约 33%，省外占比约 65%，出口占比不足 2%。截至 2021 年年底，全省兽药获得批准的新药共计 113 个，包括中兽药、化药 65 个，生物制品 48 个。2021 年正在研发中的新药有 73 个，其中生物制品 28 个，中兽药、化药 45 个，其中与生猪疫病防控相关的兽药占比在 70%以上。在新兽药研发投入上，近年呈上升趋势，2021 年，全省研发投入约 1.5 亿元，约占市场销售额 4%，远低于全国 6%的平均水平。研发方式上，主要由兽药企业采取“企企合作”或“院（校）企合作”等方式进行联合开发，而全省兽药企业近 70%无专职研发人员或研发部门，近 60%的企业无研发投入。

2018 年四川省农业农村厅农业科技项目支持启动了“四川省兽药科技创新团队”平台建设，省财政每年预算 100 万元支持技术创新及新兽药研发，省内共 6 家科研院所及相关单位参与其中。组建了四川省兽药创新团队，设兽用治疗类生物制品研究、兽药化学药物研究、兽用中药资源与制剂研究、兽药工艺制造研究、兽药临床应用研究、兽药安全性研究、宠物药物研究、兽药质量控制与标准研究、兽用预防类生物制品研究 9 个岗位开展兽药各领域的研究和技术推广。此外，还设置有畜禽生物制品四川省重点实验室、四川省新兽药工程技术研究中心和四川省动物生物制品工程技术研究中心 3 个专业从事新兽药开发的省级科研平台，为四川省各类研究团队提供从新兽药研发、中试和新产品转化的全方位服务。近 5 年来，团队九位岗位专家参与省内 30 多家优秀兽药生产企业技术创新和新兽药研发工作中，积极发挥平台和团队优势，取得了一系列具有自主知识产权的新产品，帮助企业获得多个新兽药证书、技术专利等，为四川省动保企业创新发展作出了积极贡献。其中由四川农业大学和畜科生物工程有限公司开发的猪伪狂犬病活疫苗是我国第一个动物基因工程活疫苗，获得国家二类新兽药证书和国家科技进步二等奖，并在此基础上创制了一系列基于猪伪狂犬病毒的重组活疫苗。近年来，四川省兽药生产企业发展态势良好，在新兽药开发中取得了多个新产品，其中 2021 年取得二类新兽药 5 个（化药），三类新兽药 1 个（疫苗），四类新兽药 1 个（化药）；2021 年获得 1 类新兽药证 2 个（疫苗）。

2. 猪用中兽药的研发

中兽医和中兽药在现代化生猪养殖体系中应用的难点在于，新发病、病原变异和混合感染使得疾病的证型发生了极大的变化，而准确的辨证是中兽药发挥作用的基础。“点面结合”，针对重要猪病，创新应用个体辨证和病因辨证相结合的群体化辨证思路，对其病因、病机、病位进行了研究，为中兽药物的研发和临床中兽药的规模化应用奠定了基础。经过中兽医理论应用创新，对现代生猪养殖中的 20 余种猪病进行了群体化辨证，找准了治疗的方向，锁定了药物研究的方向，为临床疾病的中兽药防治提供了可靠的理论基础。

系统解析了关键方药的作用机制，研制了系列中兽药物。为了解决中兽药“药不对症”和“有药难选”的难题，基于临床和实验室研究对 10 余种中兽药物进行了创制、系统改进和效用强化，包括加味二术散、峨眉雪胆微丸、发酵五味子渣、健脾促长颗粒、加味二陈汤、参杞颗粒、保肝护肾脱霉素、小清营注射液等，在品种制备中创新应用了多项先进药物制剂技术，包括超微技术、包被技术、发酵技术、高效萃提技术等。经过对这些中兽药物系统的作用机制解析、效用强化和剂型提升，使这些中兽药更为高效、安全、质量可控、且更适合规模化应用，获取了 30 余个中兽药批文，大幅提升了中兽药在现代生猪养殖体系中的推广应用范围。

将中兽药新药用于生猪养殖关键环节疾病防控。对蜘蛛香进行了完整的药学、药理学、毒理学、质量标准、临床等研究，结合速效与长效制备工艺，首次创制了用于防治断奶应激的新兽药蜘蛛香散，填补了抗应激药物的市场空白。仔猪腹泻病因复杂、病原多样，临床采用抗生素防治效果不佳，尤其是耐药性大肠杆菌引起的仔猪黄白痢缺乏有效防控手段。为此，四川省兽药研发团队选用马齿苋、三颗针、杨树花和黄芩等常用药材，创制出马针颗粒、杨黄止痢注射液等新兽药，对仔猪黄白痢有效率达到90%以上，解决了耐药性大肠杆菌腹泻无药可治的难题，在规模化猪场推广应用量达到1 000万头以上。经过推广组合应用，蜘蛛香散和马针颗粒显著降低了仔猪消化系统疾病的发生率，减少了仔猪的死淘率，实现了部分抗生素替代使用的目标。

针对母猪围产期疾病多发，产后气血不足、免疫功能低下，四川省兽药团队创制的当归补血颗粒、香菇多糖等系列具有补养气血、调节免疫的中兽药产品，示范场临床应用后经产母猪平均产程缩短0.25小时、产后三联征减少30%以上。

为推动四川省中药材资源高效利用，挖掘中药材副产物在畜禽生产中的药用价值，解决中药材资源人畜争药问题，开展黄连副产物黄连须根新药研究，创制的味连须散等新兽药首次实现黄连副产物黄连须收载入药，为中药材新药用部位开发和资源高效利用提供新思路。

3. 中兽药辅助防控非瘟等主要疫病技术

在非洲猪瘟防控方面，中兽医综合病因分析及临床辨证认为，非洲猪瘟属于热毒炽盛的瘟病疫疠。防控应以清热解毒、凉血救阴、保护脏腑为原则。一些养猪场反馈使用成品中兽药“加味黄连解毒散”和“加味清瘟败毒散”组合药物在非洲猪瘟的预防与紧急控制方面都取得了较好的成效。

猪场有发生疫情清栏复养、周边存在疫情风险，猪场存在生物安全隐患，南方高温高湿、北方低温室内供暖、环境样本检测除非洲猪瘟阳性和疑似阳性样本情况时；可选用加味黄连解毒散6千克+加味清瘟败毒散6千克，拌料1 000千克，第一个月连用15天，第二月开始每个月连用10天。同时配套环境样本非洲猪瘟疫病病毒（ASFV）病原检测技术，加大环境ASFV监测力度，加强环境消毒措施；运用精准的非洲猪瘟检测技术，定期监测猪群健康状况，如猪群和环境检测均为阴性，在强化生物安全防护的前提下，可视情况适当延长用药间隙期。

此外，应用黄连解毒散、清瘟败毒散、板青颗粒等成品中兽药在猪蓝耳病的防治方面有很好的效果；应用扶正解毒散、黄连解毒散、茵陈蒿散等成品中兽药在猪口蹄疫的防控方面有很好的效果；使用乌梅散、黄连解毒散、茵陈蒿散等成品中兽药在哺乳仔猪流行性腹泻的防治方面有很好的效果；应用荆防败毒散（风寒）、麻杏石甘散（风热）等成品中兽药在猪流感的防治方面有很好的效果。

（五）猪场消毒及无害化处理技术研究

1. 猪场综合消毒及评价技术

（1）猪场消毒剂研究。消毒剂是指用于杀灭传播媒介上病原微生物，从而达到切断传染病传播途径，减少传染病感染风险的一类物质。高效的消毒剂可以杀灭一切细菌、病毒、真菌及其孢子，对细菌芽孢也有较好的杀灭效果。目前临床常用的消毒剂有含氯消毒剂、臭氧、碘消毒剂、醇类消毒剂、酚类消毒剂等。其中含氯消毒剂是广泛运用于临床的高效消毒剂，恒通动保通过比较发现三氯异氰尿酸粉溶解以后比二氯异氰尿酸钠生成的次氯酸量多50%，通过工艺优化和测试，解决了普通三氯异氰尿酸溶解性差，腐蚀性较大的缺点，开发出了一种基于三氯异氰尿酸粉的中性高效消毒剂——恒净（速溶三氯）。该消毒剂溶解性能优越、溶解速度快，是国内唯一速溶、全溶的高效含氯消毒剂，可以在1~5分钟快速杀灭常见传染病病原；对环境友好，无腐蚀性，在有机物条件下消毒效果不受影响，可用于地下水、自来水、圈舍、车辆等的快速消毒；避免了烧碱对环境的污染，且其使用成本仅为烧碱的15%。经中国农业科学院、四川省兽药监察所等多家单位评估对大肠杆菌、金黄色葡萄球菌、猪伪狂犬病毒、非洲猪瘟病毒等均具有良好的灭杀效果（表5）。

表5　不同温度下三氯异氰尿酸粉对大肠杆菌和金黄色葡萄球菌的杀灭效果

试验组别	试验菌株	浓度	5分钟平均杀菌率
恒净常温组	金黄色葡萄球菌	1：2 000	100%
		1：1 000	100%
	大肠杆菌	1：2 000	100%
		1：1 000	100%
恒净低温组（4℃）	金黄色葡萄球菌	1：2 000	100%
		1：1 000	100%
	大肠杆菌	1：2 000	100%
		1：1 000	100%

（续表）

试验组别	试验菌株	浓度	5 分钟平均杀菌率
烧碱常温组	金黄色葡萄球菌	2%	100%
		5%	100%
	大肠杆菌	2%	100%
		5%	100%
烧碱低温组（4℃）	金黄色葡萄球菌	2%	55.34%
		5%	68.23%
	大肠杆菌	2%	49.28%
		5%	75.21%
对照组（无消毒剂）	金黄色葡萄球菌	—	5.88×10^6CFU/毫升
	大肠杆菌	—	4.1×10^6CFU/毫升

（2）消毒剂的选择。根据使用区域、对病原杀灭能力、稳定性等综合考虑选择合适消毒剂，科学轮换使用，防止耐药性菌株出现。

（3）消毒程序。一是非生产区消毒：①进口通道消毒。猪场入口设置车辆立体式消毒通道，采用无死角喷雾消毒。小规模场，可在进场门口铺设一条长 15 米以上，与进场道路同宽的氢氧化钠干粉消毒区。散养农户猪舍与外界之间应设置围栏，圈舍门口设消毒池或放置消毒盆，池内经常保持有消毒药液。②人员及物资消毒。猪场入口设人员及物资消毒通道，采用臭氧消毒或与超声波雾化协同消毒，人员消毒臭氧浓度需达 8.5 毫克/立方米以上，时间不小于 90 秒。物资采用臭氧熏蒸消毒，臭氧浓度需≥20 毫克/立方米，时间≥ 30 分钟。冬季熏蒸及喷雾消毒不理想时，采用高温烘干消毒，进场物资 70℃高温烘干半小时。疫苗等温度敏感品清除外包装后可用 1∶200 卫可浸泡 2 分钟。③综合用房消毒。办公生活区、仓储区每日清洁，结合使用喷洒消毒与臭氧熏蒸每周消毒一次，消毒剂可轮换使用 1∶300 复合醛溶液或者 0.3%的过氧乙酸，根据空间、臭氧消毒机功率制定臭氧熏蒸消毒时间。二是生产区消毒：①环境消毒。猪场场区道路、猪运动场每周定期清理垃圾、铲除杂草、填平坑洼、彻底清洗后可轮换使用 2%烧碱溶液或者 1∶1 200 碘酸消毒液消毒。冬季增加消毒频次，烧碱浓度提升至 3%，场内裸露土地用生石灰覆盖，厚度≥3 厘米。②生产区人员消毒。设置生产区沐浴消毒间，更换场内工作服、鞋入沐浴消毒间沐浴消毒，更换一次工作服或者生产区工作服和胶鞋后进入生产区。

散养农户入圈前更换单独工作服、工作靴。③猪舍带猪及空圈消毒。每日清扫猪舍；猪舍入口设脚踏消毒池，可用5%来苏儿浸泡没过靴面，每3天更换1次；可轮换使用0.1%苯扎溴铵溶液、0.2%过硫酸氢钾溶液每周带猪喷雾消毒1~2次，冬季使用接近猪体温度温水配置消毒剂，猪群上方喷雾，消毒剂内可添加防冻粉或者食盐防止结冰。猪群全出后进行空舍消毒，空舍消毒：采用“清扫—泡沫清洗—干燥—喷雾消毒—干燥—臭氧消毒”的消毒技术。使用高压水枪（≥10兆帕）按照由远及近由内至外的原则对清理后圈舍进行彻底清洗，清洗完毕按照100~500毫升/立方米的泡沫清洁剂用量对墙壁、栏舍、地面等进行泡沫喷洒，挂壁浸泡30分钟以上，清洗泡沫，开启保温设备干燥圈舍，采用5%的过硫酸氢钾对猪舍进行喷雾消毒，干燥圈舍后使用臭氧熏蒸消毒，臭氧浓度100毫克/立方米，时间≥120分钟，冬季空舍消毒前开启保温设备提升圈舍温度后再消毒。④饮水及用具、医疗器械消毒。可用含有效氯20%以上的漂白粉，按6~10克/吨水的比例添加入猪场的供水设备、饮水器等，30分钟后即可给猪饮用或者按照1.5~2.0千克/吨水中添加酸化剂。猪舍内小型器具可用1%的含有效氯20%的二氯异氰脲酸钠浸泡消毒。可用过氧乙酸溶液对生产区专用送料车进行喷雾消毒，每3天消毒1次。猪场用注射器和针头煮沸40分钟进行煮沸消毒。手术刀、手术钳、手术剪等手术器械可使用0.1%苯扎溴铵液浸泡5~10分钟。⑤病死猪和废弃物无害化处理。自行处理病死猪的较大规模猪场，需具备规范的无害化处理设备，如掩埋、焚烧设施设备，对本场的病死猪实行专门无害化处理。中小规模及散养户病死猪需集中进行无害化处理。

（4）消毒效果评估。消毒剂的消毒效果受消毒剂的种类，消毒剂的浓度，消毒时间，环境温度，湿度等因素的影响。消毒完成后可选择消毒剂效果评价试剂盒对消毒效果进行快速评价。

（5）醛类消毒剂鉴别技术。戊二醛消毒剂常被部分甲醛代替假冒，而戊二醛快速鉴别及浓度定性检测试纸可根据显黄色反应，定性检测戊二醛的浓度，还能鉴别戊二醛的真伪，确保消毒效果，使用方便、快捷，适合消毒现场使用。

2. 无害化处理技术研究

四川省畜牧科学研究院、成都市科农动物无害化处置有限公司和成都市动物疫病预防控制中心共同开展了“病死动物无害化处理关键技术研究与应用”项目的研究，研制了无害化全程疫病零传播技术装备。采用机械自动化原理研发了5套病死动物收集、运输、处理全程疫病零传播自动化装置（无害化处理中转系统、专用车辆装卸系统、车辆内外消毒系统、动物快速扑杀器等），创建了无害化处理专用收集中转新模式，替代了传统的收集、转运方式，显著降低了无害化处理各环节病原微生物传播风险和运行成本。创建及优化了无害化产生的废气、废水处理新工艺。首次利于自主研发的“生物吸附床”，基于废气多级处理及生物降解原理，创建了“收集—输送—布气—多级填料湿式净化塔净化—生物床吸附—排出”的废气处理新工艺，实现了氨气和硫化氢去除率分别达 96.3%和 99.9%，异味气体“近零排放”。基于生化法废水处理工艺，利用 ABR 厌氧反应器、膜生物反应器（MBR）分别替换常用的 UASB 等厌氧反应池、传统的二沉池和砂滤池，优化获得“格栅+隔油+厌氧+缺氧+好氧+MBR 膜+消毒”废水处理新工艺，使处理出水中污染物低于国家《污水综合排放标准》一级排放标准限值（无害化处理出水污染物仅需达到三级排放标准限值）。

首次利用悬浮芯片创建了单孔实现同时检测非洲猪瘟等 7 种生猪病毒性疫病的悬浮芯片多重检测技术，其灵敏度比多重 PCR 高 10~100 倍；采用胶体金免疫层析等技术分别研制了猪瘟病毒抗原、细小病毒抗体胶体金免疫层析试纸条及无污染布氏杆菌检测新方法。开发了无害化处理全程智能化监管系统。研发了防偷盗可追溯车载监控、门磁监控、车牌识别等高效智能运行装置，运用物联网、大数据和云计算技术自主开发了“病死畜禽收集监管信息系统”，构建了无害化全程信息动态分析模块，搭建了无害化处理中心、养殖业主和保险公司信息联动平台，实现了政府监管部门对无害化处理全程实时、透明、高效的无缝监督管理。

（六）生猪重要疫病综合防控体系建立

四川省动物疫病预防控制中心建立了四川重大疫病检测诊断技术、风险评估技术和监测预警模型，搭建了“1+6”检测诊断平台和疫情分析会商平台，健全了四川畜禽重大疫病监测预警“两平台、两会商”技术体系，建立并完善了四川畜禽重大疫病免疫防治技术的“三统一三评估”体系，集成了规模畜禽场生物安全防护“四管理四定期”技术和重大疫病应急防控“五准备、五强化”技术措施，创新集成了畜禽疫病综合防控“12345”技术新体系。通过建立以行政主管部门推动、专业科研院所协作、各级疫控机构为主体、相关养殖场户广泛参与的“四联动四机制”推广创新模式，在全省推广应用生猪疫病综合防控“12345”技术。

1. 生猪重要疫病监测预警研究与应用

通过规范疫病监测预警工作，建立了涵盖全省动物疫病防控的省、市、县、乡四级监测网络系统，省中心实验室建成了实验室 LIMIS 管理系统，有效实现了从样品采集、记录、接收、实验下达、原始记录、设备记录、检测报告、报告签发的全过程系统管理，目前正在对部分有条件市州实验室的数据接入工作，向逐步建立全省大数据迈进；同时，积极利用行政手段，协调疫控系统、海关、大专院校、科研机构、养殖企业五方部门，合作开展全省动物疫病信息共享，形成了以疫控系统内四级监测网络为主线，五方协同为补充的完善的全省动物疫病监测预警系统。

同时，充分利用从县到市再到省的“动物疫情网络报送”平台报送疫情，即从技术和信息“两个平台”开展疫情核查和报送，有效和及时地汇总核查疫情。同时，省、市分别建立了每年两次疫情会商分析会，省市两级疫控系统定期召集科研院所、海关、养殖企业和防疫专家定期开展疫情分析研判，研判会商的基础材料就来自于上述 2 个平台，并形成最终的动物疫情预警预报会商分析报告。较好地克服了疫情信息来源少和信息不实等缺点，形成了完整的疫病监测预警分析报告，在生产实践中更高效、更科学地指导全省的疫情预警预报工作，为全省春秋动物集中开展的疫病防控工作提供重要的预警预报信息。

为了更好地做好生猪重要疫病免疫及防治技术研究，建立和完善了“三统一、三评估”的畜禽重要疫病免疫防治技术。“三统一”即程序统一、质量控制统一、技术统一；“三评估”指程序评估、质量评估和效果评估。

2. 生物安全防护技术研究与应用

项目组结合养殖生物安全理念，建立了基于风险评估的监测和管理模式，建立完善了生物安全防护技术体系，包括隔离、生物安全通道、卫生消毒、动物免疫、病原净化、无害化处理、人员管理和物流控制等要素，其核心技术为“四管理、四定期”。“四管理”即生物安全通道管理（净道、污道）、畜禽流动管理（隔离饲养、进出）、饲养环境管理（清洁卫生、温度湿度控制）、病死动物管理（无害化处理）；同时采用“四定期”即定期消毒、定期灭鼠杀虫、定期检测、定期风险评估等进行开展生物安全防护技术的集成应用，做好疫病风险预警预报和通过强化生物安全管理减少疫病发生和流行。

结合四川省养殖业的现状，在 21 个猪群定点县省级疫病定点监测流调县进行

“四管理、四定期”生物安全防护技术示范应用，每月开展 1 次流行病学调查，每季度抽选示范场进行相关病种的抗体检测和病原学监测。监测结果显示，示范猪场应用“四管理、四定期”生物安全防护技术后，提高了养殖场生物安全防护能力、提升了猪群健康水平，有效减少了发病率和死亡率。以“四管理、四定期”生物安全防护技术为核心，研究制定《猪流行性腹泻防治技术要点》并在全省范围内推广应用，迅速有效地控制了仔猪流行性腹泻等疫情。

3. 重大疫病应急防控技术研究与应用

结合《四川省突发重大动物疫情应急预案》和有关法律、法规，研究建立重大疫病应急防控技术体系，其核心内容为“五准备、五强化”技术措施。“五准备”即疫情发生前要准备好应急预案、应急队伍、应急经费、应急物资和应急值守；“五强化”即疫情处置过程中要强化死亡动物无害化处理、强化环境消毒与媒介生物控制、强化动物疫病紧急免疫、强化动物疫情监测预警、强化动物及其产品检疫监管。

（1）“五准备”技术措施。①完善应急预案。根据《四川省突发重大动物疫情应急预案》和口蹄疫、高致病性禽流感等疫病的防治技术规范，对疫情应急预案进行分类细化、综合完善，使应急预案更好地精准指导疫情处置工作。②健全应急队伍。省政府和 21 个市州、181 个县政府均成立了由兽医、卫生、工商、公安等部门组成的应急指挥部，下设应急预备队，明确岗位职责和个人责任，全省共有应急专家和应急队人员 1 万余名。③落实经费保障。设立应急专项经费，确保消毒药品、防护装备、应急疫苗、诊断试剂等应急物资及时供应。确保疫情处置工作经费和扑杀补偿及时兑付。④做好物资储备。根据有关法律、法规和应急预案，按照“统一规划、分级储备、确保急需、突出重点、品种齐全、动态储备”的原则，全省分区域建立设置了 6 个突发主要疫情应急物资储备库，省级重点储备人员防护用品、诊断试剂等；市、县级重点储备无害化处理用品、疫苗、封锁设施和消毒用品等。同时加强了物资储备的监督和动态管理，确保应急物资及时供应、补充和更新。⑤做好应急值守。省、市、县各级兽医部门、疫控机构实行 24 小时应急值班制度，特别是加强节假日期间应急值守，确保疫情应急防控能够在第一时间响应。

（2）“五强化”技术措施。①强化死亡畜禽的无害化处理。场内死亡、监测阳性处置、疫情扑杀的畜禽严格按照无害化处理要求进行处理，全省目前建有集中无害化处理场 11 个，正在新建 5~6 个。仅就无害化处理猪的量来说，据不完全统计，2017—2018 年共计 100 万头，2019 年共计 170 万头，2020 年共计 55 万头，2021 年共计 170 万头，有效避免疫情的扩散和流行，并极大限度地减少了病死畜禽造成的二次污染。②强化环境消毒与媒介生物控制。应急处置时，将消毒灭源放在首要位置，不仅对重点区域强化消毒和主要媒介生物扑灭，也要对受威胁区进行消毒和媒介生物控制，将疫情风险控制在最小。③强化疫病紧急免疫。经实验室确诊病原后，对受威胁区畜禽开展紧急免疫工作，防止疫情扩散。④强化疫情监测预警。借助全省预警预报体系的成果，积极开展预警预报，当发生区域性生猪疫情时，及时通告并做好防范措施。⑤强化畜禽其产品检疫监管。限制疫点、疫区、受威胁区内的人员、畜禽、畜禽产品、制品的流动，有效控制疫情。

（3）稳定控制生猪重大疫情。省、市、县各级兽医部门通过逐级培训、开展应急演练等方式，推广“五准备、五强化”技术措施，提高了畜禽重大疫病防控的应急反应和管理能力。2012—2021 年，省级重大动物疫情应急演练共举行了 10 次，市县级应急演练共举行了 400 余次，培训应急防控人员 3 万人次，锻炼了队伍，提升了能力。项目实施以来，全省各级动物防疫机构按照“早、快、严、小”的原则，并应用该技术成功处置了多起重大动物疫病，特别是将其应用到非洲猪瘟等重大疫情处置上，2012—2021 年全省成功处置了 17 起非洲猪瘟疫情、2 起 O 型口蹄疫疫情，没有发生疫情扩散蔓延，确保了全省生猪重大疫病的稳定控制和产品安全。

（七）猪重大动物疫病净化与区域示范研究

从“十一五”开始，在国家相关项目的支持下，省内高校和科研院所联合四川省内主要规模养殖集团持续开展猪瘟、猪伪狂犬病毒、猪繁殖与呼吸综合征病毒、猪口蹄疫病毒等生猪重大动物疫病的疾病净化研究。为认真贯彻落实《国家中长期动物疫病防治规划（2012—2020 年）》，四川省动物疫病预防控制中心集合全省农业系统、大专院校和科研院所组建四川省畜禽疫病净化专家委员会，根据不同动物、不同病种继承指定了畜禽主要疫病净化技术方案和操作规程，通过不同层级动物疫病控制中心指导生猪养殖场根据自身情况制订具体方案。坚持“产学研”联合探索与实践，通过长期的合作研究探索出了一系列动物疫病净化方案并在全省推广实施，通过合作各方的努力实现了生猪主要疫病在一些规模种猪场的净化。2021 年四川省按照《农业农村部办公厅关于开展2021年畜禽养殖标准化示范创建活动的通知》《农业农村部关于推进动物疫病净化工作的意见》《无规定动物疫病区评估管理办法》相关要求，经养殖场自愿申请、省级遴选推荐、部级专家评审，四川省10家规模养殖场被授牌为“畜禽养殖标准化示范场”，2级企业被列为国家级猪伪狂犬病净化示范场、5家规模猪场建成“非洲猪瘟等动物疫病无疫小区”。

二、生猪疫病防控存在的主要问题

（一）疫病的自身特点决定了防控难度大

在生猪生产过程中，受到生猪自身身体素质、养殖方式及环境等因素的影响，经常会出现各种各样的疫病，部分疫病由于病因复杂，各种病原适应能力不断增强、变异与重组速度加快、免疫耐受、免疫抑制、免疫逃逸、耐药性增加、宿主适应范围扩大、传染力不断提高、致病性增强，部分病毒性、细菌性及寄生虫病的危害性也在不断加重，防控难度不断增加，给养殖也带来较大的经济损失。另外，随着国外或跨区域引种增加，生猪及其产品流动渠道增多、交易频繁、流动量和流动范围扩大等，传染源控制难度增大，生猪疫病传播机会增多，防控净化消灭的难度增大。

1. 生猪病原种类多、疫情复杂、新发传染病不断出现

依据《中华人民共和国动物防疫法》和《病原微生物实验室生物安全管理条例》，我国将动物疫病和动物病原微生物分别分为一、二、三类动物疫病和一、二、三类动物病原微生物，其中与猪相关的病原微生物为37种。而目前全球已经报告的可感染猪的病原微生物共124种，包括46种细菌性病原和23个科，52个属的78种病毒性病原。几乎每2~3年就会出现一种新发传染病或者变异病毒的流行，如猪繁殖与呼吸综合征1型、猪盖塔病毒、塞内卡病毒、猪圆环病毒3型、猪圆环病毒4型、猪细小病毒2型、猪非典型性瘟病毒等新发传染病均有发现，疫病的多样性和同种疫病的复杂性以及新发传染病的不可预知性，对临床诊断和疫情识别提出了巨大挑战。

2. 病毒变异、流行毒株多样性、非典型出现、混合感染普遍

同种病毒在传播过程中发生变异可形成多个血清型或者基因型的毒株，以猪繁殖与呼吸综合征病毒2型为例，全球共发现有9个基因型，国内已发现有5个基因

型的存在，四川省内有基因 1 型、3 型、5 型、8 型的流行。某些病毒在变异过程中打破了种群界限，直接感染人成为人畜共患病，如伪狂犬病毒、猪 H1N1 甲型流感、猪链球菌病等。非洲猪瘟病毒流行毒株仍以基因Ⅱ型为主，但存在自然变异毒株、基因缺失毒株、低毒力毒株等变异毒株以及基因Ⅰ型毒株。因此，非瘟毒株的多样性呈现复杂的局面，由于同一流行病毒毒株的多样性，导致临床表现更为复杂，这无疑增加了防控的难度。一些变异毒株造成感染猪的临床症状非典型，临床监测与排查难于做到早发现，实验室检测也难于做出早诊断，因此造成的为害和对养猪生产的影响较大。生猪感染病原的途径多种多样，混合感染是多年猪病流行的重要特点，如顽固的猪呼吸道病多是由病毒病+支原体+细菌病混合感染引起的，针对类似的治疗和防控难度非常大。

3. 耐药性菌株增加，细菌疾病防控难度

细菌性疾病大多具有地域性特征，目前，多数猪场为混合感染，有细菌与细菌、细菌与病毒的混合感染等，细菌性疾病的感染可能会增大病毒毒力，而病毒的感染也会增加细菌的感染概率，猪场细菌疾病对常见抗生素药物的耐药性呈明显的上升趋势。一方面由于部分猪场饲养管理水平低、养殖环境条件差，造成细菌性疫病增加；另一方面由于细菌疫苗的保护效果一般，且细菌性疾病一般只能使用抗生素进行防控，养猪场往往在饲料中添加抗生素来作为预防保健和促生长，导致抗生素压力增加，造成致病菌放大效应，再加上养殖场未病先药、任意配伍、随意加大剂量、甚至普遍使用兽药原粉等防治手段，而使得耐药株不断出现；此外，非洲猪瘟、新冠肺炎疫情后消毒药滥用、过度使用，导致病原微生物生态平衡的破坏和压力增大，耐药谱越来越广，耐药性越来越强，药物治疗效果下降，导致生猪细菌性疾病的病情控制日益困难。

4. 非洲猪瘟等生猪疫病病原的污染依然严重

由于非洲猪瘟等病原的抵抗力强，在环境中的存活时间长，造成的污染面较大，短时间内难以彻底消除。部分场点（如病死猪无害化处理场、屠宰厂以及农贸市场）的污染持续存在，冻库等感染猪肉的长期贮存等，是造成非洲猪瘟等病原传播与扩散的重要风险点。与生猪养殖企业相关的人员、运输工具、物资、饲料、饮水、用具、食材以及养殖场周边环境受到污染的概率均很高。一些地区的病死猪掩埋点也是疫情传播的风险点之一，养殖企业处置疫情不规范同样可以造成环境污染和疫情扩散。此外，一些发生疫情或受到污染的养殖场并未实施全场清除和彻底清洗与消毒，从而导致病原长时间存在于养殖环境，并在猪群间循环感染。疫病病原污染严重是目前养殖场疫情反复发生的重要原因之一。

5. 疫病容易在流通过程中传播

随着地区间的生猪及其产品频繁调运、流通、贸易，第一，使新疫病、区域性疫病、地方病等传入速度加快、传入风险增加。第二，疫病流行过程中病原体发生变异的，有的毒力减弱，出现非典型病例；有的毒力增强，出现强毒株；有的耐药性增加。第三，流通过程中的应激可能引起猪群机体抗病能力下降或者免疫抑制，增加了疫病的易感性、复杂性、为害性，防控难度加大。

（二）养殖水平差距导致防控难度大

1. 防疫意识落后，养殖条件差，疫病防控难

目前，四川省生猪生产总体水平仍然较低，非洲猪瘟暴发和严重流行后，国家和政府部门相继出台和颁布恢复生猪生产的各项政策刺激生猪产能恢复，后受到新冠肺炎疫情、消费结构改变、进出口贸易等各种影响因素的叠加，生猪养殖结构发生重大调整。近两年四川省集团化、规模化养殖逐渐成为主流，中、小、散养殖场（户）加速退出，据统计，全省目前存栏2 000头以上的生猪养殖场（户）至少有2 300多家，规模化程度提高到60%以上，但这2 300多家规模化养殖的养殖水平和设施设备差异较大，再加之30%左右的中、小、散养殖场（户），防疫条件差，生物安全设施设备落后，缺乏生物安全意识，管理不规范、制度不完善，无专业技术人才，观念落后，基层疫病监测和诊断实验室等设施建设滞后。一些偏远养殖户受经济条件和传统思想的影响，防疫意识和法制观念淡薄，重治轻防，意识不到防疫的重要性和疫病的为害性，存在一定抵触情绪，增加了防疫的难度。

2. 多种动物混养，疫病风险加剧

部分小、散养户在场内混养家禽（鸡、鸭、鹅）、牛羊、犬、猫等动物，导致病毒在不同物种间的传播和变异，如流感、伪狂犬病毒等，细菌移动遗传原件间的转移、耐药性的增加，使得疫病风险不断加大。

3. 地方品种多样性，地源性疫病持久存在，防控难度大

四川省地方猪种资源丰富，但由于各地养殖水平和模式具有较大差异，主要分为以农户为主的中小散养，散养模式存在养殖设施和养殖技术落后的问题，饲养管理粗放、特别偏远山区，饲养管理、免疫、消毒、粪污死畜无害化处理、生物安全等的观念淡薄，粪便、死畜等废弃物也不会进行无害化处理，在疫病防控方面能力明显不足，同时因遗传性状和养殖模式的不同，不同猪种对四川本地的地源疾病抵抗力和免疫耐受力不同，使得多种地源疫病在不同猪群中持久广泛存在，影响猪群健康，造成猪群生长缓慢、免疫力低下等问题，这些问题都会加大动物免疫防控工作的难度。

（三）动物防疫体系的问题导致生猪疫病防控难度大

2018 年非洲猪瘟传入我国后，虽然出台了很多政策要求加强动物防疫体系建设、稳定基层动物防疫机构队伍。如，2019 年 6 月和 9 月，国务院办公厅在先后印发的《关于加强非洲猪瘟防控工作的意见》和《关于稳定生猪生产促进转型升级的意见》中，均提出加强动物防疫体系建设、稳定基层动物防疫机构队伍，明确了工作要求和任务分工。2020 年 9 月，国务院办公厅《关于促进畜牧业高质量发展的意见》，提出“坚持防疫优先”的基本原则，并从落实动物防疫主体责任、提升动物疫病防控能力、建立健全分区防控制度、提高动物防疫监管服务能力 4 个方面对建立健全动物防疫体系提出了明确要求，再次强调要落实地方各级人民政府防疫属地管理责任，完善部门联防联控机制。2022 年，农业农村部和中央机构编制委员会办公室联合出台了《关于加强基层动植物疫病防控体系建设的意见》，要求理顺基层动植物疫病防控体制机制，明确机构定位，提升专业能力，夯实基层基础，确保活有人干、事有人管。但是动物防疫体系建设不仅没有随着疫情、生猪产业规模扩大而加强，反而有进一步弱化趋势。兽医力量不足，体制衔接不畅已成为制约生猪产业发展的重要因素，地方基层动物防疫体系“职能淡化、力量弱化、支持虚化”等问题依然突出，新一轮机构改革后，四川省 21 个市、州和 183 个县畜牧兽医部门在岗人员减少，乡镇原畜牧兽医站并入农业服务中心，编制大幅削减，且在岗人员大部分兼职其他工作；部分县仅有 1 名动物疫控机构人员。目前，全省各地动物防疫体系工作力量总体较为薄弱，基层队伍不稳定、基础设施投入和财政保障不够等，以前体系完备的基层兽医站几经改革已处于无人、无站、无支持的边缘，严重影响生猪乃至整个动物疫病预防控制工作的开展。

1. 重视不够，思想意识不到位

当前虽然生猪生产和疫病防控工作已经取得了长足的进展，但是动物防疫等兽医保障性工作在农业农村工作中重视程度越来降低，部分市、县、乡镇政府领导干部对动物防疫工作的思想认识不到位，不清楚动物防疫保障性工作的重要意义，重视程度不够，片面认为防疫工作是业务部门的事，与政府部门关系不大，未能真正把工作落到实处。这就导致在具体防疫工作过程中出现组织、管理和宣传不足、保障性经费可有可无等问题。

动物疫病防控工作属于政府职责，因此，防控工作的组织实施应该由政府部门通过行政和法律等手段来主导。国务院明文规定“地方各级政府对动物防疫工作负总责，政府主要领导是第一责任人，分管领导是主要负责人”，当发生重大疫情时，由于责任不明确，使得政府部门不能及时、迅速地掌握和处理疫情，因此疫情也就不能迅速、有效地得到控制。

2. 编制占用、混岗使用、人员借用等现象普遍存在，专业人员短缺，多重管理现象突出

市、县动物疫病预防控制机构人员编制6~20个不等，乡镇站编制人员一般3~5个，少的1~2个。机构人员编制没有强制性规定，因产业发展、脱贫攻坚、乡村振兴等重点工作而出现的占用编制和人员被借用的现象较普遍，新进大学生常作为“重点培养”对象被抽调到其他部门，本职工作被迫当作了副业（甘孜、阿坝、凉山州表现尤为突出），技术支撑和业务指导缺乏人才。机构改革后“三权归乡”，大部分人员必须围绕乡（镇）政府搞阶段性工作和中心工作，且随意被抽调，无法开展业务工作，直接影响各项畜牧兽医工作的有效落实。基层畜牧兽医站的人、财、物由当地政府管理，县畜牧兽医主管部门只能是业务指导，常常力不从心，在动物防疫，特别是重大动物疫病防控工作的时效性上存在较大的制约，多重领导，事情繁杂、管理难度大。

3. 动物疫病防疫经费严重不足

防疫工作离不开强有力的经费保障，作为公益事业单位，从设施、设备到人员经费都需要国家投入。近年来，动物防疫工作被边缘化的趋势愈演愈烈，经费保障不足，重疫情轻防疫的现象严重。平时无疫病发生时不重视，而一旦发生重大动物疫病时，又耗费大量的人力、物力、财力在疫情处置上，在动物疫病防控工作上搞运动式和潮汐式。同时，现行的扑杀补助机制亟待改进，就非洲猪瘟来说，中央财政仅对扑杀的猪进行1 200元/头的补贴，扑杀及无害化处置过程中产生的人工、场地、耗材、机械等费用均要地方财政负担，地方财政压力较大。采样监测经费得不到保障，动物疫病防控工作中最重要的环节就采样监测预警预报，目前各种动物采样经费无依据无支撑，实验室监测经费无保障，监测预警工作非常困难。虽然，省、市、县均已经将动物防疫工作经费纳入了财政，但各级动物防疫经费严重不足，资金缺口大，经费还在逐年缩减，还存在着经费落实到位困难的问题。按照关于印发《动物防疫等补助经费管理办法》的通知，动物防疫资金主要用于强制免疫补助、强制扑杀补助、养殖环节无害化处理补助等，市县大部分经费来源于中央财政动物防疫等补助经费，地方几乎无配套，市县用于购买强制免疫疫苗或“先打后补”后经费所剩无几，导致动物防疫工作任务只有春秋两防发放疫苗，其他核心工作如检测、监测、净化等基本未开展，导致疫病防疫难度大。

4. 待遇保障差、人员结构老化，断层现象普遍

我国现行兽医管理体制是倒金字塔型结构，高、中层管理机构人员多、素质高、待遇好，而县、乡机构的人员结构则是人员编制少、任务繁重、待遇低、人员素质也不高。基层兽医防疫人员需要天天和畜禽、疫病打交道，工作环境脏、身体健康受威胁、社会地位低，加之收入待遇极低，缺少保障。目前，部分市（州）、县疫控职工甚至连“有毒有害津贴”等都无法解决。许多大专院校毕业生不愿到基层兽防站工作，很多乡镇近10年未进新人或进入后又离开，农村青壮年宁愿选择打工也不愿去干“骟猪”的工作，人员“断层”现象日益严重，后备技术力量严重不足。

5. 基层防疫人员技术落后

在一些经济发展较为落后的地区，部分动物防疫机构的工作人员特别是村防疫员文化水平较低，没有经过专门的职业技能培训，其工作能力也无法满足快速发展的养殖业的需要，这就导致正常的动物疫病预防工作无法实施到位，当该地区发生疫病时，这些人员不认识、不清楚，并不能采取正确、有效的防控措施，进而导致疫病的快速扩散。

6. 兽医实验室建设滞后

对于疫病防控工作而言，兽医实验室是核心技术支撑，先进的疫病检测设备和检测手段是动物疫病防控工作顺利开展的基础。但是，大部分市县的相关部门对动物疫病防控工作重视不够，因此对防控工作的资金投入不足，这就使得这些地区的兽医实验室发展滞后、基础设备匮乏、技术手段落后，监测工作无法开展，难以应对突发疫情，从而影响防疫工作的开展。

（四）兽药产业发展制约生猪疫病防控

1. 养殖结构变化、兽药发展倍受挤压

一是以生猪为代表的养殖结构发生重大调整，规模养殖成为主体，对兽药品质与服务的要求不断提升，中小养殖场（户）加速退出大幅压减了小微兽药企业传统的市场销售空间。二是安全用药理念已深入人心，随着兽药行业产销标准门槛提升、监督执法加强，以及“减抗”行动的深入实施、健康养殖技术广泛应用，兽药市场需求逐步减少，企业发展空间也逐步压缩。三是兽药市场开放力度加大，竞争日趋激烈，利润空间不断压减。目前，国外大型兽药企业已有 100 家近 700 个兽药品种在我国注册销售，2017 年相关机构评定的我国兽药十大品牌中，前 5 位皆为国外企业，而 1 700 余家国内企业只能中低端市场“搏杀”。

2. 自身问题短期内难以治愈

一是企业发展理念落后，管理水平不高。全省 117 家兽药企业均为中小型企业，其中小微型企业达到 90 家，企业结构极为不合理，行业聚集效应差。欧美等发达国家兽药企业主要集中于少数大型公司，呈现数量少、产值高的特点，如美国仅有约 200 家兽药厂。绝大部分中小兽药企业仍然把兽药 GMP、二维码等管理制度视作负担，抱住传统发展观念和营销渠道不放，思想解放程度不够，发展观念保守、落后，营销模式固化，未主动适应行业发展新形势，应对措施不足。多数企业仍以家族管理为主，制度不完善，管理不规范，转型升级主动性和动力不足。

二是产业结构不合理，产能利用率低。四川省兽药企业产品文号重复申请率高，并且大量为仿制药，文号使用率低，产品同质化竞争严重，产品结构不合理，部分企业依靠少数产品艰难维持，表现在产能利用上，全省兽药企业产能综合利用率仅为 42.71%，利用率较低，兽药生产企业低水平重复建设多。

三是企业艰难维系，夹缝中求生存。受养殖业行情不稳定尤其是近两年生猪养殖行业处于下行通道的直接影响，造成兽药市场萎缩，加之上游原料药源头垄断和下游经销商利润双重挤压，企业成本持续推高，利润率总体偏低，仅为 11.75%，在兽药行业缺少政策支持并且税率偏高、环保压力越来越大的情况下，大部分中小兽药企业处于艰难维系状态。

四是营销渠道拓展不足，市场竞争力不强。进口、外资以及国内大企业品牌兽药市场冲击影响凸显，市场竞争日趋激烈，省内企业大部分只能在日趋薄利的中低端市场竞争，营销仍主要依靠传统经销商渠道，市场开拓和渠道拓展未与行业发展趋势接轨，全省兽药出口率仅有1.56%，养殖集团、企业直销率仅有9.21%，省内兽药自给率仅为14.28%。

（五）兽医药科研创新能力较弱

四川省兽医科研经费少、兽药创新能力较弱、科研推广及成果转化协同创新机制不完善，区域化兽医实验室、重点生物工程实验室等科研支撑作用还未体现。生猪疫病防控技术诸多科研重点还未解决。

1. 创新机制不健全，创新模式落后

兽医药相关的高等院校、科研院所和重点企业、重点实验室、省级动物疫病预防控中心是源头创新的主力军，一般疫苗、兽药生产企业没有真正成为创新的主体，产品研发市场针对性不强，科研及成果转化与公益性服务资源整合不足，未形成完善的协同创新机制，未搭建起高效协同创新平台。同时，产品研发主要采取购买、仿制、改型等较低层次的产品创新模式，自主创新少，低水平创新多，核心技术短板并未解决，缺乏核心竞争力。

2. 研发投入不足，创新能力较弱

在兽医领域的科研重视程度和经费投入远远不及畜牧领域，畜牧领域的圈舍标准化建设、生产设施设备优化改进、畜禽生产与育种、品种改良、遗传资源保护与利用及饲料营养等研究成果效益都是显而易见的，而兽医领域研发未取得明显成果，都是保障性或隐性效益，仅非洲猪瘟病毒全世界近百年的研究对其50%以上的基因、蛋白、致病机理、宿主相互作用机制等都还未完全搞清楚，疫苗研究举步维艰，一个新疫苗、新兽药等的研发周期可能达5~10年，诊断试剂研发周期虽短，但由于受非洲猪瘟和新冠肺炎疫情对整个诊断市场的深远影响，诊断试剂研发门槛低、竞争激烈、供应远大于需求，目前市场非常不景气。而兽药企业研发基础薄弱，人才匮乏，创新能力较弱，具备新产品研发实力的企业较少，大部分企业不具备任何研发能力，四川省兽医药企业研发总投入仅占总销售收入的3.94%，未到达全国6%的平均水平，远低于发达国家15%的水平，研发积极性不高。

3. 研发成果较少，科技含量较低、生产工艺落后、质量水平不高

四川省兽药、诊断试剂等企业生产科技含量、工艺水平、质量等仍普遍较落后，与国内外知名企业比还有不小差距，产品质量控制水平有待进一步提升，产品在稳定性、疗效等方面与进口产品仍存在一定差异。取得新药数量少，以仿制药为主，科技含量不高，以四、五类药为主，产品研发同质化趋势明显。自主创新成果少，自主或作为主要完成单位研发的新产品仅有8个。

4. 创新成本较高，创新激励不足

兽药新药研发限制较多，成本较高，大部分企业无法承受。新药审批申报周期长，程序烦琐，且通过率低，导致新药变“老药”，盈利预期风险较大，企业创新动力不足。此外，兽药创新缺少国家重大科技项目支持和相关政策支持，不利于激发兽药行业创新积极性。

5. 生猪疫病防控技术诸多科研重点还未解决

如缺乏生猪主要疫病流行病学数据库，不能为生猪疫情预警提供实验数据；生猪主要疫病病原学、致病性、传播特点、感染与致病、免疫应答与逃逸机制等研究不够深入，不能为靶向药物研发提供支撑；诊断检测的精准化、标准化、信息化、智能化、快速化还有很大差距，缺乏系统分级分类的诊断检测和病原分析能力，不具备对不明病因或新发生猪疫病以及风险较高外来病等的鉴别诊断能力，精准智能快速现场诊断技术、疫苗免疫区分检测技术、实验室高通量精准检测技术、实验室标准物质等的研究不足；生猪细菌病耐药情况不清楚和耐药机制研究不深入，无法指导猪场临床用药；猪繁殖与呼吸综合征病毒、猪圆环病毒、猪流行性腹泻病毒、支原体等高效、方便特色疫苗以及高效生猪致病性细菌性多联、多价疫苗亟待研发，无法满足非洲猪瘟常态化下免疫策略；猪场消杀技术及生物安全新材料等匮乏。

三、生猪疫病防控的对策建议

（一）采取综合性防控措施

生猪养殖中疫病防控问题在一直是制约、影响和困扰生猪产业的发展关键问题，疫病频发的大背景下，唯有遵循猪的生物学特性，理性回归动物传染病的防控关键及着力点，通过系统综合的环境、营养、免疫、保健、治疗和生物安全等技术控制措施的集成和落实，才会使生猪产业走向一条健康、安全、高效、环保、生态的可持续发展道路。

1. 加强宣传，提高认识

加大宣传力度，普及生猪疫病防疫知识，加强兽医从业人员的技能培训，让《动物防疫法》成为全社会的共识。一是多向政府领导宣传疫病防控方面的专业知识及法律法规，使其真正意识到重大疫病防控工作不仅仅是业务主管部门的事，明确责任，使防疫工作落实到实处。二是向广大养殖户宣传疫病防控相关知识技术，彻底打消养殖户的思想顾虑，使其充分认识到主体责任和疫病防控的重要性。

2. 强化养殖环节的综合防控措施

非洲猪瘟的防控已步入常态化，生物安全体系可以有效防控非洲猪瘟等重大疫病已成为行业共识。众多生猪养殖企业和大型规模化猪场在抗击非洲猪瘟病毒入侵方面已积累了大量成熟而有效的经验，制定出了行之有效的生物安全管理相关规章和制度，完善了企业诊断实验室的条件，生猪疫病的检测与疫情诊断能力大幅度提高，猪场生猪疫病防控工作需要从以下方面强化：①强化生猪养殖场生物安全体系建设，查漏洞、补短板，大型养殖企业（场）应进一步完善自身的生物安全风险评估体系，着眼于关键风险环节和风险点，落实非洲猪瘟防控的生物安全管控；②做好猪场的基础免疫工作，确保不发生常规疫病；③做好定期消毒灭源工作；④强化引种或购入猪只的检测和隔离；⑤严格实行全进全出的生产方式，避免将不同来源和不同日龄的猪只混群饲养；⑥有条件的养殖企业（场）应定期开展免疫效果评估和疫病监测，配合动物疫病预防控制机构进行疫情监测，及时发现流行毒株的新变化；⑦推进生猪养殖场非洲猪瘟无疫小区的评估与认证；⑧逐步开展主要疫病的净化工作；⑨落实与分区防控相关的各项措施；⑩尽义务禁止各种疫病发病猪和感染猪进入屠宰、运输、销售等流通环节，以降低非洲猪瘟等病毒的污染。

3. 强化生猪调运及病死猪和产品无害化处理监管

生猪调运是生猪疫病防控最重要的一环，如若运输猪中存在患病猪，极易污染途经路段，从而扩大疫情传播面。因此，控制生猪有序流通，是控制猪疫病的重要手段。同时，加大对病死猪的监管力度，严格进行无害化处理，防止造成二次污染；加强屠宰环节监管，严格执行生猪宰前检查检疫工作，对检疫不合格的产品必须进行无害化处理，并严禁病死猪肉流入市场，降低传播疫病的风险。

4. 建设区域性的生猪疫病监测体系，实现一线到决策的无缝对接

加强疫情监测，建立系统的动物疫病监测系统，强化省、市、县疫病控制中心与养殖企业、兽药企业、科研院所以及第三方检测实验室和规模养殖场自建诊断实验室的联系，建立地方病原数据库，建立数据共享系统，协同分享常规疫情信息。通过“政、产、研”协同合作构建区域性的动物疫病检测平台，充分发挥主管部门服务职能，科研院所的技术优势、第三方检测实验室和企业诊断实验室的平台优势，常态化地开展区域性的主要疫病流行病学研究、主要细菌耐药性研究。定期开展各级实验室诊断能力验证，确保疫控中心、各类检测实验室能够标准、精确地完成常规疾病的诊断服务。不定期对区域内的发病群体进行病毒组学和细菌组学研究，及时发现新发传染病病原，收集流行病学和分子流行病学数据，构建全方位的疫病预警监控系统，为动物疫病防控决策提供临床数据。

5. 创新培养平台，推广疫病防控技术

充分发挥科研院所、疫控部门和技术企业的平台优势，兽医协会的行业引导优势，组建涵盖省级决策部门、相关高校、科研院所和企业的专家技术团队，通过新媒体、新平台构建常态化的生猪疫病培训平台，建立兽医诊断平台和咨询系统，使基层管理人员、生猪养殖从业人员等能够常态化地获取疫病防控技术知识，提高各级生猪养殖从业人员的技术水平。

6. 推进生猪核心场主要疫病净化工作

种猪健康不仅是对种猪质量的基本要求，而且也是我国生猪疫病控制的重要方向。农业农村部《全国生猪遗传改良计划（2021—2035）》已明确提出生猪重大或重要疫病的控制要求，涉及的疫病包括非洲猪瘟、猪瘟、猪伪狂犬病、猪繁殖与呼吸综合征和猪口蹄疫。实现非洲猪瘟、猪繁殖与呼吸综合征的区域净化，猪口蹄疫、猪瘟、猪伪狂犬病的免疫无疫。以核心种猪场、种公猪站、种猪繁育场为点，带动覆盖区域的疫病净化，从而实现全省重大动物疫病的净化根除。

7. 推进整个生猪产业链提档升级，加速转变传统模式

综合来看，提高生猪产业集中度、完善生猪产业链配套设施、延长生猪养殖企业业务链长度能增强生猪产业抵御疫病风险的能力。转变传统生猪养殖模式，引导和发展生猪产业规模化、集约化和专业化发展是现代畜牧业发展的必然要求和必然趋势，很大程度上能解决传统散养模式中的养殖理念和技术落后、养殖人员综合素质低、养殖条件差、生物安全无法控制、环境卫生处理不到位、饲养管理方式落后、抵抗疫病风险能力弱等弊端，不断开拓创新，做好产业转型工作，由养猪大省向强省转变。同时，要将绿色发展理念贯穿产业发展始终，在发展养殖业的同时兼顾生态环境，倡导人与自然和谐发展，注重养猪场科学选址，加大养殖场废弃物资源化利用力度，在降低养殖对生态环境影响的同时，也为疫病防控提供保障。

（二）深化兽医管理体制机制改革，确保疫病防控工作有序开展

1. 健全完善兽医工作体系

深入贯彻《动物防疫法》，稳定和发展兽医行政管理、动物疫病预防控制、动物卫生监督、兽医药品监察、畜禽屠宰等行业管理机构队伍。建立兽医体系效能评估机制，出台兽医体系效能评估管理办法和兽医机构条件能力建设标准，确立优先发展事项和重点建设任务。根据法律规定，遵循事权和支出责任相适应的原则，加强兽医机构核心能力建设，科学合理配置人力、物力、财力资源，筑牢兽医体系提供动物疫病风险防治和动物产品质量安全监管等公共服务的平台基础。特别是借鉴新冠肺炎疫情后的人医疾控体制改革，协同推进动物疫控体系等涉及国家安全体系的建设，切实解决公共卫生及疫病防控体系建设中存在的困难和问题。

2. 完善兽医工作机制

理顺省、市、县三级兽医行政管理、检疫执法与技术支撑机构之间的关系。加强基层防疫、检疫执法和兽医服务力量，形成动物疫病预防控制与动物检疫、动物卫生监督执法紧密衔接，兽医机构与行业企业、社会化服务组织相互促进的格局。持续开展兽医体系效能评估，促进兽医体系整体水平稳步提升。

3. 加快建立机构完善、人员齐整、运行高效、保障有力的新型动物防疫体系

一是会同有关部门继续指导各地依托现有机构编制资源，建立健全动物疫病预防控制和动物卫生监督机构，突出强化动物防疫执法力量，推动生猪养殖大县及时足额选强配齐特聘动物防疫专员。二是继续推动将动物防疫体系建设纳入公共卫生应急管理体系建设统筹研究、一体部署，加大人才和资金投入，加强科技创新和技术支撑，强化多部门信息共享和措施联动，增强早期监测、发现、报告和处置能力。

4. 健全动物防疫体系，统一疫控机构人员编制数、办公室、兽医实验室及应急物资库房等配置标准

一是核定乡镇站兽医人员编制，每个乡镇固定数个动物防疫工作人员，由县农

业主管部门统一管理，三权归县。二是适当降低乡镇兽医站人员进入门槛，从职业技术学校招收一批懂农村、爱农村、学兽医的人员。三是合理配置基层职称比例，增加激励机制，保障队伍稳定。四是落实兽医卫生津贴，建立从业人员定期体检，保障人员健康和待遇，维护基层防疫队伍的稳定。

5. 加强基层畜牧兽医队伍建设，并采取有效措施稳定基层机构队伍，使乡（镇）兽医人员专司其职

探索建立村级防疫员管理新模式，妥善解决人员保障问题，逐步解决防疫员后顾之忧。建议将村级防疫员纳入村干部管理序列，提高村级防疫员的政治地位和工作地位，同时按村干部标准给予补贴。开展加强重大动物疫病防控延伸绩效管理，持续对各地动物防疫队伍建设情况进行考核评估，引导各地结合自身实际，将稳定和加强基层动物防疫队伍相关工作完成情况纳入地方党委政府和业务主管部门的考核目标。

6. 加强行业人才队伍建设

搭建政府推动与社会支持相结合的兽医人才培养体系，充分发挥省兽医兽药部门、高校、科研单位和行业协会的优势，加快培养兽医科技领军人才、创新团队，整体提升全省兽医行业人才的素质和水平。加强单位复合型技术人才、高校科研型技术人才、企业技能型技术人才和基层服务型技术人才等培训，不断完善兽医行业部门、企业、科研院校联动培养机制。

7. 加大防疫资金投入，将动物疫病防控纳入经济和社会发展年度计划

省、市、县、乡四级人民政府将动物疫病防控纳入本级经济和社会发展年度计划并建立长效保障机制，将动物疫病监测、预防、控制、净化、扑灭、实验室运行、冷链运行、动物产品检测管理等工作所需经费纳入财政预算；加强省、市、县疫控系统实验室软件、硬件建设，完善实验室质量管理和生物安全管理体系；配齐动物防疫、应急及监测采样专用设备及物资；足量储备应急处理工作所需的消毒药、防护装备、疫情处置设施设备、疫苗等防疫物资；完善各级冷链体系，确保动物生物制品按照规定运输和保存。

（三）强化兽医科技创新能力，保障行业健康发展

1. 完善兽医科技管理机制

优化兽医科技管理工作机制，组建涵盖省级动物疫控部门、相关高校、科研院所和企业的专家技术团队，加强各级各类兽医教学科研单位、技术支持服务机构信息交流共享，强化各级各类兽医实验室的沟通协作，推动建立协同创新平台，促进“产学研”紧密结合，鼓励疫控、高校、科研院所、生猪养殖企业和兽药企业进行“政、产、学、研、推、用”合作开展生猪疫病防控相关技术研究，促进建立以解决实际问题、加快科技创新为导向的科研成果评价机制，加快形成多元化、多渠道、多层次的兽医科研经费投入保障机制。

2. 强化兽医科技创新推广能力建设

强化四川省各级动物疫病预防控制中心、兽医教学科研单位、重点企业等技术支撑单位的能力建设，完善疫控机构和兽医重点实验室设施，改善疫病检测诊断、兽药标准物质、生物制品和化学药品工程技术等基础研究条件。合理布局全省兽医机构实验室、第三方专业实验室，促进变异、外来、新发生猪疫病研究、生猪疫病综合防治技术研究和产品安全保障技术研究。统筹利用各级各类兽医科技资源，开展先进适用技术推广示范，促进兽医科技成果转化应用。

3. 突出兽医科研重点

坚持需求导向，系统研究重点生猪疫病病原学、流行病学、传播机制、感染与致病机制、免疫逃逸机制，新发病的诊断和防控技术，高通量快速诊断技术、兽用生物制品标准物质、新型疫苗、药物靶标发现与新兽药创制、中兽药开发、药物与宿主的互作机制、疫病监测预警新型技术、现场消杀处置关键技术与装备以及净化根除关键技术，开展细菌耐药分子流行病学和耐药机制研究，支持耐药菌感染快速诊断技术、专用抗菌药物和可替代抗菌药物环境污染控制研究，开发生物安全威胁防护的纳米新技术、新装备等，促进生猪疫病控制和食品安全保障能力全面提升。建成全面系统的可提供资源与信息支撑的生猪疫病资源库和信息数据库，建成可实现实时监测、时空分析和智能预警的生物威胁实时监测网络，建立包括监测预警、检测鉴定、预防控制、应急处置、恢复重建等关键环节的生物安全防御关键技术体系，构建涵盖标准物质、诊断方法、疫苗药物、预警控制、防护装备等方面的标准体系，研制相关重点标准，形成集科学发现、核心技术、支撑平台、实物产品、标准规范、应用示范、战略储备为一体的生物安全综合防控科技整体解决方案，形成高度系统整合的技术支撑体系。

（1）生猪主要病原防控大数据利用关键技术研究。针对生猪主要疫病流行病学及生物安全大数据，综合运用病原学、免疫学、流行病学、信息学、多组学等技术，揭示病原变异特征与毒力变化的分子机制，着重开展主要病原知识图谱构建、基于多源异构大数据的生物安全风险预测、生物安全多组学数据融合与智能分析等关键技术研究，形成多组学原始数据库，建立主要病原体防控大数据利用技术支撑平台，提升病原体识别与关联检索及疫病预警能力。

（2）生猪重要疫病的感染与致病机制以及免疫抑制性病原的免疫逃逸机制研究。针对为害生猪养殖和人类健康病毒等重要病毒，研究其在不同宿主及媒介中的存贮、传播与遗传演化规律；解析影响病毒入侵和复制的关键因子及其作用机制；揭示病毒调控宿主代谢的分子机制；解析病毒与宿主免疫系统相互作用机理；探究病毒组织嗜性与诱导组织损伤的分子机制，发掘治疗新靶标。针对猪繁殖与呼吸综合征病毒、猪圆环病毒等具有典型免疫抑制或免疫逃逸特性的病原，研究病原抑制或逃逸宿主天然免疫的机制；研究病原抑制或逃逸宿主获得性免疫的机制；研究病原诱导免疫抑制的细胞特征与作用机制；研究病原诱导免疫功能紊乱与继发感染的分子机理；探索干预病原免疫抑制或免疫逃逸的新策略。

（3）重大外来生猪疫病阻断与防控技术研发。针对非洲猪瘟、塞内卡病毒、圆环病毒 3 型、蓝耳 1-4-4 变异毒株—Lineage1C 等新近传入我国的外来生猪疫病，研发传入溯源、精准诊断技术和产品，开展基于生物安全的区域化阻断技术研究；针对病等具有潜在传入风险的重大外来生猪疫病，开展跨境传播规律、传播路径及阻断技术研究，储备与研发检测、监测预警、疫苗、药物等防控技术与产品。

（4）生猪重大疫病跨境传播机制及防控技术研究。针对生猪疫病跨境传播风险，以四川省边境地区为重点区域，开展候鸟及野猪等、蚊、蜱、蚤等媒介昆虫物种的跨境活动规律及携带的病原谱、传播机制与风险因子研究，鉴定病原自然宿主、疫源地、传播途径与媒介，解析病原—媒介—宿主—环境的依存网络协同关系，研发生猪病原传播防控新技术，提升四川省边境生物安全风险预警和科学防范。

（5）生猪重要寄生虫的生长发育与寄生机制。针对生猪重要寄生虫猪疥螨病、蛔虫病、猪旋毛虫病、囊尾蚴虫病、弓形虫、附红细胞体等体外和体内寄生病原，研究其识别、入侵和感染宿主的分子机制；探究虫体生长、分化和发育的调控机理；解析虫体营寄生生活的代谢策略及其调控网络；研究虫体与宿主的多维互作关系；揭示带虫免疫与持续感染的形成机制，发掘防控新靶标。

（6）生猪新发突发烈性病原和主要疫病新型诊断技术与产品研发。针对生猪新发突发烈性病原和重要疫病，发掘特异性诊断标识，研发适合现场快检的可视化检测技术与产品、实验室确诊的高特异性检测技术与产品、鉴别诊断技术与产品；研发用于免疫效果评价的高通量监测技术与产品；开发出对环境标本中病原体的高通量、敏感性高的快速检测试纸、试剂盒、免疫芯片等监测检测技术与产品。

（7）兽用生物制品标准物质研制。针对生猪疫苗等生物制品研发过程中的质控和标准物质需要，建立兽用生物制品质量标准，构建标准菌毒种资源库和基因信息库，研发动物疫苗外源病原检测技术；建立动物病原检测关键基因、蛋白或抗原的高准确度定值方法；研制关键抗原或蛋白的标准血清、核酸、质粒、假病毒等国家标准物质。

（8）生猪病毒性疫病和细菌性疫病新型疫苗创制。针对猪δ冠状病毒病、塞内卡病毒A型感染等新发疫病，研制新型疫苗；针对猪流行性腹泻等猪常发或再现重要病毒病和猪肺炎支原体病、副猪嗜血杆菌病、猪传染性胸膜肺炎、猪链球菌病、猪巴氏杆菌等为害养猪业的重要细菌病，研制新型灭活疫苗、新型活疫苗、基因工程亚单位疫苗、黏膜免疫疫苗、多联多价疫苗等新产品。

（9）药物靶标发现与新兽药创制。针对生猪重要病毒、细菌和寄生虫等病原微生物，系统开展基于功能基因或蛋白质等药物靶标的筛选、识别和验证，发掘新的药物靶标并解析其结构；基于新靶标合理设计、筛选或合成先导化合物；系统评价候选化合物的抗微生物活性或抗感染活性及成药性；优化候选化合物的结构和合成路径，研发原创新兽药。

（10）生猪病原、药物与宿主的互作机制及疫苗分子设计。研究生猪病原与宿主的相互作用，解析病原致病与免疫机理；研究药物与宿主的相互作用，解析药物作用机理；探索节约生猪免疫潜力的创新疫苗分子设计理论与技术。

（11）中兽药现代化与产业化技术研发。针对生猪疫病绿色防控与现代中兽药研发需求，开展中兽药药效物质基础研究和组方筛选；建立天然药品药效学研究和安全性评价体系；基于传统经验方法、新来源药材资源及新药用部位，研发新中兽药产品；研发中兽药疗效提速增效新技术，创新中兽药制剂工艺与产业化技术。

（12）生猪病原耐药性产生与传播机制。解析生猪病原重要、罕见耐药表型的遗传基础，阐明新型耐药蛋白的结构与功能，探明新型耐药病原的适应性变化规律，揭示病原耐药与致病的关联及调控机制；阐明抗菌药、重金属离子、消毒剂等对重要耐药病原与基因的共筛选和共传播机制，揭示耐药基因的宿主病原特异性及其跨宿主、跨介质的传播规律，探明耐药病原与基因在畜禽肠道、养殖环境中的持留机制及其与原住菌的互作效应，定性、定量评估猪源耐药病原与基因向食品、环境及人群传播的风险。

（13）生猪严重生物为害现场消杀处置关键技术与装备研究。针对非洲猪瘟等严重生物危害现场消杀需求，开展生物危害环境模拟及扩散仿真、新型聚氨基酸材料对病原微生物和病媒生物消杀处置及其绿色生产聚合工艺、设施与环境洗消、污染物与尸体无害化处置、消杀处置效果评估等研究，提升严重生物危害现场消杀处置技术能力。

（14）生猪重要病原体生物安全威胁防护的纳米新技术研究。研发用于高毒力且高耐药病原体防控的无机金属、有机可降解高分子、DNA 框架等纳米材料，阐明纳米材料的理化结构、光声热效应及其构效关系，通过基于动物感染模型的病理学、免疫学、组学技术揭示其作用机制，推进纳米科技在生物安全防御领域的深度融合和广泛应用。

四川生猪粪污治理及资源化利用报告

郑灿财[1]　刘雯雯[2]　欧阳佚亭[3]　陈天宝[3]

（1. 四川省农业规划建设服务中心，四川成都　610041；2. 遂宁市农业农村局，四川遂宁　629000；3. 四川省畜牧科学研究院，四川成都　610066）

摘　要：四川生猪养殖量长期位列全国前列，有力满足了人们的肉产品需求，但伴随产生的大量粪污，成为制约生猪产业绿色发展的因素之一。本报告综述了“十三五”时期四川生猪粪污治理及资源化利用的探索、经验和成效，分析了当前生猪粪污治理面临的困难，提出了下一步工作建议，以期为相关行业及人员提供参考，促进生猪产业转型升级和高质量发展。

关键词：四川；生猪；粪污治理；资源化利用

当前，我国社会主要矛盾已经转化为人民日益增长的美好生活需要和不平衡不充分的发展之间的矛盾，人们对蓝天绿水青山、优美生态环境的渴望越来越强烈，生猪产业也面临着由追求数量到追求质量的转型压力，粪污治理的好不好已经成为生猪产业能否健康可持续发展的决定性因素。

一、四川生猪粪污治理的基本情况

（一）生猪粪尿产生情况

2020 年，全省出栏生猪 5 614.5 万头，年末生猪存栏 3 875.4 万头，参照《农业农村部办公厅关于做好 2018 年畜禽粪污资源化利用情况跟踪监测工作的通知》中的参数——生猪尿液产生量为 2.53 千克/（天·头）、粪便产生量为 1 千克/（天·头）进行测算，2020 年全省生猪尿液产生量为 3 578.7 万吨，粪便产生量为 1 414.5 万吨，合计为 4 993.2 万吨，约占全省畜禽粪尿产生总量的 36.74%（图 1）。

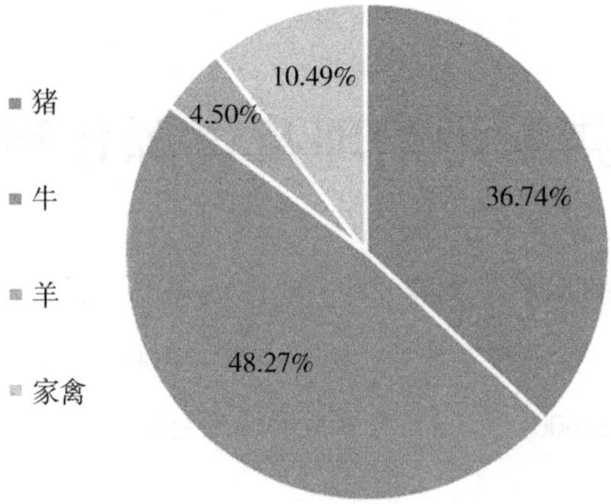

图 1　四川 2020 年不同畜禽粪尿产生量比例

（二）生猪粪尿主要养分情况

参照《农区畜禽养殖负荷风险评估技术规程》（DB51/T 1942—2022）中的猪单位氮当量参考值 4.95 千克和磷当量参考值 0.97 千克，四川省生猪粪尿约含氮 19.18 万吨，约占全省畜禽粪尿氮排泄总量的 22.39%，相当于 41.70 万吨尿素，相当于四川省 2020 年全年氮肥施用量 90.7 万吨的 21.15%；约含磷 3.76 万吨，约占全省畜禽粪尿磷排泄总量的 22.37%，相当于 31.33 万吨过磷酸钙，相当于四川省 2020 年全年磷肥施用量 38 万吨的 9.89%（图 2）。由此可见，生猪粪尿是一种宝贵的肥料资源，具有很大的开发利用空间。

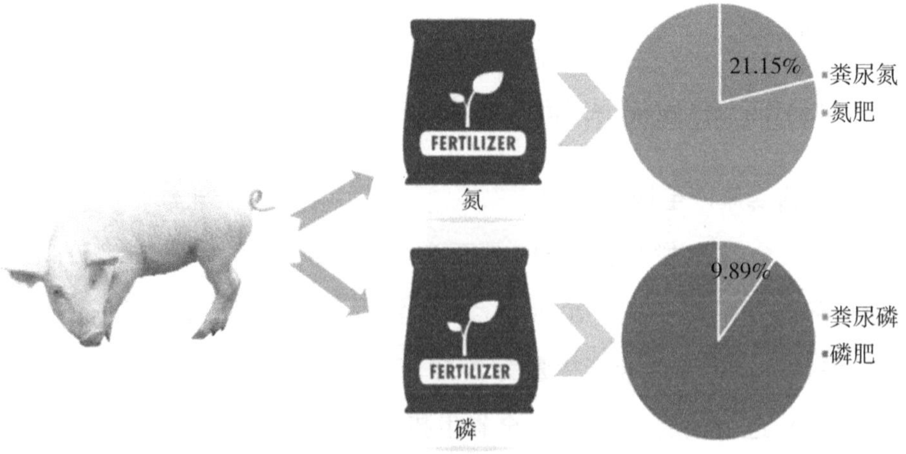

图 2　四川 2020 年生猪粪尿中氮磷含量情况

（三）整县推进畜禽粪污资源化利用情况

按照国务院办公厅《关于加快推进畜禽养殖废弃物资源化利用的意见》《四川省人民政府办公厅关于加快推进畜禽养殖废弃物资源化利用的实施意见》要求，依托国家整县推进畜禽粪污资源化利用项目，争取中央及省级资金近30亿元，在全省63个畜牧大县和22个非畜牧大县实施，共支持1.1万余个养殖场和近400个第三方机构建设或升级改造粪污处理设施装备。建立粪污集中处理中心（专合社）240个，其中有机肥厂87个，预计年生产有机肥500余万吨。建设粪污贮存池260.2万立方米，沼气池86.1万立方米，沼液运输管网14 848.5千米，田间暂存池161.0万立方米，配套粪肥还田土地704.5万亩，有力推进了全省畜禽粪污资源化利用，改善了农村居民生产生活环境，促进了农业可持续发展。

二、四川生猪粪污治理主要工作措施

“十三五”期间，四川牢记习近平总书记关于“擦亮农业大省金字招牌”的嘱托，认真贯彻落实党中央、国务院重大决策部署，以产业高质量发展为总揽，以中央生态环境保护督察为契机，以项目实施为抓手，以科技创新为支撑，克服非洲猪瘟和新冠肺炎等疫情影响，采取一系列有力措施全面推进畜禽粪污资源化利用工作。

（一）建立健全政策体系

2017年以来，省政府专门召开全省畜牧业转型升级绿色发展暨畜禽养殖废弃物资源化利用现场推进会，先后印发《四川省人民政府办公厅关于推进畜牧业转型升级绿色发展的意见》《四川省人民政府办公厅关于加快推进畜禽养殖废弃物资源化利用的实施意见》，明确“到2020年，全省畜禽粪污综合利用率达到75%以上，规模养殖场粪污处理设施装备配套率达到95%以上，大型规模养殖场粪污处理设施装备配套率提前1年达到100%，畜禽粪污基本实现资源化利用”的目标任务。

农业农村厅会同生态环境厅联合印发《四川省农业厅关于加强畜禽养殖污染防治工作的指导意见》《关于加强畜禽粪污综合利用的指导意见》《关于印发〈四川省畜禽养殖污染防治技术指南（试行）〉的通知》，贯彻落实畜禽规模养殖污染防治相关法律法规，推动全省畜禽养殖污染防治工作规范化管理。出台《关于贯彻落实中央环保督查反馈意见加强畜禽养殖污染防治工作的通知》《关于进一步调整完善畜禽养殖禁养区划定工作的通知》《关于切实做好中央环保督察反馈意见畜禽养殖污染问题整改销号工作的通知》等系列文件，切实抓好中央环保督察反馈意见的整改落实。与市（州）政府签订《四川省畜禽粪污资源化利用目标责任书（2018—2020年）》，制定《四川省畜禽养殖废弃物资源化利用工作考核办法（试行）》，把规模养殖场粪污处理、有机肥还田利用、沼气和生物天然气使用等重要指标纳入地方政府绩效评价考核，建立了制度，明确了责任，强化了保障。

（二）用好用活重大项目

争取中央及省级资金近40亿元，在全省85个县实施整县推进畜禽粪污资源化利用项目，在11个县实施长江经济带农业面源污染治理专项，在18个县实施有机肥替代化肥试点等（表1），从源头、过程和末端等全方位治理畜禽粪污，有力撬动社会资本共同参与治理，调动了社会各界热情，形成了齐抓共管的良好格局。

表1　“十三五”期间畜禽养殖粪污治理及资源化利用部分项目

项目类别	实施县（市、区）
整县推进畜禽粪污资源化利用项目（85个）	南江县、苍溪县、泸县、三台县、宣汉县、武胜县、射洪市、阆中市、井研县、资中县、叙州区、叙永县、中江县、剑阁县、高坪区、嘉陵区、南部县、营山县、蓬安县、仪陇县、西充县、船山区、兴文县、邻水县、渠县、通江县、乐至县、大竹县、达川区、东兴区、合江县、威远县、绵竹市、安岳县、仁寿县、会理县、平昌县、西昌市、岳池县、简阳市、邛崃市、安居区、金堂县、雁江区、广安区、东坡区、巴州区、崇州市、荣县、富顺县、蓬溪县、昭化区、大邑县、蒲江县、旺苍县、江安县、犍为县、大英县、长宁县、罗江区、纳溪区、名山区、新津区、梓潼县、筠连县、青川县、翠屏区、开江县、通川区、彭州市、万源市、恩阳区、旌阳区、古蔺县、盐亭县、江油市、米易县、珙县、隆昌市、洪雅县、华蓥市、高县、什邡市、游仙区、会东县
长江经济带农业面源污染治理专项（11个）	恩阳区、开江县、前锋区、南溪区、青神县、内江市市中区、利州区、盐亭县、广汉市、龙马潭区、大安区
有机肥替代化肥试点（18个）	蒲江县、西充县、广安区、渠县、安岳县、丹棱县、威远县、翠屏区、旺苍县、名山区、汶川县、井研县、资中县、邛崃市、荣县、东坡区、筠连县、乐至县

数据来源：行业统计。

（三）发挥科技支撑作用

充分发挥在川高校、科研院所、技术推广等单位技术力量，创建了国内领先的耕地畜禽承载力评价技术体系，成立了我国西部地区第一个畜禽养殖废弃物资源化利用科技创新联盟，建立起“政、推、产、学、研、用”大联合大协作的科技支撑体系。采用“决策咨询+标准制定+规划应用+技术支撑+培训推广”五结合推广模式，实现了科技成果从政府顶层设计到生产基层的快速落地和高效应用。创新联盟每年举办一次大型学术技术论坛，促进了行业交流，共同破解畜禽粪污治理难题。

制定发布了《畜禽养殖污染防治技术指南》《商品有机肥料原料安全分类管理目录》《农区耕地畜禽承载力评估技术规程》《农区畜禽养殖负荷风险评估技术规程》《畜禽粪污异位发酵床处理技术规范》等技术指导文件，出版了《畜禽废弃物资源化利用》等实用操作技术书籍，并借助开展第二次全国农业（畜禽养殖业）污染源普查，进一步摸清养殖场（户）粪污处理模式和产排污系数，推动畜禽粪污科学测算、治理及资源化利用。

（四）以督促改妥善解决群众关切

着眼中央生态环境保护督察反馈问题，四川迅速行动，按照“省负总责、市县抓落实、部门管行业”的原则，出台《关于贯彻落实中央环保督察反馈意见加强畜禽养殖污染防治工作的通知》等，部署工作的同时厘清部门职能职责，从源头提升了工作推进效率。施行“清单制+责任制+销号制”，进一步调整完善县域禁养区划定，明确禁养区范围边界拐点，形成畜禽禁养区分布图，按期完成全省禁养区内1 686家养猪场关闭搬迁和沱江流域1 352家养猪场整改任务。

以中央生态环境保护督察为契机，举一反三开展行业自查，将畜禽粪污资源化利用融入农业面源污染防治攻坚战和河湖长制工作，先后印发《四川省打好农业面源污染防治攻坚战行动方案的通知》《关于编制10大主要河流畜禽养殖污染防治河长制工作方案的通知》等，指导市县明确畜禽养殖污染工作责任，按照“一河一策”方针开展畜禽养殖污染防治河长制工作方案编制，抓好“一个重点、一个方案、三本台账”，以加快推进省环保督察发现通报问题的整改为重点，制定完善问题整改方案，建立健全畜禽养殖台账、养殖污染台账、问题整改台账，强化畜牧业生态环境治理，有力推动了畜牧业发展方式转变。

（五）高标准谋划生猪产业发展

非洲猪瘟发生以来，四川采取多项超常举措狠抓生猪恢复生产，党委政府负责同志亲自推动，在全国率先出台《促进生猪生产保障市场供应九条措施》《促进恢复生猪生产八条举措》《稳定生猪生产十条措施》等政策文件，将“推进规模化、智能化、清洁化健康养殖，共同打造万亿级生猪产业链”写入《建设成渝现代高效特色农业带战略合作框架协议》。2020年生猪出栏量全国第一，年末生猪存栏量超额完成国家下达的存栏任务，稳住了产业基本盘。

以现代农业园区建设为载体，科学规划布局涵盖川猪和现代种业在内的“10+3”现代农业产业体系，突出种养结合、循环发展，每年安排资金5亿元对认定的现代农业园区给予1 000万~2 000万元的一次性补助，调动了各地的积极性。在高标准农田、现代农业园区建设中，按照每亩耕地承载3个猪单位配置养殖用地，配套建设粪肥储存池、稀释池、还田管网等基础设施，满足畜禽粪污消纳需求，实现粪污就地就近利用，推动“一控两减三基本”、土壤有机质和种植质量效益提升等综合目标实现。

以畜禽良种化、养殖设施化、生产规范化、防疫制度化、粪污资源化、监管常态化“六化”为重点，不断提高全省畜禽生产总量中标准化养殖量的比重，促进畜产品品牌建设，从源头上保障畜产品质量安全、生态环境安全和动物卫生安全。

（六）优化完善工作推进机制

采取现场督导、强化培训、调度通报、专题座谈、考核推动等一系列措施，狠抓畜禽粪污资源化利用工作落实。成立工作专班，制定工作方案，在全国率先将养殖专业户纳入备案范围，随时通过养殖场直联直报系统调度各地各主体粪污治理进展，采用“线上+线下”相结合的方式开展“全覆盖”核查，对查出的问题按照“验收材料整改不过周，设施设备整改不过月”的要求立查立改，确保工作取得实效。

三、四川生猪粪污治理工作亮点及成效

（一）畜禽粪污处理设施装备和资源化利用水平显著提升

创建部省级生猪标准化示范场213个，其中部级7个、省级206个。将清粪机、固液分离机、粪便发酵处理设备、粪便翻堆设备、沼液沼渣抽排设备等畜禽粪污资源化利用设备纳入农机购置补贴。99%的规模场粪污处理设施配套情况通过农业农村、生态环境部门联合验收。进一步调整优化禁养区，解决了“乱划”“超划”问题，现有禁养区9 175个，面积9.18万平方千米。2020年全省畜禽粪污综合利用率75%以上，规模猪场粪污治理设施装备配套率达95%以上，大型规模猪场粪污治理设施装备配套率达100%。

（二）沼气工程快速发展

2016年以来，财政投资2.63亿元在19个市（州）65个县（市、区）共新建140处规模化大型沼气工程，每年可处理畜禽粪污近5 000万吨，生产沼渣、沼液7 500万吨，可为2 500万亩农田提供优质有机肥。在全省20个市（州）的109个县（区、市）建设新村集中供气工程675处，集中供气农户总数达到4.43万户，项目建设带动了循环农业示范基地建设，累计打造以新村集中供气工程为纽带的家庭农场式循环农业示范基地300处，每年为农业生产提供350万吨沼液沼渣。

（三）种养结合成效明显

目前，全省建立畜禽类产业园区5个，生猪种业园区2个。在果菜茶有机肥替代化肥试点县因地制宜推广“柑橘（茶叶）—沼—畜”“有机肥（堆肥）+配方肥”“有机肥+水肥一体化”等技术模式，建设有机肥替代化肥示范区70余万亩，畜禽粪污得到消纳，土壤有机质含量更加丰富。在绿色种养循环农业试点县整县开展粪肥就地消纳、就近还田补奖试点，推广“养殖户+第三方服务机构+种植基地”的异地还田、“养殖户+综合处理中心+种植基地的”管网输送还田等模式，建设绿色种养循环示范区240万亩，促进全县畜禽粪污综合利用率达到90%以上，带动县域内粪污基本还田。

（四）新模式新技术不断熟化和推广

在农业农村部推荐的七大资源化利用模式基础上，结合四川实际，总结了4种畜禽粪污资源化利用模式，即“异位发酵床”“污水肥料化利用”“粪污专业化能源利用”“集中转运、田间储备处理”模式，便于各地复制推广。各地涌现出一批“接地气、服水土、运行好”的典型案例，如，绵阳市的“家庭微循环、园场小循环、合作中循环、市场大循环”模式得到广泛赞誉；广汉畜禽液体粪肥还田模式作为全国18个先进粪肥还田模式之一，被农业农村部畜牧兽医局和全国畜牧总站组编的《畜禽粪肥还田利用典型案例》收录，2021年由中国农业出版社出版；成都市邛崃市“分类推进畜禽粪污资源化利用 提升生态农业发展水平”入选农业农村部推介的2021年全国农业绿色发展典型案例。

（五）绿色发展理念深入人心

强有力的粪污治理措施、广泛的宣传、看得见的成效变化，让畜禽养殖从业者更加清楚粪污治理是兴办养殖场的前置条件、是可持续发展的必由之路，让种植从业者更加明白科学使用粪肥是提升土壤地力的有效之举、是利国利民的长远之计，畜禽养殖走一条绿色高质量发展的路子，已达成行业共识。

四、四川生猪粪污治理存在的主要问题

（一）粪污治理任务依然艰巨

四川省养殖量大，散养户占比高、分布面广、涉及群体大，生产设施智能化、自动化、机械化程度不高，粪污处理设施装备还未全部配套。目前，整县推进畜禽粪污资源化利用项目仅覆盖了全省 85 个县，得到项目支持的县仅占全省所辖县总数的 46%，畜禽粪污处理任务重，压力大。

（二）粪肥利用尚存薄弱环节

四川省种养循环发展的基础设施相对薄弱，畜禽粪污资源化利用第三方机构服务能力不足、覆盖面小，国家财政对第三方服务机构的支持力度较弱，长效机制有待建立。同时，粪肥还田利用的标准不够完善，利用检测环节存在短板，不同种植用途的适宜处理模式、肥料配方、施肥量和方式仍需研究，丘陵山区的小型还田机械等方面的研发推广指导有待加强。

（三）粪污深度处理成本高

近年来，新建养殖场单体规模越来越大，集约化程度越来越高，种养不平衡问题加剧。以楼房猪场为例，2020 年开工建设的多层养猪场项目达 65 个，推动全省生猪规模养殖比重首次突破 50%，较 2018 年提高 15 个百分点以上。这些楼房猪场粪污产生量大且相对集中，难以匹配足够的消纳土地，采用深度处理的达标排放模式成本较高，调研了解到 7～15 元/吨废水，约合每出栏一头生猪的粪污处理费用为 20～100 元，且排放指标紧缺，再加上非洲猪瘟疫情以及生猪市场不景气的影响，养猪场维持正常生产的粪污处理压力较大。

五、四川生猪产业绿色发展的对策建议

（一）建立完善生猪粪污治理长效机制

着力健全事前、事中、事后全过程的审批、运行、监督机制。一是严格落实“三同时”制度，研究解决项目实施中招投标、用地等方面共性难题，优化项目入库条件，做到成熟一批、入库一批、实施一批，保证项目顺畅进行。二是加强对养

猪场粪污处理设施和畜禽粪污集中处理中心设施的日常督导，定期调度运营情况，建立激励和责任追究机制，确保粪污处理设施正常运转。三是加大执法监管力度，对治污设施建而不用、用而不修、破损严重，导致粪污直排，造成环境污染的养猪场，依法从严从快查处。

（二）大力构建种养循环新格局

把种养结合作为现代农业园区培育的基本要求，优先在粮食生产基地和现代农业园区按照 3 个猪单位/亩的标准，就地建设相应规模的标准化养猪场，粪肥就地消纳，推动循环农业、绿色农业发展。根据资源环境承载能力，合理调整畜牧业生产布局，统筹考虑现代养殖基地、蔬菜林果基地和生态循环农业基地建设，积极打造种养结合示范区。鼓励发展适度规模化和标准化基地园区、养殖集中区建设。

（三）研发推广清洁养殖技术模式

提高养殖管理精准化水平，推广高产高效畜禽品种，普及节水、节地等清洁养殖工艺。规范投入品使用，减少末端利用风险。以中小养殖场（户）为重点推进标准化升级改造，坚持雨污分离，推广干清粪、微生物发酵等技术。进一步健全和发挥粪污治理领域技术团队和专家作用，深入养殖一线巡回技术指导，优化粪污治理设施装备选用，提升绿色发展意识。协同开展清洁养殖技术攻关，跟踪研究粪污成分在处理利用过程中的变化规律，推动粪污治理标准化、规范化、高效化。

（四）畅通粪肥还田利用渠道

依托国家整县推进畜禽粪污资源化利用、高标准农田建设、有机肥替代化肥试点、农业社会化服务示范县建设、国家现代农业产业园建设、农机购置补贴、土地整理项目等，结合省级有关配套政策，支持养殖主体在配套消纳土地上建设田间贮存池、沼液田间输送管网等设施。支持粪肥处理利用专业合作社等集中处理的社会化服务组织购置沼肥运输车辆、建设粪污堆积贮存等基础设施设备，引导社会化服务组织提升粪肥处理服务能力，打通粪肥还田通道。因地制宜推行粪肥就地或异地配送利用，解决粪肥还田“最后一公里”和局部产消空间不平衡问题。

四川生猪屠宰行业基本情况与标准化创建报告

肖　鹏　陈　鑫　李宗明　刘　然

（四川省动物卫生监督所，四川成都　610066）

摘　要：生猪屠宰一头连着生猪养殖，一头连着肉品消费，是保障肉源性食品质量安全的关键环节。自1998年国家和省政府相继颁布实施生猪屠宰管理相关法规以来，全省生猪屠宰逐步进入依法管理的新阶段，生猪屠宰行业呈现出秩序不断规范、肉品质量安全水平持续向好态势。扎实开展生猪屠宰标准化创建活动，促进行业转型升级，成功创建14家省级标准化示范厂，4家国家级标准化示范厂，对全省的生猪屠宰行业发展起到了示范引领带动作用。随着经济社会不断发展，生猪屠宰行业产业结构不合理，设施设备落后，产品结构单一，冷链配送体系不健全，忽视精深加工和品牌创建等问题不断凸显。要推进生猪屠宰行业高质量发展，必须在强化行业规划引导，严把许可准入关口，加大政策扶持力度，开展标准化创建，全面落实主体责任，强化行业监督管理，注重宣传教育引导等方面着重发力，持续擦亮"川猪"金字招牌，保障人民群众吃上安全美味的"放心肉"。

关键词：生猪屠宰；标准化创建；四川省

解决好十几亿人口的吃饭问题，始终是我们党治国理政的头等大事。"猪粮安天下"，老百姓日常生活离不开猪肉，近年来猪肉占整个肉类产量的比重一直稳定在64%左右，是肉类消费的主要来源，也是我国城乡居民不可或缺的"菜篮子"。生猪屠宰是联结生猪养殖和肉食品消费的重要链条，是确保肉品质量安全和消费者健康的关键环节。标准助推创新发展，标准引领时代进步，加强标准化建设是推动生猪屠宰行业转型升级、提升肉品质量安全保障能力的治本之策，开展生猪屠宰标准化创建既有利于保障企业产品的质量安全水平，又有助于提升企业品牌意识，促进企业走质量效益型发展道路，增强企业的竞争力。

2020 年，国务院办公厅印发《关于促进畜牧业高质量发展的意见》，强调要持续推进生猪屠宰行业转型升级，开展生猪屠宰标准化示范创建，鼓励大型畜禽养殖企业、屠宰加工企业开展养殖、屠宰、加工、配送、销售一体化经营，提升畜禽屠宰加工行业整体水平。要推动畜禽就地屠宰，减少活畜禽长距离运输。鼓励屠宰加工企业建设冷链配送体系和拓展销售网络，加快健全畜禽产品冷链加工配送体系。国家和省级都在不断推动生猪屠宰管理立法，加快推进生猪屠宰相关标准的制定，以期为四川省生猪屠宰行业高质量发展提供有力的法律支撑和政策指引。

一、四川生猪屠宰行业发展概况

近年来，四川省认真贯彻落实党中央、国务院关于生猪屠宰管理工作部署要求，坚持以习近平新时代中国特色社会主义思想为指导，全面贯彻新发展理念，以保障猪肉产品质量安全和推进生猪屠宰行业高质量发展为目标，坚持“压减总量、转型升级、分级管理、确保安全”工作思路，推动全省生猪屠宰行业布局优化和结构调整，促进四川省生猪屠宰标准化建设，实现屠宰行业的机械自动化、运输冷链化、管理制度化、秩序规范化、产品品牌化发展目标，引导企业扩大规模，提升生猪屠宰标准化水平，完善屠宰行业监管机制，推进信息化、可视化、智能化全链条监管，提升猪肉质量安全保障能力，更好满足人民群众对安全优质猪肉产品的消费需求。

（一）大力推进生猪屠宰企业清理整顿，在淘汰落后过剩产能上做减法

近年来，针对全省生猪屠宰企业数量多、规模小、装备落后、产能过剩严重等突出问题，各级生猪屠宰行业管理部门及时调整发展思路，以全面开展生猪屠宰行业清理整顿为抓手，坚持在压缩落后过剩产能上动真格、下功夫、见实效，肉品质量安全水平持续向好，全省生猪屠宰行业持续稳定健康发展。

持续开展生猪屠宰企业清理整顿和转型升级工作，推进小型屠宰场点关停并转，优化结构布局，行业发展质量明显提升。2021 年年末，全省共有“三证”（生猪定点屠宰证、排污许可证和动物防疫条件合格证）齐全定点生猪屠宰企业 860 家，其中，A 类 259 家，占比 30. 12%；B 类 601 家，占比 69. 88%；在数量上，较 2014 年的 2 840 家压减少 1 980 家、减少 69. 7%，年屠宰产能始终稳定在 7 000 万头

以上；在产业结构上，规模化屠宰企业（年屠宰生猪2万头以上）占比较2014年年末提高了20%，规模屠宰企业屠宰量占全省屠宰总量达到81.2%。

（二）组织开展生猪屠宰标准化创建，在提升肉品质量安全保障能力上做加法

在“压点”的同时，同步开展“提质”行动，压紧压实屠宰企业肉品质量安全主体责任，全面落实官方兽医派驻和非洲猪瘟自检“两项制度”，加强屠宰环节检验检疫，肉品质量安全得到有效保障，2021年全省屠宰环节肉品风险监测合格率达到99.8%，抽检“瘦肉精”146.24万头次，结果全部合格。为加快推进四川省生猪屠宰标准化建设，四川省农业农村厅印发《四川省生猪屠宰标准化创建活动实施方案》，按照质量管理制度化、厂区环境整洁化、设施设备标准化、生产经营规范化、检测检验科学化、排放处理无害化的总体要求，鼓励引导企业积极开展生猪屠宰企业标准化创建。截至2021年年底，全省共有4家屠宰企业被评定为国家级标准化示范厂，14家被评为省级标准化示范厂。

（三）持续开展生猪屠宰专项整治，在打击违法违规行为上做除法

围绕生猪屠宰环节存在的突出问题，积极作为、狠抓重点，始终保持对生猪屠宰违法行为的高压严打态势，严厉打击私屠滥宰等违法行为。持续开展生猪屠宰专项整治，与公安、市场监管等部门协同联动，开展“生猪屠宰扫雷行动”“严厉打击危害肉品质量安全违法违规行为百日行动”“打击生猪屠宰违法犯罪防范非洲猪瘟专项行动”“扫黑除恶专项行动”等多项行动，严格落实屠宰企业肉品质量安全、动物防疫、安全生产和生态环保等主体责任，2021年全年共查处违规入场71次，按规定处置生猪965头。配合执法部门加大对私屠滥宰的打击力度，查处私屠滥宰303起，处置生猪1 537头，全省未发生重大影响案件。

（四）大力推行“互联网+”信息化管理，在提高监管效能上做乘法

为应对日趋复杂的动物防疫形势和工作力量不足的现实困境，四川省不断推进生猪屠宰企业监管信息化建设，全面提升执法监管效能。以“四川智慧动监”为基础架构，做好全省动物卫生监督信息化建设顶层设计，立足工作实际，不断开发完善信息系统，探索建立涵盖规模养殖场、产地检疫申报点、畜禽屠宰场点、入川指定通道和病死畜禽集中无害化处理场等动物卫生监督关键环节的，畜禽产业全链条可视化监管模式，实现“人防”与“技防”结合，提升监管效率。目前，实现了对全省规模化生猪屠宰企业、近1 000个关键监管点位的实时监控。

二、全省生猪屠宰企业标准化创建情况

2017年，农业农村部启动开展生猪屠宰标准化示范厂试点工作，提出了生猪屠宰企业标准化示范厂“六化”要求。

（一）质量管理制度化

制定有生猪屠宰全过程质量管理制度，有效开展制度实施效果评价，并采取相应的纠偏措施；屠宰生猪来自自养场和（或）签约养殖场，签订代宰协议；严格落实从生猪入厂到产品出厂的各项管理制度，加强人员管理；充分运用信息化技术建立追溯制度。

（二）厂区环境整洁化

选址布局符合动物防疫要求，生产区和非生产区划分明显，厂区干净，道路和场地硬化，绿化到位，厂区清洁区和非清洁区严格分隔。

（三）设施设备标准化

布局合理，厂区和车间的设计布局与屠宰规模相适应，符合屠宰工艺流程，符合卫生和疫病防控要求；排水、照明、温控、通风、血液和产品贮存等设施设备完善；信息体系健全，建设视频监控系统，肉品品质检验合格证实现电子化出具。

（四）生产经营规范化

屠宰生产线各环节运行协调顺畅，工艺合理；严格执行操作规范、技术要求和质量管理规范；生产过程器械、设备、厂区环境消毒彻底；实现品牌经营，具有分割包装等精深加工能力，有基本完善的冷链配送体系。

（五）检测检验科学化

建立与生产规模相适应的检验检测实验室，配备相应的设施设备；具备完善的以危害分析和预防控制措施为核心的肉品质量安全和疫病防控控制体系，配备适当数量的兽医卫生检验人员。

（六）排放处理无害化

不可食用副产品及生产、检验检测废弃物流向科学，不对周边环境造成影响，严格执行无害化处理，防止散布病原，污染环境。污水、废气配方符合环保要求。

近年来，为了加快推进四川省生猪屠宰标准化建设，引导生猪屠宰企业提升标准化水平，提高肉品质量安全保障能力，四川省按照“六化”的总体要求，结合实

际组织开展生猪屠宰标准化创建活动。目前，全省共有 4 家屠宰企业被评定为国家级标准化示范厂，14 家被评为省级标准化示范厂（表 1）。

表 1　四川省生猪屠宰标准化示范厂名单

国家级生猪屠宰标准化示范厂（4 家）	成都市：四川金忠食品股份有限公司 绵阳市：绵阳长林食品股份有限公司、绵阳双汇食品有限责任公司 遂宁市：遂宁市高金食品有限公司
省级生猪屠宰标准化示范厂（14 家）	成都市：四川金忠食品股份有限公司、成都春源食品有限公司、成都市鑫田屠宰有限公司、成都市宏晔屠宰厂 南充市：四川鸿宇食品有限公司（阆中） 绵阳市：绵阳长林食品股份有限公司、绵阳双汇食品有限责任公司、江油市旺利康食品有限公司 遂宁市：遂宁市高金食品有限公司、遂宁市南大食品有限公司 广元市：广元福润肉类食品有限公司、四川鸿宇食品有限公司（苍溪） 乐山市：四川省井研县食品有限责任公司 凉山州：会东县坨坨肉业有限责任公司

三、当前生猪屠宰行业发展面临的挑战

随着社会经济发展，人民群众对肉食品的消费需求已经发生转变，面对广大人民群众对安全、高品质肉食品的向往和追求，四川省生猪屠宰行业存在的发展不平衡不适应新要求的情况逐渐凸显。

（一）产业布局和结构不合理

经过多年努力，四川省生猪屠宰企业从数量和机构上都有大幅优化，但产业结构不合理，集中度低的问题仍然存在，“点多小散”的状况未彻底解决。目前，四川省生猪屠宰企业数量居全国第一，占了全国总量的近 1/5，比排名第 2 位的多了近 500 家，年实际屠宰量在 5 万头以上的企业仅占 12%，尚有超过 30 个区县屠宰企业数量超过 10 家，规模企业占比远低于全国水平，年屠宰 2 万头以下的企业占比近 70%。非洲猪瘟疫情发生后，基于重大动物疫病防控需求，国家提出从“调猪”向“调肉”转变工作思路，近年来四川省生猪养殖主产区发生较大变化，现有屠宰产业布局已不适应当前防控需要。

（二）小型屠宰场点多且装备落后

目前，全省小型生猪屠宰场点占比近 70%，小型屠宰场点普遍存在屠宰设施设备简陋，生产工艺落后，使用手工劈半和敞式烫毛等淘汰装备，检验检测仪器设施

缺乏，部分还存在污水处理、无害化处理设施不达标的情况。

（三）精深加工和品牌创建意识不强

目前，四川省生猪产品产品结构单一，以热鲜肉和白条肉为主，忽视精深加工，产品附加值开发能力欠缺。同时，生猪养殖、屠宰、精深加工脱节，未形成紧密的利益联结关系，产品质量稳定控制、可追溯体系建设困难，制约品牌创建。生猪产品呈现品牌多、名牌少，全省尚无全国驰名的肉制品品牌。

（四）屠宰监管保障能力滞后

屠宰行业监管是一项系统工程，涉及畜牧业生产、食品质量安全和生态环境保护等诸多方面，任务艰巨，责任重大。但在行业监管上，四川省大部分市、县农业农村主管部门在承接屠宰监管职能时，未增加编制，未增设机构，未增长经费，日常监管主要依托原有人员开展。此轮机构改革后，基层动物防疫体系被削弱，主要承担监管职能的动物卫生监督机构有超过一半被撤并，监管力量薄弱的问题更加凸显。另外，从国家到地方对屠宰行业发展基本无专项投资，屠宰行业建设发展缺乏引领和稳定的投入。

四、推动生猪屠宰行业高质量发展面临的机遇

随着四川省生猪养殖模式和居民消费习惯逐渐改变，为生猪屠宰行业高质量发展提供了新的机遇。

非洲猪瘟发生后，经过 2019—2021 年的努力，四川省生猪产能基本恢复到疫情发生前水平，生猪养殖的规模化程度得到大幅提高，据统计，2021 年四川省生猪养殖规模化比重达到 60. 1%，规模化养殖成为主要生产方式，由此带来主产区和主销区界线愈发明显，给优化生猪屠宰行业布局，推动屠宰企业向主产区转移提供了条件。

随着城镇化建设的推进，居民消费习惯发生转变，对冷鲜、分割肉品的接受度不断提高，小包装冷鲜肉、预制肉的消费比重逐年提升，为推进猪肉冷链配送体系建设，推动从“运猪”向“运肉”转变提供了市场环境。

四川省县乡行政区划调整和近年来交通运输条件的不断改善，为扩大了屠宰企业销售辐射范围提供了条件，为压减企业总量，推动屠宰行业规模化、标准化建设创造了良好契机。

国家对畜牧业发展更加重视，出台了一系列如《国务院办公厅关于促进畜牧业高质量发展的意见》的指导性文件，也因势对《生猪屠宰管理条例》作出了修订，同时四川省也正在起草《四川省畜禽屠宰管理条例》和《四川省生猪屠宰行业发展规划》等法规政策，为四川省生猪屠宰行业高质量发展提供了有力的政策保障。

五、推动全省生猪屠宰行业高质量发展的对策建议

（一）强化行业规划引导

行业发展规划为地区行业发展的目标和要求提出最为有效的指导意见，对行业发展意义重大，为此《生猪屠宰管理条例》予以了明确，要求制定省级生猪屠宰行业发展规划。当前，立足省情分析制约行业发展和迫切需要解决的难题，科学制定一个时间范围内行业发展目标和主要任务，发布符合地方发展特点、契合当前形势、解决急切问题的行业发展规划，明确发展目标和屠宰企业的设置原则，是引导四川省生猪屠宰行业科学、有序、健康发展，推进生猪屠宰向生猪养殖主产区转移，保障猪肉产品安全和有效供给，促进屠宰行业转型升级和畜牧业高质量发展的重要基础。

（二）严把许可准入关口

严格按照《生猪屠宰管理条例》规定的条件，把好屠宰企业设立准入关口，不符合规定条件的一律不予审批新建。要求各地在办理生猪定点屠宰企业新建、改建、迁建、扩建项目审核时，要严格执行行业发展规划和国家产业政策要求，除民族地区外，不再批准年屠宰生猪 15 万头及以下的屠宰建设项目，严格执行安全、消防、环保等有关法律法规。持续开展屠宰企业清理整顿，依法关停屠宰设施设备陈旧、生产工艺落后等不符合设立条件的生猪屠宰企业，取消其生猪定点屠宰资格。积极引导小型屠宰场点整合、重组和转型升级改造，提升质量安全水平。对小型屠宰场点，坚持“淘汰一批、转型一批、升级一批”的思路，改变四川省小型屠宰场点“多小散乱差”的现状。

（三）大力开展标准化建设

开展生猪屠宰标准化示范创建，实施生猪屠宰企业分级管理。从产品推介、项目倾斜、政府储备、设备补贴等多方面加大对已创建成功的标准化示范厂的支持力度，将创建成果转化为企业红利，切实发挥已创建场的典型示范作用，激发屠宰企

业转型升级的内生动力，按照标准化创建“六化”要求，加大对厂区和设施设备改造升级的投入，不断深化生猪屠宰标准化建设，进而推动四川省生猪屠宰行业高质量发展。鼓励、引导、支持生猪屠宰企业改善生产和技术条件，加强质量安全全过程管理。大力推进以质量管理制度化、厂区环境整洁化、设施设备标准化、生产经营规范化、检测检验科学化、排放处理无害化为主要内容的生猪屠宰企业标准化建设。生猪屠宰企业应当配备与屠宰能力相适应的专职兽医卫生检验人员，配备符合国家要求的检验设备。鼓励屠宰企业建设标准化预冷和低温分割加工车间、配套冷库等设施，配置冷链运输设备，加快构建“集中屠宰、品牌经营、冷链流通、冷鲜上市”的猪肉供应链，逐步提高冷鲜肉在肉类消费中的比重。

（四）加大政策扶持力度

把推进生猪屠宰行业健康发展作为当地政府实施“菜篮子”工程和保障食品安全的重要工作，落实属地管理责任，加强对本地区生猪屠宰和肉品流通管理工作的统筹领导，及时协调、解决生猪屠宰监督管理工作中的重大问题。在压减、整合现有生猪屠宰厂（场）过程中，坚持分类指导，正确处理各方面利益关系，及时化解矛盾，实现平稳过渡，确保社会稳定。组织有关部门研究制订相应的政策措施，引导生猪屠宰行业提升规模化、标准化、一体化水平，加快推动屠宰企业转型升级。加大政策和资金扶持力度，支持中小型生猪屠宰场点撤停并转和转型升级，支持养殖、屠宰加工、销售一体化企业建设，支持屠宰企业品牌打造和冷链销售网点建设，引导屠宰企业工艺改进、肉品品质检验设施设备完善、肉品质量安全可追溯体系建设，激发企业发展活力，推动行业健康发展。在严格落实永久基本农田和生态保护红线的基础上，对符合屠宰行业发展规划和国土空间规划要求的屠宰企业建设项目，保障合理用地需求。

（五）全面落实主体责任

屠宰行业健康有序发展是政府引导、部门监管和企业主体责任落实三位一体的结果，其中落实主体责任尤为关键。全面落实生猪屠宰企业的肉品质量安全、动物防疫、安全生产和生态环境等主体责任。配备与屠宰规模相适应，满足检验检疫、质量安全监控等保障安全要求的设施设备和检验人员，督促屠宰企业落实生猪进厂查验登记制度，建立健全猪肉产品出厂记录制度，完善重点环节记录和档案管理制度，大力推进猪肉产品追溯体系建设，溯源信息接入全省统一的食品溯源公共服务平台，实现数据归集、共享，切实做到来源可溯、去向可查、责任可追究。严格按照国家有关规定，开展动物疫病检测，做好动物疫情排查和报告等。

（六）强化行业监督管理

各级行业管理部门抓好监管责任落实，进一步加强对屠宰企业的监督检查，监督其全面落实质量安全主体责任，要足额派驻官方兽医，严格执行生猪屠宰检疫规程，认真履行屠宰检疫监管职责。完善监督管理制度，推进屠宰环节信息化、可视化监管能力建设，构建“人防”和“技防”相结合的监管模式。强化对生猪屠宰活动的日常监督检查，开展行业专项整治行动和屠宰质量安全风险监测，畅通屠宰违法行为举报渠道，依法查处屠宰违法行为。建立健全生猪定点屠宰企业信用档案，记录日常监督检查结果、违法行为查处等情况，并依法向社会公示。强化农业农村、市场监管、生态环境、公安等部门间协作，建立信息互通和联合执法机制，协同规范屠宰经营行为。

（七）注重宣传引导

加强对生猪屠宰经营者《食品安全法》《生猪屠宰管理条例》等法律法规的宣传，提高企业和从业人员肉品质量安全意识，严格遵守生猪屠宰法律法规和操作规范，筑牢生猪产品质量安全防线。采用多形式、多渠道、全覆盖宣传肉品消费知识，开展冷链知识科普教育，提高公众认知度、认可度，培养良好消费习惯。宣传推介生猪屠宰企业诚信经营、优质服务、转型升级典型案例，营造行业发展良好环境。

四川生猪加工发展报告

王 卫 张 崟 张佳敏 白 婷 吴周林 吉莉莉 刘达玉
（成都大学食品与生物工程学院、肉类加工四川省重点实验室，四川成都 610106）

摘 要： 生猪是支撑四川省经济发展，引领乡村振兴，带动农业发展、农村致富和农民增收最为重要的产业。而在生猪产业链条上，加工环节最为重要，生猪产业总体效益大部分来自产后加工。在经历起伏前行发展阶段后，养猪业已呈现强劲的复苏态势，而随着新冠肺炎后疫情时期的到来，发展猪肉精深加工及副产无废弃高效利用，无疑对以加工为龙头，打造优质商品猪战略保障基地，促进生猪稳产保供转型升级，提升产业总体技术水平，推进产业生态环保和可持续发展，加快由农业大省向农业强省的跨越具有特别重要的意义。

在屠宰分割和传统肉制品加工领域，四川具有特别的优势，但尚存在产业规模小、总体效益差，加工专项投入少，现代技术自主研发迟缓，引进和消化吸收不足，设备装备原始落后，产品安全隐患难以消除等问题，尤其是技术的滞后，成为制约产业可持续发展的瓶颈。因此，应以市场为导向、技术为引领，进行加工环节的技术创新和升级。具体措施：一是聚集专家团队和产业集群，进行关键技术攻关；二是完善质量安全控制体系，提升产品品质和安全性；三是推进传统特色肉制品现代加工，加大调理肉制品和预制川菜工业化步伐；四是进一步引进和消化吸收肉制品先进加工技术和设备，开发优质高档西式特色产品。在政策导向等方面，一是实施四川省川猪加工重大科技专项，打通产业关键环节技术瓶颈；二是加大科技研发和成果转化投入，尽快实现社会和经济效益；三是完善市场准入制度，培育壮大龙头企业；四是切实支持以本土企业为主导的国内外合作，快速提升加工技术水平和规模；五是进一步完善政策保障措施，推进川猪加工可持续、健康、快速发展。

关键词： 生猪产业；加工环节；发展现状；存在问题；措施建议

我国食品产业产值占国民经济总产值的20%，而食品产业中肉类加工占到12%，达1.4万亿元，成为食品中第一大产业。四川省生猪产业及其相关行业效益已达到5 000余亿元，成为引领乡村振兴，带动农业发展、农村致富和农民增收的关键。而在生猪产业链条上，加工环节最为重要，生猪产业总体效益20%在产前繁养，80%在产后加工。发展生猪加工，无疑对打造优质商品猪战略保障基地、促进生猪稳产保供转型升级、加快由农业大省向农业强省的跨越具有特别重要的意义。在四川省政府制定和实施了重振川猪雄风的战略中，将加工放在了特别重要的位置，而加工环节存在的产业规模小、效益差，加工专项投入少，现代技术自主研发迟缓，设备装备原始落后，安全隐患突出等问题更加突显，成为制约产业可持续发展的关键。此报告旨在落实党中央、国务院和四川省政府决策部署，以保障猪肉基本自给为目标，稳固四川省生猪基础生产能力，以不断提升生猪产业质量、效益和竞争力为宗旨，分析国内外生猪加工发展现状及其发展趋势，彰显四川省近年来在稳产保供中的科技贡献，并剖析产业存在的主要问题，提出产业技术攻关、产品开发、政策导向等发展建议，推进以科技为引领、加工为龙头的生猪产业可持续健康发展。

一、国际肉类加工现状及发展趋势

（一）发展现状

在新冠肺炎疫情的影响下，全球肉类产业仍然保持了稳中有增的发展势头。2021年，全球肉类生产量3.527亿吨，同比增长4.6%；其中猪肉产量1.118亿吨，占31.70%，增长10.8%，为增长幅度最大的肉类。中国、欧盟、美国的猪肉产量占世界的77.5%，比2020年（75.6%）略有上升，其中，中国占比43.4%，同比上升5.4%；欧盟占比22.3%，同比下降2%；美国占比11.8%，比2020年略有下降。2021年中国仍然为世界上最大猪肉进口国，尽管猪肉进口量同比下降9.1%，但是进口量仍占全球进口总量的38.7%。

中国的生猪产能迅速恢复推动了全球肉类产业的强劲发展。西班牙作为传统养猪大国优势持续，加之对非洲猪瘟疫情的处理得当，养殖成本也下降，而产能过剩问题突出，出口量持续攀升，有望在2022年超越德国。俄罗斯受资金投入和企业重组、生产水平提高、强劲国内需求等因素影响，2021年生猪养殖持续增长。欧盟的肉类生产量持续上升，这主要得益于猪肉和水禽消费量的增加，但受全球新冠肺炎疫情的影响，以及节能减排和动物福利等压力，肉类生产量总体呈现收缩态势。

在猪肉加工方面，发达国家的加工技术和设备持续领跑全球，加工率达到80%以上，其中香肠、火腿和培根等经典传统产品为主导。而预制调理方便、绿色有机肉制品呈现较快上升趋势。在全球的西式肉制品加工方面，基本实现了标准化和高度的工业化和机械化，冷链控制、生物发酵、嫩化保水、功能性包装、智能控制等技术广为应用，构建了较为完善的产品质量安全可追溯体系。为迎合碳中和、碳达峰的环保要求，生态环保和绿色有机肉制品成为产品开发的热点。欧洲各大型超市人造肉专卖柜也有所增加，但产品主要限制在植物基肉、单细胞菌体蛋白肉，以及少量的混合蛋白肉，基于基因工程的细胞培养肉尚处于实验室阶段，而且人造肉在感官和质构、营养平衡、加工成本等方面尚有较大缺陷，投放市场量上与肉制品中任一的单品都无法相提并论。

（二）存在的主要问题与发展趋势

国际肉类发展存在的问题：第一是重大疫病对产业带来的冲击，以及肉类安全的保障体系仍然面临挑战，非洲猪瘟在一些国家多年来起起伏伏，得不到持续有效防控；新冠肺炎疫情对肉类流通与消费带来的长期不利影响短时难以恢复。第二是肉类生产和加工的非均衡发展，在发达国家进入智能化和生态化时代，很多发展中国家还在为基本的数量保障和简陋加工条件的改善而努力。在一些国家肉类产能严重过剩的同时发展中国家因人口增长、环境恶化、战争或重大疫情导致肉类摄入不足的问题日益突出。而节能减排、环境保护、有机生态与充分的肉类消费矛盾尚难缓和，肉类质量与安全控制仍然面临巨大挑战。

国际猪肉加工未来的发展趋势是以推进均衡发展为宗旨，保障产品充足、安全性为关键，以HACCP、GMP、ISO等质量管理体系为基础，产品质量安全控制和可追溯体系不断完善。同时以现代技术和装备的持续推进为基础，低温冷链及调理保鲜产品继续不断增长，生物发酵、质构调整、天然保鲜、栅栏控制、微生物预报等进一步融入传统肉制品的品质提升和安全保障中，而有机生态、预制调理、清洁标签、动物福利标签等肉制品成为市场的新宠，人造肉产品也将不断增加，在以植物基肉为主体的同时，单细胞菌体蛋白肉和混合蛋白肉加工技术将取得新突破，细胞培养肉在成本降低上可能取得较大进展，但大规模商业化尚待时日。

二、国内肉类加工现状及发展趋势

（一）发展现状

我国仍然是世界上最大的以猪肉为主、其他畜禽为辅的肉类生产和消费国，2021年肉类生产量占世界总产量的25%以上。在肉类生产方面，2021年生猪出栏6.71亿头，与2020年比较增长27.32%，牛、羊和禽分别出栏4 707万头、3.30亿头和157.4亿只，在2020年基础上增长了3.13%、3.45%和1.09%，保持了肉类原料生产的基本稳定并有所上升态势。

2021年猪、牛、羊、禽肉产量8 887万吨，比上年增加1 248万吨，增长16.3%。其中，猪肉产量大幅增长，达到5 296万吨，增加1 183万吨，增长28.8%；牛羊禽肉产量稳定增长，牛肉产量698万吨，增加25万吨，增长3.7%；羊肉产量514万吨，增加22万吨，增长4.4%；禽肉产量2 380万吨，增加19万吨，增长0.8%。牛肉、羊肉、禽肉产量以及猪牛羊禽肉总产均创历史新高。根据中国肉类协会测算，加上100多万吨的杂畜禽肉产量，2021年中国肉类总产量将创下历史最高纪录，达到9 000万吨。

在肉类进口方面，随着国内猪肉产能的恢复，国内市场对进口肉类的需求持续下降。2021年我国全年共进口肉类938万吨，比2020年减少约53万吨，下降5.4%。其中猪肉进口462万吨，同比下降9.1%。禽肉进口量也有所下降，而牛肉、羊肉进口量保持增长。

在肉类消费方面，2021年中国的肉类总供应量接近1亿吨（包括国内肉类总产量近9 000万吨，肉类净进口量900多万吨），比2020年增加15%左右；市场供应充足，猪肉价格明显回落，牛肉价格在高位小幅波动，羊肉价格有所回落仍处于历史高位，白条鸡价格自2020年低位走高；居民肉类消费量大幅回升，根据国家统计局数据，2021年中国居民家庭人均畜禽肉购买量达到45.2千克，增长20.5%。

在肉类加工方面，我国的肉制品加工发展迅速，目前拥有的以生猪为主导、涵盖牛羊家禽的企业如表1所示。我国肉类加工近30余年高速发展，在肉类加工规模以及生产和消费量上跃居全球第一，在技术和装备上与发达国家的距离与越来越小。但总体上与发达国家和地区相比仍然存在较大差距，主要以加工规模仍然是“小微”居多、传统肉制品为主导、大量的产品以手工作坊制作为主，难以实现标准化和规模化工业加工，产业发展受到制约，总体效益很不高。目前我国的猪肉精深加工主要是传统腌腊（香肠、火腿、腊肉等）、酱卤、烧烤、肉干、罐头等类型，产品多达数千。规模化机械化加工则是以西式低温香肠、培根、火腿、香肠和预调理等类型为主，占到市场50%左右。传统产品大多基本停留在简单手工方式，在冷控腌制、自动灌装、蒸煮烟熏和包装等一些环节逐步实现了机械化。近期传统肉制品现代化加工及菜肴工业化、中央厨房预制菜等的发展较为迅速，加工设备创制配套、技术研发和开发逐渐成为推动肉类加工发展的新亮点。

表1 我国肉制品生产企业和肉制品加工小作坊地区分布情况

序号	省（区、市）	肉制品生产企业（家）	肉制品加工小作坊（家）
1	山东	1 308	4 543
2	江苏	1 065	2 652
3	广东	1 046	2 663
4	四川	1 036	3 830
5	浙江	746	903
6	河北	699	3 486
7	河南	649	712
8	安徽	605	540
9	湖南	561	162
10	辽宁	512	2121
11	内蒙古	489	3 330
12	重庆	446	468
13	湖北	441	392
14	福建	435	207
15	云南	434	524
16	黑龙江	423	1 043
17	广西	357	2 599
18	贵州	277	199
19	陕西	274	2 801
20	江西	259	769
21	吉林	239	686
22	上海	153	1
23	山西	120	631
24	甘肃	96	1 899
25	北京	94	19

（续表）

序号	省（区、市）	肉制品生产企业（家）	肉制品加工小作坊（家）
26	新疆	83	98
27	天津	78	1
28	宁夏	70	966
29	青海	54	391
30	海南	51	667
31	西藏	16	463
32	兵团	16	10
合计		13 132	39 776

（二）存在的主要问题与发展趋势

我国的生猪产业2021年继续保持规模化聚集态势，技术水平不断提升，但企业数量多、规模小，其总体技术低和盈利差仍然是影响产业发展的主要问题。全国有近13 000家左右获得食品生产许可的肉制品加工企业，以及近4万家肉制品加工小作坊。2021年底畜禽屠宰与加工业规模以上（指年收入2 000万元以上）企业数量为3 737家，企业平均资产不到1.8亿元，企业平均收入仅3亿元。其中，肉制品及副产品加工业规模以上企业有1 780家，企业平均资产仅1.53亿元，企业平均收入仅2.2亿元，而在整个肉类产业中，猪肉占绝对主导地位（表2）。尽管肉类产业持续在供应链控制、生产管理、产品创新研发、产品品质和品牌建设等方面取得较大提升，但大量存在的肉类小作坊以传统手工操作为主，进一步拉低了产业发展水平。

表2　2020年我国屠宰及肉类加工业主要经济指标

	屠宰及肉类加工业	牲畜屠宰	禽类屠宰	肉制品及副产品加工
2020年年底规模以上企业数量（家）	3 502	1 189	628	1 685
2020年年底总资产（亿元）	6 079.76	2 084.10	1407.18	2 588.48
同比增幅（%）	3.36	4.29	4.41	2.06
2020年营业收入（亿元）	10 578.00	3 892.09	2 730.19	3 955.72
同比增幅（%）	3.07	9.57	-0.98	0.05
2020年营业成本	9 673.16	3 639.51	2 575.78	3 457.87

（续表）

	屠宰及肉类加工业	牲畜屠宰	禽类屠宰	肉制品及副产品加工
同比增幅（%）	4.58	11.28	1.42	0.54
2020年营业费用（亿元）	210.98	56.47	29.28	125.23
同比增幅（%）	-2.59	-9.02	0.18	-0.05
2020年管理费用（亿元）	210.81	60.81	41.90	108.10
同比增幅（%）	-3.12	-9.40	3.73	-1.81
2020年财务费用（亿元）	59.97	23.09	11.04	25.83
同比增幅（%）	-18.68	-26.83	-17.94	-10.07
2020年利润总额（亿元）	406.68	119.07	73.39	214.21
同比增幅（%）	-18.34	-9.86	-47.75	-4.99
2020年亏损企业数量（家）	764	313	168	283
亏损企业数量增加（家）	146	51	43	52
2020年亏损企业亏损额（亿元）	71.23	23.25	26.40	21.58
同比增幅（%）	34.02	-13.14	135.04	42.42
毛利率	8.6%	6.5%	5.7%	12.6%
销售利润率	3.8%	3.1%	2.7%	5.4%

2021年我国肉类产业的经济效益持续走低，养殖行业进入“寒冬期”，龙头企业大量巨额亏损，肉类加工效益也持续下滑。纳入统计的屠宰及肉类加工规模以上企业3737家，年底利润总额337亿元，同比下降23.9%；行业毛利率7.5%，同比下降1个百分点；销售利润率3%，同比下降1.2个百分点。有917家亏损，亏损面24.5%；企业共亏损105.5亿元，同比增加42%。肉制品及副产品加工业规模以上企业1 780家中，实现收入近4 000亿元，同比增加5.6%；而利润总额216亿元，同比下降15.5%；行业毛利率12%，同比下降0.6个百分点；销售利润率5.4%，同比下降1.3个百分点。1 780家肉制品及副产品加工规模以上企业中，有314家亏损，亏损面18%；共亏损31亿元，同比增加37.7%。屠宰及精深加工整体的毛利率仅为7.5%，销售利润率更是低至3%，20%左右的企业处于亏损状态。

我国生猪加工未来的发展趋势是以应用现代技术和装备对传统产品进行改进为重点，在保持传统特色风味的同时，提升感官品质和营养特性，减少有害物的残留，开发更加优质安全并满足不同层次消费需求的各类冷鲜风味预调理产品和工业化菜肴。发达国家现代设备和技术的引进持续推进，高档西式肉制品、消闲方便产品在未来的市场将占有一席之地，副产品高效利用、节能环保和产品质量安全控制始终是产业发展越来越关注的焦点。在食品安全、行业政策和市场竞争等因素的影响和导向下，我国肉制品加工业“大而强、小而精、特而美”发展进程将加快，产品市场份额将逐步向经营管理水平高、现代化装备齐全、食品安全管理体系完善的企业集中，大量的小微企业将被淘汰。一些竞争力较强的小微企业，将通过加快转型升级，在环境卫生、人员健康、设备清洁、管理规范等方面求得提升和发展。

三、四川生猪加工现状及发展趋势

（一）发展现状

1. 肉类总体发展及猪肉生产

2021 年四川省肉类呈现明显的上升态势，生猪产能完全恢复，牛、羊、禽生产保持稳定，以肉类为主导的肉蛋奶有效供给水平进一步提升，人民群众“菜篮子”消费需求得到有效保障。从存栏情况看，2021 年年末全省生猪存栏 4 255. 1 万头，同比增长 9. 8%。其中，能繁母猪存栏 405. 2 万头，同比增长 8. 9%，生猪、能繁母猪存栏实质性恢复。从出栏情况看，2021 年全年生猪出栏 6 314. 8 万头，较上年增加 700. 4 万头，增长 12. 5%，生猪供给充足。牛、羊生产小幅减少，家禽存栏有所增加。从存栏情况看，2021 年年末牛存栏 830. 5 万头，同比减少 5. 7%；羊存栏 1 511. 7 万头，同比略减 0. 9%；家禽存栏 45 682. 6 万只，同比增加 5. 2%。从出栏情况看，2021 年全年牛出栏 293. 1 万头，同比减少 1. 1%；羊出栏 1 766. 2 万头，同比减少 1. 4%；家禽出栏 77 467. 3 万只，与上年基本持平。畜禽肉类产品也是猪肉增幅明显，其他产品基本稳定。受生猪供给增加带动，主要畜禽肉类产量均有所增长。全年猪牛羊禽肉类总产量为 640. 4 万吨，较上年增长 11. 4%。其中猪肉产量 460. 5 万吨，同比增长 16. 6%；牛肉产量 36. 9 万吨，同比略减 0. 5%；羊肉产量 27. 1 万吨，同比略减 0. 8%；禽肉产量 116. 0 万吨，同比略增 0. 2%。总体上，生猪产能的恢复为肉类产业持续发展奠定了良好的基础。

2. 猪肉加工

2021 年四川省食品饮料产业进入万亿产业，营业总收入 10 030. 2 亿元。尽管肉制品加工的占比较低，纳入统计的规模化屠宰与精深加工企业640亿元，仅占13%，主要均为生猪屠宰与加工。但在产业集群形成、动能蓄积、产业转型、科技支撑上呈现前所未有的发展态势。

在产业集群形成方面，成都市和遂宁市肉制品特色产业集群不断壮大，打造了多个省级农产品加工示范园区，基本形成“一园一主业、园区有特色”发展格局。以猪肉和乳业为主导的新希望入围世界500强，以生猪屠宰和猪肉加工为主导的四川高金食品有限公司在总体上市之后正在准备以肉类单独上市，美宁成为全国肉类罐肉加工的龙头之一，并聚集罐头集群，在遂宁打造中国罐头之都，大中小企业加速实现融通发展，企业绿色发展水平大幅提升。

在产业动能蓄积方面，国际肉类大企德国通内斯集团与四川德康集团在眉山共同投资5亿欧元，建造年屠宰加工生猪200万头的高端肉制品加工厂已经启动，预计2022年底完成基本建设；山东龙大集团在邛崃兼并成都佳享食品有限公司并开始技改和扩容，在巴中固定投资近3亿元，屠宰加工100万元生猪的肉制品加工厂将在2022年年底投入运营，在郫州新建肉制品加工厂也完成规划启动建设；高金集团在成都崇州新建年屠宰加工10万头的生猪屠宰及加工厂投入建设，建成后年销售收入达33亿元，实现利税1.46亿元；白家食品进军肉类领域，在江油、德阳等地建立肉制品加工基地，致力于推进四川特色传统猪肉制品的现代化。

在产业转型和技术方面，四川省也彰显其特色，尤其在特色川菜肉类菜肴工业化，方便预调理理肉制品和中央厨房预制菜开发上展现强劲的发展态势。国内各肉类企业纷纷在四川省投资建厂，依托于为学校、厂矿、机关等提供预制餐的中央厨房式加工厂数10个。广东安井、山东龙大、成都希望、遂宁高金、四川美宁等龙头企业均将特色川菜肉类菜肴工业化，方便预调理理肉制品和中央厨房预制菜等作为投资发展达到重点，对其未来市场充满信心。以四川高金公司为例，2021年预制菜和调理肉制品销售额就占到熟食的35%。而成都希望仅农家小酥肉单个新品上市当年销额突破1亿元，第2年销售额突破5亿，第3年销售额突破10亿元，实现了新产品和新技术以市场为导向的成功转型。

肉类工业的新模式新业态不断涌现。肉类加工企业利用5G、大数据等新技术开展改造升级的覆盖面持续扩大，中央厨房、“基地+加工+营销”等新模式不断呈现，利用移动社交、新媒体等发展社交电商等新业态的企业数量不断提升。2021年肉类加工品网络零售额近100亿元，同比增长15%以上。同时品牌优势持续巩固，美好火腿肠、小酥肉、高金庄园黑猪、美宁预制菜等产品品牌驰名国内外。

四川生猪加工企业在科技支撑产业发展的作用上也更加凸显，截至2021年，已拥有国家农业农村部、教育部、商业部，四川省科技厅、发改委、经信厅、教育厅等批准建设，高校和科研院所遴选、"产学研"合作为特色的技术研发和创新平台20余个，包括国家生猪技术创新中心、国家肉牛技术创新中心、教育部肉类安全控制实验室、肉类加工四川省重点实验室、四川省肉类质量安全控制工程实验室、四川省肉类加工工程技术中心、四川省生猪产业技术研究院、四川省功能性食品技术中心、四川省生物发酵技术重点实验室、四川省畜产安全控制实验室、四川省生猪产业研究院等，以及企业为主体、联合科研院所的高新技术企业和科技型中小企业的技术研发中心等，目前这些平台建设与运行良好，"产学研"技术研发和"产教"融合技术创新平台特色彰显。国家农业农村部和四川省农业农村厅启动的农业产业技术体系建设在肉类加工领域设立了加工岗位，生猪加工岗位聘任的首席专家组建的技术攻关团队，近年通过"产学研"合作研发的系列肉类加工贮运技术应用成效显著，立项实施国家、省部肉类产业技术研发重大项目，尤其是科技厅在生猪加工上立项实施的重大科技支撑项目，取得包括专有技术、发明和实用新型专利、加工规范和产品标准、特色新产品等创新性成果200余项（件），通过技术成果评估80余项，20余项获四川省科技进步奖和行业科技进步奖，如2014—2020年，以肉类加工四川省重点实验室、成都大学等联合肉类加工龙头企业实施的"生物加工提升传统肉制品品质和安全性""冷鲜肉及预调理肉制品加工关键技术研究与产业化应用""四川省传统特色食品工业化技术研究与应用"等10余项成果获得四川省科技进步奖，2021年"传统肉制品现代化工业加工和设备创制"获四川省科技进步二等奖和中国畜产加工研究会一等奖，该成果已在省内外20余个企业应用，取得了极为显著的经济、社会和生态效益，为生猪加工产业发展提供了强有力的技术支撑。

（二）存在问题及发展趋势

1. 存在问题

在生猪加工领域的主要问题，首先是现代加工技术自主研发和集成应用迟缓，肉制品加工总量占生产肉类比例尚不足10%，工业化规模精深加工率仅5%左右，高技术含量高档次的低温乳化肠、发酵肉制品、预调理冷保鲜肉制品产品不到2%（发达国家在50%以上，国内发达地区接近10%），技术含量高的优质产品缺乏。而传统产品加工安全隐患突出成为制约特色肉制品发展的关键，加工和消费最多的腊肠、腊肉、酱卤肉等大宗特色传统肉制品占到加工肉制品的70%以上，是国内“年货”肉制品的主体。但主要依托小微企业制作，呈现“小散低、脏乱差”局面，实现标准化控制的不到20%，具备现代质量和安全可控工业体系的不到5%。有害物残留等污染控制薄弱，产品贮藏方法原始。

四川的大宗传统特色猪肉制品在全国均很有影响，但普遍采用缸腌、锅煮、灶熏、烤制等方法制作，工业化设备缺乏，标准化程度极低，水电气能耗高，机械替代人工，预调理、酱卤、成型和包装等工序无缝衔接技术环节尚未取得重大突破。在加工专项上，突出问题是投入少，尤其是精深加工上的各类专项不到酒类的10%。应用研究缺乏，传统产品机理不清、机制不详，在传统肉制品工业化流程设计、工程化设备创制、产品“原味化”和“标准化”技术研发等方面缺乏重要的科学依据支撑。

2. 发展趋势

在猪肉产品方面，随着科技的发展，“互联网+智慧物流”促生了“懒人”经济，加之生活的快节奏和人民生活水平的不断提升，方便烹调且美味营养的肉制品成为市场的主流，调理类、休闲类肉制品加工制品将会得到更大发展。鉴于国内生猪为主导的肉类产量的恢复，我国对猪肉进口的需求将有较大幅度减少。同时构建以绿色、低碳、高效、安全、可持续等为特征的健康养殖模式将成为主流。同时随着消费者对肉类产品选择的多样性，肉制品的市场需求也出现多元化发展趋势，在品质方面要求质优价廉，产品形式方面则更加倾向于调理化、方便化。在消费升级的大背景下，受非洲猪瘟疫情影响，消费者在仍然关注价格，追求“便利”的同时，更加重视食品安全、健康、营养，更加注重品牌与品质，这将有助于品牌产品、高端产品、功能性保健肉制品等的发展。例如消费者追求方便、安全的外卖，为熟肉制品、调理肉制品市场增长带来机会；消费者更加注重品质、休闲、享受，有助于发酵肉制品、休闲方便类肉制品、工业化肉类菜肴等的市场增长。

2021年市场回归传统趋势明显，消费者关注传统文化和饮食、追求“归属感”，钟情“老味道”，传统特色中式猪肉制品、老字号肉制品需求前景向好。同时中国餐饮市场尤其是连锁餐饮业规模不断扩大，连锁餐饮企业“去厨师化”趋势显现，对中央厨房的需求快速增长。肉制品企业抓住这一市场机遇，大力开展产品研发，发展中央厨房业务和预制菜等的开发，为下游餐饮客户提供一站式服务，开拓肉制品业务新空间。四川具有生猪养殖等传统畜牧优势，猪肉加工也将面临前所未有的发展机遇。社会经济发展，特别是快速的城市化进程，以及对优质安全产品需求的不断提升，为精深加工产品市场提供了广阔的市场前景，而现代技术进步和设备为优质安全产品开发提供了必要条件，产业集群形成和融合促进了加工规模的不断扩大，以加工为引领促进全产业链发展的肉类行业，将得到越来越多的优惠政策和资金支持。

四、四川生猪产业加工发展建议

（一）产业发展目标

通过聚集专家团队和产业集群，围绕产业发展需求在技术创新与集成，设备创制与配套，产品品质提升和安全性保障上进行技术攻关。技术研发与应用转化同步，产品开发与市场需求接轨，特别是重点于集成技术的产业化转化应用，提升加工总体技术水平，推进原料优势向加工优势的转变。

（二）关键技术研究与应用

进行产品质量和安全性提升技术研发，构建基于 HACCP 管理、栅栏技术控制、微生物预报、5G 在线监控等技术的质量安全控制和可追溯体系，通过精准监测与调控、智能识别与控制、信息交汇与处理等技术研究和集成配套，不断提升生猪产品安全水平。

应用现代生物发酵、冷控腌制、滚揉嫩化、巴氏热加工等技术改造传统腊肉、腊肠、酱卤肉加工，降低可能的氧化酸败，硝胺生物胺等有害物残留，提升产品档次，实现传统猪肉产品加工的全面技术改造和升级。

集成现代调理调味、质构调整、功能性包装、冷链贮运应用与特色川菜菜肴工业化加工，研发肉类加工产业急需的预制川菜、中央厨房预制餐、方便调理肉制品加工成套技术，保障产品贮运流通中的风味持久和质量安全。

进一步引进西式肉制品加工技术和设备，集成配套使用我国产业发展需求的发酵肉、乳化肠、盐水火腿等加工技术，并将西式技术融入我国传统肉制品加工，提升产品感官、营养特性，延长保质期，提升传统肉制品加工和装备水平。

将生物酶解、发酵、膜分离、超微粉碎、多态联产等应用于屠宰副产物和废弃物，实现其高效环保，联产节能利用，为产业可持续生态发展提供保障。适应现代社会对生态、环保、动物福利的发展需求。

（三）产品开发与创新

针对四川内外消费市场对特色肉制品传统风味、优质安全的需求，通过生物发酵、仿天然智能调控、冷链控制等现代技术的应用，开发智能风干发酵，即食或即烹调理预制，低温风味与营养保持的高档川式腊肠、腊肉、板鸭、风鸡等特色风味肉制品。

发挥川菜优势，开发特色工业化川菜菜肴和中央厨房预调理产品，打造预制川菜新势力，实现技术产业化应用和产品安全可控，推进四川特色东坡肘子、卤猪蹄、酱排骨、红烧肉、烧白、即食火锅等各类工业化预制川菜菜肴走向国内外。

进一步引进西式肉制品加工技术和设备，开发优质高档发酵肉、乳化肠、盐水火腿等西式特色产品，并根据我国消费习惯，发挥川调、川味优势，开发中调味、西式工艺的低温火腿肠、预包装冷保藏腊肠、腊肉等特色产品。

适应现代社会对生态、环保、动物福利的发展需求，开发有机肉制品、清洁标签肉制品、动物福利标签肉制品、植物基人造肉等新产品，推进肉类清洁加工和节能减排、节支增收。

通过现代技术的集成应用，实现屠宰副产物和废弃物的联产节能和高效环保提取，开发骨蛋白、血蛋白、氨基酸或多肽，实现肠膜素、SOD、胰酶等高附加值产品。

（四）政策及其他建议

1. 实施川猪加工重大科技专项，打通产业关键环节技术瓶颈

针对生猪产业加工环节存在的关键问题和发展技术需需求，与《四川省“十四五”川猪重大科技专项》相衔接，尽快启动和实施《四川省川猪加工重大科技专项》，围绕屠宰与冷鲜预调理肉制品加工技术、传统特色肉制品工业化加工技术、川菜菜肴及预制菜工业化现代加工技术，肉制品加工与贮运产品质量安全控制技术，以及工业化装备创制与配套应用等关键内容进行研究和“产学”合作攻关，打通加工环节技术瓶颈，延长生猪产业技术链，引领生猪全产业链可持续发展。

2. 加大科技研发展和成果转化投入，尽快实现社会和经济效益

积极争取财政加大对川猪加工技术攻关重点领域和产业化关键环节的支持力度，健全投入保障制度，创新投融资机制，加快形成财政优先支持、金融重点倾斜、企业积极参与的多元化投入格局，带动产业实现显著经济和社会效益。例如，投入财政资金10亿元，带动社会投入和社会融资20亿元，实施“十四五”川猪加工重大科技专项和技术转化应用专项，可使企业直接增收100亿元以上，增效30亿元以上，带动农民增收及相关产业增效100亿元以上，实现综合效益300亿元以上。

3. 完善市场准入制度，培育壮大龙头企业

在加工工业园区和畜牧主产区，通过政策引导、财政资金和优惠政策扶持等方式，推进一批具有较强市场开拓能力，产品具有竞争力，可切实带动农村发展、农业增效和农民增收的龙头企业的快速壮大成长，鼓励企业通过与高校和科研院所的“产学研”合作，不断提升自主创新能力。建立以加工为重点，涵盖养殖、屠宰及精深加工、冷藏储运、批发配送、制品零售、设备制造及相关高等教育和科学研究的完整产业链，采用传统肉制品加工方式与现代化生产相结合的方式，提高肉制品行业的规模化及现代化水平，有利于进一步促进肉制品行业的高速发展。同时对不符合生产许可硬件条件又不愿意进行改造的中小企业直接进行淘汰，持续完善市场准入制度，适当提高肉制品生产加工行业准入门槛，培育壮大重点龙头企业。

4. 切实支持以本土企业为主导的国内外合作，快速提升加工技术水平和规模

大力支持以省内本土企业为主导，通过国内外合作，特别是与国际肉类加工企业的合作，引进现代技术、设备和资金，在川内建设精深加工基地，实现生猪资源的就地精深加工增值，带动养殖户增收、地方增效和相关产业发展。例如为四川省德康集团与国际肉类加工巨头德国通内斯集团正在眉山建设的生猪加工厂提供更大的软、硬件支持，对于打破一些国家对我国的技术和设备封锁，迅速缩小四川省肉类加工与发达国家和国内发达地区在技术和规模上的差距，具有重要意义。

5. 进一步完善政策保障措施，推进川猪加工可持续发展

充分发挥省领导联系指导川猪产业工作机制作用，强化部门协作和上下联动，形成川猪产业技术攻关的工作合力，制定生猪加工技术攻关路线和年度任务清单，按照“路线图”+“年度重点任务清单”工作方式推进技术攻关。鼓励企业通过创建科技创新与成果转化平台，与高校和科研机构通过技术创新联盟、产业研究院、工程中心等形式开展科技合作、引进国内外科技创新人才等方式提升创新能力，引导企业成为技术创新决策、研发投入、科研组织、成果转化的主体，建立健全“产学研用”协同机制，推进川猪加工可持续发展。

五、四川肉类产业加工发展典型案例

（一）四川高金实业集团股份有限公司

四川高金实业集团股份有限公司是一家集优质生猪养殖、屠宰、肉制品精深加工、鲜销连锁、物流配送、进出口贸易于一体，全产业链运营，专注为客户提供整体解决方案的城市优质食材服务商。在猪肉精深加工领域，产品类型涉及传统和现代中式、西式高温、中温、低温，以及罐头、中央厨房、预调理、方便休闲等120余种肉制品，2021年销售额超100亿元。公司旗下11个生产工厂，子公司30余家，地跨东北、华北、华中、华东、西南、西北6个大区，在各大省会城市均建有前置仓，2 000多家加盟连锁店，2万多个销售终端，利用“互联网+”与企业高度融合，线上线下，多渠道运营。

公司为中国肉类协会副会长单位和世界肉类协会会员单位，荣获“农业产业化国家重点龙头企业”，获评“全国农业产业化优秀龙头企业”“全国农业产业化龙头企业100强”“中国肉类企业20强”“全国政府采购食材与餐饮行业服务质量500强”“全国民营企业制造业500强企业”“四川省民营企业100强”“四川省100户大企业大集团”等称号。依托于公司的“国家认定企业技术中心”“国家星火计划龙头企业技术创新中心”“全国农产品加工技术研发中心猪肉分中心”和“四川省优质生猪产业化工程技术研究中心”，公司2021年实施省科技项目7项，新开发产品20余种，申请专利8项，获得四川省科技进步二等奖1项。

公司还与高校和科研院所建立了长期的“产学研”合作关系，与四川大学、四川农业大学、四川省畜牧科学研究院、成都大学等共同组建了四川省科领生猪产业技术研究院；与成都大学共建了肉类加工四川省重点实验室、成都大学—高金公司“产学研”合作技术创新平台等研发平台，2021年这些“产学研”合作技术创新平台运行良好。近年来合作实施国家、省部和四川省重大项目20余项，合作取得的设计专有技术、发明专利、实用新型专利、论文、科技进步奖等成果100余项，成果应用取得了极为显著的经济、社会和生态效益。

公司视质量为生命，2021 年强化了产品质量安全控制管理，完善了独立的部门—食品安全管理部与系统的管理公司食品安全和集团董事长垂直管理的品质工作结合的体系。公司先后通过了质量管理体系、HACCP 体系、食品安全管理体系等认证，并长期坚持“诚信立企”的质量控制理念，严格按最先进国家和地区的卫生标准，实现了从生产到销售的 36 个环节无污染、无公害的质量控制，公司建立了以源头为核心的“双码、双控、双检”的三双质量管理模式，坚持 10 大食品安全红线、8 大质量基线和产品金线为高金的产品生命线。

2021 年公司在以市场为导向的产品开发和技术研发方面成效显著。在新品上主要集中于工业化菜肴，预制菜和冷鲜调理方便肉制品，以及传统腊肉腊肠的优质安全化，相关新产品达到 20 余个，产值占到总产值的 20%以上，并进行了这些新产品的新技术研发和配套，新技术应用率达到 80%以上，发展最好的是预制菜和调理肉制品，如巴蜀公社品牌的九大碗等即食菜肴，调理牛肉等火锅食材产品，土豆烧牛肉、台式卤肉等各种方便料理包等外卖市场产品。仅仅是即食菜肴 2021 年销售额就占到熟食的 35%，实现了新产品和新技术的成功转型。在产品营销上，除了传统的商超对接，还积极创新销售模式，如电商的线上销售、团购直销等，这些模式销售都在逐步增长，例如“B2B”的电商销售，尽管仅在 200 万元左右，占总额的不到 3%，但公司将作为具有前景看好的销售新途径予以推动。

公司在积极拓展销售途径的同时不断扩大产品的加工能力，2021 年在兰州新区投资 4.5 亿元，新建生猪屠宰加工厂 1 座，年屠宰加工能力达 100 万头，在食品安全、环境保护、冷库运行、工艺设备方面引入物联网及智能化系统，将本项目打造成业内高标准食品加工企业；在贵阳龙里投资 1.5 亿元，建立贵阳地区最先进的集优质肉类加工、精细小包装、物流配送为一体的集约化、现代化、高标准优质肉类食材加工基地。2021 年在崇州市建立肉制品精深加工基地项目启动，2022 年将继续投资 3.5 亿元，在崇州市实施肉类精深加工与智能化中央厨房项目。所有项目将按照“先进、适用、稳妥可靠、经济合理”的原则，进行工艺设备的选型。通过技术创新，集成配套和新技术引进，在生产、储备、配送，物流、销售端实现数据全对接，实现企业高效运行及市场精准服务。

（二）成都希望食品有限公司

成都希望食品有限公司是新希望集团旗下的一家大型肉食品加工企业，成立于1993年，占地200余亩，固定资产投资8亿多元，拥有员工1 600余名。公司主要从事肉类食品研发、生产、销售，下设生产基地和多家销售分公司，产品销售以四川为中心，辐射西南及全国市场，在中国肉制品行业有一定的影响力和引领作用。“美好”食品在全国取得了8.2%的市场销售份额和5%的市场综合占有率，在西南地区以25%的市场综合占有率，荣膺西南地区肉食品加工企业销量第一。“希望食品和美好品牌”连续12年获得“中国最受尊敬的10大肉制品企业”和“中国最受消费者喜爱的10大肉类品牌”。公司先后荣获“省、市农业产业化经营重点龙头企业”“四川省创新型企业”“四川省农产品加工业示范企业”“中国肉类食品行业强势企业”“中国肉类工业影响力品牌企业”“四川省应急商品重点企业”“国家科技创新型星火龙头企业”“冷链物流国家标准化企业”“全国青少年儿童食品安全科技创新实验示范基地”“国际食品安全典范企业”“成都企业100强企业”等150多个荣誉称号。

公司在确保食品安全的基础上，始终把技术开发、技术创新视为企业发展的源动力。公司高度重视研发，近3年公司研发投入分别达到营业收入的2.5%、3.4%、3.7%，仅2021年技术创新投资3 881万元。每年补充、引进实战能力强高级技术人员，进一步提高技术中心各种产品研发综合能力，目前拥有硕士以上学历占比超30%的专业技术研发团队。公司始终坚持应用技术方面，以自主创新为主，行业基础研究技术多通过“产学研”合作解决。公司研发投入，自主创新和产学研合作占比为7∶3，形成百余项自主创新技术，研发200多个产品。经过多年的沉淀、积累，公司研发中心先后评定为省市企业技术中心、四川省肉制品精深加工工程技术研究中心、成都市预调理肉制品创新中心、成都市院士专家工作站。公司与国内高校科研院所建立了长期的“产学研”合作关系，与西南大学、四川大学、四川农业大学、成都大学、西华大学、四川省旅游学院、四川省食品发酵工业研究设计院等建立了长期技术合作关系。公司并先后数次选派技术骨干到共建机构参与合作项目的研发，不仅加大了“产学研”联合开发的力度，同时也为公司培养技术带头人奠定了基础。近年来合作实施国家、省部和四川省重大项目20余项，合作取得的设计专有技术、发明专利、实用新型专利、论文、科技进步奖等成果100余项，成果应用取得了极为显著的经济、社会和生态效益。

研发团队深入开展市场调研，挖掘时下消费热点提炼新品创意，从产品选料、配方工艺和包装深入研究，围绕以“营养健康”概念为引领，以更健康、更方便、更贴近消费者的研发目标创新突破。在动物、植物交联蛋白技术、肉制品杀菌防腐技术、微波预油炸裹浆肉制品复脆技术、传统腊肉即食型创新技术、传统预炸肉制品标准化技术、真空包装技术、智能包装箱可追溯技术和灌肠制品自动集成技术等方面获得突破，形成公司自主创新核心技术体系，获得 2 项创新技术获四川省科技进步奖，18 项技术成果获得省级以上奖励，158 项技术成果获得专利保护，国内核心期刊发表论文 10 余篇，多项技术转化落地，形成高端灌肠系列、传统休闲系列产品、川菜标准化系列产品、火锅预调理系列等多个市场热销产品。

2021 年，公司认真贯彻新希望集团“科技驱动”方针，研发构筑技术壁垒，积极践行“沃土计划”“春雨行动”“种子培育”指导策略，不断丰富产品矩阵，多渠道创收，生产肉类精深加工产品达 8 万多吨，产值近 16 亿元，税收 1.5 亿元。新品营收逐年增长，2021 年新品营收 1.1 亿元，研发人均产出增长率（当年新品营收额/研发人员数）37%，增长态势稳定，效能逐步提高，仅农家小酥肉单个新品上市当年销额突破 1 亿元，第 2 年销售额突破 5 亿，第 3 年销售额突破 10 亿元。在产品开发中，美好宝藏小猪荣获 2021 全球创新食品评鉴大赛“最受消费者欢迎奖”和 2021 中国国际肉类产业周“最受关注产品奖”；美好小酥肉荣获 2021 亚洲调理食材大会“中国食材产业百款爆品奖”。2021 年，团队实施的“速冻预调理肉制品工业化关键技术研究及产品开发”项目成果经四川省科技厅认定集成创新突出，整体技术处于同类产品国际先进水平。“速冻预调理肉制品工业化关键技术研究及产品开发”项目成果荣获 2021 年度四川省食品工业科学技术奖科技进步奖一等奖。

公司一直把打造一流的产品质量视为企业重要的社会责任之一，始终把“技术创新、优质安全、持续改进、顾客满意”的质量方针作为企业经营管理的座右铭，始终将质量目标定位于“注重食品安全问题和保护生态环境，严把产品质量关，使全国人民都能吃到更多的放心肉，吃到质量有保证的食品”。通过多种手段为成都希望食品有限公司食品质量控制增加了一道道有力的防线，公司先后通过 ISO9001 质量管理体系、ISO14001 环境管理体系、HACCP 体系、ISO22000 食品安全体系、知识产权管理体系、BRC 体系认证，并取得了产品出口资质。下一步，公司将不断强化食品安全防控理念，完善“互联网+企业主体责任”的“智慧管理”模式，依托新希望六和股份有限公司全产业链整体布局优势，开展产品全链条溯源管理，打造全产业链远程视频监控和质量监督平台，实现了饲料、养殖、屠宰、肉制品深加工、冷链运输、销售的闭环式信息可追溯，做到从“美好田园”到“美好餐桌”质量安全全程可控。

（三）四川优食谷食品有限公司

四川优食谷食品有限公司（原铁骑力士集团四川枫叶牧场食品有限公司）隶属于农业产业化国家重点龙头企业——铁骑力士集团。公司历经 16 年发展，现已成为集育种、饲料、养殖、屠宰、肉蛋制品深加工、冷链物流、终端零售于一体的全国性综合型企业。目前在四川、黑龙江、福建等地建有 20 余家食品精深加工企业，1 000 多家全国品牌连锁门店。旗下拥有优食谷、圣迪乐、枫叶牧场、土门赵鸭子、道台府、黑味美等多个食品品牌，涵盖预制食材、预制半成品、预制成品、蛋品、休闲食品、罐头食品六大品类，其中以小酥肉、藤椒鸭、川藏黑猪、香肠、鸡蛋等为代表的数 10 个产品畅销全国，并出口美国、加拿大、日本、澳大利亚及东南亚等 20 多个国家和地区，2021 年销售额突破 40 亿元。其中，公司预制菜赛道产品亿级单品“小酥肉”畅销全国，并屡次登上 CCTV10 获专题报道。

凭借优秀的产品力及在农业等多个领域作出的贡献，公司累计已获得“四川省农业企业重点培育品牌、2020—2021 食品安全诚信单位，中国安全食品品牌 50 强、315 名优食品推广品牌、中国肉类协会副会长单位”等 50 多项省市级荣誉。公司依托集团“国家认定企业技术中心——冯光德实验室”组建食品产业技术研究院，分设保鲜技术研究室、酱卤标准化研究室、肉制品品质研究室三大研究中心。且与中国农业科学院、中国农业大学、四川农业大学等建有院士工作站、博士工作站和联合实验室，与成都大学肉类加工四川省重点实验室共建优质肉制品“产学研”合作创新平台。先后获得国家专利技术 20 余项，省部级科研成果 5 项，牵头和参与制定国家、行业、地方标准 5 项，省科技进步一等奖 1 项。

公司通过全产业链安全生产，实现了对产品质量安全的体系化管控，先后通过了 ISO9001 质量管理体系、ISO22000 食品安全管理体系、HACCP 食品管理体系、川藏黑猪有机认证等认证体系及出品食品生产企业备案，质量管控严格执行“三不”原则：不接受不合格品、不生产不合格品、不交付不合格品，同时采用飞行检查、监督检查、TQM内控的三级质量控制模式，质量KPI聚焦“566”控制要素，打通了从育种到终端消费的七大产业链条节点，实现了质量管理的数字化和全产业链追溯，确保为消费者提供安全优质的食品。

公司依托集团鸡、猪、鸭三条黄金产业链，围绕预调理系列、酱卤系列、腌腊系列、肉灌系列、罐头系列、蛋制品及休闲零食系列产品进行深度开发，2021年推行上市10余款新产品。以小酥肉代表“枫叶牧场肉小酥”为例，产品历经4次迭代升级，目前在行业通路产品中实现技术领先，配方自主性100%，跻身行业Top3阵营。在产品结构优化上，肉制品产品调整优化755个，优化量高达18%；同时采用胶原肠衣替代猪肠衣，实现灌装劳效提高6倍，次品率下降5%，仅肠衣替代每年成本降低600万以上。在产品销售终端上，围绕KA、门店、团购等多种渠道销售同步扩展，形成“线上+线下”的一体化模式，覆盖全国，打通链接消费者“最后一公里”。

截至目前，优食谷已形成“绿溪优食谷、威信金色优食谷、青冈优食谷、江油优食谷、辽源御品优食谷、大凉山阳光国际优食谷、铜仁梵净国际优食谷、大湾区优食谷”的全国性优势特色食品产业集群。其中，优食谷（威信）食品产业园规划建设面积约700亩，总投资3亿元。以“扎西秘境”塑造极具特色地域之美的原生品牌，并着力打造优质（特色）农产品深加工区、高品质肉品加工区、中央厨房、食品加工区、优食谷电商创新中心；优食谷（青冈）食品产业园园区位于黑龙江省绥化市，规划面积524亩，青冈优食谷通过规划布局，实现集体验观光、研发创新、产业孵化等为一体的国际化、数字化、现代化工业园区，致力于成为全国优质食品全产业链发展示范区；优食谷（江油）食品产业园园区规划面积约为156亩，项目计划总投资6亿元，位于江油市和绵阳市城区之间，紧邻绵广高速大堰出入口，交通运输便捷。同时也是川藏黑猪研发孵化平台，园区以黑猪精深食品加工、高端中央厨房、江油特色食品、黑猪肉制品、调理肉制品等产业构成现代化食品产业园。

凭借优食谷食品产业集群优势，旗下产品矩阵已相继进驻全国大型连锁商超、五星级酒店、企事业单位、学校等渠道，为合作伙伴提供产业发展平台、为中高端客户提供后厨一站式解决方案、为消费者提供健康、美味、便捷的高品质食品。未来，优食谷将继续依托集团猪、鸡、鸭3条黄金产业链，发挥区域特色和优势产业，构建以母品牌“优食谷”为核心，全力推动“高端生鲜名牌产品（川藏黑猪）、高端预制菜名牌、圣迪乐高端蛋品品类名牌、一谷一特色名牌产品”共生的立体化品牌矩阵发展模式。建成辐射全国的农业特色产业集群链，带领链条企业全域乃至全国市场化、品牌化发展，加速形成产业共享生态圈，促进地方经济增长，带动乡村农业振兴，成为中国现代农业的标杆和样板。

（四）四川美宁食品有限责任公司

四川美宁食品有限公司是加工肉类罐头为主体，辅以各类精深加工肉制品的专注企业，距今已有42年的历史。现已发展成为农业产业化国家重点龙头企业、国家农产品加工示范企业、国家高新技术企业、国家知识产权优势企业，国家西南地区罐装食品生产应急动员中心、四川省国防动员十佳单位、四川省应急保供重点联系企业、午餐肉罐头国家标准起草单位之一，美宁商标为中国驰名商标。公司注册资本1.37亿元，总资产5.44亿元。产销量位居中国肉类罐头前列，产品远销40多个国家和地区，国内市场全覆盖。

公司建有省级技术中心及工程技术研发中心2个，各类科技技术型人才69余人，其中中国罐头工业协会特聘专家3人。拥有自主知识产权专利技术89项。公司先后与成都大学、四川农业大学建立“产学研”科技创新联盟，联合研发的“优质安全冷却保鲜肉加工及储送技术研究与应用示范”和“优质牛肉加工及综合利用关键技术研究与产业化”分别获四川省科技进步二等奖和三等奖。2020—2021年，公司自筹资金实施了《自热软包装罐头食品技术研究及产品开发项目》《高能自热软罐头食品研发项目》《川菜精品产业化研发项目》等项目，与军事科学系统工程研究院军需工程技术研究所签订了开发《单兵自热食品12个餐谱技术合作协议》和《常温食品研发合作协议》；与中国人民解放军海军特色医学中心签订了《含气食品调理杀菌测试与评价合同》，为之开发调理食品8种。

通过科技创新与技术攻关，形成预调理自热软包装罐头加工技术、工艺1套，建成了自热软包装罐头生产线1条、川菜精品产业化生产线1条。开发了芽菜扣肉、粉蒸肉、夹沙肉、红烧牛肉面臊、杂酱面臊、坛子牛肉等新产品8种；按照军需罐头食品总规范和军需罐头国家军用标准，按照不同地域的气候特点分高原、热区、寒区，分类试制了13单兵自热食品8种产品以及17单兵自热食品8种；为军研所研发了28种自热软罐头。公司开发的单兵自热食品得到了各大军种广大官兵的认可。申请新型实用专利 61 项，获得授权新型实用专利 31 项。

美宁公司针对我国以猪肉为主导的罐头肉制品远落后于欧盟国家，存在很大差距，导致自动化、智能化水平低、劳动力耗用高、水电气消耗大、产品质量不稳定、工艺技术原始，无法参与发达国家市场竞争等问题，2019 年以来，在遂宁高新区投资 6.5 亿元，打造中国肉类罐头智能化加工基地项目，该项目已于 2021 年 10 月建成投入试产。2020 年在遂宁市委市政府支持下，以美宁公司为依托，成功申报“中国肉类罐头之都——遂宁”。未来，公司将进一步深耕国内市场，开拓国际市场，积极参与国际国内市场“双循环”的竞争。进一步充分利用好现有的专利技术，抓好技术创新和新产品研发，进一步加强与北京军队研究所和中国海军研发合作，加快军民融合深度发展。预计到 2025 年实现年产销罐头 12 万吨，销售收入 48 亿元。

六、结语

生猪是支撑四川省经济发展，引领乡村振兴，带动农业发展、农村致富和农民增收最为重要的产业。而在生猪产业链条上，加工环节最为重要，生猪产业总体效益大部分来自产后加工。在经历起伏前行发展阶段后，四川省养猪业已呈现强劲的复苏态势，而随着新冠肺炎后疫情时期的到来，发展猪肉精深加工及副产无废弃高效利用，无疑对以加工为龙头，打造优质商品猪战略保障基地，促进生猪稳产保供转型升级，提升产业总体技术水平，推进产业生态环保和可持续发展，加快由农业大省向农业强省的跨越，具有特别重要的意义。在屠宰分割和传统肉制品加工领域，四川具有特别的优势，规模化屠宰企业近百家，产品居全国首位。传统肉制品加工企业数百家，尽管其规模较小，但仅仅是冬季腊肠、腊肉和腌腊制品的“年货”加工就高达数百万吨，产品畅销省内外，甚至远销海外市场。四川高金、成都美好、四川王家渡、铁骑力士、四川美宁、通威集团、四川金忠等一大批生猪加工企业在经历严酷疫情仍稳定持续发展，而且在川式、川味、川调和川造的四川特色肉制品加工、预制川菜开发上走在全国前列。但总体而言，四川的生猪加工在规模、技术和装备水平上，距发达国家和国内发达省份和地区仍有较大差距，存在产业规模小、总体效益差，加工专项投入少，现代技术自主研发迟缓，引进和消化吸收不足，设备装备原始落后，产品安全隐患难以消除等问题，尤其是技术创新的不足和现代技术的快速集成应用的滞后，成为制约产业可持续发展的瓶颈。因此，应以市场为导向、技术为引领，进行加工环节的技术创新和升级。具体措施：一是聚集专家团队和产业集群，进行关键技术攻关；二是完善质量安全控制体系，提升产品品质和安全性；三是推进传统特色肉制品现代加工，加大调理肉制品和预制川菜工业化步伐；四是进一步引进和消化吸收肉制品先进加工技术和设备，开发优质高档西式特色产品。在政策导向等方面，一是实施四川省川猪加工重大科技专项，打通产业关键环节技术瓶颈；二是加大科技研发和成果转化投入，尽快实现社会和经济效益；三是完善市场准入制度，培育壮大龙头企业；四是切实支持以本土企业为主导的国内外合作，快速提升加工技术水平和规模；五是进一步完善政策保障措施，推进川猪加工可持续、健康、快速发展。

四川猪肉冷链物流发展研究报告

邓皓轲[1]　李戎遐[2]　王顺祥[1]
（1. 四川省农业农村厅信息中心，四川成都　610041；
2. 四川省畜牧总站，四川成都　610041）

作为我国居民餐桌上最常见的肉类食品，猪肉具有鲜活农产品难保存、易腐损等特性，随着人民群众物质生活水平的提高和城镇化发展，以及非洲猪瘟和新冠肺炎疫情等外部不确定因素的影响，从生猪屠宰到肉制品消费，全程猪肉冷链物流能有效降低生猪跨省运输中的疫病传播风险、保障猪肉等生鲜农产品口感营养与质量安全、推动鲜活农产品市场布局以及居民消费模式重构。四川农产品冷链物流在“十四五”期间迅速发展，但仍然存在全程冷链物流体系建设滞后、设施总量不足且区域分布不均、保鲜技术和信息化水平不高等问题，基于此，提出以下建议：一是开展屠宰业升级行动，加快建立冷鲜肉物流体系；二是围绕猪肉产能布局，提高装备水平；三是加快全域冷链物流建设，提升信息化水平，以进一步完善四川猪肉冷链物流设施建设，更好地助力生猪大省向生猪强省跨越。

一、猪肉冷链物流发展现状

从产业链看，猪肉冷链物流对生猪产业中下游环节起到重要保障作用。种猪繁育后进入屠宰加工环节，以热鲜肉、冷鲜肉、冷冻肉、高温肉制品、低温肉制品等形式，通过第三方配送企业或直接进入市场流通，经个体户、农贸市场、商超等主体销售，最终到达消费者手中（图1）。

（一）生猪生产情况

我国生猪市场规模庞大，国家统计局数据显示，全国猪肉产量基本稳定在5 000万~6 000万吨，正常情况下生猪出栏在7亿头左右，按照标准出栏体重115千克，销售均价18元/千克测算，我国生猪市场规模约为1.45万亿元。猪粮安天下，生猪是四川在全国最具影响力的优势农产品。2021年，全省生猪出栏

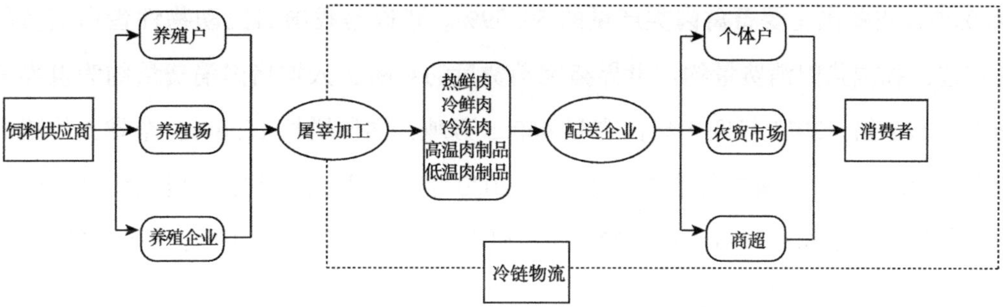

图 1　生猪产业链

6 314.8 万头、猪肉产量 460.5 万吨，分别占全国总量的 9.4%、8.7%，已经恢复至非洲猪瘟前的正常水平。四川猪肉产量基本长期占全省肉类总产量的 70%以上，占生鲜农产品产量 5%左右。全省生猪产业链产值超过 6 500 亿元，对四川经济作出了突出贡献（表 1）。

表 1　2010—2021 年四川农业生产情况

年份	农林牧渔总产值（亿元）	肉猪出栏（万头）	猪肉产量（万吨）	占肉类总产量比值（%）
2010	4 081.81	7 174.95	492.25	75.55
2011	4 932.73	7 000.41	484.73	75.15
2012	5 433.12	7 170.70	496.40	74.85
2013	5 620.27	7 314.10	510.80	74.86
2014	5 888.09	7 445.00	527.20	74.88
2015	6 377.84	7 236.54	512.42	73.80
2016	6 816.92	6 907.82	492.32	72.36
2017	6 955.55	6 579.10	472.23	72.23
2018	7 195.65	6 638.34	481.20	72.39
2019	7 889.35	4 852.61	353.45	63.17
2020	9 216.40	5 614.36	394.79	66.02
2021	9 383.30	6 314.8	460.5	71.91

数据来源：《四川统计年鉴》（2010—2021）、四川省人民政府官网。

（二）猪肉消费情况

我国是全球最大的生猪生产和猪肉消费国，生猪生产量和消费量常年保持全球第一。2021 年全国猪肉产量 5 296 万吨，同比增长 28.8%，占全球猪肉产量的 44.09%，占我国主要畜禽肉类产量的 59.59%。猪肉是我国居民动物性蛋白消费品种首选，我国猪肉消费量约占世界猪肉消费量的 46%，人均猪肉消费量约为世界平均水平的 2 倍。2021 年四川猪肉产量 460.5 万吨，同比增长 16.6%，全省人均猪肉消费量 28 千克，全国排名第二（表 2）。2020 年成都平原经济区和川东北经济区猪肉产量分别为 126.6 万吨、124.33 万吨（图 2），稳居全省前 2 位，成都平原经济区也成为全省的猪肉冷链流通中心。

表 2　2021 年各地区猪肉人均消费量（千克）

地区	消费量	地区	消费量	地区	消费量
重庆	29.9	上海	19.1	山东	12.4
四川	28.0	内蒙古	18.3	甘肃	11.9
广东	26.0	江苏	18.1	陕西	10.5
江西	24.9	安徽	18.1	河南	10.3
云南	24.7	海南	16.8	山西	9.7
湖南	22.7	辽宁	16.5	青海	8.1
贵州	22.3	北京	15.4	西藏	6.7
广西	20.7	黑龙江	15.0	宁夏	5.8
浙江	20.0	吉林	14.2	新疆	3.4
湖北	19.4	天津	14.1	—	—
福建	19.3	河北	12.9	—	—

数据来源：《国家统计年鉴》《四川统计年鉴》（2010—2021）。

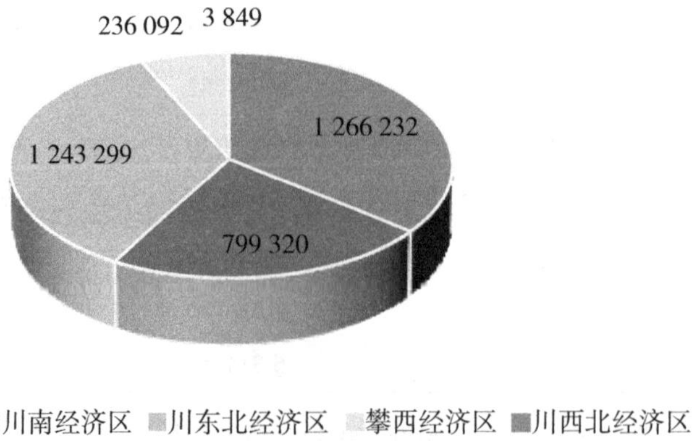

图 2　2020 年四川五大经济区猪肉产量（吨）

数据来源：《四川农村统计年鉴》（2021）。

（三）农产品冷链物流发展情况

2020年，全国冷链物流市场规模超过3 800亿元，冷库库容近1.8亿立方米，冷藏车保有量约28.7万辆，分别是“十二五”期末的2.4倍、2倍和2.6倍左右。2012—2020年，四川在120多个县（市、区）新建农产品产地初加工和冷藏设施。截至2020年年底，全省从事冷链物流企业近1万家，注册资金1亿元以上企业达75家。据农业农村主管部门公布，仅2020—2021年就新（改扩）建农产品产地冷藏保鲜项目1 700余个，新增库容75万吨。全省“十四五”期间生猪屠宰加工能力超过7 000万头，冷库储藏能力超过30万吨，精深加工能力达50万吨，均居全国前列。以猪肉为主的肉类加工业在四川省食品工业中仅次于白酒，位居第二。

（四）农产品冷链物流政策支持情况

2019年年初，国家发展和改革委员会（以下简称“国家发改委”）联合中央网信办、工业和信息化部、公安部、财政部、自然资源部等24个部门和单位印发了《关于推动物流高质量发展 促进形成强大国内市场的意见》，指出要发挥物流对农业的支撑带动作用，加强农业冷链物流体系建设。发改、商务、农业部门、供销系统围绕骨干冷链物流基地、农贸市场、县域产地农产品冷链物流中心、冷链物流枢纽基地、田间地头冷藏保鲜设施建设形成政策推动合力。2022年出台的《四川省“十四五”现代物流发展规划》提出，加快完善冷链设施网络，要做强冷链物流，推动农产品生产、流通、销售网络高效衔接。加快冷链物流与现代农业融合发展，促进生鲜农产品规模生产、渠道拓张、品质提升和品牌建设。2019年9月，国务院办公厅印发《关于稳定生猪生产促进转型升级的意见》，提出逐步构建生猪主产区和主销区有效对接的冷链物流基础设施网络。鼓励屠宰企业建设标准化预冷集配中心、低温分割加工车间、冷库等设施，提高生猪产品加工储藏能力。国家发改委印发《城乡冷链和国家物流枢纽建设中央预算内投资专项管理办法》，重点支持服务肉类屠宰加工及流通的冷链物流设施项目，公共冷库新建、改扩建、智能化改造及相关配套设施项目，解决生猪调运到“调肉”转型的阵痛。《四川省“十四五”生猪产业发展推进方案》中提出，开展屠宰加工冻储冷运能力提升行动，到2025年，全省初步建立完善的生猪肉品冷链物流体系，产品加工储藏、运输和终端配送能力全面提高，基本实现“集中屠宰、品牌经营、冷链流通、冷鲜上市”。

二、猪肉冷链物流发展的必然性

当前，我国社会主要矛盾已经转化为人民群众日益增长的美好生活需要和不平衡不充分发展之间的矛盾，城乡居民对农产品品种多样性、丰富性、安全性、均衡性的要求不断提高，农产品消费正由“吃得饱”向“吃得更安全、更营养、更健康”转变。快速升级的消费需求，倒逼产业链、供应链提质增效，迫切要求加快发展农产品仓储保鲜冷链物流。

（一）非洲猪瘟及新冠肺炎疫情形势的倒逼

2018年在全国范围内暴发的非洲猪瘟，一定程度上加速了猪肉冷链物流发展，在国家出台的“禁止生猪跨省转运、调猪转运肉”等系列政策推动下，2021年3月四川发布《关于调整完善生猪调运规定的通知》，暂停省外生猪调入。流通领域主导权向屠宰场转移，传统仓栅式运输车跨区调猪转变为冷藏运输车调肉，以降低活畜禽长途调运中疫病传播风险。四川积极制定符合川猪产业发展的相关配套政策，推动屠宰加工企业建设冷链仓储配送设施，构建现代化肉品冷链物流体系。加强消费宣传引导，提高冷鲜肉消费比重，逐步推进实施禁止活猪（种猪和仔猪除外）跨大区域调运，实现“运猪”向“运肉”转变。

受新冠肺炎疫情持续影响，猪肉作为重要的稳产保供品类，猪肉价格与居民消费物价指数紧密关联，猪肉冷链物流的发展将为降低肉制品腐损率和市场流通成本，保证高品质供应，增强居民消费信心起到更关键的作用。《四川省“十四五”推进农业农村现代化规划》明确全省肉制品冷链流通率将达到60%以上。根据国家发改委最新发布的《“十四五”冷链物流发展规划》，到2025年，全国肉类、果蔬、水产品产地低温处理率分别达到85%、30%、85%。冷链流通率越高，表示进入冷藏环节产品越多，食品安全保障得到进一步加强。

（二）经济发展水平的推动

冷链物流需求随着区域经济发展而扩张，经济利好将反馈到居民对高品质鲜活农产品需求量增长上，当地区生产总值提升，相应的物流需求将增大。猪肉冷链物流作为农产品冷链物流的重要组成部分也受到社会经济发展条件的制约。近10年来，四川地区生产总值稳步提升，成为全国第6个、西部首个GDP总量超5

万亿元的省份，2021 年全省 GDP 总值 53 850.79 亿元，位居全国第 6，经济增速达 8.2%。冷链物流属于第三产业中的物流业，隶属于“交通运输、仓储和邮政业”，自 2009 年起，全省第三产业占比不断突破新高，GDP 占比从 37.9%增长到 52.5%，对经济发展作出了突出贡献，交通运输、仓储和运输业随着基础设施不断完善，总产值从 2009 年的 489.29 亿元跃升到 2021 年的 1 613.62 亿元，同比增长 9.6%，全省物流业发展形势较好。四川 2020 年交通运输、仓储和邮政业就业人员数 34.57 万人，比上年增长 8%；社会固定资产投资增长 15.2%，2020 年施工项目 5 149 个，位居行业前列，从业人员的增加侧面反映行业景气，冷链物流业正在稳步发展。

社会消费品零售总额指企业（单位）通过交易销售给个人、社会集团，非生产、非经营用的实物商品金额，以及提供餐饮服务所取得的收入金额。冷链物流是餐饮业食材流通的重要配套保障，随着社会消费品零售总额的增加，将带来对冷链物流的更大需求。2020 年全省社会消费品零售总额 20 824.87 亿元，其中餐饮业 2 344.71 亿元、占比 11.3%，2021 年零售总额 24 133.20 亿元、比上年增长 15.9%，餐饮业良好发展势头不断促进对冷链物流需求（表 3）。

表 3 2009—2020 年四川经济发展状况

年份	地区生产总值（亿元）	第三产业占比（%）	交通运输、仓储和邮政业（亿元）	社会消费品零售总额（亿元）
2009	14 190.60	37.9	489.29	5 789.67
2010	17 224.78	38.1	500.87	6 888.84
2011	21 050.87	38.9	545.03	8 282.82
2012	23 922.41	39.9	591.65	9 606.44
2013	26 518.02	40.9	617.86	10 976.63
2014	28 891.33	42.5	864.72	12 353.94
2015	30 342.01	44.5	941.85	13 834.40
2016	33 138.48	47.6	1 118.84	15 519.69
2017	37 905.14	50.3	1 205.90	17 404.45
2018	42 902.10	52.3	1 401.66	19 340.75
2019	46 363.75	52.6	1 473.14	21 342.98

（续表）

年份	地区生产总值（亿元）	第三产业占比（%）	交通运输、仓储和邮政业（亿元）	社会消费品零售总额（亿元）
2020	48 598.76	52.4	1 472.28	20 824.87
2021	53 850.79	52.5	1 613.62	24 133.20

数据来源：《四川统计年鉴》（2010—2021）、四川省人民政府官网。

（三）生猪产业发展的必然要求

农业发展水平是体现鲜活农产品冷链物流市场容量与发展潜力的重要指标。农业生产本身和农业经济发达程度对冷链物流发展起到正向促进作用，农业基础条件越好、发展规模越大，越能加快推动冷链物流发展。四川是传统农业大省，近10年间农业稳步发展，一产产值实现翻倍增长，2021年全省农林牧渔总产值达9 383.30亿元，居全国第二，第一产业增加值5 661.9亿元、增长7.0%，农村居民人均可支配收入增长10.3%。同理，地区生猪产业越发达，产业链延伸的必然性和猪肉冷链物流体系构建的迫切性越发凸显。猪肉作为生猪产业链的末端价值变现，连接起了饲料疫苗供应商、养殖户、屠宰场、肉制品加工企业、商店超市电商、消费者等市场主体，冷链物流为产业链上的生产者降低成本、减少损失提供保障，为销售者延长服务半径获取更大利润提供保证，也为消费者获得优质安全猪肉供应保驾护航。

（四）居民消费水平提升的迫切需求

人均可支配收入与猪肉冷链物流发展有着密切关联，人均收入水平的增长将改变人们的消费结构，转向品质和口感更好的冷鲜肉，拉动冷链物流发展。冷鲜肉是指在分割、剔骨、包装、加工、运输、销售直到进入消费者的冰箱或厨房前，一直处于0~4℃条件下的生鲜肉，口感好、品质高、保存期长；而传统未经任何降温处理的热鲜肉，在运输和销售过程中容易受到多方面的污染，可能导致微生物大量繁殖，一般保存时期很短。近年来四川省人均可支配收入呈现稳步上升趋势（图2），2021年人均可支配收入29 080元，较上年增加2 558元，增长9.6%。其中，城镇居民人均可支配收入41 444元，农村居民人均可支配收入17 575元。2020年，在包括果蔬类、肉类、禽蛋、奶类、水产品在内的生鲜农产品中，猪肉人均消费量占比22.7%，占肉类消费量的83.4%。随着人居收入水平的提高，人们将增加对高品质冷鲜肉的需求（图 3）。

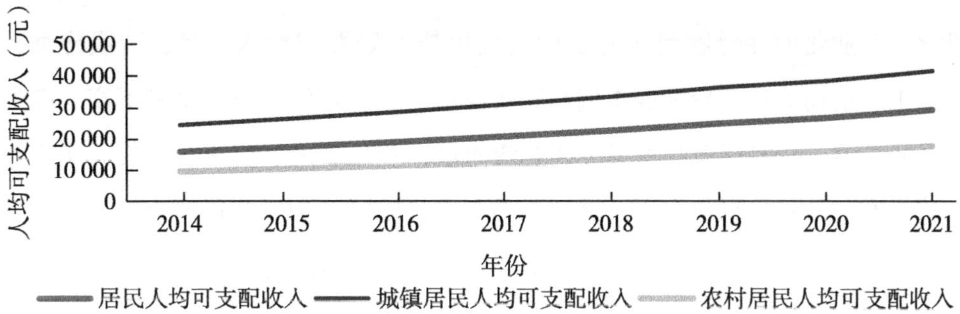

图 3　2014—2021 年四川居民人均可支配收入

数据来源：《国家统计年鉴》《四川统计年鉴》（2010—2021）。

三、猪肉冷链物流发展面临的挑战

（一）全程冷链物流体系建设滞后

全省肉类冷链多集中在商超、批发市场及肉制品加工企业，而屠宰环节“最初一公里”的冷藏处理比较薄弱。纵观生猪产业链条，中端生猪屠宰是全程冷链的关键环节，而全省屠宰企业以小规模企业为主，2020 年全省生猪屠宰企业 984 家，年屠宰加工 100 万头以上的大型企业不足 5 家，小规模屠宰场冷藏设施设备包括冷链运输车短缺，产地预冷处理技术不达标、冷库功能单一，多以热猪肉形式流入下一环节，农村地区及城市近郊地区仍然以热鲜肉售卖为主。

（二）设施总量不足且区域分布不均

四川仓储保鲜冷链设施需求缺口大，2020 年全省冷库容量只能满足鲜活农产品流通领域 15%左右的需求，低于全国平均水平 5%，不足以支撑全省鲜活农产品冷藏需求。据行业统计，按照猪肉产量布局，成都平原经济区、川南经济区、川东北经济区、攀西经济区、川西北经济区冷藏吨位占比与各地猪肉产量占比并不匹配。且现有冷链物流设施、农产品批发市场和大中型冷链物流公司主要集中在成都平原经济区，而其他地区冷链物流装备还比较欠缺。

（三）保鲜技术和信息化水平不高

全省各类冷链物流设施低端重复性建设导致生产利用率不高，部分产区冷（冻）藏库建设数量偏多，但专用型预冷库、采后初加工设施、冷藏车等设施配置不足，造成物流过程中“短链”“断链”问题突出，严重影响了效益发挥。目前全省农产品冷链物流业发展仍处于起步阶段，整体发展水平不高，智能化、信息化、标准化、产业化的冷链物流设施及配套应用技术研发和投入不足，造成冷藏、冷冻、加工、运输等环节冷链成本偏高和效益偏低。一是保鲜技术水平不高，肉类温控、品质检测、冷藏保鲜技术尚处于初级阶段，食品制冷、切割、包装、速冻等技术亟待提升。二是信息化水平不高，目前尚未建成覆盖全省的猪肉冷链物流贮运信息平台，缺乏对生产、冷链加工、流通、市场交易等信息的有效掌握与分析，无法合理调配冷链物流设施资源，促进猪肉冷链物流产业高效发展。

四、未来发展趋势和建议

（一）发展趋势

随着猪肉冷链物流业空间布局和基础设施的不断完善，未来产业的发展将呈现全程化、专业化、智能化、标准化、绿色化的特点。产地化、个性化、便捷化的节能高效型冷链物流设施将成为养殖地和屠宰区猪肉冷链物流建设的设施主体；专业化、标准化、集约化的第三方冷链物流企业将成为推动产业融合发展的经营主体；“基地冷链物流点+区域冷链物流节点+大型枢纽冷链物流中心”全程化的农产品冷链流通模式将成为助推川猪产品外销的有力支撑；农产品电商线上线下冷链流通配送、“生产基地+中央厨房+食材冷链配送”等生鲜农产品生产、加工、流通方式将成为保障农产品质量、满足市场消费的新业态；智能温控技术、食品溯源技术、物联网、大数据、云计算、智能机器人等高新技术的应用将成为助推川猪产业快速发展的动力保障。

（二）建议

1. 开展屠宰业升级行动，加快建立冷鲜肉物流体系

逐步实现畜禽屠宰加工向养殖集中区域转移，加强对规模屠宰、预冷排酸、低温分割、保鲜包装、冷链储运全链条的监管和追溯。加强对屠宰企业的监管，支持鼓励屠宰企业示范推广冷鲜调理肉制品等特色品种，创建高端肉类品牌。积极探索“牧场+超市”“养殖基地+肉制品精深加工+超市”等新模式，使冷鲜肉生产、流通企业可直接对接农贸市场、连锁超市、社区生鲜店铺、生鲜电商等流通渠道，实现肉类冷链物流与上下游深度融合。

2. 围绕猪肉产能布局，提高装备水平

适应调猪变调肉，重点建设数字化大中型产地冷库集群，建设冷藏库、冷冻库、解冻库以及冷却、分级、分割、成熟、减菌、减损、包装和速冻设施设备。在全省生猪主产区，推进屠宰企业建设标准化程度高的预冷集配中心、低温分割加工车间、冷库等设施，提高猪肉储藏加工能力，鼓励屠宰企业配备适量冷藏车，延长销售半径，提高终端配送能力。推动成都市等主销区按照不同目标市场、消费场景需要，建设生鲜肉冷链集配中心，完善冷鲜肉专用仓储及挂肉冷藏车等设施设备。

3. 加快全域冷链物流建设，提升信息化水平

支持家庭农场、合作社、村集体经济组织等新型农业经营主体开展产地冷藏保鲜设施建设，鼓励屠宰场向产地归集并配备技术水平高、标准化程度强、分级包装等初加工设施设备，鼓励龙头企业、肉制品加工企业深化冷鲜肉技术研发和标准化应用，探索猪肉冷链全链条信息追溯。加快优质生猪制品加工企业升级改造，培育生猪育种繁育、规模养殖、屠宰加工、冷藏储备、冷链物流、连锁经销一体化的龙头企业，支持肉食品加工企业发展冷鲜肉、中低温熟食品、川味特色猪肉制品，在消费市场设立专柜营销，打造企业生猪产品品牌。农业部门着重前端养殖户及屠宰场等小型猪肉冷链设施建设，发改、商务等部门着重骨干冷链物流基地及冷链冻猪肉储备等大型运输流通和生猪产业链下端市场供应环节冷链配套工程，形成部门合力共促猪肉冷链物流发展。鼓励以冷链物流协会为主导，与政府部门合作开发市场化运作的全省农产品冷链物流公共信息平台，建立农产品产业链全程信息追踪，包括温控、价格预警、冻库租赁等信息，推动构建覆盖农产品生产、加工、流通、消费各环节的高水平农产品市场流通体系。

四川生猪产业市场竞争力研究报告①

赖靖雯[1]　陈天宝[1]　杜兴端[2]　李　晓[2]

（1. 四川省畜牧科学研究院，四川成都　610066；2. 四川省农业科学院农业信息与农村经济研究所，四川成都　610066）

摘　要：四川是我国生猪产销大省，生猪出栏量和猪肉产量长期保持全国第一。运用综合比较优势指数法分析发现，四川生猪生产具有效率优势、规模优势和综合优势。当前四川生猪存在种业核心竞争力不足、标准化规模化水平不高、动物疫病防控体系薄弱、屠宰加工企业小而散、精深加工水平低、政策落实落地难等问题，提升四川生猪产业市场竞争力，要高质量发展生猪饲料兽医产业，大力发展生猪标准化规模养殖，加强生猪良繁体系建设，建立市场信息监督预警机制，做大做强川猪产业品牌，规范壮大生猪屠宰加工业，加强疫病防控和技术服务。

关键词：生猪；市场竞争力；综合比较优势指数法；四川省

四川是我国生猪产销大省，生猪出栏量和猪肉产量长期保持全国第一。近年来，四川生猪产业维持着一定的发展速度，在培育生猪新品种、建设良种繁育体系以及创建区域、地方、企业品牌等方面均取得了显著的成效。伴随着南方环保压力增大、非洲猪瘟的冲击等多重原因，“南猪北养”的趋势愈加明显，尤其是河南、湖北、湖南、山东、广东等地的生猪生产更是发展迅猛，四川生猪大省地位正面临巨大的挑战。四川省委、省政府高度重视生猪产业发展，出台了《中共四川省委四川省人民政府关于加快建设现代农业“10+3”产业体系推进农业大省向农业强省跨越的意见》，将川猪纳入重点发展的十大优势产业予以重点支持。2020年9月，省委农村工作领导小组印发《川猪产业振兴工作推进方案》，提出振兴川猪，实现

① 基金项目：四川省农业科学院省财政自主创新专项“科技支撑四川农业高质量发展研究”（2022ZZCX037）；四川省农业科学院“1+9”揭榜挂帅科技攻关项目“天府农科发展战略研究基础理论和支撑技术”（1+9KJGG009）；四川省农业科学院省财政自主创新专项“四川乡村产业振兴研究”。

养猪大省向养猪强省跨越。2022 年 6 月，四川省农业农村厅印发《四川省“十四五”生猪产业发展推进方案》，提出“加快推动生猪产业转型升级和高质量发展，实现生猪养殖大省向生猪产业强省的转变”，到 2025 年，“现代生猪养殖体系更加完善，防疫能力大幅提升，生产效率进一步提高，稳产保供能力明显增强，生猪生产保持稳定，产业发展的质量效益显著提升，种养结合更加紧密，产业价值持续增长，市场竞争能力不断增强，国家优质商品猪战略保障基地更加稳固，生猪生产基本实现现代化”。振兴川猪，建设生猪产业强省，必须不断提高四川生猪生产比较优势，提升生猪产业市场竞争力。

一、四川生猪产业发展概况

（一）生猪产业现状

2011—2020 年，四川生猪产业规模总体呈现稳定趋势，常年生猪出栏量、年末存栏量和猪肉产量占全国 1/10 左右。2015—2019 年四川省生猪出栏量位居全国首位。自 2018 年 8 月 3 日辽宁省沈阳市首次发现非洲猪瘟疫情，疫情在全国迅速蔓延，全国生猪、能繁母猪存栏量快速下降，全国生猪养殖断崖式下跌，然而四川省 2019 年生猪出栏 4 852. 61 万头，超额完成 4 008 万头的出栏任务。2020 年，面对突如其来的新冠肺炎疫情，四川省政府坚持一手抓新冠肺炎疫情防控，一手抓生猪恢复生产，多举措打好生猪增产保供组合拳，全力推动生猪增量提能，生猪产能稳步提升，四川省生猪出栏 5 614. 50 万头（表 1）。四川是全国生猪生产大省，是全国唯一的国家优质商品猪战略保障基地，也是《全国生猪生产发展规划（2016—2020 年）》确定的 7 个重点发展省份之一。四川猪种资源丰富，拥有 7 个独特地方猪种和 3 个培育品种。2020 年全省有 7 个国家级核心育种场，饲料和饲料添加剂生产企业 496 家，“三证”齐全的生猪屠宰企业 984 家，屠宰量 1 863. 17 万头。

表 1 2011—2020 年四川生猪生产情况及与全国平均水平比较

年份	肉猪出栏		猪年末存栏		猪肉	
	数量（万头）	占全国比重（%）	数量（万头）	占全国比重（%）	产量（万吨）	占全国比重（%）
2011	7 000. 41	10. 44	4 705. 02	9. 99	484. 73	9. 45
2012	7 170. 70	10. 14	4 718. 45	9. 82	496. 40	9. 12

（续表）

年份	肉猪出栏		猪年末存栏		猪肉	
	数量（万头）	占全国比重（%）	数量（万头）	占全国比重（%）	产量（万吨）	占全国比重（%）
2013	7 314. 10	10. 05	4 507. 69	9. 41	510. 80	9. 09
2014	7 445. 00	9. 93	4 510. 22	9. 56	527. 20	9. 06
2015	7 236. 54	9. 99	4 288. 39	9. 36	512. 42	9. 08
2016	6 907. 82	9. 86	4 078. 80	9. 23	492. 32	9. 07
2017	6 579. 10	9. 37	4 376. 64	9. 91	472. 23	8. 66
2018	6 638. 34	9. 57	4 258. 47	9. 95	481. 20	8. 91
2019	4 852. 61	8. 92	2 870. 70	9. 25	353. 45	8. 31
2020	5 614. 36	10. 65	3 875. 44	9. 53	394. 79	9. 60

数据来源：根据历年《四川统计年鉴》《中国统计年鉴》数据整理计算。

（二）区域分布情况

2020 年四川生猪出栏量达到 300 万头以上的市（州）有 10 个，其中超过 400 万头有南充市、宜宾市、凉山彝族自治州和成都市，超过 300 万头有达州市、泸州市、广元市、绵阳市、广安市、遂宁市；四川生猪年末头数达到 200 万头以上的市（州）有 11 个，其中超过 300 万头有南充市、宜宾市和凉山彝族自治州，超过 200 万头有成都市、达州市、泸州市、广元市、绵阳市、遂宁市、广安市、巴中市；四川猪肉产量达到 20 万吨以上的市（州）有 11 个，其中超过 30 万吨有南充市和宜宾市，超过 20 万吨有凉山彝族自治州、成都市、达州市、泸州市、广元市、遂宁市、绵阳市、广安市、巴中市。

国家支持以绵阳市三台县、江油市、梓潼县、广元市剑阁县、苍溪县集聚布局，建设“川猪优势特色产业集群”，辐射带动成都、南充、巴中、德阳、遂宁、资阳、内江、广安、达州川中、川东周边 9 个市。实现高品质瘦肉猪和特色风味川猪“双擎驱动”，对西部地区乡村产业高质量发展具有较强的引领与示范带动作用，是推动川猪产业振兴，擦亮“川猪”金字招牌的重要抓手。

表 2　2020 年四川省各市（州）生猪生产情况

市（州）	肉猪出栏头数（万头）	生猪年末头数（万头）	猪肉产量（万吨）
南充市	521. 73	380. 33	36. 69

（续表）

市（州）	肉猪出栏头数（万头）	生猪年末头数（万头）	猪肉产量（万吨）
宜宾市	436.97	318.39	31.55
凉山彝族自治州	416.19	301.09	28.51
成都市	400.39	260.00	28.10
达州市	370.17	255.02	25.98
泸州市	355.09	245.59	25.36
广元市	334.49	235.09	23.62
绵阳市	324.26	227.09	22.73
广安市	324.21	208.57	22.50
遂宁市	321.23	209.34	23.15
巴中市	294.31	205.79	20.74
乐山市	245.20	152.89	16.91
资阳市	243.14	160.00	16.80
德阳市	236.99	153.20	16.78
内江市	225.55	143.19	15.59
眉山市	190.36	139.12	13.38
自贡市	160.53	109.54	11.36
雅安市	108.41	78.19	7.88
攀枝花市	51.23	38.59	3.68
阿坝藏族羌族自治州	33.02	35.59	2.28
甘孜藏族自治州	21.01	18.79	1.45

数据来源：《四川统计年鉴》（2021年）。

（三）生猪产值效益

从生猪产值来看（表3），2020年列居前5位的省份分别为：四川（2 272.4亿元）、湖南（2 053.4亿元）、河南（1 622.5亿元）、云南（1 376.9亿元）、湖北（1 139.7亿元）。四川的生猪产值也表现出不断上升的发展趋势，从2011年的1 213.1亿元上升到2020年的2 272.4亿元，年均增速达到7.22%，产值稳定在全国前5位。

从生猪单位产量产值来看（表3），2020年前5位省份依次是湖南（6.08万元/吨）、四川（5.76万元/吨）、湖北（5.59万元/吨）、安徽（5.55万元/吨）、广东（5.20万元/吨）。四川单位产量产值从2011年的2.50万元/吨上升到2020年的5.76万元/吨，年均增速9.72%。由此，不难看出，四川生猪产值已经达到一定的规模，单位产量产值高于全国平均水平，但距离湖南单位产量产值具有一定的距离，亟须将规模优势转化效益优势。

表 3　2020 年全国排名前 10 生猪产值及单位产值

区域	生猪产值（亿元）	单位产量产值（万元/吨）
四川	2 272.4	5.76
湖南	2 053.4	6.08
河南	1 622.5	5.00
云南	1 376.9	4.72
湖北	1 139.7	5.59
河北	1 054.6	4.65
安徽	1 018.5	5.55
广东	1 000.3	5.20
山东	960.0	3.54
广西	730.0	4.19
全国	19 676.5	4.78

数据来源：中国农村统计年鉴（2021）。

二、四川生猪生产比较优势分析

（一）研究方法

许多学者将综合比较优势指数分析方法广泛应用于农业领域，通常作为分析工具进行比较优势的测算，具有含义明确、计算简便的特点。综合比较优势指数，包括效率优势指数（EAI，Efficiency Advantage Indices）、规模优势指数（SAI，Scale Advantage Indices）和综合优势指数（AAI，Aggregated Advantage Indices）。

效率优势指数（EAI）指特定地区、特定时期的某种畜产品产量水平与该特定地区全部畜产品产量水平比值与同一特定时期全国同一比值的比率，从资源内涵生产力上反映该特定地区该种畜禽的效率比较优势，展现该特定地区自然条件、科技水平及物质投入等对生猪生产能力的影响。计算公式：

$$EAI_{ij} = \frac{N_{ij}/N_i}{N_j/N} \tag{1}$$

式中：EAI_{ij} 代表 i 省 j 种畜产品的效率优势指数，N_{ij} 代表 i 省 j 种畜产品的产量，

N_i 代表 i 省全部畜产品的产量，N_j 代表全国 j 种畜产品的产量，N 代表全国畜产品的产量。若 $EAI_{ij} > 1$，说明与全国平均水平相比，i 省 j 种畜产品生产具有效率优势；若 $EAI_{ij} < 1$，说明与全国平均水平相比，i 省 j 种畜产品生产处于劣势。EAI_{ij} 值越大，生产效率优势越明显。

规模优势指数（SAI）指特定地区、特定时期的某种畜禽的生产规模与该特定地区全部畜禽的生产规模比值与同一特定时期全国同一比值的比率，从规模经济效益上反映该特定地区该种畜禽的规模比较优势，展现该特定地区养殖习惯、市场需求、养殖制度、资源禀赋等对生猪专业化程度的影响。计算公式：

$$SAI_{ij} = \frac{GS_{ij}/GS_i}{GS_j/GS} \tag{2}$$

式中：SAI_{ij} 代表 i 省 j 种畜禽的规模优势指数，GS_{ij} 代表 i 省 j 种畜禽养殖规模，GS_i 表示 i 省全部畜禽的养殖规模，GS_j 代表全国 j 种畜禽的养殖规模，GS 表示全国全部畜禽的养殖规模。若 $SAI_{ij} > 1$，说明与全国平均水平相比，i 省 j 种畜禽具有规模比较优势；若 $SAI_{ij} < 1$，说明与全国平均水平相比，i 省 j 种畜禽养殖规模处于劣势。SAI_{ij} 值越大，规模优势越明显。

综合优势指数（AAI）是效率优势和规模优势综合作用的结果，全面反映特定地区、特定时期的某种畜禽的优势程度，两者相互制约，制约关系显著，只要其中一方处于劣势，整体将不具备综合比较优势。计算公式：

$$AAI_{ij} = \sqrt{EAI_{ij}\ SAI_{ij}} \tag{3}$$

式中：AAI_{ij} 代表 i 省 j 种畜禽的综合优势指数，若 $AAI_{ij} > 1$，说明与全国平均水平相比，i 省 j 种畜禽生产具有综合比较优势；若 $AAI_{ij} < 1$，说明与全国平均水平相比，i 省 j 种畜禽品种生产没有综合比较优势。AAI_{ij} 值越大，综合优势越明显。

（二）四川生猪生产效率比较优势

从表 4 可以看出，自 2011 年以来，四川生猪产业效率比较优势指数均大于 1，这说明四川生猪生产效率及生产经营水平较高，具有竞争优势。2011—2020 年，四川生猪生产效率优势指数整体呈现先下降后上升的发展趋势。2011—2014 年，四川生猪生产效率优势指数下降至 1.16，2015—2019 年四川生猪生产效率优势指数处于稳定阶段，介于 1.17～1.18。2020 年四川生猪生产效率优势指数达到近年最高值 1.28。

（三）四川生猪生产规模比较优势

从表4可以看出，自2011年以来，四川生猪产业规模比较优势指数同样均大于1，这说明四川生猪规模效率及生产专业化成都较高，具有规模优势。2011—2020年，四川生猪生产规模优势指数整体呈现先下降后上升再下降最后上升的趋势。2011—2014年，四川生猪生产规模优势指数下降至1.72，2015—2018年期间有所波动，2016年微涨至1.80，2017年下降至1.76，于2018年又回升到1.77。其后，在2019年又下降至1.44。最后，2020年又上升达到近10年最大值2.08。

（四）四川生猪生产综合比较优势

从表4可以看出，自2011年以来，四川生猪产业综合比较优势指数均大于1，这说明四川生猪产业具有较好的综合比较优势。2011—2020年，四川生猪生产综合比较优势呈现徘徊式状态。2011—2014年，四川生猪综合优势指数从1.56下降至1.42。其后，2016年上升至1.46，接着2019年下降至1.31。最后，2020年又上升至1.63。

表4 四川省生猪产业比较优势指标

年份	效率优势指数	规模优势指数	综合优势指数
2011	1.20	2.02	1.56
2012	1.19	1.96	1.53
2013	1.18	1.78	1.45
2014	1.16	1.72	1.41
2015	1.17	1.72	1.42
2016	1.18	1.80	1.46
2017	1.17	1.76	1.44
2018	1.18	1.77	1.45
2019	1.18	1.44	1.31
2020	1.28	2.08	1.63

数据来源：根据《中国畜牧业兽医年鉴》（2014—2021）《中国畜牧业年鉴》（2011—2013）数据整理计算。受数据收集完整性的影响，畜禽品种包括猪、牛、羊、禽，养殖规模用当年出栏数与当年年末存栏数减年初存栏数之和计算。

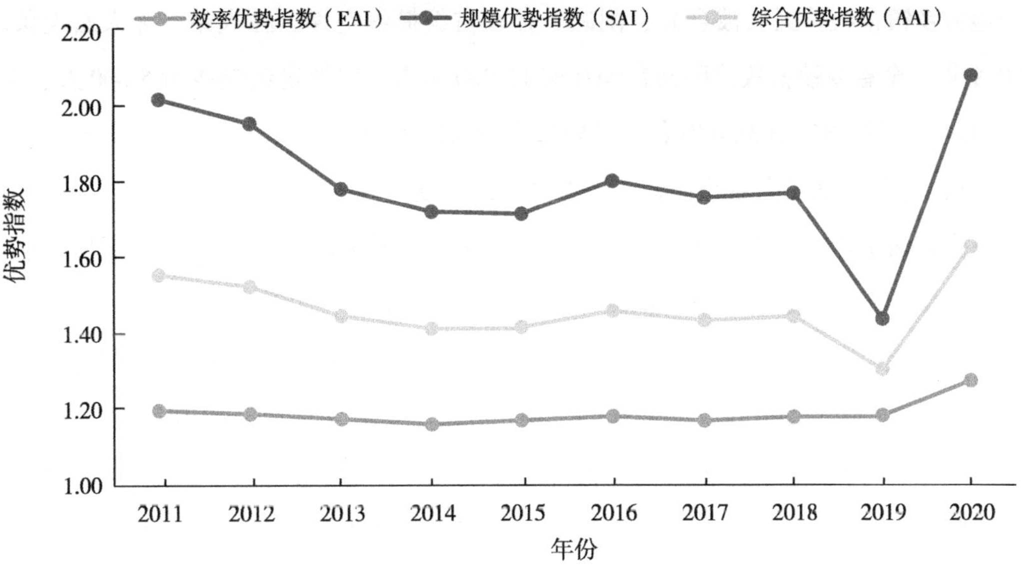

图 1　四川生猪生产比较优势指标走势

三、四川生猪产业市场竞争力存在的主要问题

（一）生猪种业核心竞争力不足

自主品种严重缺乏，优良生猪种源严重依赖进口，生产用种 90%为外种猪，其中 80%来源于加拿大，同质化严重，结构不合理，遗传基础狭窄。四川猪种资源丰富，拥有内江猪、成华猪、雅南猪、凉山猪、丫杈猪、青峪猪、藏猪 7 个独特地方猪种和川藏黑猪、川乡黑猪和天府肉猪 3 个培育新品种（配套系），但地方猪种资源和培育品种开发利用不充分，省内市场占有率仅 3%～5%，品种资源优势没转变为产业优势。

（二）标准化规模化水平不高

2018 年全省出栏 500 头以上生猪规模养殖比重约 36%，低于全国平均水平近 13 个百分点，比国内养猪发达地区低 30 个百分点。生产设施设备和饲养管理水平有待提高、养殖布局不合理、种养结合不紧、养殖成本高等问题仍然存在。

（三）动物疫病防控体系薄弱

全球动物疫病复杂多发，传播范围广、速度快，病原变异快，防控难度大，尤其是非洲猪瘟重大动物疫病对生猪生产的影响短期内难以消除。非洲猪瘟病毒已在环境中定植，防控非洲猪瘟是一场持久战，但基层动物疫病防控体系逐渐弱化，部分地方乡镇畜牧兽医站被合并、削减，存在占编挪编空编、独人站、无人站现象。2019年，全省乡镇畜牧兽医站在编在岗11 000多人，比核定编制少近5 000人、少45.45%，村级防疫员38 440名，平均每个行政村不到1名。

（四）屠宰加工企业小而散，精深加工水平低

全省屠宰加工企业984家，但年屠宰加工100万头以上的大型企业不足5家，产品以热鲜肉、白条肉为主，精深加工量小，品种单一，无拳头产品，市场知名度和占有率低。冷链物流配送体系建设滞后，产销区间的调运以活猪为主。高端特色产品规模小，响亮品牌少。近年来，主要依托新型经营主体，开展地方猪种资源和川藏黑猪的开发利用，开发出了一批高端肉类产品。省内各企业打造了一批高端优质风味猪肉品牌，创建了“庄园黑猪”“亿乡”“原味天香”“巴山土猪”“黑溜宝”“蔺乡丫杈猪”等品牌，但经营主体实力弱小，知名度不高。川菜美味缺少标准化体系，四川有一大批与猪肉相关的美味佳肴，如回锅肉、东坡肘子、凉山坨坨肉、冕宁火腿等，因缺乏标准体系，特别是缺乏食材标准，导致影响力逐渐减弱。

（五）政策落实落地难

各地落实用地、环保、金融、保险等生猪扶持政策参差不齐，养殖企业贷款难、养殖用地难、手续办理难、扑杀补助到位慢等问题依然不同程度存在。有的地方在环保督察和非洲猪瘟防控期间搞“一刀切”，不愿发展生猪生产。

四、提升四川生猪产业竞争力的对策建议

（一）高质量发展生猪饲料兽药产业

实施生猪优质饲料保障工程，支持大中型生猪饲料生产企业进行技术改造升级，提升生猪优质饲料供给保障能力。健全产品质量追溯体系。切实加强饲料、兽药等养殖投入品生产的质量监控，严禁使用违禁药物，严格执行休药期等规定，持续规范兽药生产及经营企业的追溯管理，积极启动兽药使用环节追溯试点，为生产安全健康生猪及猪肉提供质量保障。

（二）大力发展生猪标准化规模养殖

突出生猪基地县建设，抢抓成渝现代高效特色农业带建设、川猪产业集群建设机遇，以100个生猪生产基地县为重点，全面开展生猪标准化养殖场建设。加大新型经

营主体培育力度，引导合作社、家庭农场发展生猪养殖，开展多种形式的适度规模经营，支持龙头企业构建集养殖、屠宰、加工、配送于一体的全产业链，推进产加销一体化发展。

（三）加强生猪良繁体系建设

建设四川省畜禽遗传资源基因库，培育“川系”新品种（配套系），提升核心种源自给率，加快地方猪种开发产业化，将资源优势转变为产业优势。坚持自主选育为主、大力推进生猪遗传改良计划，鼓励引进丹系、法系及美系优秀种猪，拓宽四川省种猪遗传基础。建立部省级核心育种场准入制度，支持场间遗传联系建立，全力推进全省联合育种进程，鼓励建设专门化父系场，以改变四川省核心种猪长期依赖国外的格局，努力把四川打造成为全国生猪种业高地。

（四）建立市场信息监督预警机制

各级财政和农业部门应充分发挥资源优势，逐步建立准确、高效的生产和市场信息监督平台，完善生猪产品的价格信息和需求信息并及时公布，加强对生猪产品供应量、价格等方面的监督，引导生猪养殖户及时、准确地了解市场信息，防止盲目生产与抛售。养殖户应主动了解市场信息，以市场为导向，避免盲目跟风，在市场行情下滑的情况下减少损失，及时调整生猪存栏量，促进四川省生猪产业平稳、健康有序发展。

（五）做大做强川猪产业品牌

依托四川省7个地方猪种和3个培育新品种（配套系）种资源优势，打造一批“川字号”特色生猪品种品牌，大力发展特色风味猪产业，把四川建设成为全国最大的特色风味猪生产基地、全国“回锅肉”优质肉品原料供应基地。支持省内生猪生产加工龙头企业，通过特色风味猪和外种猪的“黑白双擎”驱动，加大营销推介，开展“三品一标”认定、名牌畜产品评选，争创著名、商标。

（六）规范壮大生猪屠宰加工业

优化屠宰行业布局，以市（州）、县（市、区）为单位，完善屠宰行业发展规划，引导生猪屠宰加工向养殖集中区域转移，实现养殖屠宰匹配、产销顺畅衔接。健全屠宰企业准入管理制度，大力推进屠宰企业标准化建设，加快小型生猪屠宰厂（场）点撤停并转，创建一批国家级、省级标准化屠宰厂。推动屠宰加工企业建设冷链仓储配送设施，构建现代化肉品冷链物流体系。加强消费宣传引导，提高冷鲜肉消费比重，逐步推进实施禁止活猪（种猪和仔猪除外）跨大区域调运，实现“运猪”向“运肉”转变。

（七）加强疫病防控和技术服务

加强非洲猪瘟等重大动物疫病防控，严格落实各项防控措施，宣传推广生猪复养、疫病预防等技术指南，加强技术培训和分类指导，提升养猪场（户）生物安全防护水平，规范疫情处置，严防疫情扩散。支持有条件的地区和企业建设非洲猪瘟无疫小区。建设完善病死畜禽无害化处理收集点和处理场所。

第三部分

经验交流

扛起川猪振兴大旗　打造现代生猪强市

——绵阳市生猪产业发展经验交流

杨全德　王　毅

（绵阳市农业农村局，四川绵阳　621000）

近年来，绵阳市准确把握新发展阶段对生猪产业提出的新要求，积极响应省委省政府打造高品质“川字号”农业品牌的号召，应对非洲猪瘟等重大动物疫病的挑战，解决生猪种业安全“卡脖子”等问题，聚焦稳产保供目标任务，像抓粮食生产一样抓生猪生产，通过产业联动、要素集聚、技术支撑、体制创新等方式，促进生猪产业链向纵深发展、价值链向高端攀升、利益链向广域覆盖，提高产业核心竞争力，加快构建生猪全产业链持续健康高质量发展新格局，努力打造现代生猪产业强市。

一、基本情况

绵阳市是国家优质商品猪战略保障基地、全国生猪种业高地、全省生猪大市，生猪产业已成为农业农村经济的优势支柱产业。2021 年全市生猪出栏 361.98 万头，生猪存栏 253.36 万头，其中能繁母猪存栏 25.07 万头，猪肉产量 26.13 万吨，同比分别增长 11.63%、11.6%、11.4%、14.9%，猪肉产量占全市肉类总产量的 65%以上，全市已建成生猪标准化规模产能 450 万头左右，生猪产能超过正常年份的水平。现有双汇、长林、四汇、斯坦瑞等 A 级生猪屠宰企业 18 个，猪肉精深加工企业（园区）9 个，年屠宰能力保持在 600 万头，年精深加工能力保持在 200 万头，建成冷链物流基地 8 个，肉品仓储能力达 5 万吨，冷链配送能力达 10 万吨。创建区域公用品牌 7 个，培育企业产品品牌 13 个，建成国家生猪交易市场——四川市场，开展生猪电子商务交易 15.48 万头，交易额 7.68 亿元。生猪产业产值 140 亿元，排全省第 6 位，占牧业产值的 56%，占农林牧渔业总产值的 22%。三台县连续 3 年成为全省生猪存栏、出栏第一县，梓潼县、江油市、盐亭县重回全国生猪调出大县名单。

二、发展成效

绵阳市生猪产业通过延伸生猪产业链条，持续转型升级和提质增效，在生产能力、供种能力、绿色发展及产业化经营等方面均取得了显著成效，已成为全省生猪产业高质量发展的核心区和引领川猪振兴的示范区。农业农村部在绵阳市召开“全国大型生猪养殖企业帮带中小养殖场（户）发展座谈会”，焦点访谈、央视新闻等中央主流媒体先后专题报道绵阳市在生猪标准化、规模养殖及非洲猪瘟防控等工作经验，“1+5”生态循环产业扶贫模式入选四川省十大改革转型发展案例，国务院原汪洋副总理等领导做出了重要批示，绵阳市时任市长元方同志以《促进生猪产业健康发展调研报告》做的主题党课及专题报告在全国、全省推广。

（一）生猪种业建设成效显著

全市构建了生猪种业“一心、两园、四核驱动”的发展格局，基本建成全国生猪种业高地和国家优质生猪核心种源战略保障基地。“一心”：建设国家区域生猪种业创新中心（以“1+7+N”开放联合育种模式，建设国内单体规模最大的1 200头共享种猪场）；“两园”：建设四川省三台县现代农业（生猪种业）产业园和江油市现代生猪种业园区；“四核”：建成铁骑力士、新希望海波尔、明兴农业3个国家级生猪核心育种场，川藏黑猪省级核心育种场。全市现有高标准种猪场66个，常年存栏核心群种猪4 000余头，纯种猪30 000余头，2021年出售种猪20.59万头，数量均居全省第一。

生猪种业强市凸显。一是品种齐全。拥有长白猪、大白猪、杜洛克猪以及自主培育的川藏黑猪、天府肉猪5大优良种质资源，优质母猪PSY达25头以上，可生产优质种母猪25万头，新增商品猪生产能力500万头。二是主体强大。铁骑力士、明兴农业、新希望建成生猪核心育种场，羌山农牧、正大、金驰阳、正邦、双胞胎等建有种猪扩繁场，铁骑力士、新希望、正大已成为在全国有较大影响力的大型种畜禽产业集团，本土企业铁骑力士进入全国农业企业100强。三是成果富集。铁骑力士为主体育成天府肉猪新品种（配套系）、明兴农业参与育成川藏黑猪新品种（配套系），铁骑力士通过科技成果转化获得川藏黑猪新品种（配套系）成果，3个国家核心育种场已全部加入全国基因组联合育种计划，先后承担国家、省、市科研项目26项，荣获国家、省级和市级科技进步奖18项。其中，新希望海波尔、明兴农业2019年参与全国大白种猪“全国猪基因组选择”项目成果分别位居全国第4和第5名。铁骑力士参与项目《猪抗病营养技术体系创建与应用》获国家科学技术进步二等奖，《川藏黑猪配套系培育及应用》成果获神农中华农业科技三等奖，牵头制定《天府肉猪》农业行业标准1项，为生猪品种选育提供了强力技术支撑。

（二）生猪全产业链一体化发展雏形呈现

围绕建设“饲料、育种、育肥、屠宰、加工、交易、科研、农旅”为一体的生猪全产业链体系，正大、新希望、正邦、金驰阳（大北农）、双胞胎等生猪产业化集团相继入驻绵阳，铁骑力士、明兴农业、羌山农牧等本土企业不断发展壮大，培育省级以上生猪产业化龙头企业达13家，其中国家级生猪产业化龙头企业7家，省级以上生猪养殖农民合作社达18家。江油市、三台县、梓潼县和盐亭县规划建设50万头川藏黑猪产业园、100万头现代生猪产业园、50万头生猪全产业链以及150万头生猪全产业链产业集群。创新推广“龙头企业+标准化代养场”“龙头企业+养殖小区”“联享平台+保姆服务”“合作社+农户”“1+5产业扶贫”等利益联结模式，发挥龙头企业的示范带动作用，植入先进技术管理、先进设施设备，龙头企业带动500多个代养场，年生猪出栏150万头以上，占全市生猪出栏的40%以上，结算价不低于170元/头，带动农户增收2.55亿元以上，实现农户和现代农业的有机衔接，实现优势互补和专业化分工，促进了产业升级，带动农户参与产业发展，让农民分享产业发展红利。三台县被农业农村部认定为生猪全产业链典型县。

（三）生猪规模化养殖走在全省前列

依托龙头企业，生猪代养模式迅速推广，辐射带动生猪养殖向规模化发展。新（改扩）建高标准猪场352个，规模场保有量1 100个以上，占全省的9.17%，生猪规模化率达68%，位于全省前列。开展生猪生产标准化示范创建，引导规模养猪场在设施设备配套、信息智能化赋能等方面进行改造提升，切实推进机械化、智能化、自动化、信息化、精细化水平，建成全国一流的代养猪舍1 485栋，建成“楼房圈舍”4栋12余万平方米，养殖技术、设施设备全面提档升级，共创建部、省、市标准化示范场268个。建立国家级生猪产能调控基地38个，省级生猪产能调控基地246个，分别占全省的9.67%、9.84%，入选数量居全省第一。

（四）生猪绿色发展取得新进展

在全国率先提出实施现代生态循环农业工程建设，探索总结出“市场大循环、合作社（园区）中循环、园场小循环、家庭微循环”4类畜禽粪污资源化利用模式，《全域推进现代生态循环农业加快绵阳现代农业转型发展》获得2018年全国畜牧业现代化暨畜禽粪污资源化利用论坛征文一等奖。三台县、江油市、盐亭县、梓潼县、游仙区5个县（市、区）实施畜禽粪污资源化利用整县推进项目，项目总投资36 187万元，中央财政资金投入1.215亿元，改造升级493个养殖场粪污处理设施，建设12个粪污处理专业化机构，支持养殖场户转型升级，全市畜禽粪污资源化利用水平上新台阶，2021年全市畜禽粪污资源化利用率达到96.68%，规模养殖场粪污处理设施装备配套率达到100%，位于全省前列。建有三台活升元、涪城国沃、梓潼田宝等有机肥处理厂16个，年有机肥产能近50万吨，明兴农业和碧森兴川合作利用沼气进行发电，是四川第一家并入国网的企业，被评为全国种养结合示范基地。农业农村部、省委省政府先后在绵阳市召开全国畜禽粪污资源化利用重点县培训会和全省畜牧业转型升级绿色发展暨畜禽养殖废弃物资源化利用现场推进会，绵阳经验和模式多次得到农业农村部和省政府领导的肯定并在全国得到推广。

三、工作做法

绵阳市高度重视现代生猪产业发展，将优质生猪列为全市农业十大主导产品之首，全面落实中央、省关于非洲猪瘟防控和恢复生猪生产相关决策部署，出台《绵阳市生猪种业突破发展行动方案》《绵阳市“十四五”生猪产业发展纲要》等文件，走种业高地、规模养殖、加工配送、品牌引领、科技创新、生态循环之路，全产业链统筹布局，培育一批经营主体，形成利益联结机制，促进产业融合发展，加快发展现代生猪产业。

（一）创新驱动，推进生猪养殖“良种化”

优先支持种业发展，创建“科研团队+龙头企业+参与主体”联合育种模式，搭建种业开放创新平台，开展育种创新、良种繁育体系建设，提升生猪核心种源自给率，提高良种供应能力，从根本上解决生猪种源“卡脖子”问题，打造全国生猪种业高地。

1. 建设国家区域畜禽（生猪）种业创新中心

市、县政府和企业与四川农业大学、西南大学、中国科学院兰州兽医研究所、四川省畜牧科学研究院、西南科技大学等科研院所建立政学研企战略合作，建立院士工作站1个、教授工作站1个、博士工作站8个。支持7家生猪核心育种场、大型龙头企业同四川农业大学合作建立川繁猪生物科技公司，构建国家区域畜禽（生猪）种业创新中心，建设1 200头共享种公猪站，开展全国基因组联合育种，建成全国性优秀种公猪基因库和集散地，推进生猪育种成果产业化应用，建立育种场间实质性遗传交流联系，实现年提供优质种猪精液200万份以上，建成覆盖全川、辐射西部地区的生猪种业“芯片”基地，为破解生猪种业“卡脖子”问题提供“绵阳方案”。

2. 创建国家、省级生猪种业产业园区

结合国家生猪产业集群建设项目，高标准推进四川省三台县现代农业（生猪种业）产业园和江油市现代生猪种业园区创建，打造全国生猪种业高地。三台县实施国家现代农业（生猪种业）产业园项目，项目总投资24.27亿元（其中财政资金10 000万元），以外种猪（长白猪、大白猪、杜洛克猪）和天府肉猪为主，打造全国生猪区域联合育种创新示范基地和国家优质商品猪战略保障核心种源基地，实施铁骑力士600头父系原种场、明兴农业1.2万头种猪楼等14个重点项目，园区总产值达90亿元。江油市实施四川省现代生猪种业园区项目，2020—2021年项目总投资8 766万元（财政资金2 000万元），以川藏黑猪为主开展选育和开发利用，打造中国特色风味黑猪第一县。

3. 大力推进生猪品种（配套系）选育

以全市4个国家、省级核心育种场为重点，开展外种猪（长白猪、大白猪、杜洛克猪）本土化选育，支持川藏黑猪品种（配套系）的持续选育，推进生产性能测定、遗传评估等育种工作，大规模开展全基因组育种，提高种猪选育遗传进展，保障生猪生产种源安全。建立起以市场为导向、企业为主体、“产学研”深度融合的商业化育种体系，年供应种猪20万头、仔猪200万头、育肥猪420万头，为全川品系最全、数量最多、辐射最广的生猪种源保障基地。建立健全原种场—区域种公猪站—扩繁场—商品育肥场的良种繁育体系，组织三台县、江油市、盐亭县、梓潼县、游仙区、安州区、北川县7个县（市、区）实施生猪良种补贴项目，建设区域性人工授精站，加快优良品种推广和应用，良种覆盖率达99%以上。

（二）龙头引领，推进生猪产业“集群化”

紧紧围绕国家优质商品猪战略保障基地、中国特色风味型黑猪产业化生产基地建设，结合川猪优势特色产业集群项目，按照全产业链发展思路，通过择优引进、本土培育、补齐短板、优化要素，培育大基地、大龙头、大加工、大流通、大协同，推进全市生猪产业发展集群化。

1. 优化产业规划布局

依据各县（市、区）发展总体定位和生猪养殖环境容量，生猪养殖划分为重点发展区（三台县、江油市、梓潼县、盐亭县）、特色发展区（平武县、北川县）和限制发展区（涪城区、游仙区、安州区），合理布局现代生猪种业发展、优质生猪标准化养殖基地、生猪屠宰及肉品精深加工体系、猪肉产品营销冷链物流配送体系、饲料兽药配套生产体系、病死畜禽及废弃物处理加工利用体系，科学有序梯次推进发展生猪规模化养殖。

2. 做大做强新型经营主体

优先支持资金实力雄厚、信用等级高、种猪育肥猪自给配套、产业链条长、联农带农机制好的7家国家级生猪产业化龙头企业入驻绵阳在生猪全产业链布局，推行育、繁、养、宰、加、销一体化融合发展。铁骑力士和江油市合作建设50万头川藏黑猪产业园，和三台县合作建设100万头现代生猪产业园；新希望和盐亭县合作建设150万头全产业链生猪基地，和三台县合作建设30万头全产业链生猪基地；正邦集团和江油市合作建设20万头生猪循环养殖项目；金弛阳和梓潼县合作建设50万头全产业链生猪基地；正大集团和梓潼县合作建设50万头全产业链生猪基地，和江油市合作建设20万头全产业链生猪基地；双胞胎集团和游仙区合作建设40万头生猪产业园。引导农民专业合作社、养殖家庭农场、集体经济组织等新型经营主体，通过“公司+代养”“平台+服务”“合作社+农户”“1+5产业扶贫”“公司+共享小区”等产业发展模式，和龙头企业利益联结合作，进行多种形式的适度规模经营，全市有超过10万个生猪养殖场（户）。

3. 优化整合全市生猪产业发展要素配置

依托全市资源优势和产业基础，补齐生猪全产业链发展短板。支持饲料兽药生产提档升级工程、屠宰加工标准化创建工程和病死畜禽及废弃物处理利用，培育猪肉质量优良、规模体量大、区域融合程度深的优势特色生猪产业集群，推进全市生猪产业迈入“集群化”发展新格局。

支持屠宰企业提档升级，关停并转中小屠宰场32个，创建部级标准化生猪屠宰企业2个，省级标准化生猪屠宰企业1个。支持饲料龙头企业发展生猪养殖，生猪养殖促进饲料业实现快速增长。2021年全市饲料企业46家，工业饲料总产量178.1万吨，同比增长29.3%；饲料工业总产值58.1亿元，同比增长40.8%；其中10万吨以上规模饲料生产企业7家，饲料产量占全市85%以上，饲料行业进入“战国时期”。猪饲料产量132.5万吨、同比增长62%，占全国产量1%以上，高于生猪0.54%的占比，猪饲料增长势头迅猛，生产销售持续创历史新高，反映出生猪生产恢复势头强劲。建立全覆盖病死畜禽收储、转运网络和无害化集中处理体系，三台县建设集中处理中心，各县（市、区）依据畜禽养殖分布，分区划片建立病死畜禽收储点。

4. 探索推广利益联结模式

全市推广“龙头企业+标准化代养场”利益联结模式，建立“六统一保”（六统：统一良种供应、饲料供应、兽药供应、标准化饲养、技术指导服务、销售等；一保：保障基本收益）的“代养模式”，减少代养户的市场、技术、疫病风险及资金占用，收入稳定有保障，全方位构建种猪养育、仔猪繁育、生猪回购、精深加工、市场拓展等全产业链。

梓潼县依托正大集团和大北农集团两家龙头企业共同打造的生猪全产业链，创造性地探索出“政府+企业、金融、合作社、农场主、贫困户”的“1+5”生态循环产业扶贫模式，将生猪养殖、蜜柚种植与脱贫攻坚紧密结合，健全风险防范机制，促进贫困户走上长效稳定脱贫之路。模式推广到全市建设扶贫代养场110余栋，共扶持5 000余户贫困户16 000多贫困人口实现脱贫。全面实施乡村振兴行动后，结合组织部壮大扶持集体经济项目，探索推广与龙头企业合作的“村集体经济组织+”利益联结模式，建设模块化生猪养殖场，形成可复制易推广标准化模式，盘活利用农村土地等自然资源实现产业振兴，发展壮大村集体经济，进而带动老百姓实现乡村振兴。

三台县探索出“产业共建、疫病共防、环境共治、利益共享”的共享小区建设模式，首先对国家生猪核心育种场周边一定范围内的生猪养殖户进行劝退，明兴农业与周边 137 户退养户共建养殖小区 1 万平方米，年出栏生猪 2 万头，与周边农户共建3 000亩柑橘基地，公司负责养殖小区生产经营，合作社负责联防联控，农户按约定退养，种植基地按照“公司流转+土地托管+返租倒包”模式带动周边农户发展致富。退养户按每年每平方米 190 元参与养殖小区分红；周边农户按低于市场价 20%的价格购买养殖小区猪肉，参与柑橘种植农户按“保底销售+二次返利”模式参与分红。

冯氏公司探索出“平台+服务”模式，为应对剧烈的生猪生产结构变化，与金融机构合作搭建融资平台保能养，建设专业技术团队构建技术平台保敢养，整合供应链构建产销平台保易养，签约直通车服务的合作的养殖场达到 200 多个，年出栏生猪 8 万余头。

5. 推进生猪优势特色产业集群项目建设

2020—2022 年三台县、江油市、梓潼县连续 3 年实施生猪优势特色产业集群项目，项目总投资达 9. 148 亿元，财政资金 1. 2 亿元，其中 2020 年投资 5. 247 亿元，2021 年投资 2. 37 亿元，2022 年投资 1. 531 亿元，建设子项目 104 个，项目带动社会资本投入生猪产业超过 50 亿元。按照“全产业链开发、突出优势特色、全价值链提升”的思路，围绕现代种业提升、标准化育肥基地建设、屠宰加工提档升级、先进要素支撑、利益联结机制 5 个方面对生猪产业基础进行夯实和强化，新增能繁母猪存栏 8. 6 万头，新增生猪出栏 82 万头，提档升级屠宰能力 50 万头（关停并转“小乱散”型屠宰场），新增精深加工能力 1 万吨，新设冷链物流基地 5 个；创建区域公用品牌 1 个，培育企业产品品牌 3 个（忆乡、枫叶牧场、久诚），新建营销平台 3 个；直接带动脱贫户 3. 2 余万户，促进新增农民年人均可支配收入 2 100 余元；产业集群产值达 250 亿元，新增产值 95 亿元。

（三）技术迭代，推进生产设施“装备化”

大力推广技术先进、经济适用、安全可靠、成熟配套的现代设施设备，提高饲料生产、生猪养殖、屠宰加工、冷链配送、粪污处理利用等主要生产环节的装备化、自动化水平。

1. 大力提升规模猪场现代装备水平

全面应用自动饲喂、全环控、粪污资源化利用等生猪养殖关键环节的设施设备，完善规模养殖场生产工艺与设施设备的集成配套。支持集团企业探索建设楼房猪舍和养猪综合体，支持中小农户建设联建猪舍，提升养殖场（户）设施设备水平，提高劳动生产效率。

2. 改造升级屠宰加工设施设备

淘汰屠宰加工行业落后产能，开展标准化屠宰厂示范创建。支持屠宰企业向精深加工发展，重点支持企业在屠宰分割、精深加工等方面设备改造升级，打造智能工厂。

3. 配备完善冷链物流配送装备

优化配置全市商业冻库冷链资源，扶持屠宰加工企业购置冷链物流车辆，支持建设冷链仓储配送设施，构建现代化肉品冷链物流体系，为“运猪”向“运肉”转变提供保障。

4. 提高粪肥还田利用机械化水平

依托畜禽粪污资源化利用整县推进、绿色种养循环农业试点等项目，支持生猪节水养殖、粪便清理收集、粪污处理贮存和沼液田间输送管网等设施设备，持续提高生猪粪污综合利用率和规模养殖场粪污处理设施装备配套率。

（四）价值提升，推进加工营销“品牌化”

加快推进屠宰加工行业向“集中屠宰、冷链流通、冷鲜上市”方向发展，形成一批从养殖到餐桌全产业链生猪品牌。

1. 支持发展屠宰加工

支持龙头企业产业链向屠宰加工延伸，引导大中型屠宰企业提档升级，铁骑力士建成投产年屠宰生猪 60 万头智慧屠宰基地，四川正大开工建设 50 万头现代化生猪屠宰加工项目，四川良沃整合中小屠宰场，淘汰落后产能提档升级生猪屠宰加工 60 万头。

2. 培育知名品牌

加大“双汇”“长林”“梅林”等 13 个肉类品牌培育力度，支持“江油肥肠”“北川腊肉”等进入地方旅游美食目录，支持以“川猪”为内涵打造的“枫叶牧场”“忆乡”“黑味美”等猪肉品牌逐步走向全国市场。

3. 利用现代信息网络拓展市场营销

发展“互联网+生猪流通”，建设国家生猪交易市场——四川市场，开展生猪电子商务交易 15.48 万头，交易额 7.68 亿元。探索开展种猪、精液网上销售，探索发展生猪产业“流量经济”，为生猪金融等产业增值服务，不断增强市场竞争力，扩大绵阳生猪品牌影响力。

（五）低碳循环，推动产业发展“绿色化”

全域推进“沃野绵州”生态循环农业建设工程，整县推进畜禽粪污资源化利用，按照“源头减量、过程控制、末端利用”的治理思路，以生猪粪肥全量化就近就地低成本还田为重点，通过三方服务、固液分流、有机肥加工、域外消纳等模式，推进绵阳生猪产业低碳绿色化发展。

1. 科学规划种养业发展布局

按照“以地定畜、以畜肥地，以种带养、以养促种”原则，因地制宜，大力发展种养结合的生态循环农业。科学核算基于氮磷养分平衡的全市生猪产业发展环境容量、常用种植模式耕地畜禽承载力。合理安排种养发展空间，统筹考虑养殖基地、种植基地建设，优先在粮油、果蔬等生产基地，匹配优化生猪养殖场布局，鼓励实行多点分布、适度规模养殖，保持合理养殖密度，促进种养平衡。鼓励各县在承载总量不突破的前提下，通过淘汰转并落后产能、优化产业结构和养殖空间布局、推进种养循环等方式实现生猪产业加快转型升级和高质量发展。

2. 大力推行低碳清洁生产技术工艺

以源头减量为重点，支持推广精准饲喂、环境智控、雨（饮）污分流、干稀分离、粪污覆盖贮存发酵、异位发酵等“节能低耗、减排高效”的清洁生产技术、设备、工艺在生猪全产业链应用，严格执行《饲料添加剂安全使用规范》，减少生猪养殖、屠宰、加工等主要生产环节废物、污水和臭气的产生量。

3. 拓宽畜禽粪肥利用多渠道途径

把畜禽粪肥作为替代化肥的重要肥料来源，通过租赁、协议等方式落实用肥土地，为畜禽粪肥就地就近低成本还田利用提供有利条件。对无法足量配套用肥土地的养殖场（户），鼓励通过引导社会化服务组织提升粪肥处理利用服务能力，拓宽粪肥还田通道。对无法就地就近利用的养殖粪污，鼓励加工生产成商品有机肥，扩大还田利用半径。

4. 积极稳妥推进粪肥低成本还田

坚持以用促治、利用优先，支持种植大户、农民专业合作社、家庭农场、农业企业配套建设液态粪肥田间贮存池、输送管网等设施，实现场内粪污贮存发酵与田间粪肥贮存利用设施相配套。鼓励通过深施掩埋、注射施肥等方式粪肥还田，提高氮素利用率，减少养分损失和氨气挥发。

5. 探索生猪产业绿色发展新路径

坚持依法依规治理，严格管控养殖环境容量。超出生猪产业发展环境容量县（市、区），一是通过淘汰落后产能，腾出环境容量；二是采用固液分流，实施固体加工有机肥域外消纳，液体达标排放。加强畜禽粪肥还田利用全链条监测，开展生态环境效应评估，提高粪肥还田监管和环境风险预报预警水平。

迎难而上抓发展　补短延链开新局

——南充市生猪产业发展经验交流

侯显耀　张　凯　李卓昭　舒　燕　李　祥

（南充市农业农村局，四川南充　637000）

摘　要：南充是四川省生猪养殖大市，2019 年以来生猪存、出栏量均居全省第 1，现有国家优质商品猪战略保障基地县 9 个、国家生猪调出大县 8 个。2021 年，全市出栏生猪 591.35 万头，年末存栏生猪 414.72 万头，其中能繁母猪 39.53 万头。全市有温氏、大北农、天兆、新希望等 11 家生猪养殖龙头企业入驻发展，生猪规模养殖场达 1 885 个，生猪规模养殖比重达 60%以上。全市生猪全产业链综合产值约 300 亿元，猪业经济对农业经济的贡献率近 30%，是南充市现代农业产业集群突破“千亿大关”的最强支撑。但是，南充市生猪产业仍然存在产业链条短、融合发展不够、种业发展滞后、精深加工欠缺等诸多短板和问题，还需要进一步挖潜力补短板，促进产业高质量发展，建设生猪产业强市。

关键词：生猪；规模养殖；转型升级；高质量发展

南充市位于四川盆地东北部、嘉陵江中游，面积 1.25 万平方千米，常住人口 560.76 万人，耕地面积 44.7 万公顷。2021 年全市实现地区生产总值2 601.98亿元，其中，第一产业增加值 474.84 亿元，第二产业增加值 1 019.43 亿元，第三产业增加值1 107.71 亿元，农业产业对经济增长的贡献率达到 18.8%，三个产业结构比为 18.2：39.2：42.6。全市农林牧渔业总产值 787.5 亿元，其中畜牧业总产值 295.2 亿元（生猪产值 167.96 亿元），占比 37.5%（21.3%），生猪产业对全市经济社会发展作出了重要贡献。2021 年，南充市在四川省首轮乡村振兴战略实绩考核中脱颖而出，成功创建乡村振兴先进市。

南充生猪出栏量和猪肉产量均接近全省的 10%，在全省生猪生产中占据重要地位。近年，全市围绕“5+4+3”现代农业产业体系，主推“生猪+晚熟柑橘”生态循环、种养结合、三产互动发展模式，加快发展生猪产业，努力向生猪产业强市转变，2019年以来生猪存出栏量连续3年位居全省第1。顺庆区、高坪区、嘉陵区、西充县、南部县、阆中市、仪陇县、营山县、蓬安县全市9个县（市、区）均为国家优质商品猪战略保障基地县，除顺庆区外的8个县（市、区）为国家生猪调出大县。抓好生猪生产，端稳群众“肉盘子”，既是民生工程，更是政治责任。2018年非洲猪瘟发生以来，生猪产业严重受挫，养殖方式也产生了重大变化。随着非洲猪瘟病毒在我国定植，短期内难以根除，防控形势仍然复杂严峻，再加上新冠肺炎疫情叠加影响，资源环境承载量日趋紧张，养殖成本节节攀升，生猪产业受到前所未有的挑战。南充市一手抓非洲猪瘟防控，一手抓恢复生产，迎难而上大力发展生猪规模养殖，促进产业转型升级绿色发展，全市生猪产能提前半年恢复到正常水平。

省委十二次党代会明确指出要以成渝地区双城经济圈建设为战略引领，深入实施“一干多支、五区协同”“四项拓展、全域开放”战略部署，支持南充—达州组团培育川东北省域经济副中心，为南充农业发展注入强劲动力。南充市将抢抓机遇，转变发展理念，筑牢疫情防线，守住环保底线，降低成本上限，补短板延链条，持续增强猪肉供应保障能力，推动构建生产高效、资源节约、环境友好、供给安全、产销协调的生猪产业高质量发展新格局，为川猪产业振兴作出新贡献。

一、发展成效

“十三五”以来，南充市坚持“创新、协调、绿色、开放、共享”发展理念，突出转型升级、绿色发展主题，以“155发展战略”为引领，以“三百示范工程”为抓手，推动生猪产业种养结合、绿色发展，初步构建生产、加工、销售为一体的现代生猪产业体系，产业成效更加凸显，产业规模持续壮大，产业融合日趋紧密，全市生猪产业质量效益和竞争力进一步提升，为打造全市千亿农业产业集群提供了有力支撑。

（一）产业发展稳步提升

“十三五”以来，南充市生猪产业发展稳步提升，2015年全市生猪出栏量突破600万头，此后有所回落，特别是2018年非洲猪瘟疫情导致生猪产量连续两年大幅下滑。南充市认真贯彻落实国省恢复生猪生产的决策部署，坚持把恢复生猪生产作为“三农”工作的头号工程，常抓在手、紧抓不放。坚持立足本地产、着眼市外调，以种猪场和规模猪场为重点，盘存量、扩增量、挖潜能，着力破解“缺母猪、缺仔猪”难题，不断恢复生猪产业造血功能，生猪生产较早较快恢复到常年水平，有力稳住了猪肉市场保供基本盘。2021 年全市出栏生猪 591. 3 万头，年末存栏生猪 414. 7 万头，其中能繁母猪 39. 5 万头（表 1），提前恢复到常年生猪生产水平。据测算，全市生猪全产业链综合产值约 300 亿元，猪业经济对农业经济的贡献率近 30%，是南充市现代农业产业集群产值突破“千亿大关”的最强支撑。

表 1　2015—2021 年南充市生猪生产情况

年份	年末生猪存栏（万头）		生猪出栏（万头）	猪肉产量（万吨）
	总量	能繁母猪		
2015	418. 2	42. 0	614. 1	43. 15
2016	408. 3	40. 3	589. 1	41. 39
2017	386. 7	37. 3	574. 4	39. 34
2018	380. 1	35. 6	584. 1	42. 52
2019	285. 3	26. 9	415. 7	29. 87
2020	380. 3	36. 4	521. 7	36. 69
2021	414. 7	39. 5	591. 3	43. 56

数据来源：《南充统计年鉴》。

（二）种业发展后劲充足

“十三五”以来，南充市积极推动生猪种业发展，通过争取项目资金支持、吸纳社会资本投入，加强原种场、扩繁场、仔猪繁育场及种公猪站建设，原种场、扩繁场和商品猪繁育场相互配套的三级良种繁育体系逐渐完善，种猪和仔猪供应质量和数量大幅提升。全市建成种猪繁育场 23 个，其中原种场 1 个、一级扩繁场 3 个、二级扩繁场 19 个（表2），年提供优质种猪 16 万头；建成存栏能繁母猪千头以上的仔猪繁育场 28 个，其中仪陇温氏双胜、仪陇温氏柳垭、营山温氏增产、高坪温氏鹤鸣、高坪温氏马家、阆中新希望洪山、嘉陵东方希望三会、阆中大北农桥楼、蓬安德康海田、西充蓝润义兴、顺庆凌翔共兴 11 个仔猪繁育场，场均存栏能繁母猪 5 000头以上，共存栏父母代种猪 7. 5 万头，年提供商品仔猪 180 余万头。此外，在建的阆中源芳洪山原种猪场（设计存栏原种猪3 000头）、阆中新希望千佛仔猪繁育场（设计存栏父母代种猪3 380头）即将投产。

表 2　南充市建成种猪繁育场数量与生产情况

类型	猪场名称	数量（个）	存栏能繁母猪（万头）	年供种猪（万头）
原种场	四川天兆龙池国家生猪核心育种场	1	0.3	1.0（曾祖代）
一级扩繁场	四川天兆嘉陵大沟头、仪陇温氏福临、高坪佳信恒长乐种猪场	3	1.2	6.0（祖代）
二级扩繁场	阆中大北农桥楼、阆中新希望洪山、嘉陵金兆、西充福鑫、蓬安千双等种猪场	19	1.5	9.0（父母代）

数据来源：课题组调研所得。

天兆猪业是全国知名种猪生产企业，国家农业产业化重点龙头企业，公司成立于 2004 年，现拥有 2 个国家生猪核心育种场，其中龙池生猪核心育种场（图 1）位于南充市嘉陵区大通镇，核心群存栏种猪 3 000 余头。天兆猪业先后从国外引进 2 个品系种猪，其中，2008 年从加拿大 FAST 公司引进 866 头纯种猪（杜洛克、长白、大白），并持续引进冷冻精液，种猪的性能与加拿大保持同一水平。2017 年从法国 AXIOM 公司引进 975 头纯种猪（杜洛克、长白、大白）。目前，公司在西南、东北及西北地区建有近 50 个种猪场，获得授权的猪场建设专利 100 余项。天兆猪业致力于成为具有全球竞争力的种猪基因及养猪系统解决方案供应商，与行业同仁携手勇攀“猪”峰。

图 1　天兆猪业嘉陵龙池国家生猪核心育种场

（三）规模养殖快速发展

“十三五”以来，南充市以龙头企业为引领，以项目实施为抓手，以转型发展为方向，坚持以大代小、抓大不放小，着力推进生猪标准化规模养殖场（小区）建设、优质商品猪战略保障基地建设和生猪调出大县奖励等项目建设。受非洲猪瘟疫情影响，南充市生猪产能在2019年三季度末降至低点，为恢复生产保障市场供给，南充市积极落实各项财政、金融、用地、环保等优惠政策措施，鼓励龙头企业和社会资本新建和改扩建规模猪场，通过建立项目单位“负面清单”和责任单位“红黑榜”制度，倒排工期，挂图作战，严格逗硬奖惩，强化协调服务，着力排忧解难，快速推进猪场建设，及早投产扩能，年内就有200余家生猪规模养殖场建成投产，为恢复产能奠定了坚实基础。特别是高坪温氏鹤鸣种猪场和天兆猪业大沟头种猪场成为我省恢复生产首批建成的大型猪场，2019年12月25日时任省农业农村厅党组书记、厅长杨秀彬同志亲自到南充市为2个猪场竣工剪彩，极大地鼓舞了全市恢复生猪生产的士气。2019年以来全市新（改、扩）建标准化规模猪场600余个，2021年年末年出栏500头以上规模猪场达到1 885个（表3），全市生猪规模养殖比重达61.2%。

表3　南充市各类生猪规模养殖场数量与占比

猪场年出栏规模	数量（个）	占比（%）	产能（万头）
500~1 999头	1169	62.0	110
2 000~4 999头	574	30.4	160
5 000~9 999头	73	3.9	50
10 000头及以上	69	3.7	80
合计	1 885	100	400

数据来源：农业农村部养殖场直联直报信息平台。

（四）龙头带动成效显著

“十三五”以来，南充市坚持龙头带动，引进培育做大做强生猪产业化龙头企业，先后招引德康、温氏、大北农、新希望、蓝润、东方希望等龙头企业落户南充发展生猪养殖，培育壮大天兆等本土生猪养殖企业。全市签约龙头企业生猪养殖项目19个，共签约养殖产能570万头（表4），目前已建成项目产能255万头，在建项目产能225万头，其余90万头正在启动前期筹备工作。积极创新龙头企业联农带农机制，温氏、天兆、大北农、新希望采取“公司+农户”发展模式，按照“五包一保证”的办法（即包饲料供应、包猪苗供应、包防疫指导、包技术指导、包商品猪回收，保证代养合理利润），吸纳1 000余个规模猪场合作开展生猪“托养”“代养”，推广应用先进养殖技术设备、科学猪场管理理念、严密疫病防控体系，加快了全市生猪现代化养殖体系发展步伐。壹号土猪、黑嘎嘎等优质特色生猪养殖企业，通过与养殖场户签订生猪养殖订单，养殖户按企业标准养殖生猪，公司定价回收，进一步扩大了南充市优质特色生猪养殖体量，初步形成了生猪品牌化养殖、差异化竞争、消费层互补的良好格局。

表4　南充市生猪养殖龙头企业布局与产能

龙头企业	分布	产能		龙头企业	分布	产能	
		总量	建成			总量	建成
温氏	高坪	50	42	大北农	阆中	50	30
	仪陇	80	50	德康	蓬安	20	20
	营山	50	21	蓝润	西充	50	14
新希望	阆中	80	20	正邦	蓬安	4	4
	南部	30	3	傲农	蓬安	5	5
东方希望	嘉陵	50	15	壹号土猪	西充	5	5
	营山	60	0	佳信恒	高坪	6	6
天兆	嘉陵	30	20	合计	—	570	255

数据来源：课题组调研所得。

温氏股份西南养猪公司（图2）于2015年从德阳市迁至南充市仪陇县河西工业园区，并成立仪陇、营山、高坪3个分公司，在全市规划建设生猪产能180万头，现已建成113万头。大北农集团于2017年在阆中市成立大北农集团（养猪科

图2　温氏股份西南养猪公司

技产业）川渝公司，旗下的阆中大北农农牧食品有限公司（图3）规划建设生猪产能50万头，现已建成4个猪场年出栏30万头。

图3　阆中大北农农牧食品有限公司

（五）设施装备行业领先

“十三五”以来，南充市大力推广标准化圈舍建设、生猪品种改良、物联网、养殖废弃物资源化利用等技术，打造了一批国内一流的现代化生猪养殖基地，加快推进生猪生产机械化、智能化、自动化、信息化、精细化水平。在生猪标准化圈舍建设和设施配套方面，广泛采用自动供料、自动饮水、自动环控、自动清粪、干稀分离等设施设备，配备沼气池、干粪棚、异位发酵床、粪污好氧发酵罐及病死畜禽无害化处理一体机等畜禽养殖废弃物处理设施设备，物联网技术在圈舍建设、生产管理、粪污处理等环节大量使用。温氏仪陇双胜、温氏仪陇柳垭、仪陇温氏福临（图4）温氏高坪鹤鸣、温氏高坪马家、温氏营山增产、大北农阆中桥楼、天兆嘉陵大沟头等（图5）等一大批猪场，其设施设备自动化、智能化程度达到国内领先水平。2016年以来，全市成功创建生猪标准化养殖示范场85个，其中，部级场5个，省级场62个，市级场18个。

天兆猪业大沟头智能化楼房猪场位于嘉陵区大通镇大沟头村，由企业自主设计，猪场于2018年底开工建设，2019年12月底竣工投产，总投资6 200万元，是四川省首个现代化楼房猪场。猪场建有7层楼房式立体猪舍一栋，楼房占地3 700平方米，猪场占地约1公顷，可满足5 000头母猪配种、妊娠、产仔和部分仔猪保

图 4　仪陇温氏福临标准化种猪场

图 5　天兆猪业大沟头智能化楼房猪场

培。该猪场实现环保“三无”（无污水、无臭气、无蚊蝇）目标，具备“四省”（省土地 80%以上、省投资 30%以上、省能源 30%以上、省人工 20%以上）特点，生物安全实现“五层防护”（从外到内分为环保、外勤、隔离、内勤、生产 5 层防护），生产管理实现全程“自动化”。

（六）绿色发展初见成效

2017 年，按照《南充市 2017 年畜禽养殖污染专项整治工作方案》，全市深入开展了畜禽养殖污染治理专项行动，共投入 3.3 亿元，全面取缔养殖场排污口，关停搬迁禁养区畜禽规模养殖场 1 012 家，按照“一场一策”要求治理非禁养区畜禽养殖场（户）746家，有力消除了畜禽养殖行业重点污染源和污染风险。2018年，南充市成功争取并组织实施了国家畜禽粪污资源化利用整市推进项目，共投入资金8.93亿元（中央资金3.2亿元，市级配套2 300万元，县级配套4 150万元），支持1 462家畜禽规模养殖场配套完善和改造升级节水设施、雨污分流改造和粪污收集、处理、储存和利用设施装备，新（改、扩）建7个有机肥处理中心，全市畜禽粪污收集处理的设施装备配套率和能力显著提升。2021年，全市规模生猪养殖场粪污处理设施装备配套率达100%，较2017年提高40%以上，养殖污染问题得到有效治理，农业农村生态环境持续改善。

市政府办印发《南充市畜禽养殖废弃物资源化利用工作方案（2018—2020年）》，成立资源化利用技术指导小组，编印《南充市畜禽养殖污染防治技术指南（试行）》，以畜禽粪污肥料化、能源化和资源化为方向，结合“5+4+3”现代农业产业体系建设，大力推广“生猪+晚熟柑橘（优质粮油）”种养结合发展模式，建成以仪陇“温氏+海越”、高坪本味和南部德盛等为代表的大、中、小种养结合发展示范基地40余个、面积12万余亩，畜禽粪污资源化利用县域大循环、园区中循环、养殖场小循环的种养结合发展格局构建成型。全市有区域粪污集中处理中心（有机肥厂）8个、畜禽粪污转运社会化服务组织19个、干粪沼液运输车轮482辆，建成沼液田间储存池66.2万立方米，铺设粪肥输送管网2 350千米，粪肥还田能力达40万立方米以上，2021年，全市畜禽粪污资源化利用率达94.59%。

2019年，南充市按照相关法律法规和生态环境部、农业农村部《关于进一步规范畜禽养殖禁养区划定和管理促进生猪生产发展的通知》等文件要求，调整和规范了畜禽养殖禁养区划定，由原来1 072个、3 115平方千米调整为398个、783平方千米（表5），有效防范饮用水水源保护区、自然保护区、风景名胜区和城镇居民集中聚居区等敏感区域畜禽养殖污染的同时，也极大地释放了畜禽养殖发展空间，规范了畜牧业发展秩序。

表5　南充市各县（市、区）畜禽禁养区划定情况

县（市、区）	禁养区数量（个）	禁养区面积（平方千米）
顺庆区	27	140
高坪区	38	47

（续表）

县（市、区）	禁养区数量（个）	禁养区面积（平方千米）
嘉陵区	76	59
阆中市	49	113
南部县	41	84
西充县	49	98
仪陇县	39	52
营山县	52	86
蓬安县	27	104
合 计	398	783

数据来源：课题组调研所得。

（七）产业配套日趋完善

近年来，南充市紧紧围绕饲料质量安全、供给能力提升、屠宰规范整治，通过招引的生猪养殖龙头企业配套建设饲料生产基地，积极创建部省级标准化屠宰企业等，大幅提升生猪养殖前端投入保障和后端屠宰延链能力水平。全市现有兽药生产企业 2 家，GSP 兽药经营门店 53 家，兽药企业年产值达 4 000 万元以上。全市具有生产许可证的饲料生产企业达到 16 家，其中配合饲料、浓缩饲料生产企业 11 家，单一饲料生产企业 3 家，饲料级氯化钠生产企业 1 家，混合添加剂饲料生产企业 1 家，此外还有在建配合饲料、浓缩饲料企业各 1 家，预计今年下半年投产。全市以嘉陵新希望饲料公司生产量最大，其次为仪陇温氏、蓬安特驱、西充光大 4 家饲料生产企业年产量占全市 79.8%，饲料产业集中度、规模化程度不断提高，2021 年全市工业饲料总产量达 60.9 万吨，其中猪饲料产量达 49.4 万吨。全市目前在宰的生猪定点屠宰场 82 个，其中 A 类屠宰场 18 个，B 类屠宰场 64 个，规模较大的屠宰企业有高坪锦辰、营山莽哥、阆中鸿宇、南部金瑞等，生猪年屠宰能力超 500 万头，有阆中鸿宇、蓬安健民、营山润丰等猪肉加工企业，年加工能力 10 万余吨。2020 年新希望、东方希望分别在阆中、营山签订了 80 万头和 60 万头生猪全产业链项目，积极加快产业融合发展，推动“运猪”向“运肉”“运产品”转变。

二、工作举措

（一）党政重视，高位推动

市委、市政府高度重视生猪产业发展，坚持把生猪产业发展摆在农业工作的重中之重，常抓在手、紧抓不放。市委市政府主要领导既挂帅又出征，亲自研究部署，亲自调度推进，不定期召开市委常委会、市政府常务会，每季度定期召开专题会议，逢会必讲、调研必看、督查必问生猪产业发展和稳产保价工作，形成鲜明导向，高位推动落实。及时调整成立市非洲猪瘟防控与恢复生猪生产指挥部，由县（市、区）委书记担任指挥长，亲自上阵、靠前指挥；抽调专业骨干，成立工作专班，配强工作推进人员力量。建立相关部门职责明确、分工协作、齐抓共管的联席会议制度，成立党政分管农业的领导牵头，农业农村、自规、交通、发改、经信、水务、生态环保、乡村振兴等多部门参与、镇（乡）村协作的工作专班，认真分析产业发展存在的困难问题，研究具体举措，压实各方责任，形成工作合力。

（二）规划引领，合理布局

以切实落实生态环境保护要求为目标，结合区域畜牧产业发展基础和农业发展优势，着力构建生产、加工、经营为一体的现代畜牧产业体系，提升产业整体质量、综合效益和市场竞争力，走产出高效、产品安全、资源节约、环境友好的现代畜牧业发展道路，为打造千亿农业产业集群，实现农牧业循环发展提供强有力的支撑。市政府和主管部门制定出台《关于加快建设全市现代绿色畜牧产业的意见》《南充市做强生猪产业推进方案（2020—2022年）》《南充市生猪标准化规模养殖场建设（改造）技术指南（试行）》等，做到产业发展规划先行，年出栏生猪总量控制在800万头以内（表6），确保产业与生态协同发展。在生猪养殖较为集中、配套产业较为完备、交通优势较为突出的区域，布局建设生猪产品精深加工基地，培育壮大猪肉食品加工企业，全面提升生猪现代种业发展、标准化生产、畜禽养殖废弃物处理利用、肉制品加工、产业化经营、品牌创建、动物疫病防控等水平，重点打造龙头带动、三产融合、循环利用、科技支撑的现代生猪产业园区。坚持以地定畜、以种定养，以农业种植土地承载能力确定畜禽养殖规模，宜减则减、宜增则增，促使种养业在布局上相协调、在规模上相匹配，指导超过土地承载能力的区域和规模养殖场，逐步调减养殖总量。

表6　南充市各县（市、区）生猪产业园建设规划

县（市、区）	龙头企业	生猪产业园出栏量（万头）	2022年出栏目标（万头）
顺庆区	东方希望等	10	25
高坪区	温氏、佳信恒等	30	58
嘉陵区	天兆、东方希望等	40	66
西充县	温氏、蓝润等	50	66
南部县	新希望、大北农等	50	86
阆中市	大北农、新希望等	50	77
仪陇县	温氏等	40	82
营山县	温氏、东方希望等	50	78
蓬安县	德康、正邦等	30	62
合计	—	350	600

数据来源：课题组调研所得。

（三）落实政策，争取资金

认真贯彻落实中、省有关政策措施，市委市政府和主管部门印发《南充市促进恢复生猪生产八条举措》《关于深化银政担合作保障生猪生产的信贷意见》等政策文件，明确生猪恢复生产财政、金融、土地、环保等政策支持。积极推动建立畜禽养殖基本用地保底管理制度，原则按照不低于县域耕地面积1.3%的比例配置基本养殖用地量。生猪养殖用地作为设施农用地，按农用地管理，不需办理建设用地审批手续。在不占用永久基本农田的前提下，允许生猪养殖用地使用一般耕地，不需耕地占补平衡，取消附属设施用地规模15亩上限规定，保障生猪养殖生产的废弃物处理等设施用地需要。生猪养殖设施用地原则上不能占用永久基本农田，涉及少量永久基本农田确实难以避让的，允许使用但必须补划，养殖设施允许建设多层建筑。鼓励利用“四荒地”（荒山、荒沟、荒丘、荒滩）和农村集体建设用地安排生猪养殖，鼓励利用原有养殖设施用地进行生猪养殖生产，生猪养殖及配套设施用地可以使用Ⅲ级及以下保护林地。积极支持养殖项目环评“放管服”改革，对年出栏5 000头以下的生猪养殖项目，在线填写环境影响登记表备案，无需办理环评审批，对年出栏5 000头以上的生猪养殖场建设，开展环评告知承诺制试点。全面落实能繁母猪和育肥猪养殖保险政策，提升养殖场（户）政策性保险覆盖率，实现“愿保尽保"，开展500元/头生猪商业补充保险试点，保费费率为5.5%，在800元/头的育肥猪政策性保险基础上，每头猪保费提高到1 300元。积极推动银行开发"猪宝贷"等贷款融资产品，降低贷款利率，实施省级财政农业产业化银行贷款贴息政策。多方争取中省畜牧相关项目支持生猪产业发展，争取中央预算内投资生猪规模养殖场建设、畜禽良种繁育基地建设、国家畜禽粪污资源化利用整市推进等项目资金和省级财政新增能繁母猪、省级财政支持生猪出栏、生猪良种等补贴，切块脱贫攻坚产业发展资金和乡村振兴衔接资金，市县配套财政资金，共同支持生猪产业转型升级。

（四）防治结合，规范发展

按照"预防为主、防治结合、标本兼治"思路，将畜禽养殖污染防治工作列为年度工作重点，每年及早对该项工作进行安排部署。组织召开年度畜禽养殖污染防治会议，主管部门印发年度《农业环保工作方案》《关于持续做好畜禽养殖污染防治工作的通知》等文件，明确工作思路、工作重点和保障措施，督导各地以畜禽规模养殖污染防治为重点，兼顾规模以下养殖户，协调推进年度畜禽养殖污染治理工作。压紧压实养殖污染防治的属地管理责任、行业部门监管责任和养殖场业主环保主体责任，落实10 842名网格员，建立完善养殖污染防治四级"网格化"监管体系，要求规模养殖场悬挂污染防治公示牌，督促配套完善和规范运行养殖环保设施，对发现的畜禽养殖污染问题隐患及时督促整改，涉及环境违法的坚决立案查处，筑牢环保底线。市农业农村局成立了9个农业生态环保督查组，包片督导9县（市、区）畜禽养殖环保问题，对历年中央环保督察交办和"回头看"反馈环保问题进行例行督察，及时督促问题按期整改销号，切实巩固好畜禽养殖污染治理成效。坚持走标准化生猪养殖发展道路，大力推行"漏缝地板""节水碗""干清粪"等生猪清洁生产技术模式和"公司+家庭牧场"标准化适度生猪规模养殖发展模式，加快推进生态环保型养殖圈舍建设，加快构建以大型种猪场为引领、适度规模养殖场为主体、农牧结合型家庭牧场为补充的现代生猪产业发展体系。严格按照《南充市生猪标准化规模养殖场建设指南（试行）》规范选址、办理养殖用地手续、完善养殖场各功能区规划布局，禁止在禁养区内改扩建畜禽规模养殖场，非禁养区建设养殖场需符合地方畜牧产业发展规划和周边环境承载能力，落实畜禽规模养殖环评制度和环保"三同时"制度，做到养殖粪污“减少存量、不添增量”。

（五）改造升级，种养循环

按照“减量化、无害化、资源化”原则，采取“两控两分四防四配套”（控制圈舍冲洗、控制饮水侧漏；雨污分流、干稀分离；防雨淋、防溢流、防渗透、防臭气扩散；配套干粪棚、沼气池、沼液储液存池和足够面积消纳土地）技术措施，鼓励支持规模猪场改造升级。依托畜禽粪污资源化利用整市推进项目建设，完善和提升全市畜禽养殖场粪污收集处理、储存运输、资源化利用等设施装备，在农业产业园区规划建设田间储存池、沼液输送管网等还田利用基础设施，补齐粪污资源化利用的设施短板。探索和推广适宜丘陵地区的“全粪收集、腐熟还田”和“猪—沼—果（菜、粮、林、草）”种养结合粪肥利用模式，开展粪肥还田效果评估和关键技术培训，提高规模养殖场、第三方处理企业和社会化服务组织的技术水平，加强畜禽粪污资源化利用技术集成，因地制宜推广应用有机肥、水肥一体化和沼液高压深施等关键技术。鼓励规模养殖场与优质粮油、晚熟柑橘和木本油料等种植基地对接联合发展，在高标准农田及现代农业园区合理规划建设规模养殖场（小区），畜禽养殖废弃物经无害化处理后就地就近还田利用，有效打通粪肥还田利用渠道，提升种养循环发展水平，提高产业发展效益。

（六）推广科技，人才保障

加强非洲猪瘟防控和恢复生猪生产技术研究集成示范和应用，推广大型养殖企业和地方有效防控模式。结合晚熟柑橘基地建设，探索推广适合南充地区的种养循环发展模式，促进生猪产业绿色、生态、高效发展。发挥好行业专家人才智库作用，建立专家分区联系服务机制，指导推动生猪生产稳产保价和转型升级。发挥畜牧兽医技术支撑机构、行业协会、生猪产业技术体系的优势和作用，通过培训讲座和入户指导等方式，推广生猪疫病防控、节本增效、畜禽粪污资源化利用实用技术，提高科技成果转化率和科技对生猪产业发展的贡献率。加快推动基层动物防疫队伍建设，采取有效措施稳定基层机构队伍，对借用、占用基层防疫检疫人员编制的要及时归位，对空缺编制的要及时补充专业技术人员，确保市、县、乡三级防疫检疫人员定员到位。建立健全动物卫生监督机构和动物疫病预防控制机构，明确工作职责，巩固和加强工作队伍，配置先进检验检疫设备，改善工作条件，落实畜牧兽医工作津贴补助政策，确保基层动物防疫体系正常运转。采取返聘退休畜牧兽医技术人员或购买社会服务等多种形式，强化基层防控力量，满足当前畜牧业发展和动物疫病防控工作需要。

（七）严格考核，督导推进

建立“菜篮子”联席会议制度，制定《南充市“菜篮子”市长负责制考核工作实施细则》，将恢复生猪生产考核权重提高至50%，印发《南充市生猪产能调控工作考核实施细则》，进一步压实部门责任，严格落实考核。每年印发《畜牧兽医工作要点》，明确年度重点工作和考核指标，锁定生猪存、出栏年度目标任务，及时分解落实到各县（市、区），将生猪产业发展、生猪项目建设纳入乡村振兴实绩考核，考核不达标的县（市、区）在乡村振兴实绩考核中乡村振兴先进县、成效显著县等评选一票否决。市农业农村局成立9个生产稳产保供专项督查组，建立“旬调度、月督查、季通报”机制，包县分片开展暗访督查，与市委目督办开展联合督查，印发督查通报，直击问题，查找堵点，严格考核问责，强力推动各项工作落地落实。每季度开展养殖、环保、用地、金融等支持政策执行情况专项督查，坚持查处项目审批推拖躲绕、执行落实慵懒散慢等行为，全力打通政策落实、执行落地堵点。

（八）调控产能，稳产保价

认真贯彻落实国、省生猪产能调控政策措施，按照“抓养殖大县、抓养殖大场，保35.1万头能繁母猪存栏量底线，保1 320个规模猪场数量底线”调控要求，市农业农村局制定并印发《南充市生猪产能调控实施方案（暂行）》，按照业主申请、县级审核、市级挂牌原则，将年出栏1万头以上的规模猪场和国家生猪核心育种场、年出栏3 000~9 999头的规模猪场和省级生猪核心育种场、年出栏2 000~2 999头的规模猪场分别纳入国、省、市级生猪产能调控基地，分级建立首批生猪产能调控基地355个，其中国家级20个、省级269个、市级66个，落实生猪产能过剩调减和不足增养调控责任，调控基地优先享受各级政策支持和资金补助。印发《南充市2022年生猪产能临时调控方案》，对农业农村部直联直报系统备案赋码规模猪场的存栏能繁母猪，按100元/头开展一次性临时救助，做到据实核定、应补尽补，缓解养殖场（户）资金压力，防范猪价下跌造成生猪产能过度下降。依托农业农村部规模养殖场直联直报系统监测和生猪生产月度报告制度，每月对规模猪场的总存栏、能繁母猪存栏、新生仔猪、购入和出售情况进行跟踪，全面了解规模猪场生产情况，为制定生猪稳产保价、产能调控等政策措施提供数据支撑。结合全国、全省生产和供应情况分析市场形势，通过市畜牧业协会构建生猪养殖信息交流平台，将生猪养殖场、饲料企业、屠宰企业、动物医院、技术专家、行业主管部门等统一整合到平台，交流行业最新动态信息，分析预判行业形势，发布行情信息，引导养殖场（户）科学合理安排生产，确保生猪产能稳定，避免大起大落。

三、存在问题

（一）生猪发展态势受阻

一是养殖信心受挫。受新冠肺炎疫情和非洲猪瘟疫情双重影响，养殖场建筑材料价格居高不下，人工费用不断上升，加之当前俄乌局势推升全球粮价，国内玉米、豆粕价格大幅上涨，养猪成本进一步增加。同时，生猪市场行情低迷，价格波动频繁，养殖场户时有亏损，生猪养殖的积极性不高。二是财政投入不足。相比较种植业而言，长期以来畜牧业获得的财政投入很少，虽然从 2019 年国家为全力恢复生猪生产，出台了一系列扶持生猪生产的政策，加大了对生猪生产的投入，但南充市享受到的国家项目支持较少，市县财政财力有限，对生猪生产扶持不够。三是金融支持不够。虽然政府及相关金融机构近年来出台了一系列政策措施，加强对生猪养殖的金融信贷支持，但养殖场户在贷款过程中，常常因为抵押物不足造成贷款难问题未得到根本解决，生猪活体抵押贷款难以落地推广，贷款难、抵押难、额度低制约了养殖场户转型升级和扩大再生产。

（二）产业体系不够健全

一是产业大而不精。虽然南充是全省畜牧养殖大市，生猪存出栏量均位居全省第一，大部分养殖场生产设施差、饲养管理粗放，养殖成本高、市场竞争力弱，生猪养殖规模化、标准化、数字化、生态化水平有待提升。生猪产业链条短、配套差、品牌弱、附加值低，生猪外销以活体为主，冷链保鲜物流配套不够，猪肉精深加工缺失，产业综合效益低下。二是种业发展不足。虽然近年来我市建设了一批大型种猪场，但县域间发展不平衡，县域内种猪、育肥猪产能不协调等问题突出。虽有 1 个国家生猪核心育种场，但生猪一、二级扩繁场数量少，生猪制种能力、扩繁水平不够，缺乏选育水平高、知名度好、推广能力强的种猪企业。政府在生猪种业上的专项经费少，企业在种猪选育上投入少，都制约了我市生猪种业的发展。三是人才队伍偏弱。由于养殖场工作环境较差，规模化养殖对防疫要求很高，需长时间的隔离，年轻人不愿从事此行业，特别是中小养殖场难以招到专业技术人员。县乡基层普遍存在畜牧兽医机构不健全、推广职能缺失、专业人员缺乏、人员结构老化等问题，严重制约生猪产业的现代化发展。

（三）发展保障瓶颈凸显

一是养殖用地紧缺。南充属于典型丘陵地区，平整连片土地少，规模养殖企业选择非基本农田又适合发展生猪养殖的用地较困难，使用集中连片土地往往难以避让地类重叠、土地调规等问题，使用农户流转土地往往遭遇部分农户阻挠，使用林地补偿费用太高，养殖企业已面临无地可选、无地建场的尴尬境地。二是养殖环保受限。南充农村人口密集，在现有养殖技术水平条件下，难以完全去除养殖气味，因养殖臭气导致的养殖环保投诉时有发生。同时随着“三线一单”（生态保护红线、环境质量底线、资源利用上线和生态环境准入清单）和规划环境影响评价工作的不断推进，生猪养殖面临后续整改整治的压力和挑战越来越大。三是政策环境不优。由于生猪养殖占土地、无税收、有臭味，一些地方只想吃肉不想养猪，对扶持生猪产业发展的政策落实不够到位，对生猪养殖不支持不鼓励；一些地方因地方财政紧张，将用于生猪产业发展的资金整合他用，或该兑现的项目资金迟迟无法拨付，政策落实还存在一些堵点、痛点和断点。

（四）养殖环保压力较大

一是设施配套不均衡。南充是以生猪产业为主的畜禽养殖大市，全市生猪规模养殖比重达60%以上，但生猪散养群体数量仍然较大。近年来，畜禽粪污资源化利用整市推进项目主要支持畜禽规模养殖场设施装备配套完善，规模以下养殖专业户未能获得有力支持，粪污处理设施利用装备配套情况较差，设施短板仍很突出。二是环保投入还不足。畜禽粪污资源化利用涉及养殖场节水改造、环保设施装备配套运行和末端开展资源化利用多环节，投资较大，运营成本较高。目前，养殖业主投资能力较弱，中省支持资源化利用的项目较少且难以争取，市、县级资金配套能力也很有限，总体投入不足，缺口较大。三是利用体系不健全。虽然在主推种养结合经济发展模式，但因缺少配套鼓励支持有机肥生产、销售和使用等政策措施，也尚未构建起高效的畜禽粪污资源化利用运营服务网络和机制，加上宣传教育和案例推广还存在短板，当前有机肥生产成本较高、施用不方便、增产效果较慢等限制因素较为突出，种养业主主动投入建设设施和开展资源化利用的积极性还不高。

（五）基层队伍还需加强

一是在编在岗人员少。县乡两级动物防疫人员借用、编制挤占严重，补编、增岗不及时，全市实际在编在岗人员仅占编制数的70%，人员严重不足。乡镇畜牧兽医站工作条件差，福利待遇低，工作人员招录困难，现有人员辞职、离职较为常见，畜牧事业后继缺人。二是人员结构不合理。乡镇基层畜牧兽医队伍40岁以下人员占比仅23.07%，专业人员占比仅为66.91%，新生血液补充不及时，专业知识欠缺，不利于日益复杂的动物防疫工作，难以适应基层防疫要求。三是基层队伍不稳定。一些地方无县级畜牧技术推广机构，有的乡镇也没有畜牧兽医站，部分乡镇畜牧兽医站放归乡镇政府管理，畜牧队伍体系不健全。各级畜牧兽医推广机构的专业技术岗位严重不足，很多人员取得中、高级专业技术资格后无法聘任，严重影响工作积极性，导致队伍不稳定。

四、对策措施

充分发挥市场在资源配置中的决定性作用，以保障猪肉有效供给为目标，立足生猪产能调控保供稳价，着眼长远转变方式转型升级。以提高南充市生猪科研育种能力和良种生产能力为重点，加强生猪良种繁育基础设施建设，完善与现代生猪生产相适应的育、繁、推一体化生产供应体系。按照“规模养殖、集中屠宰、冷链运输、冰鲜上市”要求，加快构建现代养殖体系，健全现代生猪流通体系，推进生猪产业化发展、一体化经营，加快实现生猪产业大市向强市迈进。

（一）大力推进生猪种业发展

加强生猪良种繁育体系建设，实施生猪遗传改良计划，持续完善纯种场、扩繁场、商品场相互配套的三级良种繁育体系。积极申报创建国家级、省级生猪核心育种场，建设一批种猪一、二级扩繁场，鼓励企业从国外引进良种，更新核心育种群。实施生猪良种补贴，推广人工授精技术，积极支持养猪场（户）购买优良种猪精液，提高良种覆盖面，不断提高生猪综合生产能力。积极支持种猪企业参与川东北现代种业园区建设，进一步做强南充市生猪种业。通过天兆猪业等种猪龙头企业带动，鼓励和支持种猪场间的联合、兼并和提升，促进联合育种，全面提升种猪质量和制种供种能力，提升南充市生猪育种与种猪培育水平，打造南充优质种猪生产基地新名片。

（二）全面提升科学养殖水平

编制和储备一批生猪产业建设项目，积极争取国家生猪产业集群项目，大力发展生猪标准化规模养殖，促进生猪产业提档升级。按照“品种良种化、养殖设施化、生产规范化、防疫制度化、粪污无害化、监管常态化”要求，打造一批国内一流的现代化生猪养殖示范场，培育一批可复制、可推广的标准化规模场。支持标准化圈舍改造，鼓励有能力有意愿的中小养殖户稳步扩大养殖规模，提升设施装备配套水平和生产经营管理水平，帮助其融入现代生猪产业体系。大力推广生猪良种，普及猪场节水、节料、节能养殖工艺和低蛋白日粮配制、微生物发酵等实用技术，促进生猪养殖降本增效。加快推进生猪全产业链信息化，推广普及智能养猪装备，全面提升生猪生产机械化、自动化、智能化、信息化、精细化水平，提高生产经营效率。

（三）持续抓好疫病防控工作

加强动物疫病监测预警、动物卫生监督执法、动物疫病预防控制等体系建设，建立生猪防疫信息、应急物资和疫情应急处置指挥市、县管理平台和乡、村数据采集终端。统筹做好非洲猪瘟以及口蹄疫、猪瘟、高致病性蓝耳病等重大动物疫病防控工作，督促指导养殖主体严格落实防疫措施，加快推进防疫基础设施建设，健全养殖区域内养殖主体联防联控机制，建立非洲猪瘟防控有奖举报制度，实行群防群控。科学划分高、中、低风险区，在低风险区创建非洲猪瘟无疫区和无疫小区，提升区域防控能力。依托现有机构编制资源，建立健全动物卫生监督机构和动物疫病预防控制机构，切实加强基层畜牧兽医队伍建设，配齐与养殖规模和工作任务相适应的防疫检疫专业技术人员，足额保障工作和业务经费，改善设施装备条件，提升基层动物疫病防控能力水平。

（四）严格落实饲料安全监管

严格按照《饲料和饲料添加剂管理条例》行业准入标准，落实《饲料质量安全管理规范》与饲料生产许可条件同步审核制度。实施促生长抗菌药物退出计划，持续推进生猪养殖抗菌药物减量使用。严格落实“双随机一公开”监管机制，组织开展全市基层饲料执法监管人员培训，提升监管能力和水平，组织开展饲料质量卫生、违禁物质及药物饲料添加剂专项监测和风险预警，切实加强饲料质量安全事前事中事后全程监管。强化优质饲料生产保障能力建设，支持大型饲料生产企业进行技术改造升级，提升生猪优质饲料供给保障能力，促进饲料行业高质量发展。

（五）着力优化屠宰加工布局

按照压点减量、提质增效的要求，进一步优化生猪屠宰行业结构布局，引导生猪屠宰加工向养殖集中区域转移，鼓励生猪调出大县建设屠宰加工企业和洗消中心，鼓励生猪就地就近屠宰，实现“运猪”向“运肉”转变，逐步减少活猪长距离调运。健全屠宰企业准入管理制度，大力推进屠宰企业标准化建设，加快小型生猪屠宰厂（场）点撤停并转，培育创建国家级、省级标准化屠宰厂。严格执行生猪定点屠宰制度、生猪屠宰环节非洲猪瘟自检和驻场官方兽医制度，在大型、中小型生猪屠宰企业和小型生猪屠宰点分别按不少于10人、5人和2人的标准足额配备官方兽医，对不符合检疫检测要求的屠宰厂（场）依法限期整改，整改不到位的责令关停，督促生猪屠宰企业严格履行动物防疫和生猪产品质量安全主体责任。支持小型屠宰厂转型开展肉品配送流通服务，推行县域“中心屠宰厂集中屠宰、乡镇分销配送”模式。加快建立冷鲜肉品流通和配送体系，加强冷链物流基础设施建设，鼓励屠宰企业建设标准化预冷集配中心、低温分割加工车间、冷库等设施，配备必要的冷藏车等设备，鼓励生猪产品主销区建设标准化流通型冷库、低温加工处理中心、冷链配送设施和冷鲜肉配送点，构建生猪主产区和主销区有效对接的冷链物流基础设施网络。依托新希望等龙头企业建设2个以上生猪产品精深加工基地，开发猪肉罐头、火腿肠等猪肉产品，提升生猪精深加工能力。

（六）加快推进产业融合发展

坚持龙头带动，产业融合，引进培育做大做强生猪产业龙头企业，推广“龙头企业+合作社+养殖户（家庭农场）”等模式。支持发展生猪产业化龙头企业、养殖合作社、家庭牧场、职业经理人等新型经营主体，充分发挥其示范带动作用。通过创新利益联结机制，完善合作生产模式，构建利益共同体，建立起优势互补、利益共享、风险共担、合作共赢的生猪产业发展合作模式。支持大型龙头企业布局全产业链，推动生猪育、繁、养、宰、加、销一体化融合发展。坚持抓大不放小，引导小散养猪户融入现代生猪产业体系，探索农户以资金、土地、圈舍入股龙头企业发展生猪产业。实施“创品牌”战略，支持生猪产业化龙头企业打造生猪品牌，着力打造南充优良种猪生产基地名片，用好南充“好充实”区域公共品牌。

（七）深入推进种养循环发展

持续深入推进畜禽养殖污染治理工作，深入推进生猪产业转型升级绿色发展。依托国家畜禽粪污资源化利用整市推进、种养殖结合绿色发展、长江流域农业面源污染治理、高标准农田建设、晚熟柑橘基地建设、国家现代农业产业园建设等项目优化生猪产业布局，按照每亩3个猪单位的标准，就地规划和建设相应规模的标准化猪场，支持粪肥就地就近还田利用，提升种养结合力度。持续开展畜禽粪污资源化利用技术培训，广泛宣传《中华人民共和国畜牧法》《中华人民共和国环保法》《畜禽规模养殖污染防治条例》等相关法律法规和畜禽粪污资源化利用相关政策，营造良好的粪污资源化利用社会氛围。支持粪肥处理利用的社会化服务组织购置粪肥运输车辆、建设粪污堆积贮存利用等基础设施设备，打通粪肥还田利用“最后一公里”。进一步压紧压实工作责任，建立完善科学规范、权责清晰、约束有力的畜禽养殖废弃物资源化利用制度，构建完善种养循环发展机制，从根本上解决畜禽养殖污染问题，实现生猪产业可持续绿色发展。

产业开启致富门　发展迈向振兴路

——凉山州生猪产业发展经验交流

刘　凌　马　庆　王同军

（凉山州畜牧草业与水产技术推广中心，四川凉山州　615000）

摘　要：凉山州生猪生产在各级支持和关怀下，通过落实政策、多方突破，在脱贫攻坚支撑产业发展中成效显著，为促进群众脱贫增收发挥了重要作用。总结成功经验，补齐发展短板，凉山生猪产业将迈向振兴。

关键词：凉山州；生猪生产；成效措施；产业兴旺

凉山彝族自治州位于四川省西南部，辖17个县市，面积6万多平方千米，是全国最大的彝族聚居区，曾经是全国“三区三州”深度贫困地区之一，有11个贫困县，贫困程度最深、面最广、人口最多。凉山的贫困问题得到了中央和省委省政府领导的高度重视，给予了大力支持。2018年2月，习近平总书记心系凉山，深情关怀，深入凉山昭觉县看望群众，作出了重要指示，极大地激发了全州人民决战决胜脱贫攻坚的昂扬斗志。经过艰苦努力，2020年如期实现全面脱贫摘帽，与全国全省人民一道步入了全面小康社会。在脱贫攻坚中，生猪产业发展为群众增收做出了积极贡献，助力开启了致富门，在巩固拓展脱贫攻坚成果同乡村振兴有效衔和乡村振兴中必将会作出更大的贡献。

一、凉山州概貌

（一）气候资源

凉山光热资源充足，年平均气温14～17℃，年平均日照时数2 000～2 400小时，日照量自北向南递增，无霜期230～260天，在我国北纬30°以南地区，除西藏和云南部分地区之外，是日照时数最长的地区。气候类型多样，立体气候特征明显，“一山分四季，十里不同天”，南亚热带、亚热带、温带、寒带气候都有对应区域。

（二）土地资源

有耕地872.5万亩，草山草坡2 980万亩，人均耕地1.64亩、草地6.6亩。耕地后备资源丰富，粪污消纳容量大。山高谷深，有利于动物疫情防控，适合种养循环的现代生猪产业发展。

（三）水资源

降水量充足，年平均降水量1 000~1 100毫米。水资源富集，流域100平方千米以上的河流145条，1 000平方千米的有11条，有邛海、马湖、泸沽湖等23个内陆淡水湖；地表水总量380亿立方米，大多在Ⅱ类水质以上，山泉水可以直接饮用，富含锌、硒等多种矿物质。

（四）地方品种资源

凉山生猪饲养历史悠久，饲养量大，当地有养猪的传统。特色地方品种凉山猪，驯养少有2000多年的历史，其被毛多为黑色，少数为棕色。1976年与同种不同名的贵州柯乐猪、威宁猪和云南大河猪归并，命名为乌金猪。凉山猪耐粗饲，可放牧饲养，深受彝族同胞喜爱，彝族同胞素有食用仔猪的传统习惯，也是待客的必备佳肴。因此，彝族农户有普遍饲养母猪的传统习惯。2021年凉山猪群体数量达54.9万头，其中，散养量54.5万头、能繁母猪16.97万头、种公猪1.3万头，能繁母猪占总存栏比重高达30.90%。

二、生猪产业发展成效

近年来，凉山州坚决贯彻落实中央、省生猪稳产保供政策，全州上下真抓实干、攻坚克难，做好生猪产业规模化、标准化发展文章，推动巩固拓展脱贫攻坚成果同乡村振兴有效衔接。通过规划引领、政策支持、招商引资、要素保障等强有力的各项措施，推动生猪生产调结构、转方式、壮规模，促进生猪生产由自给自足传统小农经济，向标准化规模化商品生产突破，并正在向机械化、信息化、智能化、体系（链条）化的现代生猪产业大步挺进。生猪存栏已由2019年的244.19万头增长到2021年的335.79万头，增加91.6万头，增长37.51%；能繁母猪存栏由23.82万头增长到33.48万头，增加9.66万头，增长40.55%；生猪出栏由396.53万头增长到479.56万头，增加83.03万头，增长20.94%；猪肉产量由28.48万吨增长到34.37万吨，增长5.89万吨，增长20.68%；2021年生猪存出栏均位居全省21个地市州第3位。

（一）助推脱贫攻坚与乡村振兴

凉山州成功探索总结出了一条以生猪龙头企业为依托、繁育场为中心、代养场为载体，采用“公司+集体经济+贫困户+保险”模式。引导具备条件的贫困户用金融贷款参与入股分红，贫困村以产业发展扶持基金入股分红的产业扶贫路子。如喜德县洛哈镇木古宜莫村，采取“四方合作（铁骑力士公司、喜德县孙水源养殖专业合作社、村级集体经济、贫困户）+保险”，总投资350万元，新建年出栏4 000头的生猪标准化代养场。2019年3月投产，代养1 850头，9月出栏1 788头，成活率96.65%，实现产值697万元，代养收入66.67万元，其中52户贫困户实现户均增收3 000余元，带动5名贫困人口务工就业，人均增收2.4万元；喜德县整合涉农资金1.5亿元建生猪扩繁场，每年以1 000万元租给铁骑力士公司经营，其中200万元作为县农旅投公司周转金，800万元平均分配给集中安置点1 904户贫困户，户均收入4 202元，实现稳定增收；全县建成生猪代养场55个，每个场带动贫困户20户、共1 100户，每户年均增收3 000余元。

目前，铁骑力士喜德县生猪项目，年生产商品仔猪30万余头，有效解决了全县83个标准化规模猪场和部分散养户优质仔猪来源，带动全县生猪产业高速发展，有力推动产业发展，迈进乡村振兴。

（二）实现生猪产业发展六大突破

1. 规模化养殖

2018年全州年出栏生猪500头以上的规模养殖场仅有247家，生猪生产主要是自给自足、小规模生产、技术水平低、疫病风险大，处于“养猪为过年”的传统小农经济生产方式之中，生产技术落后，养猪技术水平极低。近年来，生猪养殖重大项目密集落地，仅2020年就投入15.65亿元，投产144个项目。因有大型项目牵引，促使生猪传统养殖向适度规模养殖发展，生猪生产方式由传统散养向现代标准化规模养殖转变实现了突破。2021年全州规模养殖场达到452家，较2018年增加205家，增长83%，规模养殖比重由2018年的6%提升至2021年的15%；年出栏50头以上的适度规模养殖比重由14%提高到28.6%。

2. 多元化协作

随着铁骑力士、新希望、巨星、正邦、天兆等多家生猪养殖龙头企业入驻，带来了先进的生产设施、管理标准、养殖技术、市场链、供应链，推动生猪产业转型发展。在政策引导和龙头企业带动下，家庭农场、专业合作社、养殖大户蓬勃发展。龙头企业与中小型养殖主体的联系日益紧密，“龙头企业+代养场”等合作模式得到推广。仔猪繁育、生猪育肥等环节形成了较为明显的专业化分工。生猪生产由过去主要由一家一户自发养殖，向养殖大户、家庭农场、专业合作社、中小型企业和大型龙头企业“多箭齐发”、密切协作转变，生猪养殖的专业化、组织化程度大幅突破提升。

3. 商品化生产

过去，生猪生产主要是自给自足的小农经济，商品化率低，经过近年来大力引导和支持发展，全州生猪产能大幅提升，商品化率大幅提高。2020 年在全国全省生猪供应十分紧俏的情况下，通过办理检疫手续调出州外肥猪达 10 余万头，为生猪稳产保供作出了积极贡献。

4. 集约化经营

在生猪龙头企业带动下，各类养殖主体积极加大投入，新建标准圈舍、购置设施设备、规范管理流程，机械化、信息化、智能化等技术得到推广运用。生猪养殖向标准化、集约化、现代化转型，养殖效率大幅提高。集约化生产推动各类养殖主体特别是规模养殖业主对非洲猪瘟等疫病防控意识和能力不断增强，自觉加大防疫、粪污处理等设施投入力度，采取闭环养殖等方式进行主动防控，防控由被动转向主动。

5. 资源化利用

在推进生猪规模化养殖过程中，将环保设施建设作为前置性要件落实，农牧结合，种养循环方式加快推广。2021 年全州规模养殖场粪污处理设施装备配套率达 100%，畜禽养殖粪污资源化利用率达 90%以上。

6. 链条化延伸

全州各地以企业为主体，大力推进生猪产业全产业链发展。宁南县支持 3 个大型养殖企业扩大仔猪繁育产能，木里、盐源、布拖、甘洛、普格、冕宁新建屠宰场已竣工投产，金阳、美姑、喜德加紧推进屠宰场建设，德昌 100 万头生猪养殖屠宰加工及冷链物流项目开工。随着龙头企业加速在凉山州落地和建设，人才、信息、技术等要素进一步集聚，促进产业链条加快突破。

三、主要做法与措施

（一）政策引领

凉山州认真贯彻落实党中央、国务院及四川省委、省政府出台的各项生猪稳产保供政策，在全面贯彻落实上级政策规定动基础上，结合实际，制定了一系列发展生猪生产的政策措施。一是出台《凉山州现代农（林）业园区建设考评奖励方案》扶持生猪园区建设。对深度贫困县年出栏1万头以上的生猪产业园区按每个300万元奖补，安宁河流域县（市）年出栏10万头以上的生猪产业园区按每个1 000万元奖补。已创建州级生猪产业园区6个，兑现州级奖励3 200万元。二是州级17个部门联合下发《关于印发稳定生猪生产保障市场供应十条措施的通知》（以下简称“州十条”）。“州十条”从严落实“菜篮子”县市长负责制；强化规划，稳定产能；优化激励奖补政策；加大金融保险政策支持；优先保障防控经费；优先保障防控人员等方面，对全州贯彻落实国家和省关于促进生猪生产保障市场供应各项措施，结合凉山州实际进行了补充和细化。三是州委农村工作领导小组印发关于落实《促进恢复生猪生产八条举措》的实施方案。四是印发《关于进一步增添生猪生产措施的通知》和《关于确保实现2020年全州生猪出栏目标的五条举措》等系列政策，在各项政策的支持下，各类资金投入得到了保证。2019年落实中央和省投资5 470万元。2020年，落实1.82亿元，州、县级财政投入4.02亿元，带动社会资本投入9.81亿元。2021年生猪规模养殖场建设各级各类总投资达到54亿元。

（二）规划先行

《凉山州农牧产业精准扶贫规划（2016—2020年）》明确把农牧产业精准扶贫开发工作放在更加重要、更为突出的位置，集中力量解决贫困农户农牧业生产经营中的突出问题。充分发挥农牧产业扶贫的基础性作用，加快凉山州贫困群众脱贫致富、贫困地区全面建成小康社会步伐的目标；《凉山州生猪产业发展推进方案》明确坚持创新、协调、绿色、开放、共享的发展理念，全面贯彻落实党中央、国务院加快农业“转方式、调结构”和推进农业供给侧结构性改革的决策部署，通过“建基地、搞加工、创品牌、补短板”，实现“提素质、增效益、稳供给、保安全、促生态”和促进农民、企业增收的目标；《“大凉山”现代农业“10+3”产业体系推进规划》《凉山州现代生猪产业转型升级发展规划》科学规划全州生猪养殖布局，充分发挥区域比较优势，分类推进安宁河7县、市（含喜德县）和10个深度贫困县产区建设。规划建设万头存栏能繁母猪的仔猪扩繁场3个已成投产，建设年出栏1 000头以上育肥场161个已全面完成。

（三）招强引优

凉山州委、州政府抓住机遇，落实生猪生产优惠政策，优越的自然生态条件和政策环境，促成了大型生猪养殖企业进驻发展。2017年喜德县人民政府、铁骑力士集团30万头生猪现代循环产业发展投资项目签约仪式在铁骑力士集团双流总部举行。《30万头生猪养殖项目发展投资协议》《利用财政涉农统筹整合资金实施生猪标准化养殖场（代养）建设项目实施方案》《关于生猪代养场建设中相关事宜的通知》明确代养经营的模式与规程，引领财政、帮扶部门、农旅投、能人大户四方合作建扩繁场、代养场。组织国有企业、村集体、能人大户三方共同经营，发挥政府主导和市场机制2个作用，入股保底分红确保贫困户和经营主体收益，推进生猪代养项目落实落地。规模化、标准化生猪养殖场如雨后春笋拔地而起，规模化标准化建设快速推进；2019州政府专题召开“凉山州大型生猪养殖企业座谈会”。邀请铁骑力士集团、新希望、温氏、正邦等大型生猪养殖企业到会，围绕推进产业、服务企业、保障市场供应进行交流探讨，形成“政企联动促生产，部门协同保供给”的生猪生产新共识，建立了6个推进大型企业项目建设微信工作群，为帮助企业解决产业发展中遇到的实际问题和困难，提高政府服务水平、提升办事效率、加快项目建设进程服务；2019年州人民政府与铁骑力士集团在农业部签订《220万头生猪产业扶贫发展协议》。同年喜德县冕山镇洛发村铁骑力士30万头优质商品仔猪繁育基地全面投产。为全县49个点83个代养场提供优质健康仔猪，通过代养育肥，不仅能保障市场供给，更为重要的是一举改变传统落后的生猪生产方式，形成标准化规模化生产，为贫困山区产业发展增添新动力。喜德县生猪规模化、标准化生产已由之前的不足2%迅猛提升到75%以上，进入全省先进行列。

2019—2021年，凉山州完成新改扩建生猪规模养殖场198家。2022年在建35家，设计产能达391万头，其中年出栏10万头以上特大型场10个。德昌巨星集团智慧养猪园区，设计年出栏100万头，是四川最大的单体猪场，新希望集团盐源县

60万头、天兆集团金阳县20万头项目均在按计划建设中。

（四）散养并进

2020年全州生猪养殖情况全覆盖摸底调查，有生猪养殖总户数为596 699户，其中散养户达585 085户。为此，在抓好规模养殖场发展，打造现代生猪产业的同时，凉山州抓大不放小，不断加大对散养户和适度规模养殖户、家庭农场的扶持，充分利用脱贫攻坚和乡村振兴政策，制定细化奖补政策，支持中小养殖户发展，鼓励集体经济与龙头企业合作建代养场。有条件的村积极就地建设，无条件的村采取飞地建设。同时开展指导提高散养户科学饲养管理和经营管理水平。

（五）绿色发展

凉山州深入践行“绿水青山就是金山银山”思想，依托项目建设，加强科技支撑，强化装备保障，全面推进畜禽养殖粪污资源化利用，实现产业发展和生态环境保护双赢。全力推进畜禽粪污资源化利用整县推进和非整县推进规模养殖场粪污治理项目以及畜禽产业绿色发展项目建设，12个县市得到了中央项目1.7214亿元资金支持。通过项目建设，补齐畜禽粪污资源化利用的短板，提升粪污处理设施装备水平，实现还田利用及有机肥的生产，项目县畜禽粪污资源化利用水平得到提升；日常工作中，严格做好新建规模养殖场（小区）立项、审批等环节把关，对不符合环境保护要求的养殖场（小区）坚决不予审批。

四、助力乡村振兴

凉山州委第九次党代会提出实施“产业强州”战略，做大做强千亿级绿色农业产业集群，巩固拓展脱贫攻坚成果，接续推进乡村振兴，推进凉山由农业大州向农业强州跨越，到2026年，全州农业产值突破1 000亿元。凉山州将以西昌、盐源、德昌、会理、会东、宁南、布拖、喜德、冕宁、越西县（市）为重点，建设生猪战略保障基地县。以昭觉、布拖、金阳、普格、美姑、雷波、甘洛、越西、盐源、木里为重点，建设凉山黑猪基地。现已规划新建设标准化猪场63个，到2026年新增产能230万头以上，实现生猪年出栏690万头。发展生猪生产，坚持因地制宜，立足自然环境、资源禀赋、产业基础和市场潜力，大力开发凉山猪等特色资源，全力打造百亿级生猪产业集群，实现生猪全产业链高质量发展，实现生猪产业兴旺，助力乡村振兴，凉山生猪产业由此迈向振兴之路。

构建优秀育种体系　打赢生猪种业攻坚战

——四川德康农牧食品集团股份有限公司生猪产业发展经验交流

（四川德康农牧食品集团股份有限公司，四川成都　610200）

德康集团是一家以打造“世界一流的农牧企业和食品企业”为目标的企业。集团业务包括生猪养殖、优质鸡养殖和食品加工。在全国 13 个省（市、治区）布局 100 多家企业，拥有 2 家农业产业化国家重点龙头企业。集团坚持因地制宜、源头减量、过程控制、末端利用的原则，全面推行种养循环、食品加工全产业链生态经营模式，助力乡村振兴战略落地，让广大农户有更多获得感、幸福感。

中国是全球最大肉类消费市场。“良种”是养殖业核心竞争力所在，其直接影响养殖效率、成本和产品品质。解决种业“卡脖子”问题，是龙头企业的历史使命与职责。

近 10 年来，德康集团在生猪育种领域持续巨资投入，开展攻关，取得了显著成效。生猪育种建立了完善的繁育体系、独立自主的生猪产业体系；形成了包括 8 个核心育种场、拥有 2 个国家核心场、1 个四川省核心场和 1 个省级公猪站，群体规模西南区排名第一；10 万头种猪育种生产群种猪生产体系以及母猪产能规模近 60 万头，可支撑 1 000 万头产能体系。技术应用除开展高质量常规育种之外，大量采用全基因组选择等全世界最新育种技术，种猪遗传进展显著。拥有 6 个生猪品种资源；核心指标在全国核心场排名中名列前茅。德康 E 系种猪 100 千克增重日龄 128 天，30~100 千克群体平均料肉比 2. 02：1. 0（公猪平均 1. 85：1）。德康 Z 系窝均总产仔数超过 16. 6 头；德康配套系商品猪上市死淘率比同行高 3%，饲养天数减少 10 天、料肉比下降 0. 15，一头肉猪增效 100 元以上。集团的育种成果受到同行的高度关注，集团育种总监被邀请在北美生猪年度育种大会介绍德康的育种优秀经验。

集团重视研发平台与人才队伍的打造。拥有国家星火计划龙头企业技术创新中心和农业农村部家禽遗传育种重点实验室，与畜禽育种国家重点实验室紧密合作。在研发团队方面，与四川农业大学等高校及研究机构的优秀育种团队开展紧密合作，打造了特色育种团队，整合了全球的知名育种专家为集团把脉，确保集团的技术体系世界同步。

一、德康生猪产业体系

2009年，德康第一个种猪生产场投产，2013年从加拿大FAST育种公司引进种猪组建了公司核心育种场——尖山种猪场，2014年开始与加拿大猪育种改良中心（CCSI）合作推进联合育种并制定德康综合育种指数投入使用，正确指引了德康育种工作的开展方向，在2019年终端父本生产群体已实现基因组育种全覆盖，2020年自托佩克公司引种组建终端父本核心场——义龙种猪场，核心育种场所有品种（系）实现全基因组育种覆盖。10多年来，德康坚持育种工作的开展，组建和完善生猪繁育体系规划，通过不断的选优选育，已组建完成包括8个核心育种场（群体11 500头）和10个公猪站在内的繁育体系（3 500头）。基于不同地区差异化种猪需求、国家生猪发展导向和企业生产经营需求，在各片区建立了拥有独立进行种猪培育和供应的能力的繁育体系。德康集团在主要生猪养殖区发展生猪养殖业务，目前主要区域都具备独立的生猪繁育体系。当前母猪群体规模约40万头，种猪群体规模3万头纯繁群+7万头二杂生产群，年产出优质种母猪近60万头。

二、德康核心育种场育种工作开展情况

（一）德康杂交模式的选择

杂交模式是集团化养猪生产体系组建的基础、依据。基于生猪养殖和消费市场需求，德康集团采用DLY杂交模式并组建公司繁育体系。目前已组建形成了由核心育种场、扩繁种猪生产场、商品生产场（家庭农场）和公猪站组成的种猪繁育生产体系。核心场负责培育优秀种猪群体和探索高效杂交生产模式的任务。公猪站主要职责为生产和供给精液，利用来自核心场的种公猪为家庭农场、养殖户和公司猪场提供优质精液。扩繁场包括一级核心扩繁和二级扩繁，主要利用来自核心种猪场的优质种猪和精液进行生产，一级核心扩繁群进行纯繁，为自身扩繁群提供优质纯种种猪；二级扩繁群则进行二杂生产，为家庭农场、商品猪场以及广大养殖户提供优质二杂种母

猪。商品生产场主要负责利用来自核心场的优质终端父本或公猪站的终端父本公猪精液与扩繁场生产的二杂种母猪进行 DLY 商品猪的生产。家庭农场包括 1 号家庭农场和 2 号家庭农场。1 号家庭农场主要承接公司各级种猪场不能作为种猪培育的断奶仔猪及没有商品猪育肥能力的商品生产场的断奶仔猪的育肥。2 号家庭农场则是利用来自公司种猪扩繁场的二杂种母猪和来自公司公猪站的终端父本精液进行 DLY 商品猪的生产，是公司最终实现利润环节。

（二）德康种源的选择

根据公司杂交模式和各级猪场的性质功能不同，为各个猪场配置不同种猪的品种结构和公猪组成，比如核心场的主体品种是杜洛克、长白和大白，扩繁场的主体品种是大白，而商品场则是长大二元猪。种猪资源的选择依据生产性能、抗逆性、市场需求和获得成本等。德康集团 2013 年自加拿大 FAST 引进杜洛克、长白和大白原种猪共 868 头，47 个血缘，众所周知，大白猪在德康繁育体系种作为母系母本具有繁殖力强的优点，长白猪作为母系父本具有瘦肉率高的特点，作为终端父本的杜洛克猪具有体质健壮、抗逆性强、肉质良好的优点，且对饲养条件要求比其他瘦肉型猪低，饲料利用率高。2020 年从 TOPIGS 核心种猪场引进 500 头终端父本种猪（包括 Z 系和 E 系，共 24 个血缘）。目前德康拥有 6 个种猪品种资源：大白种猪、杜洛克猪种猪、长白种猪、约克 E 系种猪、约克 Z 系种猪、内江猪。

（三）德康育种目标的制定

德康育种工作目标是培育适合中国生猪养殖、猪肉消费市场的优质种猪，在制定德康指数时 2014—2015 年沿袭 CCSI 育种方向，在引进群体的基础上进行遗传改良。2015—2019 年重点对繁殖性能和生长速度的提升，2019 年至今注重“效率”的提升，如 FCR 根据各品系特点和角色推进个性化选育，是一个从“种猪生产性能的提升、遗传改良”向“高效杂交模式的探索”和“种猪资源遗传潜力深度挖掘和交叉组合利用”转变的过程，每一个阶段目标的实现都代表着德康种猪性能的持续提升以及德康育种工作的扎实。

（四）德康育种团队的培养

德康生猪产业体系的壮大离不开德康人对育种工作的执着和追求，根据育种工作的内容和要求不同，德康形成包括总部、片区和场内的三级种猪育种生产工作管控团队；按照工作职责分为育种生产、育种新技术、育种数据三大模块，目前已组建成立一个50多人的生猪育种团队。总部主要负责育种方案制定、育种方向把控和育种进程监督；片区主要负责推进育种方案落地和实施，保障片区育种工作有序开展；场内执行育种方案具体实施，开展场内具体选种选配等工作，公司要求每一个核心场配置场内育种专员且要求核心育种场育种专员必须具有种猪性能测定证。育种是一项极具技术性和持续性的工作，优秀的职业素养、过硬的技术水平、先进技术的充分利用以及经年累月坚持不懈的选育是培育优质种猪的保障。在以培育优质猪为目标的前行路上，德康育种团队也在茁壮成长。

（五）聚焦数据体系，保障育种工作的可靠性

科学评估软件保障了育种评估结果的有效性。科学、真实、有序的数据体系遗传评估、选种选配的先决条件；场内数据体系、管理机制是基础；持续有效利用起来的数据体系才是有效的、才有持续进化的动力。数据的准确性、及时性、逻辑自洽性是生猪养殖管理体系的科学基础，也是精准选配、选育及数据分析利用的保障。软件的开发优化和维护、及时准确地录入数据、自动化分析工具的利用、规律性的数据分析利用、建立数据分析模型是数据体系的建设思路。

目前，育种软件CCSI和GBS共同组成德康种猪育种体系支撑数据库。CCSI覆盖公司主要核心场育种数据，支持核心场育种工作的开展；GBS软件覆盖公司所有种猪生产场育种数据。日复一日的有序生产及坚持不懈的种猪性能测定输出大量数据，这些数据是养猪生产的基础，是育种工作开展的底气，是培育高品质种猪的保障。比如国家核心场验收，现场审核专家组成员对猪场原始纸质档案、本地育种软件及评估中心数据库数据的完整性、准确性及一致性进行核查，可见育种基础数据的重要性。此项工作看似简单，但是要保证三方数据持续、准确的维护并不是一件容易的事情，可能出现纸质档案到电子档案的漏录、错录；可能出现生产系统延迟录入导致育种数据系统数据缺失；可能出现逻辑错误导致系统数据丢失（如生产系统妊娠期异常导致分娩、选种数据无法导入育种数据库）；可能出现纸质档案丢失等情况。因此，场内育种专员按月进行报表核查存档，区域公司育种专员对系统档案进行逻辑核查上传，总部育种专员定期核查系统数据，保证了三方数据完整性、准确性及一致性。错误的数据将输出错误的结果，不仅不能改善育种生产，还会误导，如错误的数据将导致错误的EBV，将不优秀的种猪留下，生产性能得不到提升。

（六）德康育种工作的管控规范

育种是技术密集型工作，团队日常管理模式、工作监督、绩效考核重点和培训提升育种理念、技术技能提升是育种方案执行的基础保障。科学、可执行的标准规范、育种工作流程是育种工作开展的基础；紧贴行业发展、公司需求是育种工作有效展的保障。针对育种团队有专门的培训方案和绩效考核方案；针对育种工作有专门的管控规范，包括种猪选留及淘汰标准、种猪耳号及耳牌管理规范、种猪选配及核心扩繁群的管控、选育场生产模式管控标准、猪场引种管理规范等。通过每月按照规范追踪和改善核心育种场工作开展情况，实现育种工作开展规范化。

（七）技术合作和监督机制

育种是一个开放性的工作，必要的技术、资源交流是有效推进育种进展的方式。有效的第三方监督也是推进工作开展、问题及时发现解决的有效手段。2020 年德康推动达成与四川农业大学朱砺教授、中国农业大学胡晓湘教授和丹麦奥胡斯大学苏国生老师的合作，借助外界优势技术、知识资源提升公司育种工作效率和团队素质，与技术老师形成规范的培训、问题分析、交流和解决提升的机制，推进公司种猪育种工作的开展。

（八）种猪的性能测定工作

种猪性能测定是育种工作的基础，核心群组建必须通过严格开展性能测定和基于性能测定的遗传评估、选种选配。截至 2021 年，德康育种累计进行有效性能测定 10 余万头；累计繁殖性能测定量 7 余万窝。选种通过对综合育种指数和重要性状选择差进行管控，保障选种质量。

（九）种猪的选留和选配工作

种猪的选配在一定程度上决定了后代的优秀程度，而种猪的选留标准则是结合育种目标，德康制定了一套完整的兼顾种猪性能水平的育种方案。

选育方法：采用开放式群体继代选育法（向繁殖群开放及有条件的严格引种），相对闭锁。据现代数量遗传学原理，采用个体、家系、后裔综合性能测定技术，运用 GBS、Netpig 育种软件进行遗传评估，用 BLUP 法估算性状育种值，将多个目标性状综合在一起，制订综合选择指数，按综合选择指数的高低，同时结合体型外貌及健康状况把最优秀、符合本品种育种要求、选择指数最高的公母猪个体，组建成基础核心群。核心群组建后，核心群的公母猪采取在避免近交情况下进行优育选配，根据遗传评估结果制定配种计划。

种猪的选留标准：确保性能测定后公猪的实际留种率不高于7%，母猪的留种率不高于25%。根据综合育种指数、目前各血缘后代数量、单项测定数据和外貌特征对个体进行选择。（①生产性能：具有完成育种目标的遗传潜能，即应选择性能高或某一性状优异的个体。②亲缘关系：为避免群体近交系数增长过快，要求公猪个体间、公猪和母猪间无亲缘关系，母猪个体间尽量避免有亲缘关系，使遗传基础广泛。③外貌特征：符合品种特征，体型外貌良好、四肢健壮、体长、体高、后躯发育良好，健康无病。外生殖器发育正常，有效奶头数不少于7对（杜洛克可放宽到6对）。④无遗传疾病：凡有遗传疾病或隐性有害基因携带者，均不能选入基础群。各场根据基础群数量要求按上述条件选出场内优秀个体，组成联合育种选育的零世代选育基础群。按照专门化父系和母系分别进行组群。其中，父系强调生长和产肉性能，母系强调以繁殖性能为主。公司在进行选育的同时，利用自身的繁育体系开展品种间配套杂交试验，同时根据市场的需要，利用屠宰场的屠宰结果反馈的信息，调整育种方案，再组建更多的专门化品系，实施公司内部的配套杂交商品生产。

种猪的选配：制定适合养猪发展和市场需要的可操作性的选种选配计划，在摸清猪群家底调查分析的基础上，从种猪个体档案收集有用信息，将种猪的系谱和测定资料等信息输入电脑；然后编制猪群系谱图，并应用有关软件，从不同角度计算平均近交系数与个体间的亲缘系数；最后在设定种公、母猪之间的最大亲缘相关系数的情况下，由电脑计算制定最优化的《种猪选配计划表》。通过软件综合分析育种指数与亲缘关系，在避免近交的基础上按照最优秀的公猪与最好的母猪配种的原则进行选配。

（十）基因组技术的利用

2019年12月开始康普森合作进行基因组育种。使用芯片为“中芯一号”，由江西农业大学黄路生院士团队开发。截至2021年，德康完成测定1.1万余个样品并完成公司5个品种（系）核心种猪育种群的参考群建设，并结合育种软件将基因组分析运用到了遗传评估过程中。为了保证内江猪资源的保护和利用，在2021年对内江猪初始群全部通过基因组进行亲缘鉴定。

（十一）仪器设备和设施

设施设备完善的核心育种场保障了育种工作的开展。目前德康具有电子饲喂站

12 台，电子测定站 72 台，同时每个核心育种场均具备种猪测定笼、B 超仪等性能测定相关仪器设备。仪器设备的齐全是开展种猪选育工作的基本条件，流畅的生产流程则是种猪遗传潜能得以发挥的保障。德康所有核心育种场均具有匹配的选育舍规模，选育猪只有在适宜的饲养环境和正常饲喂下才能正常发育，发挥出自身的遗传潜能，否则遗传性能将被掩盖，如压栏致使饲养密度过大、断水断料等情况。

（十二）德康疫病防控体系

目前全球非洲猪瘟疫情的形势十分严峻，严守疫病防控线是重中之重。猪没了，则无开展育种工作可言，所有获得的遗传进展则化为零。为了实现育种进展的最大化，德康建立了独立的疾控中心，形成与育种配套的疫病监测和疾病监测预警体系。符合条件的片区，以片区为单位进行疫病净化。

三、德康核心育种场种猪生产性能的遗传进展

德康坚持开展历时 9 年的选育工作，严格执行育种工作规范，目前德康核心育种场种猪生产性能已取得明显的遗传进展。综合育种指数是综合达 100 千克日龄、总产仔数、FCR 等指标的一个德康指数，是公司种猪选留过程中重要的参考指数。利用育种软件对德康 2015—2021 年的性能测定数据进行遗传评估，结果显示，各品种种猪的综合育种指数持续提升，其中尖山种猪场（2013 年）杜洛克的平均综合育种指数上升最快，长白和大白平均综合育种指数显著上升（图 1）。相继投产的中寨种猪场（2014 年）、凤凰山种猪场（2015 年）和葛溪种猪场（2016 年）种猪生产性能也取得了一定的遗传进展。综合育种指数的提升体现在各个重点经济性状取得的遗传进展，不断选育长得快、产得多、吃得少的种猪才能降低成本并产生经济效益。自 2015—2021 年，德康种猪重点经济性状包括达 100 千克日龄、眼肌厚、FCR、总仔数、仔猪成活率 EBV 值均有明显提升，有效乳头数、断奶仔猪数进展平缓。种猪生长速度和产仔数均有较好的进展。其他经济性状如背膘厚则进展平缓，目前公司种猪背膘已经较薄，考虑到具有一定脂肪含量的肉质更符合国内市场消费需求，同时背膘太薄将影响母猪的繁殖性能，因此背膘的育种目标只是维持稳定。最后第三方机构 CCSI 对德康 2019—2021 年遗传进展进行分析，按照组成综合育种指数的各项经济性状所占权重分析理论获得进展和实际获得进展，比较之下实际完成率达 112.80%，德康核心育种场近年来种猪生产性能取得较快的遗传进展。

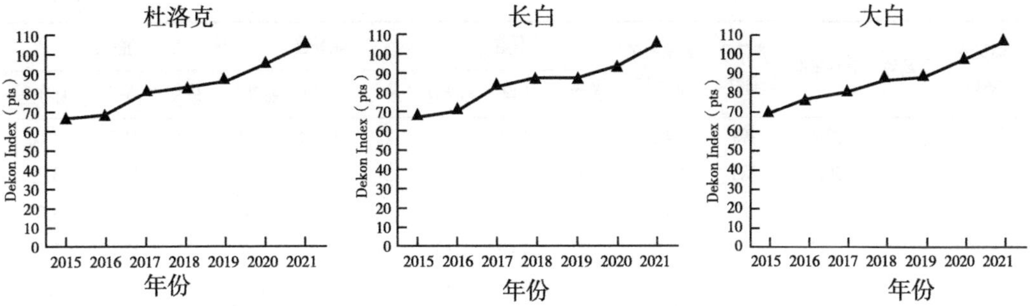

图1　尖山种猪场遗传改进趋势

从种猪生长性能的表型值进行直接比较，自2013年引种至2022年核心育种场种猪繁殖性能显著提高，数据来源于全国遗传评估中心，如表1所示，2022年杜洛克总产仔数10.6头/窝，长白总产仔数13.7头/窝，大白总产仔数15.7头/窝，在2014年大白总产仔数为14.4头/窝，提升1.3头/窝。

表1　尖山种猪场历年各品种产仔数　　单位：头/窝

种猪场名称	品种	产仔年份	产仔母猪数	母猪产仔记录数	总仔数			活仔数			健仔数		
					最大	平均	标准差	最大	平均	标准差	最大	平均	标准差
尖山	长白	2014	249	258	24	12.91	3.53	20	11.67	3.24	20	10.60	2.97
		2015	365	679	23	13.24	3.19	22	11.92	3.27	18	10.58	3.13
		2016	404	694	21	12.96	3.57	21	12.18	3.44	20	11.24	3.11
		2017	368	557	23	13.11	3.70	20	11.85	3.48	19	11.14	3.10
		2018	249	436	22	13.74	3.70	20	12.40	3.54	20	11.45	3.16
		2019	225	378	23	13.68	3.87	22	12.10	3.66	18	11.23	3.21
		2020	407	707	21	13.10	3.36	20	11.93	3.33	19	11.11	3.05
		2021	481	823	22	13.03	3.44	21	11.83	3.30	20	10.98	3.12
		2022	117	177	22	13.69	3.60	21	12.37	3.51	18	11.28	3.23
		合计	2 925	4 979	24	—	—	22	—	—	20	—	—
	杜洛克	2014	69	147	16	9.89	2.46	14	8.44	2.50	14	8.04	2.41
		2015	117	185	16	9.86	2.72	15	8.49	2.76	14	8.12	2.38
		2016	150	254	17	9.33	2.64	14	8.47	2.44	13	8.18	2.23
		2017	185	329	17	10.19	2.54	17	8.83	2.48	14	8.42	2.31
		2018	210	372	25	10.67	3.05	23	8.97	2.83	23	8.38	2.55
		2019	216	832	18	10.12	3.09	16	8.57	2.80	13	7.92	2.50
		2020	321	562	16	9.85	2.79	16	8.55	2.60	14	8.14	2.37
		2021	358	576	17	9.73	2.77	16	8.57	2.68	14	8.12	2.46
		2022	121	121	17	10.57	2.42	14	9.54	2.25	13	8.92	2.11
		合计	1 747	2 928	25	—	—	23	—	—	23	—	—

（续表）

种猪场名称	品种	产仔年份	产仔母猪数	母猪产仔记录数	总仔数			活仔数			健仔数		
					最大	平均	标准差	最大	平均	标准差	最大	平均	标准差
尖山	大白	2014	198	420	26	14.41	3.57	21	12.84	3.51	19	11.75	3.06
		2015	580	1 032	24	13.83	3.37	24	12.66	3.51	23	11.83	3.13
		2016	787	1 451	25	14.08	3.55	24	13.28	3.40	22	12.24	3.03
		2017	860	1 417	26	14.40	3.63	23	13.14	3.48	20	12.01	3.06
		2018	744	1 258	29	15.46	3.88	25	13.78	3.50	23	12.22	3.00
		2019	1 202	1 908	29	15.13	3.75	24	13.55	3.42	20	12.14	2.96
		2020	1 645	3 154	26	14.74	3.62	23	13.34	3.44	21	12.19	2.98
		2021	1 766	3 112	27	14.51	3.52	26	13.30	3.29	21	12.20	2.82
		2022	532	532	27	15.71	3.15	22	14.31	2.86	20	12.57	2.56
		合计	8 314	14 284	29	—	—	26	—	—	23	—	—
	合计		12 986	22 191	29	—	—	26	—	—	23	—	—

2018 年（表 2、表 3）和 2020 年（表 4）农业农村部种猪质量监督检验测试中心（重庆）出具的检测报告显示，德康 3 个品种种猪达 100 千克日龄平均为 146.29 天（2018 年）和 141.28 天（2020 年），全国遗传评估中心数据表明，2014 年引入时平均达 100 千克日龄为 148.67 天（表 5），2022 年全国排名前 5 位，表明德康种猪生长速度不仅取得遗传进展同时其生长速度较快。此外，2020 年检测报告显示德康种猪 30~100 千克日增重 1 004 克、30~100 千克 FCR 2.16，2018 年数据显示瘦肉率 65.20%。总之，自 2013 年引种以来德康种猪的生产性能显著提高，完成了种猪“引种—改良—提标—提效”的育种目标，说明公司具有可靠的选育方案，已构建完善的育种工作体系。公司目前母本群体较大，而父本群体较小，需通过补充父本群体加大选择强度，从而加快遗传进展，因此在 2020 年从 TOPIGS 核心种猪场引进终端父本种猪。截至 2022 年引进 TOPIGS 原种猪的驯化和选育工作也取得了较好的成果，在义龙种猪场德康 Z 系种猪平均总产仔数达 16.61 头，而经产母猪可达 17.61 头；德康 E 系种猪达 100 千克日龄平均为 129.94 天，具有优越的生长性能。

表 2　2018 年农业农村部种猪质量监督检验测试中心（重庆）性能测定结果

品种	性别	30~100 千克日增重（克/天）	100 千克日龄（天）	100 千克背膘厚（毫米）	30~100 千克 FCR
杜洛克	公	983	144.5	9.05	2.23
杜洛克	母	906	150.6	10.18	2.47

（续表）

品种	性别	30~100 千克日增重（克/天）	100 千克日龄（天）	100 千克背膘厚（毫米）	30~100 千克 FCR
长白	公	955	146.75	11.08	2.29
长白	母	981	143.8	11.44	2.34
大白	公	989	144.7	11.17	2.25
大白	母	963	147.55	11.14	2.35
平均		969.22	146.29	10.95	2.31

表 3　2020 年农业农村部种猪质量监督检验测试中心（重庆）屠宰测定结果

品种	性别	屠宰体重（千克）	屠宰率（%）	平均背膘厚（毫米）	眼肌面积（平方厘米）	瘦肉率（%）
杜洛克	公	101.6	73.0	17.2	54.5	66.70
长白	母	101.5	73.4	17.8	44.0	63.90
大白	公	102.1	72.0	18.2	45.1	66.50
大白	母	103.2	74.8	21.5	48.4	64.70
平均		102.47	73.8	19.62	48.13	65.20

表 4　2020 年农业农村部种猪质量监督检验测试中心（重庆）性能测定结果

品种	日增重（克）	饲料转化率（%）	100 千克日龄（天）	100 千克背膘厚（毫米）	100 千克眼肌面积（平方厘米）
杜洛克	964.6	2.18	144.0	9.9	44.56
长白	942.9	2.21	145.85	10.1	36.8
大约克	1 036.0	2.15	139.0	9.4	35.7
总计	1 004.0	2.16	141.28	9.7	38.7

表 5　尖山种猪场 2014 年和 2022 年各品种性能测定结果

种猪场名称	品种	结测年份	性别	实测数量	有效数量	达 100 千克体重日龄（天）				100 千克活体背膘厚（毫米）			
						平均	最大	最小	标准差	平均	最大	最小	标准差
尖山	大白	2014	公	494	420	148.63	179.4	113.9	11.58	8.79	16.24	4.49	2.78
			母	1 099	990	149.54	187.2	119.6	11.66	9.75	18.23	40.3	27.2
		2022	公	674	670	143.08	164.6	124.6	8.02	9.64	17.22	5.33	1.95
			母	1 425	1 425	148.41	168	127.6	7.81	10.32	18.69	4.92	2.11
		合计	公	10 424	9 693	149.68	231.5	111.9	无	9.63	22.22	4.31	无
			母	27 189	24 375	152.82	220.6	119.6	无	10.35	24.3	4.03	无

（续表）

种猪场名称	品种	结测年份	性别	实测数量	有效数量	达100千克体重日龄（天）				100千克活体背膘厚（毫米）			
						平均	最大	最小	标准差	平均	最大	最小	标准差
尖山	长白	2014	公	624	547	147.24	183.9	109.1	11.84	9.07	20.16	4.33	2.78
			母	1 368	1 239	148.53	193.7	115.2	11.63	9.89	18.24	4.63	2.62
		2022	公	281	278	142.67	160.4	124.8	7.83	8.75	14.67	4.5	1.85
			母	385	382	146.36	163.9	128.2	7.47	8.75	19.54	5.32	1.76
		合计	公	4 812	4 456	148.86	200.3	109.1	无	9.53	30.46	4.27	无
			母	11 263	10 102	150.94	225.7	115.2	无	9.73	21.6	4.27	无
	杜洛克	2014	公	137	133	152.66	200.8	126.1	13.06	10.77	17.47	4.59	2.74
			母	270	267	150.99	195.5	116.9	13.93	10.37	17.4	4.82	2.44
		2022	公	248	248	114.75	160.7	124.7	7.63	9	17.33	5.01	1.73
			母	175	175	148.35	163.1	133.9	7.36	9.02	13.56	5.97	1.58
		合计	公	4 569	4 253	150.1	261.3	112.4	无	9.54	19.63	4.52	无
			母	4 249	3 778	153	202.3	116.9	无	9.74	19.07	4.64	无
	合计		公	19 805	18 402	149.55	261.3	109.1	无	9.75	30.46	4.27	无
			母	42 701	38 255	152.26	225.7	115.2	无	9.94	24.3	4.03	无

德康生猪产业通过坚持育种工作的开展取得一定的育种成绩。德康拥有6个品种（系）中外种猪资源，满足高效和特色生猪产业发展，形成完善的繁育体系，组建丰富的种猪遗传资源库，为公司和区域生猪产业发展提供优质种猪资源支持，主要片区建立可独立运行繁育体系；明确适合国内市场和公司发展需求的育种方向并取得进展，推动育种工作从简单的指标提升转入综合性能、高效的遗传改良；摆脱“引种—维持—退化—再引种”的恶性循环，种猪遗传性能连续9年实现进展，种猪生产性能持续提升、表现优秀；开始德康高效育种工作的开端，具有丰富的种猪资源、完善的育种体系和新技术的储备；组建全国最大的养猪生产体系之一，即约40万头母猪的生猪产业体系，目前全球排名第9。

四、德康种猪育种工作开展方向和计划

打造世界一流的农牧企业和食品企业是德康集团的目标，而种猪育种工作目标则是培育适合中国生猪养殖、猪肉消费市场的优质种猪。德康未来的育种工作将坚持生产群体的持续遗传改良，实现生产性能的提升，并进行新品系的培育，形成竞争力强的种猪资源组成。为选育出生产性能更优秀的种猪，根据各品种（系）特点

及其在繁育体系中的角色推进遗传改良。通过实现公司种猪生产群体遗传性能显著改良、生产性能大幅度提高，形成具有自身特点的“德康种猪”。探索更高效的杂交生产模式，基于德康杜洛克、长白、大白、Z系和E系及内江猪等种猪资源，探索哪些种猪进行用哪种方式杂交有最好的效果。通过杂交试验对现有商品猪生产杂交模式进行改进，形成德康自己的杂交模式，实现养猪生产水平的全面提升。同时利用公司现有种猪资源进行差异化培育利用，根据各品种（系）特点、生产需求和市场导向针对性开展专门化品系培育的探索。

目前德康种猪育种工作已经从直接的“种猪生产性能的提升、遗传改良”向“高效杂交模式的探索”和“种猪资源遗传潜力深度挖掘和交叉组合利用”转变。未来种猪育种工作需要更专业的育种和交叉学科人员、更专业软件设备的投入增加、更大范围的种猪资源交叉和综合利用、更大更规范的育种场地要求和更多新技术的综合写作利用。全基因组育种是已被证实有效的育种新技术，其利用可以大大推进种猪育种工作的开展。德康未来种猪选育方向将增加FCR、IMF、瘦肉率等高价值性状的选育，将开展更专业和复杂的性能测定、遗传评估和育种组织工作，通过有序开展大范围、多样本、多交叉试验，寻求和探索不同品种（系）种猪资源的杂交碰撞效应，同时结合利用更多的新技术，如分子标记、基因组和细胞工程等新技术的投入是快速取得进展的手段。

中国种业振兴号角已经吹响，集团已组建丰富的遗传资源库，形成了完善的繁育体系；打造了顶尖的研发平台，拥有一只优秀的育种团队；展望未来，我们坚信，在省委省政府的高度重视和大力支持下，德康集团一定要高站位，放眼全球，加快谋划，聚集要素资源，在国家种业振兴行动中展现四川担当，贡献四川力量。

以人类健康为己任　乐享绿色新生活

——四川铁骑力士集团生猪产业发展经验交流

（四川铁骑力士集团，四川成都　610207）

一、集团简介

铁骑力士集团创建于1992年，30年来从单一的饲料加工发展成为集饲料生产、种畜禽繁育与养殖、屠宰分割和食品精深加工为一体的现代食品集团，在全国建有151余家分（子）公司，为农业产业化国家重点龙头企业，获得国家认定企业技术中心、国家科技进步奖等荣誉。

从饲料生产、畜禽养殖到提供安全美味的食品，铁骑力士以全产业链全程可控的溯源体系构建起强大的食品安全保障。铁骑力士以创造、价值、共享为核心理念，用领先的技术、高质量的产品、持续的改善，致力于成为"受尊重的中国高端食品领导者"，为消费者提供安全优质食品，为推动现代农牧业健康发展做出积极贡献。

未来，铁骑力士将以"冯光德实验室"和"院士（专家）工作站"为技术支撑，实施"一体双核两翼"的发展战略（以全产业链为一体，技术、人才为核心，品牌、资本为两翼），积极加快产业转型升级，成为世界级食品企业；同时围绕乡村振兴战略的实施，积极探索和总结产业发展和产业扶贫模式，为农业产业兴旺和农户脱贫增收做出新贡献。

二、生猪产业布局与规划

铁骑力士集团围绕两大优质生猪配套系，不断加大在川生猪产业投资，积极参与了国家区域畜禽（生猪）种业创新中心（"1+7+N"四川省1 200头共享公猪站）、四川省"十四五"川猪重大科技专项、四川川猪产业集群、三台县国家级现代农业园区（生猪种业）、江油市省级生猪种业园区等重大产业项目投资建设，从种猪繁育基地、育种测定中心、基因实验室、种猪繁育关键技术研究与示范推广、专业人才培养等各方面推动四川省生猪产业发展。目前在四川的绵阳市、凉山州、内江市、宜宾市等地有生猪产业布局。

（一）三台县百万头天府肉猪建设项目

三台县作为生猪繁育体系核心基地，已陆续建成核心育种场2个（光辉原种场可存栏加系原种猪1 200头，景福猪场可存栏天府肉猪原种猪2 400头），国家核心场备份场1个（新德原种场可存栏原种母猪2 600头），扩繁场1个（石安扩繁场可存栏祖代母猪5 000头），仔猪繁育场2个（枫叶牧场繁育中心可存栏父母代种猪15 000头，灵兴场存栏2 400头父母代母猪）。已规划在建项目4个，600头父系原种场，光辉原种场测定中心（建成后可实现种猪全群测定），15 000头种猪培育场。通过1211代养模式将所有仔猪全部在三台县由农户代养。

在屠宰加工方面，已建成60万头欧盟标准A级屠宰场1个，香肠、腊肉加工基地1个，绿溪优食谷食品园区；规划建设“三台县国际食品城”。

（二）江油50万头川藏黑猪全产业链绿色发展项目

目前生猪繁育基地方面，已建成武都原种场（存栏川藏黑猪原种猪600头），厚坝扩繁场与仔猪繁育场1个（规模1 000头，原种猪2 400头生产父母代种猪，7 600头生产川藏黑猪商品仔猪），育肥场4个（存栏规模5 000头），在建圈放结合体验育肥场1个（存栏规模5 000头）。

在加工营销方面，已建成生鲜门店120余家，计划在建300余家；古川藏优食谷食品产业园项目，目前已完成选址、初设，一期拟入驻中央厨房、黑猪精细分割、江油肥肠、高端黑猪罐头等。

（三）凉山扶贫建设

铁骑力士集团在2017—2019年先后与喜德县、会东县、会理县人民政府签订生猪现代循环产业发展投资项目协议，陆续开展了形式多样的“智力下乡”，帮助贫困户走上富裕之路，现在喜德、会东、会理分别建有仔猪繁育场26 000头规模，仔猪全部实现农户代养，通过产业扶贫让农户脱贫增收，年可出栏肥猪60万头。

三、集团生猪产业发展进程

1. 聚焦高端种业，打造推广川猪芯片，推动产业质量提升

铁骑力士集团生猪产业成立于2003年，致力于生猪育种，以铁骑力士食品有限责任公司为代表，是农业部首批国家生猪核心育种场、全国猪联合育种协作组成员、中国猪业协会副会长单位、四川省优良畜禽品种的繁育和推广基地、四川省畜禽种业骨干型企业。公司拥有60余年丰富的育种管理经验（前身为绵阳市种畜场，始创于1956年，1993年被农业部列为首批“国家级重点种畜场”）；通过自主研发，培育了四川省自1949年以来的第一个生猪配套系“天府肉猪”新品种（配套系），通过引进和吸收，获得了“川藏黑猪”新品种（配套系）自主知识产权，两大生猪配套系新品种，被称为川猪振兴的“两大芯片”，并牵头制定天府肉猪农业行业标准。

铁骑力士生猪产业以种业提升为己任，致力于解决种猪卡脖子问题，在绵阳市三台县与政府一起共同打造国家生猪种业园区，与绵阳市一起建设生猪种业创新中心，在三台县进行产业布局，打造铁骑力士种业高地，建立育种核心母系群体、父系群体，培育自有特色的品系，形成高繁、节能、肉质优良具有特色的新天府肉猪配套系，发挥核心群、扩繁群、商品繁育群整个繁育体系的最佳优势，通过仔猪育肥、屠宰等全产业表现促进繁育体系的提升，发挥生猪全产业链最佳优势，服务于区域生猪产业。

铁骑力士在绵阳的江油市与政府共同建设四川省种业园区，将铁骑力士拥有自主知识产权的川藏黑猪繁育体系建设、生猪全产业链作为种业园区的特色生猪养殖，在江油市布局有川藏黑猪的育种核心群、扩繁群、商品仔猪繁育群，形成了50万头川藏黑猪全产业链绿色发展。

2. 产业链延伸，发展家庭农场，“1211”助力脱贫攻坚

为落实全国畜牧业发展第十二个五年规划，坚持优化结构布局，加快推进畜禽标准化生产体系建设，公司于2012年开始延伸生猪产业链，发展“公司+农户”生猪养殖模式。2012—2014年，公司在南充市西充县开始试点“承包养殖模式”：由公司提供养殖场地、猪苗、饲料以及技术人员，与养殖人员签订承包养殖合同，劳动力由养殖人员提供，养完一批猪后按照委托养殖合同进行劳务费用结算。通过近两年时间的试点和摸索，逐步总结出承包养殖管理模式，成为“1211”生猪代养模式的启蒙。

2014 年开始，公司在广元市昭化区开始试点推广“1211”生猪代养模式，即一栋舍、两夫妻、一年出栏 1 000 头，纯利润 10 万元以上。通过与当地政府签订产业发展框架协议，通过试验、示范和推广成功吸引和带动广元市近 200 户农户走上标准化生产道路，人民日报于 2015 年 2 月 1 日刊登“风险两家担、农户稳赚钱”，对“1211”代养模式进行解读、传播与肯定；2015 年开始在绵阳市推广，2016 年开始在宜宾市推广，2018 年开始在凉山州推广。在四川进行“1211”代养推广的同时，也在贵州的铜仁市、江西的丰城市、哈尔滨的青冈县等进行推广和帮助贫困户脱贫。

2020 年为全国脱贫攻坚收关之年，为坚决打赢脱贫攻坚战，努力实现全面建成小康社会目标任务，截至 2020 年年底，公司累计发展“1211”生猪代养户 2 500 余户次，累计代养出栏肥猪 230 余万头，带动养殖户养殖增收致富 5 亿元左右。

3. 非瘟持久攻坚，坚持保种供种，全面践行稳产保供

2018 年非洲猪瘟在全国暴发，给中国养猪业带来毁灭性的打击和灾难性的后果。公司积极响应政府号召，组织专业人员开展自保自救，同时排出技术人员深度参与行业非洲猪瘟防控技术交流学习。通过学习、实践、总结，公司先后发布非洲猪瘟防控手册 1. 0~3. 0，针对种猪场、代养场非洲猪瘟“333”结构性防控制定了明确的管理制度、业务流程和操作标准。通过团队的培训和训练，最终实现全年损失 5%以内，成功实现川藏黑猪、天府肉猪核心原种场和扩繁场种猪保种，并实现每年对市场提供 3 万头优质种猪；同时肥猪出栏每年都实现了 60%的增长，全面践行了稳产保供，成功守护住了老百姓的“肉篮子”。

四、展望

基于全面建设美丽乡村的战略定位，公司将继续推动全国生猪产业全面升级转型，提升种业竞争力，深入推广全新“1211”生猪代养模式，“一个现代化农场、养殖规模 2 000 头，一年收入 100 万，带动发展一片”。通过组建数字化运营团队，升级建设数字化运营平台，全面提升公司数字化运营能力，全面开始数字智能化的 30 年。

保护民族的　创造世界的

——巴中市巴山牧业股份有限公司生猪产业发展经验交流

（巴中市巴山牧业股份有限公司，四川巴中　636700）

摘　要：巴中市巴山牧业股份有限公司成立于2011年5月，专业致力于青峪猪（地方猪种）的保种及产业化开发。经过10多年的不懈努力，现已初步建立起青峪猪保种及产业化体系，企业现是党中央、国务院表彰的“全国脱贫攻坚先进集体”、农业产业化国家重点龙头企业、国家级高新技术企业、“新三版”上市企业、农业农村部畜禽标准化示范场。企业已进入产业发展快速期，预计3~5年将成为上市企业，在推动地方经济发展、助力脱贫攻坚和促进乡村产业振兴方面起到了重要示范和引领作用。

关键词：青峪猪；巴山牧业；保种；产业化开发

青峪猪是四川省通江县的一个地方传统猪种，原划入四川盆周山地猪，后归属于国家湖川山地猪青峪猪类群，为肉脂兼用型。该品种耐粗性好、适应性强、雪花肉多、肉味香浓、肥而不腻，富含人体所需硒锌等多种微量元素以及维生素和必需氨基酸等，深受养殖户喜爱。但从20世纪80年代以来，由于大量引进国外瘦肉型猪进行强制大面积杂交改良，到2007年全县存栏的纯种青峪猪不足500头，其中种公猪不足10头，种母猪不足200头，且主要散养于交通极为不便的通江农村中高山区部分农户，数量逐年减少，濒临灭绝。

2009年，在广州某外企做高管的张育贤，因老家在通江，为了回报家乡，通过招商方式回乡创业，选定了青峪猪产业开发项目，成立了巴中市巴山牧业股份有限公司（以下简称“巴山牧业”），组建了专家团队，从原种猪群的甄选、保种场建立到扩繁、养殖，后来的屠宰分割及产品深加工、销售，再到品牌的创立，先后10余年时间的不懈努力，已初步建立起青峪猪从保种到产品开发、销售的全产业链，形成了地方经济一大特色亮点。目前产业发展迅速，活力强劲，为全省其他地方品种猪的保护和开发利用积累了可供借鉴的宝贵经验，并树立了榜样。

一、青峪猪产业发展现状

（一）保种情况

巴山牧业2009年创立，历经2年多时间，从通江县青峪猪原产地——青峪乡及其周边乡镇，按照青峪猪的外貌特征要求，甄选了36头种公猪、216头种母猪，组建了8个家系的保种基础群体，养殖于巴山牧业建立在通江县铁佛镇金斗岩村的青峪猪原种猪场。2018年，为有效应对非洲猪瘟疫情可能带来的影响，在省厅的支持下，又在通江县广纳镇新桥河村建立了青峪猪保种备份场，备份场现存栏纯种青峪猪公猪28头、母猪362头。2021年，在农业农村部支持下，在通江县洪口镇启动建设青峪猪种质资源场，该场现正在建设之中，计划于2022年6月底建成后将常年保持600头原种青峪猪规模，彻底夯实种源基础。

（二）生产情况

按照“1+3+125”产业发展模式推进整个青峪猪产业链建设。“1”即建立起长期稳定的保种场1个；“3”即建成3个常年存栏母猪4 000头的现代化智能扩繁场；“125”即建成125个年出栏2 000头规模的青峪猪标准化育肥场，主要通过国有企业介入建设和吸纳社会投资者、返乡有一定实力和条件的民工加入建设，到目前全县已建立起42个，完成目标计划的33.6%。标准化猪场业主通过合同形式同巴山牧业形成养殖收购关系，按照绿色优质肉猪生产标准，业主按要求养殖，确保联结场业主平均每出栏一头猪有300元以上的纯利润。巴山牧业自有养殖场约6 000平方米，主要按照有机猪标准养殖，年养殖量5 000头左右。截至目前，巴山牧业及其联结的养殖业主存栏青峪猪3.2万头，其中公猪206头、母猪3 667头，2021年巴山牧业及联结的养殖业主出栏肉猪4.8万头，占通江县青峪猪出栏总量的60%以上。

（三）加工情况

巴山牧业于2014年在通江县广纳金堂工业园区产业融合发展中心建成了年屠宰5万头的生态猪屠宰分割厂并取得A级屠宰许可证，目前巴山牧业对该屠宰分割厂正在进行升级改造，完成后将达到20万头的屠宰分割能力；已于2019年配套建成了年深加工5 000吨猪肉制品规模的现代化精深加工厂1座，拥有腊肉、香肠、午餐肉、猪肉香辣酱和精炼猪油等生产线。巴山牧业现开发的青峪猪肉冷鲜分割肉上市产品共计四大类36个品种、深加工产品五大类24个品种，深受消费者好评。

（四）营销情况

巴山牧业自建有冷链物流体系，自主开发APP和产品全链追溯系统（互联网+物联网+大数据），实现线上认养+线下体验（OTO+BTC），互联网+青峪猪现代营销模式，产品畅销全国。在北京、成都、重庆、西安、绵阳、达州、巴中等省（市）内外大、中城市建有终端销售实体店120多家，与盒码生鲜、家乐福、伊藤等多家连锁超市联结开设有销售专柜，在工行融e购、京东、天虎云商、淘宝等多家销售平台开展了网上销售合作，今年又进行了网上直播销售。近期盒装生鲜分割猪肉销售良好，每天仅重庆、西安发送量高达2万份。腊制品销售旺季重点在每年的冬季，青峪猪肉礼品盒已成为人们馈赠亲友的首选。2021年巴山牧业销售额突破8 000万元，预计今年将达到1亿元以上。

（五）品牌建设情况

品牌建设是企业发展壮大的前提和条件。巴山牧业一直注重企业品牌和产品品牌两方面的建设。目前，青峪猪获得国家地理标志证明商标，巴山牧业是“转型中国　低碳先锋”企业、国家农业产业化重点龙头企业、农业农村部标准化示范场、四川省优秀诚信企业、四川省优良地方猪种重点保种场、出口猪肉备案养殖场。生产的产品获得了十二届四川名牌产品、第三届巴中名牌产品称号。巴山牧业开发的青峪猪肉产品品牌有巴山土猪、青峪黑豚、青峪黑猪系列冷冻肉、冷鲜肉及精深加工产品，先后通过了欧盟有机产品认证、中国有机产品认证、绿色食品认证、ISO9001质量管理体系和ISO22000食品安全管理体系认证，并获得由世界动物福利养殖协会颁发的中国第一家福利养殖“金猪奖”殊荣。经全国优质农产品协会评定，巴山牧业品牌价值为12.86亿元、青峪猪品牌价值为10.78亿元。

（六）科技研发情况

巴山牧业联合中国肉类食品综合研究中心、四川农业大学、四川省畜牧科学院、西华大学、四川大学建立了青峪黑猪研究院和青峪猪工程技术中心，并承担了国家星火计划项目、四川省“十三五”高品质猪肉遗传育种公关项目等国家重大项目。2019年由四川农业大学与企业合作进行的青峪猪克隆试验，通过获取青峪猪耳细胞进行克隆，成功出生23头克隆猪，取得试验初步成功，为地方猪克隆技术研究和开创新的保种渠道提供了新选择，巴山牧业参加的《四川地方猪遗传资源保护技术体系创建及产业化开发利用》项目获2020年省政府科技进步一等奖。据统计，由相关院校及科研机构进行的青峪猪性状及遗传基因等方面研究形成的论文已达到30余篇。

（七）产业扶贫情况

巴山牧业在产业发展中，建立起了"统一供种、统一技术、统一防疫、统一保险和统一回收"的产业基地扩增机制，并探索出了"政府+银行+保险+公司+贫困户"五方联动产业扶贫模式，即企业生产种源、核心饲料，统一培训农户、统一技术标准，统一进行针对性防疫和保险，统一保底回收。凡是与巴山牧业进行合作养殖青峪猪的农户或投资者，平均每养殖出栏一头青峪猪可获得300～500元的纯收入。据统计，2016—2019年全县采取"五方联动"参与青峪猪养殖的贫困户达到2 168户，养殖出栏总量达到1.7万头，获利总额达到890多万元，户均获利5 112元，有力地促进了脱贫增收。由于巴山牧业在脱贫攻坚中的突出贡献，公司被党中央、国务院表彰为"全国脱贫攻坚先进集体"，公司董事长张育贤个人获得"脱贫攻坚奋进奖"。

（八）各级政府的支持情况

国家、省、市、县各级政府及行业主管理部门对青峪猪保种及产业开发高度重视，在政策、资金、人才等各方面都给予了大力支持。国家发改委、农业农村部2020年投资1 100万元建设青峪猪种质资源场，国家发改委2018年投资720万元以工代赈资金建设青峪猪第二扩繁场；省政府将青峪猪列为"10+3"产业生猪板块重要内容；市政府连续多年将青峪猪产业列为全市重点发展骨干产业，出台了《巴中市青峪猪产业三年行动方案》；通江县委政府将青峪猪纳入了农民脱贫攻坚主导产业，出台了《通江县青峪猪产业园区创建实施方案》和《通江县推进青峪猪"1+3+125"产业发展意见》，从政策层面确保了青峪猪产业发展需要。各级各部门主要领导先后多次到巴山牧业视察并现场办公解决企业实际困难。巴山牧业被确定为国家农业产业化重点龙头企业后，青峪猪产业发展的一些建设项目也依次被确定为国家、省、市重点项目，在土地征用、企业信贷、人才引进及项目支持等方面给予了优惠。

二、青峪猪产业发展存在的主要问题

（一）持续保种困难加大

受非洲猪瘟疫情的影响，青峪猪的保种不只是建立一个保种场，而是需要建立2~3个备份场，公司在各级支持下已建立一个备份场，并计划在新建的洪口种质资源场内再增设一个备份群体。这样做确实能充分保证即使企业某个场受到非洲猪瘟疫情影响，也对青峪猪的保种无风险。但这样做无形中增大了企业保种群体数量2~3倍，养殖费用也事实上成倍增加，切实增加了企业负担。

（二）产业扩增投入不足

目前青峪猪产业已进入迅速扩增繁育场和标准化育肥场的关键时期，特别是建立与产业体系配套的标准化养殖场数量多、投入大，虽然企业已联结了42个场，但离目标还差83个，按照平均每个投入300万元计算，需要投入约2.5亿元。虽然企业可通过鼓励国有企业投入、社会资本和有条件的农户投入，但短期尚无法形成资本涌入态势，加之猪场贷款难度大，产业扩增计划必然受阻。

（三）产品研发成本升高

巴山牧业在前期青峪猪保种及产业开发上已投入大量资金，也生产出较多较好的特色产品，但今后要想长期占领和扩大市场，还必须不断开发出新的产品，占领新的市场制高点。从目前的情况看，新产品的研发难度持续增大，开发成本不断升高，一个新产品从研发到批量生产投入成本已上涨了至少50%，高昂的开发成本在一定程度上延缓了企业发展步伐。

（四）人才不足瓶颈明显

由于通江县地处边远山区，企业发展需要的养殖端、加工端、研发端的人才量大，但招收难度更大，很多高端人才不愿意长期在山区工作，导致人才问题十分突出，已成为制约企业发展的一大障碍。预计在今后的2~3年企业将需要中高端人才5~8名，养殖技术人员10名以上，加工技术工人20名以上。企业将不遗余力采取多种方式招聘人才，但各级政府也要配套相应优惠政策才能真正招进人才、留住人才。

（五）种养循环难以配套

青峪猪产业发展必须科学合理地处理好养殖环节产生的粪污，最好的办法就是与种植业有机结合，形成种养良性循环体系。虽然目前企业按照种养循环粪污资源化利用方式进行科学布局，但真正配套需要对粪污进行集中处理，适时还田地，达到良性循环，相互促进效果。这方面需要配套先进的粪污处理设施设备，投入大，如果只是企业操作困难较大，迫切需要地方政府和相关部门大力配套。

三、青峪猪产业发展的对策建议

青峪猪产业是特色浓郁、文化深厚、市场良好的朝阳产业，是推进乡村产业振兴的优势项目，目前发展态势良好，但仍然需要强化政策支撑，持续多渠道增加投入，做大做强龙头，推进标准化养殖和种养绿色生态循环，实现整体产业的强势升级。主要对策建议如下。

（一）保种环节必须加大财政支持

种源是产业的芯片。目前全省唯一一个以民营企业进行保种的猪品种就是青峪猪，为达到长期保种目的，有效应对非洲猪瘟，企业已建立一个备份场并还将增设一个备份群体，保种数量大幅增加，需要的保种维持资金也成倍增加，因此需要财政在原有基础上大幅增加保种经费预算。同时，需要加大其他保种科研，如组织保种、冻精保种、胚胎保种等，这些试验研究也需要大量经费投入。

（二）养殖环节必须加大项目支持

各级政府要整合农业产业发展资金、生猪调出大县奖励资金、畜禽标准化养殖项目资金和乡村振兴发展资金等，支持补助奖励投入青峪猪产业发展。建立标准化规模养殖场的业主，因为在非洲猪瘟疫情影响的当前及今后很长时期内，建设标准化养猪场的投入要在原有基础上增加至少30%以上，无形中增加了投资难度，需要给予相应支持。

（三）龙头企业必须加大信贷支持

龙头企业是产业发展的首要保障，只有龙头发展了才能带动养殖业主及农户发展，龙头企业做大做强除企业自身加大投入外，需要大量的信贷支持，政府可协调相关金融机构优先安排信贷资金，给予贴息支持。巴山牧业在“新三版”已成功上市，今后将再接再厉，持续做大规模，力争2~3年在“创业版”或“主板”上市，企业扩大预计将新增投入约2亿元，主要将通过信贷完成。

（四）种养循环必须加大配套支持

种养循环是华夏五千年农耕文明的核心，青峪猪产业发展与现代农业发展必须有机结合，走种养绿色生态循环路子，彻底解决养殖粪尿资源化利用问题，实现种养长期可持续发展。目前，通江县已在青峪猪产业重点布局区域建立10万亩高标准农田，已提出计划3~5年建成“青峪猪—优质粮油”国家级现代农业产业园区，从而实现通江大农业的提质增效，进一步稳定粮油生产和生猪产业发展，从而推动乡村产业振兴战略目标的逐步实现。

认真养猪100年　持续造福三代人

——四川巨星农牧集团生猪产业发展经验交流

（四川巨星农牧集团，四川眉山　620866）

一、公司简介

（一）关于巨星农牧

四川巨星农牧集团（以下简称“巨星农牧”）成立于2007年，是集饲料研发生产、现代规模化养殖、屠宰加工等业务于一体的农业产业化重点龙头企业，旗下全资、控股子公司20余家。公司从饲料研发、生产及销售起步，经过10余年的规模化猪场管理的实践，积累了丰富的养殖管理经验，已形成生猪养殖行业较为完整的一体化产业链，先后荣获“中国畜牧行业百强优秀企业”“四川省科学技术进步一等奖”“中国养猪行业百强企业”“国家高新技术企业”“第18届中国武汉种猪测定杜洛克种公猪综合指数第一名”等荣誉，拥有国家生猪核心育种场。

巨星农牧整合全球优质资源，认真养好一头猪，与PIPESTONE、PIC、GSI等行业内领先的国际农牧企业开展战略合作，引进全球领先的种猪、生产和管理技术，结合本土优势资源进行整合创新，不断提高养殖效率和可持续盈利能力，为消费者提供安全、健康、优质的肉食品，创造人类健康生活。同时，为了加强自主创新能力和技术创新体系建设，推动现代农牧业的发展，企业建立了一支包括遗传育种、畜牧、兽医、动物营养、食品加工、工程建设等专业博士、硕士及各种相关专业技术人才在内的现代畜牧专业的员工队伍，拥有发明专利、实用新型专利超过80项，通过上述资源整合和自主创新奠定了巨星农牧在行业中的技术优势。

（二）市场地位

巨星农牧专注于养殖产业链的建设和发展，目前在全国布局了“成都基地、广元基地、泸州基地、宜宾基地、眉山基地、乐山基地、雅安基地、攀西基地、平塘基地、平南基地、安徽阜阳基地”11个生猪养殖基地，已投产运营30个标准化种猪场，年出栏猪只超150万头，其中年销售优质种猪超10万头；此外，巨星农牧在饲料行业中深度布局，拥有较强的科技研发力量和完善的营销网络，在四川、重庆、云南等地拥有多个饲料生产基地，现有饲料生产能力超100万吨/年，与其养殖业务的协同效应得以有效发挥。

（三）“双轮驱动”的发展历程

1. 技术驱动

巨星农牧2007年进入生猪养殖产业，2012年引进新加系原种猪850头，获评“中国畜牧行业百强优秀企业”，与四川农业大学动物营养研究所合建博士工作站，饲料入选饲料技术创新品牌全国30强。

2013年，荣获国家核心育种场授牌，实现了精准营养，《四川省种猪遗传改良体系建立和配套系选育研究与应用》获四川省科技进步一等奖，被授牌国家科技进步二等奖获奖项目《母猪系统营养技术研究与应用》项目成果产业化基地。

2016年，巨星农牧连续三届获评“中国畜牧行业先进企业”。

2017年，引入派斯通养殖管理体系，实现了养殖规模化、流程化、标准化；整合国内外顶尖的专业团队，优化提升猪场工艺设计。

2018年，与PIC结成深度战略合作伙伴，引进PIC纯种猪990头和世界一流育种技术，建立国内完整的PIC种猪繁育体系，高健康曾祖代、祖代种猪可满足年出栏千万头以上商品猪养殖需求，荣获“改革开放40年·中国农业年度十大创新企业”，荣获“国家高新技术企业”，杜洛克公猪全国种猪大赛第一名。

2019年，非洲猪瘟来袭，迅速研发出了行之有效的防非洲猪瘟体系，开启建立猪精准营养与生产性能关系模型研究，开启猪场智能健康评估技术研究，猪料获评“中国好猪料信赖之星”。

2020年，创建巨星智慧养猪园区模式，被中国饲料工业协会评为优秀创新型企业，猪料产品在全国第九届教槽料发展高峰论坛获“无抗饲料匠心产品奖”，开启遗传育种大数据智能选育技术研究，巨星研究院成立，负责业务创新和技术研发。

2021年，建立并应用“非洲猪瘟模拟病毒实验室感染性评估模型”，优化生物安全防控体系，开展降料比措施，降低育肥猪料比、饲料成本。

2. 管理驱动

2013 年，企业文化升级更新，打造自强不息、敢于亮剑的企业精神。

2014 年，引入军事化和团队执行力训练系统，打造有凝聚力和狼性思维的团队。

2015 年，建立 4N 绩效体系，构建并实施储备场长培养体系。

2017 年，导入组织绩效体系。

2018 年，业财一体信息系统上线运行。

2019 年，建立人才梯队批量复制体系，建设岗位价值评估薪酬体系。

2020 年，导入 BLM 战略管理工具和从战略到执行 DSTE 系统。

2021 年，企业文化变革，巨星“361”文化脊梁正式发布；导入端到端流程管理体系和干部管理体系；构建 AT 团队及运作机制。

（四）公司愿景和使命

巨星农牧把“成为世界级农牧食品企业”作为公司愿景，坚持“以极致效率提供优质猪肉食品”为使命。为达成愿景和使命，积极探索和研究，不断完善养殖体系。在基础保障方面，首先坚持选用符合生物安全标准的场址进行猪场建设，其次采用成熟完善的环保方案和设施，不触及环保红线，猪只饮用水采用三级反渗透过滤，空气采用新风系统过滤，饲料采用三分钟 85 度高温灭菌，进场人员、车辆、货物的消毒采用三级隔离洗消体系，构建了有效的生物安全体系。在生产管理方面，通过规模化、标准化、流程化、生产管理信息化、自动化、智慧化的物联系统，精准营养的饲喂配方，有效提升养殖效率。在种群建设方面，坚持走高健康种猪的路线，与国际一流的公司合作，吸收国际先进经验，培育四阴种猪，建立了具有核心竞争力的高质量种群。在人才建设方面，坚持干部标准化，人才年轻化的理念，构建了公平、透明、公开的人才培养体系，为公司经营管理各个环节不断的输送人才，保证了公司持续快速的发展。

（五）公司定位——认真养猪一百年，专注生猪产业链

经过多年的发展，巨星农牧已形成饲料加工和畜禽养殖较为完整的一体化产业链，集饲料生产、销售，畜禽育种、扩繁、养殖为一体，业务协同效应得到有效发挥，降低了公司的行业经营风险，增强了公司的持续盈利能力。巨星农牧“完整养殖产业链”发展模式的竞争优势主要体现在：公司基于多年的饲料行业专业经验，通过不断扩大标准化生猪养殖基地规模，营养研发水平与养殖业务在技术上相互促进。一方面，营养技术研发中心根据养殖过程中的原料供应情况和全程协同精准营养理念及时调整配方，达到养殖场增产增效的目的；另一方面，饲料厂在不断调整饲料配方过程中也获得了更优的饲料配方，推向市场；同时，完整养殖产业链发展模式使公司可以深度控制生猪养殖业务的各个环节，在食品安全、疫病防治、成本控制、规模化、集约化等方面具备明显竞争优势，从而获得较高的生猪养殖利润，提升公司的整体盈利水平。

（六）一体化经营降成本

“一体化经营”使得公司可以建立集饲料加工、生猪育种、种猪扩繁、商品猪饲养等多个环节于一体的完整生猪产业链，同时有别于其他公司在市场行情较好的情况下需大量外购仔猪和种猪的需求，公司自产的仔猪、种猪除完全可以满足公司业务需要。公司的种猪质量较好，未携带蓝耳、伪狂犬、PED、非洲猪瘟等常见猪传染病毒；公司生猪养殖过程中也执行了严格的防疫措施，保证对外销售的种猪在交付时蓝耳、伪狂犬、PED、非洲猪瘟抗原抗体检测均为阴性，在后续养殖过程中患病率较低。种猪后代具有生产速度快、饲料转化率高、肉质性状好、适应性强和繁殖性能强的特性，故公司种猪在市场上受欢迎程度较高。

巨星农牧通过一体化经营，基本实现了种猪、仔猪、商品猪繁育以及生猪养殖所需饲料的研发、生产。自产饲料降低养殖成本、自繁自养降低仔猪成本，这些措施均能够有效降低肥猪养殖成本，较同行业虽采取一体化经营但为快速扩繁、增加肥猪出栏量而存在对外采购种猪、仔猪的公司，具有相对较高的毛利率。

二、战略概述

公司2016年就确立了聚焦生猪产业的发展战略，坚持“寄养+自养”两条腿走路的养殖模式，达成年出栏猪只超1 000万头的战略目标。为有效支撑战略落地，公司导入BLM模型，运用BLM进行战略解码，初步搭建起了巨星战略规划到执行的DSTE流程。DSTE流程把SP、BP、全面预算、人力预算、重点工作、KPI、PBC、述职等进行有效集成，明确各环节的开展节奏和评审程序；通过战略规划研讨会、战略落地的经营管理会、战略健康度审视会和战略执行审视会4类会议的日历法管理，实现DSTE流程的有效运转。

（一）通过深度行业洞察支撑战略规划和执行

通过多年的学习和实践，公司充分认识到“战术上的勤奋，不能掩盖战略上的懒惰”，不在非战略机会上浪费战略资源。所以每年公司董事会工作报告和战略审视会都将行业洞察作为重中之重，以此为基础，刷新公司战略，制定出年度战略指引，来指导公司经营发展。

在 2018 年 5 月召开的公司年度股东大会上，公司董事会报告明确指出，生猪养殖行业的未来发展趋势有如下 3 个特征。

1. 集团化养殖企业和家庭农场并存的趋势

农业部 2016 年发布《全国生猪生产发展规划（2016—2020 年）》，提出到 2020 年猪肉产量在“十二五”末基础上稳定略增，规模养殖比重达到 52%。近年来国内生猪规模化养殖程度有一定提高，但行业集中度依然很低。据公开信息统计，前十大养殖企业的 2017 年肥猪出栏总规模也仅占全国市场份额的约 7%，相比美国前五大生猪养殖企业占据 30%左右的国内市场份额，还有巨大的提升空间。集团化养殖企业具有成本控制和资本方面的优势，而家庭农场能促进专业化分工水平的提高和解决地方农业人口就业问题，我们判断，集团化养殖企业和家庭农场将成为市场供应主体，在很长一段时间内共存。

2. 环保达标成为生猪养殖的前提条件

2015 年以来，生猪养殖行业面临日趋严格的环保要求。根据《水污染防治行动计划》《“十三五”生态环境保护规划的通知》等政策，国家大力推进畜禽养殖污染防治，划定重点发展区、约束发展区、潜力增长区和适度发展区，要求在 2017 年年底前，各地区依法关闭或搬迁禁养区内的畜禽养殖场（小区）和养殖专业户。报告期内，国家关停了众多不符合规定的畜禽养殖场（小区）和养殖专业户。环保政策的趋严已经成为常态，地方政府拥有环保一票否决权，养殖壁垒被永久性抬高，这将成为无成熟环保解决方案的农牧企业进入或进一步扩张的巨大障碍，并加速不具备环保投入能力的养殖户的永久性退出。

3. 周期波动依然明显

我国商品猪价格的周期性波动特征明显，2000 年以来，全国生猪养殖业大致经历了如下波动周期（低点到低点）：2000—2003 年（3 年）、2003—2006 年（3 年）、2006—2010 年（4 年）、2010—2015 年（5 年），周期有拉长的趋势。同时我们观察美国生猪养殖发展史发现，规模化之后生猪行业出现了“价格中枢上移”和“价格振幅扩大”的现象，这种现象在自2015年开始的本轮周期中已初露端倪：行情从2016年下半年开始整体进入下行期，2017年继续震荡下行，今年一季度猪价加速回落，短短一个月内肥猪价格从约14元/千克急跌至约10元/千克，跌幅达28.5%，预计后市将在低位震荡筑底，2019年三季度开始运行新一轮周期。猪价的快速下跌和周期的拉长将促使散养户持续退出。

基于上述分析，面对生猪养殖行业的机遇和挑战，公司将坚持“加快发展生猪养殖业”的发展战略不动摇：加快扩大生猪养殖规模，充分做好迎接下一轮周期的各项工作。在本轮猪周期提供的2年左右的建设窗口期内，双管齐下，加快签约基地已落实地块的种猪场建设，同时通过对公司现有老式传统种猪场的改扩建，淘汰落后产能，迅速提升公司优质能繁母猪存栏规模。

（二）非洲猪瘟疫情对养猪行业的影响

1. 非洲猪瘟对养殖个体造成巨大威胁

非洲猪瘟病毒以极强的环境耐受力存活于土壤、地下水、冻肉及冰柜等，并随着人、猪、车、料、药、苗的移动而蔓延扩散，非洲猪瘟成为整个行业的“达摩克利斯剑”，直接威胁养殖个体的生存和发展。

2. 生猪产能加速去化

非洲猪瘟疫情导致强制去产能，而疫情导致的恐慌使生猪产能加速去化。据农业农村部最新统计数据，截至今年3月31日，全国生猪存栏环比下降1.2%，同比下降18.8%；能繁母猪存栏环比再降2.3%，同比大降21.0%，下降幅度之大、下降速度之快，创近10年来的最大值。

3. 区域分化明显

因前期受生猪跨省禁运及后期分区防控的政策影响，区域间供需出现严重不平衡现象，导致猪价出现明显分化，产区跌、销区涨，价差相比正常年份大幅上升。

4. 加速规模化进程

由于到目前为止没有疫苗可用，非洲猪瘟防控将长期化，这意味着养殖个体的猪场分布越广、生物安全做得越好，存活的可能性就越大。面对非洲猪瘟，目前所有养殖个体都处在同一起跑线，但散养户因缺乏非洲猪瘟防控的资源投入，一旦遭受疫情就是灭顶之灾，加速退出成为必然，而具有资金优势、丰富土地储备及先进养殖模式的规模化企业则迎来扩张发展的良机。

5. 超级猪周期

非洲猪瘟的出现，打破了国内生猪养殖行业猪周期既有 4~5 年的波动规律。按公司原有预计，猪价将在今年三季度见底转涨，而非洲猪瘟则使得猪价见底转涨时点提前到 2018 年四季度，同时由于产能快速去化后复产不易，导致本轮生猪养殖业的盈利周期将明显拉长。

面对非洲猪瘟带来的机遇和挑战，公司认为机遇大于挑战，将坚持“加快发展生猪养殖业”的战略不动摇：重点做好非洲猪瘟防控升级、加快种猪场建设 2 项工作。

（三）当前生猪行业所处的发展环境

1. 环保趋严

2015 年以来，生猪养殖行业面临日趋严格的环保要求。根据《水污染防治行动计划》《“十三五”生态环境保护规划的通知》等政策，国家大力推进畜禽养殖污染防治，划定重点发展区、约束发展区、潜力增长区和适度发展区，要求在 2017 年年底前，各地区依法关闭或搬迁禁养区内的畜禽养殖场（小区）和养殖专业户。这将成为无成熟环保解决方案的农牧企业进入或进一步扩张的巨大障碍，并加速不具备环保投入能力的养殖户的永久性退出。

2. 规模化提速

农业部 2016 年发布《全国生猪生产发展规划（2016—2020 年）》，提出到 2020 年猪肉产量在“十二五”末基础上稳定略增，规模养殖比重达到 52%。2019 年 9 月，国务院《关于稳定生猪生产促进转型升级的意见》明确提出，到 2022 年，养殖规模化率达到 58%左右；到 2025 年，产业素质明显提升，养殖规模化率达到 65%以上。

3. 未来 3 年进入保供稳价关键期

2019 年 12 月，农业农村部发布《加快生猪生产恢复发展三年行动方案》，提出各个省份要实现一定的产销平衡，并提出了产销平衡总体要求：其中，西南、西北地区（内蒙古、山西、海南、四川、重庆、贵州、云南、西藏、陕西、甘肃、青海、宁夏、新疆）为产销平衡区，要确保做到基本自给。疫情带来的产能去化与行业恢复发展较量已进入关键期，具体如何演绎，还需密切关注疫情发展和相应政策调整。

在2021年1月的战略研讨会上，公司再次重点讨论了非洲猪瘟对猪周期的影响，非洲猪瘟前的猪价属于经典量价传导，猪周期4年左右；非洲猪瘟后，在疫情这个最大的“X”因素影响下，受养殖技术、生产管理及种猪资源的限制，成本分化、产能恢复及出栏增长具有较大不确定性，盈利周期拉长；虽然当前还处于增量价格红利阶段，拼的是速度，奖励勇敢者；但是一旦进入未来存量竞争阶段，拼的是管理、技术和组织绩效，奖励工匠精神。因此明确了公司养猪业务“快速上规模，大力降成本”的战略指引。

在2021年年中的战略健康度审视会上，针对年初做出的猪周期误判，对行业的演变和现状进行了深入的讨论分析。

非洲猪瘟长期存在，但不会影响猪周期规律；猪周期从时间和价格2个维度回到非洲猪瘟前状态，猪周期仍然是决定行业走势的关键因素；适度规模家庭农场会在较长时间内大量存在，行业集中度提升还需较长时间。

通过以上分析，再次明确了公司发展方向：坚定不移养好猪，聚焦成本优先。

三、文化建设

（一）探索发展期（1994—2012年）

1994年8月，四川巨星集团创建于嘉州大地。凭借科学的管理模式、灵活创新的市场营销策略，良好的企业文化，公司得到了快速的发展，形成了由自我积累到自我发展的良性发展轨道。1995年，集团开始形成“聚四海精英，创百年巨星”的企业文化核心理念，推出“ATP工程”。ATP工程是四川省饲料工业协会与巨星联合举办的一个世纪工程，工程计划选择生产能力在1万吨/年以上的饲料企业及中大型养殖场进行帮扶，以委托经营及合资经营为主，使企业在管理（A）、技术（T）、效益（P）上都得到明显提高，巨星在技术、管理、效益和人才上做了大量的输出，帮助其成长和发展。

2001年，进行公司股份制改造，管理人员持股，打造了一个志同道合团队的、富有激励机制的团队。

巨星于2007年进入生猪养殖行业，进入新的发展阶段。

（二）稳定发展期（2013—2020 年）

经过多年的发展和积累，饲料、生猪养殖、禽业 3 个业务板块稳步发展，企业进入稳定发展期，同时企业内部也面临了人员思想惰怠、缺乏活力和朝气的境况。2013 年公司举办“运管模式培训暨企业文化宣讲大会”，巨星新的“蜕变”和“创业”正式启动，塑造新的企业文化，激活团队。

1. 2013 版企业文化

我们的愿景：打造世界级农牧食品企业。

我们的使命：创造人类健康生活。

我们的精神：自强不息，敢于亮剑。

2. 企业核心价值观

客户：没有成功的客户，就没有成功的巨星。

团队：团队至上，绝对服从。

员工：快速发展，成就员工。

感恩：以感恩为荣，以忘恩为耻。

创新：敢于挑战，勇于蜕变。

品质：品质铸就品牌，品牌铸就价值。

3. 企业核心理念

经营理念：聚四海精英，创百年巨星。

发展理念：一流的平台，一流的业绩，一流的待遇。

营销理念：帮助客户提升价值。

用人理念：立场坚定，渡人之心，独挡一面。

制度理念：制度第一，领导第二。

执行理念：负起 100%的责任，不折不扣的拿到成果。

成果理念：只讲功劳，不讲苦劳。

薪资理念：有成果就有报酬，无成果就是耻辱。

晋升理念：创造成果，培养人才，得以晋升。

做人理念：倾财足以聚人，量宽足以得人，身先足以率人，律己足以服人。

成长理念：使我痛苦者，必使我强大。

责任理念：我是一切的根源。

承诺理念：说到做到，没有借口，永不言败。

此次企业文化升级更新，打造自强不息、敢于亮剑的企业精神，改变了员工的行为模式，激活了团队以及团队协作能力，同时引入团队 PK 文化，在 PK 中不断比拼，不断前进，奋发向上。

为打造一支钢铁之师、执行之师，公司每年组织全体员工进行军魂传承训练，将团队打造成能战能胜，具有“狼性”，能打胜仗、拿成果的队伍。

通过企业文化活动使企业文化深入，助力公司业务发展，如举行拜师仪式。通过师徒文化，让大家能真正领悟到尊师重道礼仪的内涵，并在实际工作中履行好师徒职责，师傅倾囊相授、徒弟虚心学习、学有所成、学有所用。在生猪养殖全力推行猪场推行二十四字方针：育人才，组团队；建规范，抓执行；勤追踪，严奖惩；改硬件，优环境。实施奖惩分明，一切行动听指挥，不换思想就换人。团队执行力加强，为公司业务目标的实现拿成果奠定基础等。通过企业文化塑造人、影响人，企业文化进入工作的方方面面，适应企业发展的需要。

（三）跨越发展期（2021 年以后）

2021 年是巨星新一个五年战略规划的开局之年，生猪养殖作为企业的主航道业务，业务在高速发展，规模在高速扩张，新的组织、团队在不断组建，新的人才在不断涌入……面对一个庞大且在不断变化、不断出新的组织，必须快速统一思想，以保证统一行动。2021 年巨星进入改革深水区，巨星“361”文化脊梁（图 1）孕育而生。2021 年 6 月巨星“361”文化脊梁正式发布。

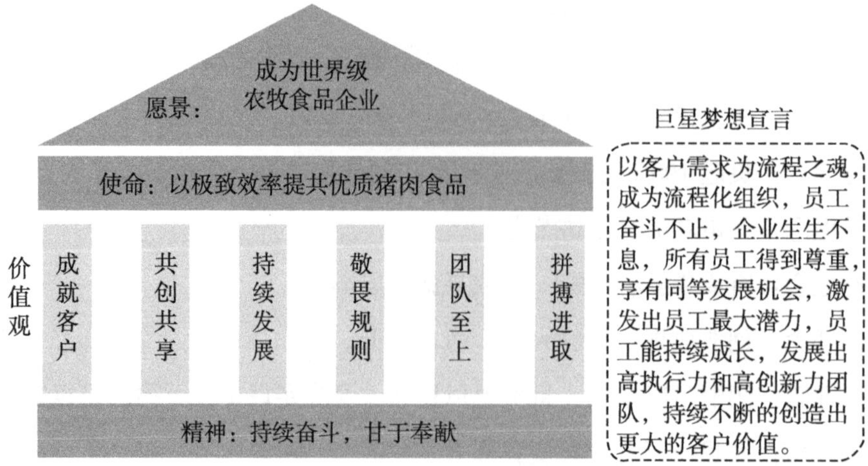

图 1　巨星“361”文化脊梁

在同期推出企业文化“4S”落地指南，进行企业文化全面建设。从内到外塑造文化视觉形象打造360度、独特的内部文化视觉环境，对外呈现认真、可信的巨星文化形象，让员工参与到文化视觉形象的塑造中。开展系统、持续、有针对性的文化教育，每一个巨星人都必须接受文化训练。研讨文化核心，提升文化认同；从3个方面实现文化理念从“知”到“行”的转变，规范员工行为要自律也要他律，以“零距离”、正向的团队管理的团队管理促使行为一致。让企业文化真正地落地可执行。企业文化“4S”即上墙、上脑、上心、上手是整个文化建设的四环，四环共同构成一个驱动公司向前飞驰，助力公司实现战略目标的车轮。

在巨星28年的发展历程中，巨星的企业文化不断完善，与时俱进，为巨星的发展提供了清晰指引，只有文化与企业的发展相适应，才能让企业常新，持续稳健发展。

四、人才及组织建设

（一）公司战略剖析

公司自成立以来，历经20余年经营管理发展，积累了10余年猪业养殖经验，发展过程中对组织与人才发展的要求不断提高，不管是组织设置还是人才数量、质量都成为公司研讨的高频专题。当下公司战略聚焦明确，跃进成本领先行列，穿越猪周期，持续稳健发展。那么对组织能力与人才战略要求提到了新高度。

（1）组织结构调整。建立事业部制，成立基地子公司，构建事业部与子公司矩阵制，整合内外部专家资源探索项目制管理；以基地子公司为单元，根据业务发展规模进行复制。

（2）人才培养。明确公司干部选拔标准，通过“之”形发展，提升中高层管理和业务格局；构建专业线任职资格，明晰岗位成长路径；构建关键岗位学习地图与任职关联，引导学员自主学习。

（3）文化建设。通过公司官网、微信公众号、公告、人物专访、评优等开展全方位的企业文化活动，让员工知晓公司希望员工成为什么样的人。

（4）激励与保留。推行组织绩效与个人PBC考核、奖金获取分享制、全面薪酬管理（硬激励），同时给予员工成长的机会（软激励）。

因此，人才与组织建设必须坚持以业务战略为牵引，以业务发展为导向，优化组织架构，提升人力资本储备。

（二）企业面临的挑战

1. 人才需求

（1）人才需求数量翻番。因非洲猪瘟疫情来袭造成产量锐减的同时，规模化大公司纷纷进入规模扩张阶段，公司2019年开始正式步入快速发展期，除了对养殖专业人才需求量翻番外，对非专业人才需求量也有所增加，人才招聘压力大。

（2）同行业人才获取难。因规模化公司都进入了快速发展期，养殖时长拉开了人才争夺战，同行业获取优秀人才竞争激烈。

（3）薪酬外部竞争力与内部公平性难权衡。为吸引外部优秀人才，需要对标人才市场水平，调整薪酬结构，体现公平度和充分激励，难度不小。

（4）干部厚度不够，存在老龄化现象。因公司20多年发展历史，一大批干部自公司成立就任职到现在，存在一定老龄化或者断层现象；同时公司近年来快速发展，新增干部岗位量大，优秀后备人员补给不够。

2. 关键岗位胜任力

（1）外引人才企业文化认同与公司标准化流程、管理要求的适应与执行参差不齐。因外引人才的增加，新老员工比例不断增大，存在文化稀释的风险；同时对于养殖行业来说，基层标准化操作流程是生产业绩稳定的重要因素，对新员工标准化操作流程的能力提升跟不上，造成岗位胜任欠缺；另外新员工对公司的管理要求适应力参差不齐，人才保留面临挑战。

（2）高层头勿闲，中层腰无力，基层腿不齐。管理者大多数是从技术骨干中提拔上来，未接受过专业的管理培训，跑步上岗，导致身在管理岗做的仍是技术岗的工作，在员工培养、绩效辅导、员工激励、学习发展方面思考和管理不足，存在管理错位的现象。

（3）公司培训体系不完善，针对性不强。公司自成立以来就非常重视人才培养，但多年都是点状式举办项目。早年主要针对文化、团队凝聚力、绩效等方面进行了全员式培训。但是未形成公司全面的培训体系与人才发展体系，同时培训体系与人力资源其他模块关联性弱，员工自主学习不佳；同时大部分培训就集中在中高层干部层级，未针对关键岗位、基层技术岗位进行培训设计，针对性不强。

（4）学习手段和方式单一。猪场员工无法参加现场培训，另外猪场员工场内培训大多为填鸭式理论培训，实操欠缺，对岗位场景化欠缺。

（三）对策及措施

1. 聚焦主航道，力出一孔

（1）奖金获取分享制。公司战略明确，聚焦猪业养殖，所有部门与员工都需要对主航道输出价值。以基地子公司为最小利润单元，推行奖金获取分享制，牵引子公司各部门、事业部乃至总部职能部门为子公司、事业部目标达成而执行工作任务，实现力出一孔，利出一孔。

（2）关键岗位薪酬领先策略。根据公司战略能力要求，识别关键岗位，同时在薪酬总量包范围内针对关键岗位薪酬给予内部倾斜，执行薪酬领先策略，对于高端人才费用可纳入战略性预算，支撑外部招聘与内部人才保留。

（3）打造流程化组织，提升效益。公司启动打造流程化组织变革项目，通过端到端业务流程梳理，聚焦主业务关键环节，同时拉通上下游协作，实现力出一孔，减少业务失败，提升效益。

2. 多管齐下获人才

（1）跨行业猎取。充分分析公司岗位需求，对标人才市场现状，搜索该人才所在行业，针对综合性岗位、职能部门岗位人才实施跨行业猎取，2021 年跨行业猎取的高端人才成功率 90%以上。

（2）推行内推机制。对人才推荐实施积分奖品激励，提升推荐积极性；同时将内推指标纳入干部考核目标中，营造人人是“猎头”的氛围。

（3）创新校企合作。与多所院校进行校企合作，创建巨星班，将养殖企业的养殖技术提前植入校园，同时提前提供学生了解公司机会与平台，增加学生入职后的留存率，近 3 年来留存率可达 60%以上。

3. 构建干部管理体系

根据公司战略要求，围绕干部选育用留逃构建干部管理体系，增强干部资本准备度（胜任度、厚度）。第一，构建干部通用标准，明确干部选拔条件，同时让公司全体干部明确公司对其能力要求，激活干部自我提升；第二，成立 AT 组织，结合竞聘制对干部选拔进行评议，提高干部选拔命中率；第三，启动“星计划”培养各层级干部管理能力；第四，对于现任干部与储备干部进行岗位赛马机制，强调人才是打出来的不是培养出来的，实施干部末位淘汰制，激活干部战斗力。

为支撑干部管理体系的顺利运作，“星计划”是不可获取的关键支柱。“星计划”是根据“领导梯队”模型，切实解决各级管理人员管理能力提升及后备梯队建设的人才培养项目。该培养计划分为新星锻造培养计划、卫星启航培养计划、行星加速培养计划、恒星闪耀培养计划。其中“新星”是指班组长（含科长）或者绩优员工（基层管理者储备），“卫星”是指新任基层管理者（上任一年内），“行星”是指新任中层管理者（上任一年内）或者绩优基层管理者（中层管理者储备），“恒星”是指新任高层管理者（上任一年内）或者绩优中层管理者（高层管理者储备）。“星计划”是公司人才梯队建设的核心内容。

人才通过基层实践选拔出来后，将进入培训与实战相结合的阶段。公司针对新星、卫星、行星、恒星的工作内容和岗位职责，基于“管事”“管人”“自我提升”3个角度专门开发了相关培训项目：

（1）管事。提升各层级人才发现问题、分析问题与解决问题的能力，同时熟练运用公司管理工具，实现公司管理语言统一。通过设置行动学习方式，学员需要申报课题，并进行撰写、答辩与落地，进而提升以上能力。

（2）管人。从骨干到管理者的转身，从独立贡献者到带领团队“攻城拔寨”。从管员工到部门经理人甚至管理多个业务板块的一把手，处于不同阶段，对于人才的管理能力要求也是不同的。仅靠业务技能提升赋能还达不到要求，一名合格的管理者，不仅会“管事”，还要会“管人”。对管理者在团队管理与激励等方面进行领导力赋能，实现“士兵”到“仕官”的角色转变，达到“点燃每个管理者的内心之火”的目的。

（3）自我提升。理论收敛阶段，需要“有大视野”，实现“术”向“道”的转变。通过非专业知识拓宽、商学院进修、外部合作交流等活动，把实践经验总结上升到理论高度，深度发酵。使自己的视野更宽广、思想更活跃，从“术”上的先进，跨越到“道”上的领先，进而在商业、技术模式上进行创造。

目前举办的卫星启航培养计划已经开展3期，学员输出有效课题报告并落地执行6个，为公司降本增效贡献价值，同时目前学员晋升了35%，约50人，为公司输出合格基层干部。

4. 构建专业任职资格，匹配学习地图，夯实专业能力

（1）构建任职资格与学习地图。干部管理能力通过“星计划”进行管理能力提升，且为干部厚度增加能量。对于专业技术岗位输出该序列成长路径与任职资格要求，匹配相应能力提升课程，牵引员工自我学习。

（2）开展关键岗位训战项目。根据公司战略识别业务支撑关键岗位，同时运用“同心圆模型”输出岗位角色模型与工作手册，匹配能力提升训战内容，强调在岗实战与顶岗实战业绩，淡化集中理论学习选拔人才方式。2021 年公司共启动 5 个关键岗位训战项目，其中，育肥场场长训战项目在内部储备人员缺乏的情况下，选拔学员组织训战，有效学员顶岗合格率达 52%（顶岗合格率是根据学员顶岗期间业绩排名确定）。

5. 营造知识分享氛围，向有成果的人学习，让优秀的人培养更加优秀的人

（1）推行导师制。公司选拔导师遵循 2 个基本条件：一是绩效必须好（有成果），二是充分认可公司文化。导师除了对新员工进行工作上的指导、岗位知识的传授外，还要给予新员工生活上的全方位指导和帮助，包括帮助解决外地员工的吃住安排，甚至化解情感方面的问题等。

（2）构建内部讲师团队。为保障培训计划顺利、有效地实施，培训效果和目标的达成，公司建立一支有力的内部培训师队伍，并根据内训师的能力和授课效果给予差异化的激励。

（3）搭建知识分享交流平台。构建了企业线上学习平台，公司将会把各训战项目的精品课程上传平台，供学员随时学习。

（4）采用多样式的培训方式（现场理论与实操+网络直播+视频回看+社群互动）。让员工尽可能地参与公司培训，通过培训考核，检验培训效果。

人才发展工作将根据公司战略与业务经营目标而开展。真正对企业有效的人才培养一定是遵循“同战略同频，与业务共鸣”的原则，否则将是对企业成本的增加，对资源的浪费。

五、财务及信息化建设

自 2016 年公司聚焦生猪养殖发展战略以来，巨星农牧梳理自身业务需求，贯彻信息系统支撑公司生猪发展战略的思路，从降本增效、智慧化多维度出发，规划和逐步实现巨星农牧信息系统的升级。

升级之前，巨星农牧的业务系统采用分布式架构，各子公司独立部署服务器的方式。各子公司的生产数据存放本地，通过 VPN 的方式打通总部和子公司的访问。ERP 生产数据的访问不方便，出差过程中访问需要通过第三方软件跳转访问，且存在一定网络安全隐患。月度会议时，各子公司收集本公司的业务数据和财务数据，层层汇总形成公司的整体业务数据和财务数据。此方式工作效率不高，因各子公司的统计维度不同，导致汇总数据存在偏差，影响决策层判断。面对瞬息万变的市场变化和客户需求，ERP 系统的新需求开发需要求助外部厂家，厂家的开发和响应速度明显无法适应公司快速发展和迭代的需求。ERP 的升级换代及新需求的开发响应问题日益突出。

OA 系统中多数流程都是采用自建流程的方式，业务审批点由业务审批发起人自己选择，存在一定的随意性和审批风险。流程的审批节点无法严格按照公司的制度要求，从而带来业务审批的风险，点风险的逐渐累积就会形成大面积的人为风险，影响公司业务开展和盈利水平。公司客户采购和付款信息的传统核对方式及时性差也带了一定的风险。

公司内部采用视频会议系统和微信进行沟通，视频会议的效果不佳影响会议效率和沟通效果，微信沟通存在一定的信息安全管理问题，离职人员若未能及时清理，存在泄露公司信息的风险。

部分系统的缺失和信息系统之间的数据交换也是巨星面临的问题。系统缺失无法跟踪业务和风险控制，信息系统无交互形成了一个个信息孤岛，无法形成完整的端到端的全流程记录和完整的数据链条。

不解决公司内部的痛点，必将面临市场带来的阵痛。面对市场的变化和自身存在的问题，巨星迎难而上，主动出击，积极应对。以巨星的发展战略为引导，从业务升级、管理提升、流程优化、风险控制、大数据决策、智慧养殖等方面进行了多维度的优化与升级。

巨星的第一个出击点就是升级 ERP 业务系统。巨星建立自己的开发团队，定期收集业务部门的需求，积极、快速地响应业务变化，实现了 ERP 与业务需求的快速匹配，适应市场的快速迭代需求。统一公司的业务操作流程、财务准则、原材料名称、基础数据等方面，为后期的标准化流程做好坚实基础。新 ERP 的升级，实现了数据统计的维度一致性，根据业务部门的需求，开发了近 400 个报表，一键生成数据的同维度统计，解决了数据层层汇总、效率低下、维度差异的问题。同时，巨星还实现了ERP系统和饲料中控的对接，通过ERP系统下发饲料生产指令，取代原有人工传递指令带来的信息误差。

更换了新的OA系统，针对各个业务板块，梳理出符合公司制度要求的流程和审批节点。流程的设计兼顾效率和风险控制，员工只需使用标准流程，无需选择审批人员，既提升了工作效率，也控制了审批节点的风险。通过建模方式开发了档案管理、供应商管理、法务管理、融资管理、合同管理、工程项目管理等模块。系统化对公司多方面进行系统过程记录与台账管理，提高了管理效率和准确度。

通过数据决策系统的搭建，实现领导对重要数据的实时监控，无需人工收集汇报。数据决策系统结合大数据技术，通过对多系统的数据抓取和分析，形成了7个方面的驾驶舱数据：生产、销售、合规风控、年度指标、成本、产业投发、关键指标。通过生产驾驶舱数据，可以实时查看存栏情况、月度PSY、配种情况、分娩情况、各基地出栏仔猪达成率等。销售驾驶舱可实时查看公司月度猪只销售计划与达成情况、各基地的完成率。合规风控可查看公司存在的预警、知识产权、印章管理、信用风险等。成本驾驶舱可监控当年断奶仔猪实际成本和目标成本，每月断奶仔猪成本完成情况，自营场、代养场、基地肥猪完工成本的对比，以及自营场肥猪成本的排名。通过多维度，实现对公司、各基地的过程管理，及时调整公司的管理和基地间的横向对比，实现基地间的比拼和提升。同时，巨星还建立了猪只竞价系统，试水新的业务方式，提高销售效率，提升销售利润。

针对职能部门的优化，巨星建立了新的EHR系统、招聘系统，并实现了数据交互。招聘系统外接第三方招聘通道，接收面试人员简历，管理人员通过“钉钉”就可进行人员简历筛选、面试、录用。员工的人员信息在入职巨星时，扫描二维码即可自动录入巨星的人员信息卡片中，大大降低了人事部的工作量。为了减少员工出差垫资以及报销费时的问题，巨星建立了商旅平台。员工出差申请获批后即可在商旅平台中选择出行方式、住宿酒店等，既降低了出差费用，也节省了员工填写报销的时间花费，提高了工作效率。巨星还建立了供应链系统，规范和透明项目招标，通过完善的招标流程降低项目成本。

公司采用“钉钉”系统来进行内部沟通和会议发起，员工一旦离职就会自动退出“钉钉”，原有的“钉钉”群也无法查看，防止信息的泄露。

通过建立企业服务总线，实现多异构系统的信息交互，监控信息流走向，解决了信息孤岛的问题。相比传统的点对点接口开发的方式，企业服务总线具有接口开发费用更低，数据走向全过程可监控、系统更换便捷的特点。

风险控制方面，我们建立电子签章系统，员工和外部合同签约可通过电子签章及时完成。公司和客户的往来账单确认也通过电子签章及时传达，避免了信息不对称、不及时带来的风险，且具有法律效应。

面对越来越多的系统，我们在信息系统访问和数据安全方面也进行了优化。巨星建立了统一身份认证平台，员工通过“钉钉”扫描即可进入平台。在平台中集成了巨星所有的信息系统，对于员工常用的信息系统还做了单点登录功能，员工无需记住自己的账号和密码即可访问各种业务系统。

信息部自主开发了信息系统的数据自动备份，定期备份数据，在遇到故障和病毒时能及时回滚数据，支撑业务的正常运行。通过建立混合云的方式，降低运维成本。

信息系统的优化是一个持续的过程，需要在业务发展中不断地及时调整和升级，在巨星的快速发展中起到至关重要的作用。

六、生产管理

巨星通过多年的实践和经验总结，深刻认识到：养猪是一门生命科学，是管理生命的艺术，看似门槛低，实际上规模化生猪养殖是综合了基因遗传学、兽医防疫学、动物营养学、建筑设计学、工业自动化及环境工程学等多学科的行业，学习曲线长，要养好猪，非一日之功。为此公司坚持走出去、请进来，整合全球优质资源来养猪，致力打造符合生猪养殖科学也符合巨星自身特点的巨星养殖体系：从最初非洲猪瘟发生前的“一种二料三管理”到今天的“种+料+管理+生物安全系统+环保系统”五星养殖体系。所谓五星养殖体系，就是以具备优质基因的种群作为动车头，以规模化、标准化、流程化、信息化和自动化的生产管理和全程协同、精准饲喂的精准营养为两翼发动机，以严格的猪场选址、科学的猪舍设计、设备配置构建起的生物安全体系和投资到位、环境友好的环保处理系统为两大基础保障，践行公司“以极致效率提供优质猪肉食品”的使命（图2）。

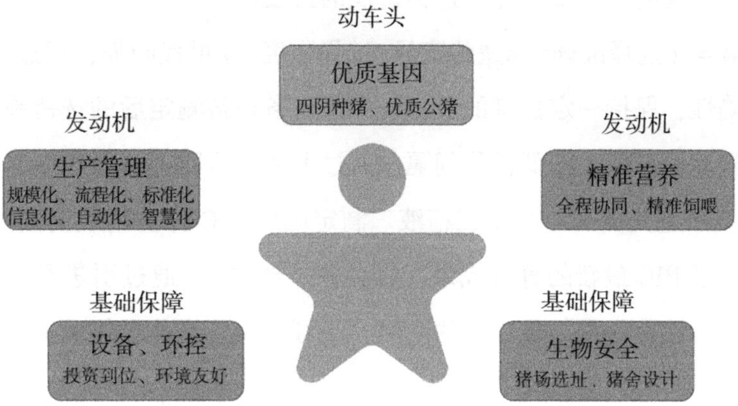

图2 巨星农牧极致效率五星养猪体系

（一）以“优质基因”为动车头

汇全球，为中国。巨星农牧整合全球优质资源，与世界一流育种企业进行战略合作，通过育种创新技术，推动种猪遗传改良进展。目前公司拥有高健康、高产仔、高性能、高收益的优质种猪，PIC在中国种猪核心群有近4万头母猪，其中近一半在巨星。公司希望与PIC一起以现存最优基因，可靠的运输和持续的客户服务，努力使客户拥有最优生产效率和最高盈利潜力，在品质改进的道路上永不止步。

1. 保持PIC种猪性能不退化

（1）加强选育工作。育种的原理就是通过人为干涉，实现群体基因频率的改变，从而达到遗传性能的提升，可从以下几个方面入手：改善选配方案，精细化的选配方案有助于避开遗传缺陷，实现性状的优势互补，同时控制近交系数，防止近交衰退。

选配方案的落地执行，通过场内育种员监督和检查，同时设置对应的考核方案，实现选配方案的准确执行。

开展种猪性能测定，通过大规模的性能测定，选择性能优秀的后备猪，保证入群的后备种猪的质量。

定期从国内PIC核心场引进公猪，丰富PIC核心群的血缘数量，保持群体各个性状的遗传变异度。

控制PIC育种核心群的胎次和公猪月龄，保持母猪40%，公猪100%以上的年更新率，实现世代间隔的最小化和遗传进展的持续性。

遗传进展=（选择准确性×遗传变异×选择强度）/世代间隔，通过此公式可知，提高选择准确性，保持一定数量的血缘，降低后备种猪测定后的选留率即提高选择强度，提高群体更新率，降低世代间隔，通过上述措施即可提高遗传进展。

（2）定期引进美国 PIC 公猪或精液。制定国外 PIC 种公猪或精液的引进计划，定期从国外引进 PIC 最新的育种成果（种公猪或冻精）。通过引进种公猪或精液方式，在实现遗传性能差距的最小化的同时，又可以改善当前群体的遗传性能，实现性能的逐步提升。

（3）打造高水平的育种团队。参加育种行业的会议，学习最新的育种知识；定期与其他公司特别是 PIC 公司的育种同行交流学习，分享育种经验；定期组织育种方面的培训，实现育种团队育种技能的快速提升。

2. 育种技术优势

公司已掌握了 BLUP（最佳线性无偏估计）遗传评估法、全基因组选择育种技术和种猪性能测定技术用于公司育种。通过 BLUP 遗传评估法，即利用系谱间的亲缘关系，校正固定环境效应和非随机交配造成的偏差，同时可对有亲缘关系的不同群体进行联合评估，可大幅提高育种值估计的准确性。全基因组选择育种属于分子育种范畴，优势在于可以捕获基因组中的全部遗传变异，不完全依赖表型信息，对于低遗传力和难以度量的性状（肉质和屠宰性状）可以进行选择，同时可以缩短世代间隔，对后备种猪进行提前选择，再通过种猪性能测定技术的集中测定，可实现高生长速度和低料肉比种猪的选育。

（二）以“生产管理”和“精准营养”为发动机

自主研发全球领先的整场工业物联网，率先对猪场进行整场的智慧化控制，通过生产管理的规模化、流程化、标准化、信息化、自动化、智慧化，六化一体，实现精准饲喂、环境控制、猪只健康和行为监测，以及人员监管监控等，保障生猪的质量安全和极速生产。

1. 生猪养殖生产效率管理

Pipestone 是一家世界知名的养猪服务技术公司，拥有世界先进的养猪技术和管理经验。2016 年 9 月 27 日，巨星有限与 Pipestone 签订了《管理及技术服务合同》，合同有效期 7 年。在协议期限内，Pipestone 负责向公司提供多项生猪养殖咨询服务，包括场所设计咨询方案，基因审查、推荐和监督，养殖人员技术支持及培训，兽医技术咨询服务等。巨星有限经过10余年规模化猪场管理的实践，积累了丰富的养殖管理经验。在此基础上，公司与世界知名养猪服务技术公司深度合作，从猪场的选址、设计、建设、设施设备的配置、猪场的生产操作流程等方面引入全套养殖理念和生产技术体系，遵循现代化、规模化、工业化的养殖理念，公司生产业绩、生产效率和生物安全均得到较大提高。

2. 质量控制

公司一贯高度重视产品的质量，始终坚持将产品质量作为公司核心竞争力之一。公司树立了产品至上的观念，制定了完善的质量控制制度，促进产品质量的不断提升。公司拥有从饲料加工、种猪扩繁到育肥猪养殖较为完整的产业链，有利于公司对产品质量进行全过程控制。公司饲料业务先后通过了ISO9001质量管理体系以及无公害产品认证，从原料的采购、入库、检测和领用、生产加工过程中各关键控制点的全程跟踪，到产品的包装、入库、验证和出库，每个环节都制订了严格的控制程序，并能一贯执行。质量管理体系的建立和完善，为公司的产品品质提供了强有力的保障，亦为公司养殖业务提供了安全可靠的饲料来源。公司养殖业务通过选育种、饲养管理、疫病控制等方面加强质量控制。

3. 精准营养

秉承精准营养理念，通过大量的研发试验和研究，公司已经掌握了猪精准营养与饲喂、低蛋白日粮、非常规原料的营养价值评定与应用、无抗饲料、生物饲料等关键技术。基于公司技术研发平台建设，公司获得了“四川省省级技术研发中心”“四川省十大饲料领航企业”“全国饲料技术创新30强”和“中国好猪料信赖之星”等荣誉称号。未来，将进一步强化客户导向研发战略，通过疫病防治、饲料营养等关键养殖技术的深入研究，进一步提高养殖水平，重点如下。

（1）核心技术包括自主研究开发以及现有实用技术的优化组合和集成。

（2）系统建立并优化适于公司主养品种和养猪管理体系下的猪精准营养和精准饲喂技术标准及操作规程。

（3）掌握并运用净能体系、多氨基酸平衡技术配制低蛋白日粮技术。

（4）通过动物试验和实验室分析，系统建立了公司非常规原料数据库和应用方案，为玉米—豆粕减量替代提供了有力保障。

（5）公司持续加大基于微生物发酵与酶解技术的生物饲料开发和应用投入，已掌握了生物饲料配制和应用技术，并已推广应用。

（6）进一步优化公司无抗饲料技术方案，规范修订产品标准，协同制定无抗条件下的养殖生产操作规程。

（7）继续加大母猪料研发投入，设计生产更优质、更高端的母猪饲料，从营养角度促进解决母猪繁殖面临的困境。

（8）对现有产品的改进以及新产品的开发向高利润产品倾斜，比如母猪料、教保料、鱼料，特别是特种水产浮性料。

（9）其他关键技术。低碳环保饲料配制技术、液体饲喂技术、肉质改善技术、饲料保水技术、饲料防非技术等。

（三）以“设备环控”与“生物安全”为基础保障

从建场到设施、设备的现代化及科学合理设计，采用世界顶尖的设施设备。使用过滤标准为10纳米的反渗透水处理设备和高效空气过滤系统，提供优质的水源与洁净的空气。

非洲猪瘟疫情的防控是公司生物安全保障的重中之重，公司通过1 000点评分、猪群监测净化、三级洗消隔离防疫三大体系保障生物安全，及持续优化生物安全管理，有效防非，确保猪肉食品的安全健康，严格执行如下一系列可行的防控措施。

（1）各养殖基地建立包含隔离中心、洗消中心、中央仓库及配送中心为一体的防非中心，推动猪苗、饲料、物资的集中配送，人员集中休假与返岗，推行猪只和饲料运输车、物资中转车、人员通勤车的专车专用，并实现多级洗消。

（2）各猪场完善场内水线消毒、环境消毒、物资熏蒸间、人员洗澡间等消毒设施设备，新建防鼠墙、防蚊纱网、中转料塔、无害化处理、空气过滤（部分场）等物理隔离防疫硬件配置，不断提升生物安全防护水平。

（3）优化和固化猪只、人员、物资、饲料的运输和进出场，猪只饲喂、免疫、保健等关键环节生物安全管理，尽可能切断传播途径。

（4）清理猪场周围猪只，加强周边道路巡查和管控，降低疫情发生风险。

（5）修订绩效考核方案，下发奖惩制度，提高员工积极性和执行力。

（6）成立以董事长为组长的非洲猪瘟防控小组，执行压责、履责、问责机制，抓好非洲猪瘟防控措施的监督检查。

（7）及时掌握疫情动态，积极组织协调，做好种猪调拨、猪苗投放及肉猪销售工作，保持生产经营的正常秩序。

（8）主动评估猪群健康状况，及时淘汰受威胁猪只，确保养殖场生物安全。

（9）制定控制预案，践行“拔牙”方案，开展应急演练，减少猪只损失。

同时，巨星农牧一直把环境保护工作放在发展的重要位置，重视环保管理和环保投资，生产经营过程中优先采用资源利用率高以及污染物产生量少的清洁生产技术、工艺和设备。秉持“减量、无害、资源化利用”的环保理念，建设粪水分级处理系统，粪污减量化、无害化和资源化利用，并对猪粪与污水等排放物进行处理后用于周边果园和农田的灌溉，废物利用、清洁生产，实现“绿色”“生态”养殖，确保生态环境安全。

七、研发驱动发展

公司自成立以来，一直重视研发投入，积极践行科技强大畜牧业农业的使命。公司先后获得四川省创新型企业、成都市知识产权优势培育企业拥有国家（授权）专利114项，其中发明专利11项，参与的“四川省种猪遗传改良体系建立和配套系选育研究与应用”科技项目，荣获“四川省科学技术进步一等奖”，获得“省级企业技术中心”认证。2020年，公司以现有饲料和育种两大技术研发平台为基础，设立巨星研究院。

巨星农牧研究院下设疾控技术研究中心、基因育种研究中心（实验室）、营养饲养研究中心及工程环保技术研究中心四大研究中心，拟从健康高效养殖生产各环节，系统思考，针对降低成本，高效生产，围绕基因遗传、精准营养、生产管理、生物安全和环境控制（包括环保技术）的关键技术和前瞻性技术，以科技兴农为产业发展方向，努力将育种、营养饲养、兽医、人工智能、屠宰等先进技术付诸实践。

公司将加大投入，致力将巨星研究院打造成为世界一流的生猪养殖研发机构。我们相信，未来巨星研究院的成功，不仅能有效助推公司战略目标的实现，更是对全面贯彻乡村振兴战略的实施，推进四川由农业大省向农业强省跨越意义非凡。

八、新生代生猪销售模式

在大数据时代，巨星农牧将传统生猪销售模式升级为平台化、数据化、透视化、规模化的新生代生猪销售模式，不仅有助于公司猪只销售口碑提升，更有助于公司获取更多优质销售渠道，不断深挖生猪销售市场，提升市场份额。同时，在销售升级过程中，猪贸易商自身也会进行迭代升级，来迎合市场发展规律并获取生存与利润。

（一）生猪销售平台化

公司已建立并不断完善生猪销售平台，使猪只销售在平台上得以完整体现。猪贸易商通过该销售平台，可实现方便、快捷、高效的竞价下单；销售人员通过该平台可迅速、高效地调整销售安排进行快速匹配，从而实现猪只销售的最优化选择。

（二）生猪销售数据化

在销售平台化构建的基础上，巨星农牧实现销售数据化。首先，巨星生猪价格定制会根据当日市场或竞争对手价格进行核算并给出合理价位，并及时高效地在平台上体现。当生猪市场整体低迷时，巨星农牧销售平台数据化核算可直接为价格制定者提供合理化价格区间建议，协助价格定制者制定合情合理的销售价格，从而保障生猪销售。当生猪市场整体火爆时，巨星农牧销售平台数据化核算可直接为猪贸易商提供竞价平台，从而促进公司生猪销售利润最大化。其次，巨星农牧销售平台数据化可打破客户区域划分壁垒，实现客户自由流通，从而提高公司猪只销量。各猪场在销售平台上都作为一个数据节点，猪贸易商可根据当前生猪市场情况，实时在平台上查询与匹配最优数据节点并直接进行猪只购买，打破以往跨区域购买协调时间较长的局面。随后，销售平台数据化可进一步提高销售人员工作效率。销售人员根据平台数据匹配情况，可高效、及时地协调安排该区域猪场断料以及检验检疫票的开具等工作，不断优化销售工作效能。最后，巨星农牧销售平台数据化可提升猪场工作人员效率。猪场工作人员可根据当日数据匹配情况，及时进行断料等相关工作，积极配合销售人员协调猪只安排，促进猪只销售效率化、体系化。

（三）生猪销售透视化

在巨星农牧销售平台数据化构建基础上，实现销售透视化。得益于巨星平台数据化的不断完善，通过数据深挖分析，可透视市场总体环境、媒介与终端变化对生猪销量的影响等因素，实时调整生猪销售总体策略，预测并创造出未来生猪市场商机，随后进行可行性评估，最终得出有效的商机并进行迅速抢占，从而进一步打开生猪市场营销的新局面。

（四）生猪销售多样化

除了传统的屠宰场、猪贸易商销售模式，采用生猪期货交易提供了价格预警，深化生猪产业规模化、标准化发展有深远的意义，探索生猪期货交易，及时了解生猪价格趋势，减少价格波动，减少风险，为公司利润和规模化销售创造多元化环境。

（五）生猪销售规模化

销售平台化、数据化、透视化的最终目的就是实现其规模化。首先，巨星通过销售平台化来不断开拓销售渠道；其次，巨星通过数据化对销售渠道与销售情况进行整合分析；最后，由透视化来做出实时销售策略来不断深化与完善销售平台，从而使其满足生猪规模化销售发展总体战略。

九、“公司+农户”助力乡村振兴和产业扶贫

（一）巨星农牧“公司+农户”模式简介

巨星农牧“公司+农户”生猪养殖模式是指公司给农户免费记账式提供仔猪、饲料、药品，给予农户养殖技术和管理规程指导，农户提供符合要求的标准圈舍、劳动力、生产工具、水电等，缴纳一定合作保证金，按照公司养殖管理规程生产肥猪、并由公司统一销售，公司根据农户养殖结果按合同支付农户养殖报酬的一种育肥猪生产方式。

巨星农牧“公司+农户”生猪养殖模式主要以公司和农户双方在自愿、平等、互信和互利的基础上，坚持优势互补、共享成果、共担风险的原则，签订《猪只委托养殖合同》，并以此为依据，该合同详细约定了双方的权利和义务，双方以遵守合同为基础，从事生猪养殖生产经营。

巨星农牧“公司+农户”育肥生产合同的原则性约定：养户必须先具有符合法律法规及公司要求的养殖场地、圈舍、设施、工具、水、电和劳动力等必须的条件，同时应承担到公司指定地点领取物资的费用及交付成猪时所产生的必要的费用；公司负责猪苗、饲料、药品、疫苗等物资供应，必要的技术指导，肉猪销售环

节的建立及管控；公司为养户提供的所有物资以及所饲养的肉猪等均属于公司财产，养户未经公司许可不得擅自处理；养户对公司提供的各种物资和肉猪有管理权，并负有管理责任，承担养殖管理风险；养户必须按合同规定将委托养殖的肉猪交付公司回收，公司承担因生猪市场波动带来的风险；养户自行负责猪场的日常管理事务，承担所雇工人及自身薪资发放和管理。公司根据寄养市场的变化和公司的生猪发展战略目标，不断总结和完善“公司+农户”养殖模式，可适时对寄养合同的内容、结算制度等进行必要的调整、完善、发布；同时，公司已建立了较完善的“公司+农户”养殖流程和标准，从新养户的开发流程、育肥猪场建设标准、猪场的验收、合同签订规范、寄养生产规范管理及奖惩、寄养财产安全管理、寄养生物安全管理、肥猪销售管理、养户结算管理等方面形成了较完善的制度和模板，有力保障了公司“公司+农户”养殖业务规范化、标准化运行。

（二）巨星农牧“公司+农户”的发展现状

2011 年来，公司一直致力于“公司+农户”寄养模式生产肥猪的发展，育肥业务是公司的主营业务，通过“公司+农户”寄养生产育肥猪占总育肥生产的 80%。

公司先后在四川省成都市、雅安市、阿坝州、眉山市、乐山市、泸州市、广元市、宜宾市、凉山州、贵州平塘等地成立了生猪养殖基地，广泛开展和大力发展“公司+农户”模式生产育肥猪。

目前公司已建成“公司+农户”寄养生产育肥猪农户近 400 家，具备育肥猪存栏能力近 100 万头，达到年出栏育肥猪 200 万头的规模。

今后，“公司+农户”寄养模式生产肥猪仍然是公司育肥生产发展的主要方向，进一步向标准化、规范化、规模化、现代化发展。

（三）巨星农牧“公司+农户”的经济、社会效益

巨星农牧作为国家级重点龙头企业，以“成为世界级农牧食品企业”为梦想，“以极致效率提供优质猪肉食品”为使命，积极响应省政府的号召，一直致力于“川猪兴川”“乡村振兴”事业，把“公司+农户”发展育肥猪生产、确保猪肉“菜篮子”工程、带动农户增收致富作为公司义不容辞的社会责任。

巨星“公司+农户”模式生产肥猪，直接带动农户 1 400 人就业，目前带动农户年增收 3.6 亿元，实现产值 30 亿元以上。同时带动饲料、运输、屠宰等行业大批人员就业及拉动相关产业的发展，实现了较大的经济和社会效益。

巨星“公司+农户”模式生产肥猪，为四川人民提供优质猪肉食品、猪肉的稳产保供作出了绵薄的贡献。

（四）巨星农牧“公司+农户”寄养模式的特点

1. 体系完善，技术可靠

巨星农牧公司通过10年的努力，“公司+农户”生猪寄养模式日臻完善，形成了“良种、良料、良法”生猪养殖体系，建立了完善的寄养流程、标准和防疫控制规程，养猪生产指标和成本达到行业领先水平。

2. 长期寄养，绝不投机

巨星农牧公司把生猪寄养作为公司发展的重大战略，10年生猪寄养历程证明：无论生猪行情如何变化，巨星生猪寄养从未停止，总是加快投入和发展。公司把生猪寄养作为带动农户增收致富的社会责任，这与市场上很多企业看见生猪行情好，就搞农户生猪寄养，生猪行情差就溜之大吉的投机行为形成鲜明对比。

3. 自产猪苗，充足供应

巨星寄养农户养殖的猪苗基本为公司自己生产，不但仔猪质量有可靠保障，养户养殖轻松放心，而且公司根据产出有计划发展农户，保证了农户能长期养猪，无空栏期，保障养户投资效益最大化。

4. 结算公平，明白收益

巨星寄养结算制度，坚持“公开、公平、公正、透明”原则，坚持养好多得，养差少得，不搞特殊，不凭关系，不论亲疏，对待养户一视同仁。

5. 无需外购，结算净收

巨星寄养不需要养户外购养殖投入品（饲料、药品等），禁止添加除公司提供投入品以外的物资，不但确保了巨星生猪食品安全，而且让养户报酬成为净收入。

6. 政策稳定，收益可靠

巨星寄养已具备完善的流程和体系，管理十分规范，养户生产成绩非常稳定，同时公司寄养政策也保持了高度稳定性，确保了养户获得稳定、持续、可靠的收益。

7. 合法合规，安全环保

巨星寄养自觉遵守国家有关法律法规，特别重视食品安全和环保安全，巨星生猪寄养档案管理完善，实现了食品安全可追溯性，生猪上市前全部进行食品安全检测。同时巨星重视寄养猪场的环保建设引导，创建了异位发酵床、A/O 处理工艺、种养循环等环保方案，确保不污染环境。

8. 快速致富，素质提升

巨星寄养户在不承担市场风险情况下，不但获得稳定收益，投资回报率高达20%左右，而且公司每月组织养户进行养猪技能、人文素养等培训，提高养户生活品质。与公司长期合作农户无不成为懂技术、懂专业、家庭富裕、受人尊重的新型现代农民。

9. 在家创业，幸福三代

巨星生猪寄养是四川省确定的精准产业扶贫好项目，深受各级政府的欢迎和大力支持。巨星养户上能赡养好老人，下能照看好小孩，同时夫妻能幸福团聚。巨星寄养模式真正实现了农民“在家能创业，勤劳能致富，挣钱不出门，幸福三代人”的梦想。

10. 全程服务，后顾无忧

公司具备完善的生猪养殖体系和技术服务平台。凡加盟巨星生猪寄养的农户，公司提供寄养猪场设计、建场图纸和标准、建场指导、担保贷款等全程服务；寄养过程中公司提供良种猪苗、优质饲料、疫苗兽药等生产投入品，同时提供养殖技术规程、养殖技术培训、饲养现场指导、回收肥猪等服务。真正实现从未养过猪的农户，养猪也不难。

（五）“公司+农户”寄养模式行业问题及对策

1. “公司+农户”育肥行业概况

（1）非洲猪瘟发生前，“公司+农户”养猪发展较好，实现了农户增收致富、公司发展的双赢目的，促进了四川生猪稳定生产。

（2）2019 开始非洲猪瘟的肆虐，规模猪场、农户等连续遭受非洲猪瘟感染打击，促使了养猪业的大变革。有实力的公司、社会资本在猪价高企诱惑、政府保供支持下进行了快速升级发展，出现了集约发展浪潮，单场规模越做越大，楼房养猪兴起，基本采取自繁自养模式。

（3）原发展的“公司+农户”的农户猪场规模基本在存栏 500~1 200 头，设施设备较差，不具备防疫的基础条件，根本防不住非洲猪瘟，两轮非洲猪瘟洗礼后失去了信心，改造升级难度很大，跟不上发展节奏，猪场基本闲置，农户和公司双亏，矛盾突出。“公司+农户”的公司被迫做出调整，采取放弃原农户、向发展大型农户寄养或向自建种猪、育肥场自养模式转型。

(4) 近一年来，受非洲猪瘟及猪价剧烈起伏影响，在建的育肥猪停工较多，修建质量参差不齐，目前育肥猪场空栏率40%以上，行业严重亏损。

(5) 巨星公司目前仍然坚持“公司+农户”生猪养殖模式，寄养育肥占比80%以上。目前合作农户平均规模存栏2400头以上，投资回报较稳定。

2. “公司+农户”育肥行业目前存在的主要问题

(1) 原“公司+农户”规模小、硬件差，防不住非洲猪瘟，升级困难。

(2) 向集约化转型中，农户没有资金升级改造；农户新修建规模化猪场，缺乏资金更多，行情低迷时基本没有资金给予其支持。

(3) 政府转型有效引导不足，没有合理的规划。肥猪价格高时，在保供压力下主要向大企业、大规模猪场倾斜，政府支持生猪发展；猪价低时，养猪企业严重亏损，没有平抑价格机制，有的政府嫌弃养猪业。

(4) 修建猪场土地缺乏，没有猪场建设用地指标。

(5) 环保压力大，有的政府“一刀切”，以环保为由禁止养猪。

(6) 农户防疫意识差，养猪技能、防疫技能提升慢，难以抵御非洲猪瘟；同时寄养户的管理难度大，少部分养户履约意识较差。

3. “公司+农户”育肥行业解决办法建议

(1) 政府必须引导“公司+农户”发展，应当有规划，支持有序发展。应结合种养循环布置猪场位置及规模。

(2) 政府应对农户原猪场进行清理，能升级的进行升级改造，给予资金等支持；不能升级的，应复耕置换出养猪用地指标，引导农户合作集中适度规模化建设猪场。

(3) 政府主导引进认真养猪的龙头企业，带领农户规范发展，政府、银行联动支持企业和农户合作发展生猪养殖，采取区域性整体防非策略。比如巨星在屏山县的“公司+农户”育肥发展，就基本成功。

(4) 明确“公司+农户”养猪是振兴农业、带动农户增收的基础产业之一，引导升级发展，满足现代养猪的标准要求。

十、现状及展望

（一）公司现状

2020年7月，巨星农牧与上市公司振静股份完成重大资产重组，借助资本市场平台，为公司生猪养殖业务的健康快速发展奠定了更加扎实的基础。公司现有员工2 000余人，其中，管理人员占员工总数的15%；生产人员占员工总数的50%；销售人员占员工总数的6%；技术研发人员占员工总数12%。在职工总人数中，大专以上学历占比43%。

公司专注于养殖产业链的建设和发展，目前在全国布局了“成都基地、广元基地、泸州基地、宜宾基地、眉山基地、乐山基地、雅安基地、攀西基地、平塘基地、平南基地、安徽阜阳基地”11个生猪养殖基地，已建成30个标准化种猪场，存栏能繁母猪约15万头，其中优质原（纯）种PIC种猪超3万头，生产指标和养殖成本达到国内领先、国际一流水平，2022年预计出栏肥猪超150万头。

（二）未来展望

四川省是养猪大省，生猪出栏量连续多年位居全国前列，根据国民经济和社会发展统计公报，2019年、2020年四川省生猪出栏量4 852.60万头和5 614.40万头，约占全国生猪出栏量的8.92%和10.65%。2021年四川省生猪出栏量为6 314.80万头，同比增加12.48%。根据《全国生猪生产发展规划（2016—2020年）》对未来全国生猪发展的布局规划，四川省属于重点发展区，是我国猪肉供给的核心区域之一，主要任务是依托现有发展基础，加快产业转型升级，提高规模化、标准化、产业化、信息化水平，加强粪便综合利用，完善良种繁育体系。区域性优势为公司饲料业务、养殖业务长远、健康、持续发展奠定了良好的市场基础和发展空间。

公司未来将采取“立足四川，走向全国”的发展策略，依托现有发展基础，加速发展生猪养殖业务，不断完善巨星生猪养殖体系，大幅提升生猪养殖的规模化、自动化和智慧化水平，通过新建及改扩建设种猪场、着力种群改良、自行培育，实施精准饲喂，成为极具竞争力的生猪养殖企业，努力实现公司年出栏1 000万头生猪的战略发展目标，为生猪养殖的产业升级贡献一份绵薄之力。

第四部分

附　录

附录1　“十三五”以来四川省生猪产业发展成果

表1　“十三五”以来生猪相关科技成果统计

序号	所属单位	成果名称	第一完成人	成果类型（新品种、新技术、新模式）	备注
1	四川农业大学	猪抗病营养技术体系创建与应用	陈代文	新技术	2018国家科技进步二等奖
2	四川农业大学	图解畜禽标准化规模养殖系列丛书	朱　庆	新技术	2020国家科技进步二等奖
3	四川农业大学	碳水化合物提高母猪繁殖效率的调控机制研究与应用	吴　德	新技术	2019四川省科技进步一等奖
4	四川农业大学	四川地方猪遗传资源保护技术体系创建与产业化开发利用	朱　砺	新技术	2020四川省科技进步一等奖
5	四川省畜牧科学研究院	发酵床养猪风险评估及地方黑猪主要疫病防控关键技术研究与示范	李江凌	新技术	2016年四川省科技进步三等奖
6	四川省畜牧总站	四川生猪标准化养殖技术集成与应用	应三成	新技术	2014—2016全国农牧渔业丰收奖三等奖
7	四川省畜牧科学研究院	肉猪阶段性无抗养殖关键技术创新与应用	杨加豹	新技术	2019年四川省科技进步二等奖
8	四川省畜牧科学研究院	川藏黑猪配套系培育及应用	陈晓晖	新技术	2019年神农中华农业科技奖三等奖
9	四川省畜牧科学研究院	四川地方猪种遗传资源评价与利用	顾以韧	新技术	2020年四川省科技进步二等奖
10	四川省畜牧科学研究院	保育猪主要疫病防控关键技术创新及应用	周远成	新技术	2021年四川省科技进步三等奖
11	四川省动物疫病预防控制中心	四川生猪、口蹄疫、猪瘟、蓝耳病监测预警与综合防控技术集成与应用	陈　斌	新技术	2016年四川省科技进步三等奖

（续表）

序号	所属单位	成果名称	第一完成人	成果类型（新品种、新技术、新模式）	备注
12	四川省动物疫病预防控制中心	四川猪链球菌病综合防控技术研究集成与应用	陈　斌	新技术	2019 年四川省科技进步三等奖
13	农业部沼气科学研究所	猪场粪污处理利用关键技术研发与应用	邓良伟	新技术	2018 年四川省科技进步一等奖
14	四川铁骑力士实业有限公司	优质生猪产业链集成技术创新工程	—	新技术	2019 年四川省科技进步一等奖
15	成都大学	优质猪肉精深加工及安全贮运综合技术研究与集成应用	王　卫	新技术	2017 年四川省科技进步二等奖
16	成都乾坤动物药业股份有限公司	猪用中兽药新产品研发及应用	房春林	新技术	2018 年四川省科技进步三等奖
17	四川省井研县食品有限责任公司	生猪产业关键技术链构建及示范	王　卫	新技术	2016 年四川省科技进步三等奖

表 2 “十三五”以来生猪审定品种（配套系）

序号	品种名称	登记号	培育单位	培育者
1	川乡黑猪	（农 01）新品种证第 32 号	四川省畜牧科学研究院	吕学斌、龚建军、陈晓晖、杨雪梅、曾凯、顾以韧、何志平、杨跃奎、梁艳、应三成、陶璇、雷云峰、钟志君、王言、刘锐、康润敏、涂腾

表 3 “十三五”四川省生猪产业主推技术（主推品种）

序号	年份	名称	技术依托单位
1	2016	川藏黑猪配套	四川省畜牧科学研究院
2	2016	天府肉猪配套系	四川农业大学、四川铁骑力士实业有限公司
3	2016	湖川山地猪（青峪猪）	通江县巴山生态牧业科技有限公司、通江县畜牧食品
4	2016	湖川山地猪（丫杈猪）	泸州古蔺观文丫杈种猪场
5	2016	内江猪	内江市种猪场
6	2016	PIC 配套系	平昌县畜牧食品局

（续表）

序号	年份	名称	技术依托单位
7	2016	“龙头企业+家庭农场”1211 生猪高效养殖模式	四川铁骑力士牧业科技有限公司
8	2016	生猪重大疫病免疫技术	四川省畜牧科学研究院
9	2016	标准化规模猪场设计技术	四川省畜牧科学研究院
10	2016	传统肉制品优质安全化关键技术	成都大学肉类加工四川省重点实验室
11	2017	放牧地方黑猪寄生虫病综合防控技术	四川省畜牧科学研究院
12	2017	标准化规模猪场设计与猪舍环境控制技术	四川省畜牧科学研究院
13	2017	仔猪腹泻综合防控技术	四川省畜牧科学研究院
14	2018	肉猪无药残高效养殖技术	四川省畜牧科学研究院
15	2018	放牧地方黑猪寄生虫病综合防控技术	四川省畜牧科学研究院
16	2018	仔猪腹泻综合防控技术	四川省畜牧科学研究院
17	2018	标准化规模猪场设计与猪舍环境控制技术	四川省畜牧科学研究院
18	2019—2020	标准化规模猪场设计和肉猪阶段性无抗养殖技术	四川省畜牧科学研究院
19	2019—2020	猪乳酸菌发酵液体饲料制备及无抗养殖技术	乐山市农业科学研究院、中国农业科学院饲料研究所
20	2019—2020	肉猪阶段性无抗养殖技术	四川省畜牧科学研究院
21	2021—2022	长大（LY）种猪高效安全养殖技术	四川农业大学
22	2021—2022	基于图像识别的母猪分娩保育监测技术	成都大学食品与生物工程学院

附录2　四川省生猪产能调控实施方案（暂行）

为贯彻落实《农业农村部　国家发展改革委　财政部　生态环境部　商务部　银保监会关于促进生猪产业持续健康发展的意见》和《农业农村部关于印发〈生猪产能调控实施方案（暂行）〉的通知》，更好发挥政策调控的保障作用，稳固我省生猪基础生产能力，有效防止生猪生产大幅波动，结合我省实际，制定本实施方案。

一、总体要求

按照党中央、国务院决策部署，以保障猪肉基本自给为目标，建立预警及时、措施精准、响应高效的生猪生产逆周期调控机制，激发市场主体发展活力，不断提升生猪产业质量、效益和竞争力，形成长期稳定的猪肉供应保障能力，更好满足人民群众消费需求，推进乡村振兴。

以能繁母猪存栏量变化率为核心调控指标，坚持预警为主、调控兜底、及时介入、精准施策的原则，落实生猪稳产保供"菜篮子"市长负责制和县级党委书记第一责任人制度，逐级压实责任，细化"三抓两保"（抓产销大市、养殖大县、养殖大场，保能繁母猪存栏量底线、保规模猪场数量底线）任务，分级建立生猪产能调控基地，构建上下联动、响应及时的生猪生产逆周期调控机制，促进生猪产业持续健康发展，不断提升猪肉供应安全保障能力。

用5~10年时间，基本形成产出高效、产品安全、资源节约、环境友好、调控有效的生猪产业高质量发展新格局，产业竞争力大幅提升，疫病防控能力明显增强，政策保障体系基本完善，市场周期性波动得到有效缓解，猪肉供应安全保障能力持续增强，我省猪肉基本实现自给。

二、调控能繁母猪存栏量

（一）确定能繁母猪保有量

按照农业农村部《生猪产能调控实施方案（暂行）》要求，结合《四川省“十四五”推进农业农村现代化规划》，设定我省能繁母猪存栏量调控目标，即能繁母猪正常保有量稳定在 400 万头左右，最低保有量不低于 360 万头。结合各市（州）产业发展布局重点，确定能繁母猪正常保有量（附件 1）；以能繁母猪正常保有量的 90%为标准，确定最低保有量。各市（州）能繁母猪月度存栏量以国家统计局季度数据为基数，根据农业农村部养殖场直联直报系统监测数据测算得出。（农业农村厅负责）

（二）保持能繁母猪合理存栏水平

按照生猪产能调控要求，将能繁母猪存栏量变动划分为绿色、黄色和红色 3 个区域，采取相应的调控措施。

1. 绿色区域

产能正常波动。能繁母猪月度存栏量处于正常保有量的 95%～105%区间（含 95%和 105%两个临界值）。以市场调节为主，不需要启动调控措施。保持监测预警工作常态化，定期发布监测动态信息。（农业农村厅、省发展改革委等按职责分工负责）

2. 黄色区域

产能大幅波动。能繁母猪月度存栏量处于正常保有量的 90%～95%和 105%～110%区间（含 90%和 110%两个临界值）。启动相应调控措施，与市场调节共同作用，促使能繁母猪存栏量回归到正常区间。

情形一：能繁母猪存栏量大幅减少。能繁母猪月度存栏量处于正常保有量的 90%～95%区间（含 90%的临界值）时：一是加强监测预警。强化能繁母猪存栏量监测调度，及时发布监测动态信息，引导市场预期，增加能繁母猪饲养。二是启动增加产能调节机制。由省、市、县人民政府引导和督促生猪产能调控基地减缓淘汰能繁母猪，增加补栏，稳定和增加产能。三是发预警函。农业农村厅视情况向能繁母猪存栏量降幅较大的市级人民政府发预警函，要求及时采取必要应对措施，使能繁母猪存栏量增加至合理水平。市级和县级农业农村部门可参照建立相应的预警机

制。(农业农村厅等相关部门按职责分工负责)

情形二：能繁母猪存栏量大幅增加。能繁母猪月度存栏量处于正常保有量的105%~110%区间（含110%的临界值）时：一是加强监测预警。强化能繁母猪存栏量监测调度，及时发布监测动态信息，引导市场预期，适度减少能繁母猪存栏量。二是启动减少产能调节机制。由省、市、县人民政府引导和督促生猪产能调控基地采取延迟能繁母猪补栏、加快淘汰低产母猪等措施，压减生猪产能，使其下降至合理水平（甘孜州、阿坝州除外）。(农业农村厅等相关部门按职责分工负责)

3. 红色区域

产能过度波动。能繁母猪存栏量低于正常存栏量的90%或高于正常存栏量的110%。强化相关调控措施，促使能繁母猪存栏量回归到正常存栏水平。

情形一：能繁母猪存栏量过度减少。能繁母猪存栏量低于正常存栏量的90%（最低保有量）时：加强增加产能引导，农业农村厅向能繁母猪存栏量低于最低保有量且未采取调控措施或调控不力的市级人民政府发预警函，督促进一步采取补贴、信贷、贴息等政策措施，遏制产能下滑势头，恢复和增加能繁母猪饲养。当全省能繁母猪存栏低于360万头时，农业农村厅应及时商省发展改革委、财政厅等相关部门，启动省级调控机制，制定落实省级调控措施。(农业农村厅、省发展改革委、财政厅等相关部门按职责分工负责)

情形二：能繁母猪存栏量过度增加。能繁母猪月度存栏量高于正常保有量的110%时：各级农业农村部门（甘孜州、阿坝州除外）应积极向相关企业传导信息，加强压减产能引导，加快淘汰低产能繁母猪。(农业农村厅负责)

（三）其他异常情况调控

能繁母猪存栏量在正常保有量的合理区间波动，但种猪生产供应、新生仔猪数量或生猪存栏量出现异常减少等情况时，各级农业农村部门要会同有关部门及时研究并采取相关措施，必要时可制定临时性政策措施报同级人民政府批准实施。

我省的国家级和省级生猪核心育种场种猪核心群最低保有量为1.2万头，当低于最低保有量时，农业农村厅要组织及时研判，必要时采取紧急应对措施，加强政策支持，使核心群存栏量尽快回归到合理水平。(农业农村厅、财政厅等按职责分工负责)

三、调控生猪规模养殖产能

（一）确定规模猪场（户）保有量

农业农村部门对全省现有年出栏 500 头以上的规模猪场（户）进行全数备案，结合生猪规模养殖发展趋势，确定全省及各市（州）规模猪场（户）保有量（见附件 1）。规模猪场（户）自愿退出的，各地要根据减少的产能情况，新建或改扩建相应产能的规模猪场，确保生猪产能总体稳定。（农业农村厅负责）

（二）分级建立产能调控基地

依托全国生猪规模养殖场监测系统，对年设计出栏育肥猪 1 万头及以上的规模猪场和国家生猪核心育种场，建立为“国家级生猪产能调控基地”；对年设计出栏育肥猪 3 000 头至 9 999 头的规模猪场、省级生猪核心育种场、年设计存栏能繁母猪 300 头及以上的种猪场建立为“四川省生猪产能调控基地”。按照猪场自愿加入并配合开展产能调控的原则，建立国家和省级生猪产能调控基地。由各市（州）组织于 2022 年 2 月底前完成“国家级生猪产能调控基地”和“四川省生猪产能调控基地”的挂牌工作，此后每年 2 月底前完成上一年度新增基地挂牌和退出基地摘牌。农业农村厅根据农业农村部相关要求落实国家级生猪产能调控基地管理措施、制定四川省生猪产能调控基地管理措施。各市（州）结合实际制定相应层级的生猪产能调控方案，具体负责本区域内产能调控政策执行。

产能调控基地依法优先享受相关生猪生产支持政策。鼓励由行业协会组织大型生猪养殖企业组建生猪产能调控联盟，农业农村部门适时引导联盟成员合理调节产能，缓解生产周期波动。（农业农村厅负责）

（三）组织与申报

各市（州）农业部门依托养殖场直联直报系统，对辖区内依法建设并符合条件的种猪场、育肥场进行全数备案，在坚持企业自愿的原则下，引导域内养殖场（户）积极申报国家级、省级生猪产能调控基地，并于 2022 年 1 月底前将申报及核实结果报送至农业农村厅，农业农村厅组织审核并官网公告、报农业农村部备案。（农业农村厅负责）

四、保障措施

（一）加强监测预警

农业农村厅根据农业农村部发布的生猪生产监测信息，参照农业农村部的监测和反馈制度，及时向各市（州）反馈能繁母猪存栏量和规模猪场（户）保有量等月度数据变化情况。当市（州）能繁母猪保有量触及黄色区域，农业农村厅及时向市（州）传递预警信息，市（州）农业农村部门应通过组织相关单位及行业协会研讨、约谈部分县（市、区）及相关企业等措施加强预警；当市（州）能繁母猪保有量进入红色区域时，应及时启动市（州）调控措施。当全省能繁母猪保有量触及黄色区域，农业农村厅应通过组织相关单位及行业协会研讨、指导生猪产能调控联盟主动调节产能、约谈部分市（州）及相关企业等措施加强预警；当全省能繁母猪保有量触及红色区域时，及时启动省级调控措施。农业农村厅在官方网站上定期公布各市（州）能繁母猪存栏状态。省、市（州）、县（市、区）要在人员、经费和平台等方面，支持完善生猪生产和市场监测预警体系建设，强化监测数据采集、分析、形势会商和信息发布，及时、准确掌握生产和供应情况，针对行业热点和突发性事件，及时回应社会关切问题并加强宣传报道，合理引导市场预期。（农业农村厅、省发展改革委等按职责分工负责）

（二）强化督导考核

各市（州）根据省级生猪产能调控实施方案，将能繁母猪存栏量和规模猪场（户）保有量等指标任务分解落实到县（市、区），并指导县（市、区）落实对挂牌基地的产能调控。农业农村厅将定期组织考核各市（州）生猪产能调控工作落实情况（附件1-2），并将生猪产能调控落实及生猪生产情况纳入市（州）党政领导班子领导干部推进乡村振兴战略实施实绩考核和四川省“菜篮子”市长负责制考核内容，强化考核结果应用。（省委农办、农业农村厅、省发展改革委、等按职责分工负责）

（三）加大财政支持

当市场波动、自然灾害或突发疫病等因素导致能繁母猪存栏量大幅减少，低于各地最低保有量时，或当全省生猪养殖连续3个月（含）以上严重亏损（每头出栏生猪亏损大于100元以上），由农业农村部门商发展改革、财政等部门立即研究制定临时调控方案，向同级人民政府报告，经同级人民政府同意后，各级财政按规定统筹相关资金对规模养殖场（户）和种猪场（含地方保种场）给予一次性临时救助补贴（补贴标准由各级农业农村、发展改革、财政等部门研究制定的临时调控方案中明确），按照《四川省生猪猪肉市场价格调控预案》加强猪肉储备调节，稳定生猪基础产能。（农业农村厅、省发展改革委、财政厅、商务厅等按职责分工负责）

（四）强化信贷支持

金融部门要加大对各级产能调控基地企业信贷支持，在企业增信、信贷资金投向、投量、期限、利率等方面予以倾斜，扩展抵押担保范围。各级农业信贷担保公司要充分发挥政策性功能，积极主动为挂牌生猪产能调控基地提供信贷担保服务。全省金融机构要稳定预期、稳定信贷、稳定支持，对各级生猪产能调控基地企业制定适宜的支持措施。农业农村部门要将生猪产能调控基地相关必要信息与金融机构共享。（农业农村厅、财政厅、四川银保监局等按职责分工负责）

（五）强化保险支持

全面落实能繁母猪和生猪养殖保险政策，对挂牌生猪产能调控基地的种猪场和育肥场实现政策性保险全覆盖，加大财政保费补贴政策力度，尽快落地中央奖补育肥猪价格保险，支持购买必要的商业险种，扩大政策覆盖面，全面提升调控基地保险保障水平。保险公司要根据农业部门提供的相关生猪存栏、出栏、扑杀等与生猪保险经营相关的数据，积极探索针对生猪产能调控基地的专门保险产品，按照“试点完善、成熟推广”的方式，建立更加精细完备的生猪稳产保供保险体系。进一步优化理赔程序，对属于保险责任范围的要及时足额理赔、应赔尽赔、早赔快赔工作，降低养殖风险。（财政厅、四川银保监局等按职责分工负责）

（六）强化环保支持

各级生态环境部门要严格按照国家规定，深入推进生猪规模养殖项目环评“放管服”改革，对年出栏 5 000 头以下的生猪养殖项目实行备案管理，对年出栏 5 000 头及以上和涉及环境敏感区的生猪养殖项目按规定实行审批。积极指导督促产能调控基地落实相关环保政策，支持产能调控基地推进废弃物资源化利用，不得随意关停各级生猪产能调控基地。（生态环境厅、农业农村厅等按职责分工负责）

（七）落实土地保障

要加强对各级生猪产能调控基地的管理，不得随意拆除已依法办理用地手续的生猪产能调控基地，确需拆除的，各地要按照“拆一补一”原则，由县级人民政府同步协调安排养殖用地支持其异地重建，并给予合理经济补偿，保证区域内各级调控基地数量及存栏量的总体稳定。(自然资源厅、省林草局、农业农村厅等按职责分工负责)

(八) 优化屠宰加工布局

结合我省农业农村发展规划，科学设置屠宰产能，调整屠宰加工布局，积极开展生猪屠宰标准化创建，鼓励和支持主产区屠宰加工企业提档升级，全力保障猪肉供应及质量安全。(农业农村厅、省发展改革委、商务厅等按职责分工负责)

(九) 强化疫病防控

各地要重点抓好各级生猪产能调控基地的非洲猪瘟等重大动物疫病防控，高标准高要求指导其落实各项常态化防控措施，在非洲猪瘟等重大动物疫病无疫区、无疫小区创建中予以重点支持，在各项防疫政策落实中予以倾斜支持，加强部门协作，联合开展案件查处、溯源追踪等工作，全力保障产能调控基地生物安全、生产安全。(农业农村厅、省发展改革委、公安厅、财政厅、交通运输厅等按职责分工负责)

本方案自 2022 年 1 月 1 日起实施，有效期 2 年，执行过程中若因国家政策调整，按新政策规定执行。

附件：2–1. 各市（州）能繁母猪和规模场（户）保有量

2–2. 四川省生猪产能调控工作考核实施细则

2–3. 生猪产能调控基地标牌式样及授牌条件

附件 2-1

各市（州）能繁母猪和规模场（户）保有量

序号	市（州）	能繁母猪正常保有量（万头）	能繁母猪最低保有量（万头）	规模养殖场（户）保有量（个）
1	成都市	23.0	20.7	660
2	自贡市	11.0	9.9	245
3	攀枝花市	4.0	3.6	60
4	泸州市	26.0	23.4	485
5	德阳市	13.0	11.7	660
6	绵阳市	25.0	22.5	1060
7	广元市	24.0	21.6	765
8	遂宁市	22.0	19.8	820
9	内江市	15.0	13.5	515
10	乐山市	16.5	14.85	775
11	南充市	39.0	35.1	1320
12	宜宾市	32.0	28.8	1200
13	广安市	23.0	20.7	340
14	达州市	26.0	23.4	910
15	巴中市	20.0	18.0	800
16	雅安市	9.0	8.1	300
17	眉山市	15.0	13.5	480
18	资阳市	16.0	14.4	270
19	阿坝州*	3.5	3.15	50
20	甘孜州*	2.0	1.8	10
21	凉山州	35.0	31.5	275
合　计		400.0	360.0	12 000

注：1. 各市（州）能繁母猪和规模场（户）保有量每 1 年调整 1 次；2. 甘孜、阿坝两州，当能繁母猪存栏量低于正常保有量时，按统一标准确定绿色、黄色和红色区域，当能繁母猪存栏量高于正常保有量时，均确定为绿色区域。

附件 2-2

四川省生猪产能调控工作考核实施细则

第一条 考核依据。依据《农业农村部、国家发展改革委、财政部、生态环境部、商务部、银保监会关于促进生猪产业持续健康发展的意见》《农业农村部关于印发〈生猪产能调控实施方案（暂行）〉的通知》，制定本实施细则。

第二条 考核范围和对象。全省 21 个市（州）农业农村部门。

第三条 考核指标。农业农村厅下达的各市（州）能繁母猪正常保有量、最低保有量和规模猪场（户）保有量。

第四条 考核期。以日历年度为考核期，考核得分根据当年各项指标数据计算，每年 1—2 月份对上一年度开展考核。考核从 2022 年度开始。

第五条 考核等次。考核采取“基础分+附加分”的方式，基础分为 100 分，附加分最高加 10 分。结果分为 4 个等级，90 分以上为优秀，75 分以上 90 分以下为良好，60 分以上 75 分以下为合格，60 分以下为不合格（以上包括本数，以下不包括本数）。

第六条 保能繁母猪存栏量底线（60 分）。确保能繁母猪存栏量相对稳定，以季（月）度存栏量不低于正常保有量的 95%，特别是不低于最低保有量为工作目标。每个季度中，能繁母猪季度末存栏量不低于正常保有量的 95%，当季得 8 分；低于正常保有量的 95%，但不低于最低保有量的，得 5 分；低于最低保有量的，不得分。8 个非季末月份中，能繁母猪月度存栏量不低于正常保有量的 95%，当月得 3. 5 分；低于正常保有量的 95%，但不低于最低保有量的，得 2 分；低于最低保有量的，不得分。

第七条 稳定规模猪场（户）数量（26 分）。确保规模猪场（户）数量总体稳定，不违法拆除规模猪场（户）。规模猪场（户）月度备案数不低于保有量 95% 的，当月得 2 分；低于保有量 95%的，当月不得分。建立分级生猪产能调控基地并挂牌的（首次挂牌在 2022 年 2 月之前完成，此后每年 2 月底前完成上一年度新增基地挂牌和退出基地摘牌），得 2 分。

第八条 建立生猪产能分级调控机制（14 分）。制定本市（州）生猪产能调控实施方案并组织实施的，得 3 分。将能繁母猪存栏量和规模猪场（户）保有量等指标任务下达到县（市、区）的，得 3 分。重视生猪生产监测工作，加强经费保障的，得 1 分；定期开展数据质量核查，没有出现明显数据质量问题的，得 1 分。全年未出现能繁母猪月度存栏量低于正常保有量的 95%情形的，得 6 分。

第九条 落实生猪产能调控政策（加 10 分）。当本市（州）能繁母猪月度存栏量大幅减少或生猪养殖连续严重亏损 3 个月（含）以上时，按规定统筹相关资金对规模猪场（户）和种猪场（含地方保种场）给予一次性临时救助补贴的，加 2 分。协调地方法人金融机构，扩大和增加对符合条件的生猪养殖场（户）信贷投放的，加 2 分；按规定统筹资金给予贷款贴息补助的，加 2 分。出现种猪生产供应、新生仔猪数量或生猪存栏量异常减少等情况时，及时研究并采取针对性政策措施的，以及结合实际出台其他政策措施调控产能的，每项政策加 1 分，最多加 3 分。参照国家生猪调出大县奖励政策，安排生猪生产奖励资金的，加 1 分。

第十条 考核形式。市（州）农业农村局对本市（州）生猪产能调控工作落实情况进行全面总结和自评，按要求形成自查报告并附市（州）级人民政府或有关部门文件等相关证明材料，于每个考核期次年 1 月底，经市（州）农业农村部门主要负责同志审核并盖章后报送农业农村厅。农业农村厅组织年度考核，并视工作需要开展现场核查。存在弄虚作假行为的，相关市（州）该考核期一律不得评为优秀等次。农业农村厅以适当形式通报考核结果，并约谈生猪产能调控不力的市（州）级人民政府负责同志。

第十一条 考核报批。本考核作为市（州）党政领导班子领导干部推进乡村振兴战略实施实绩考核和四川省“菜篮子”市长负责制考核内容之一，根据我省有关规定，对市（州）农业农村部门的考核工作由农业农村厅每年报批后组织实施。

第十二条 附则。本实施细则由农业农村厅负责解释，自发布之日起施行。各地可结合实际制定相应层级生猪产能调控工作考核实施细则。

附件 2-3

生猪产能调控基地标牌式样及授牌条件

一、生猪产能调控基地标牌制作要求

（一）基本要求

材质：铜质

规格：50 厘米×70 厘米平面焊边

工艺：外抛光内拉丝

厚度：1 毫米

文字：①国家级生猪产能调控基地，长 7.2 厘米×宽 4.5 厘米，华文楷体，红色；②中华人民共和国农业农村部，长 2.2 厘米×宽 2.1 厘米，方正黑体，黑色；③二〇二二年二月（注：从 2023 年起每年 2 月份增补或退出一次），长 2.2 厘米×宽 2.1 厘米，方正黑体，黑色。

（二）标牌式样

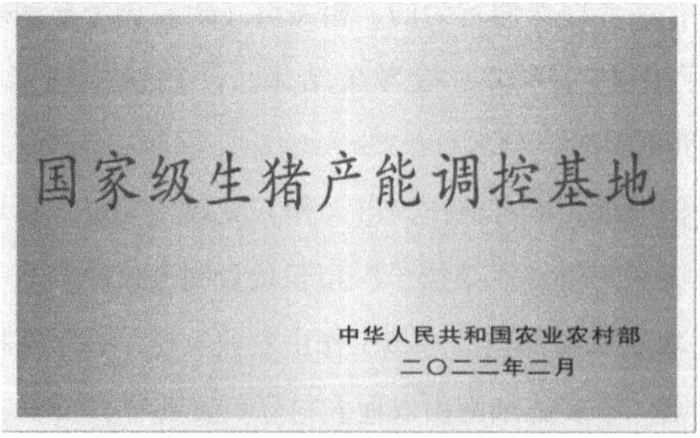

二、四川省生猪产能调控基地标牌制作要求

（一）基本要求

材质：铜质

规格：50 厘米×70 厘米平面焊边

工艺：外抛光内拉丝

厚度：1 毫米

文字：①四川省生猪产能调控基地，长 7.2 厘米×宽 4.5 厘米，华文楷体，红色；②四川省农业农村厅，长 2.2 厘米×宽 2.1 厘米，方正黑体，黑色；③二〇二二年二月（注：从 2023 年起每年 2 月份增补或退出一次），长 2.2 厘米×宽 2.1 厘米，方正黑体，黑色。

（二）标牌式样

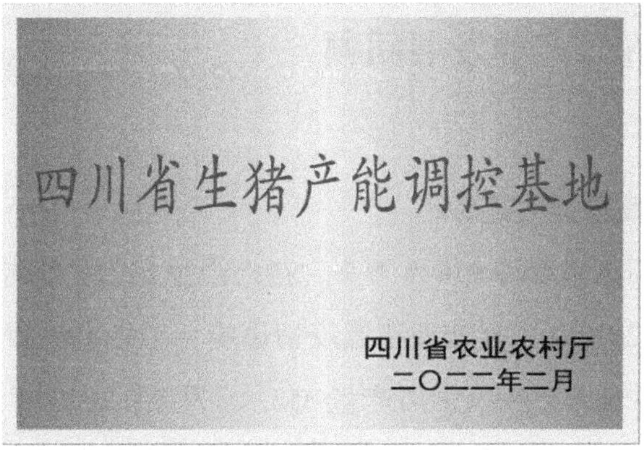

三、授牌条件

达到调控基地要求，猪场自愿加入，每月能够及时准确报送存栏、出栏等生猪生产信息，并按照要求配合开展产能调控工作。

附录 3　四川省“十四五”生猪产业发展推进方案

一、“十三五”产业发展回顾

（一）主要成效

1. 生产保持稳定质量大幅提升

2015 年，全省出栏生猪 7 236.5 万头，猪肉产量 512.4 万吨，分别占全国总量约 10.2%、9.3%；2019 年，受非洲猪瘟疫情影响，生猪出栏和猪肉产量较大幅度下降，出栏生猪 4 852.6 万头，猪肉产量 353.45 万吨；2020 年，生猪出栏和猪肉产量分别恢复到 5 614.4 万头和 394.8 万吨。2020 年底我省年出栏 500 头以上生猪规模养殖场达 17 000 余家，规模养殖比重达 57%，比 2015 年提高 24 个百分点。“十三五”期间，我省生猪出栏数量保持全国第一，生产质量大幅提升。

2. 现代种业建设提升显著

一是供种能力进一步提高。2020 年全省建立生猪核心育种场 20 个（其中部级 7 个、省级 13 个），一级扩繁场 38 个，二级扩繁场 266 个。全省建立猪人工授精站点 1 028 个，人工授精面达 72.0%，以 DLY 为代表的高瘦肉猪市场覆盖率达 90%以上。二是外种猪自主化选育进程进一步加快。建立了四川生猪现代种业遗传评估中心、种猪遗传交流中心等公益性育种平台，每年开展场内测定种猪 4 万头以上，累计开展基因组芯片测定和评估 1.2 万头以上，率先在全国开展猪基因组育种。三是优良地方猪种资源得到进一步开发利用。全省遴选了 7 个地方猪核心育种场。在成功培育出川藏黑猪、天府肉猪的基础上，继续启动新品种（配套系）育种公关项目，开展了华芯豚猪、天府黑猪新品种和丫杈猪配套系培育工作。开展了 7 个地方品种资源备份场建设和冷冻精液及体细胞异位保种工作，西南地区首次体细胞克隆获成功，建立了异位保种体系。

3. 规模猪场现代装备水平提高

“十三五”期间，我省致力于推进生猪养殖设施化、自动化、智能化建设。推动各类规模种猪场、仔猪繁育场、商品猪场进行大规模改扩建，增添全环控、隔离、防疫、消毒、洗消、疫病检测、病死畜禽无害化处理和养殖废弃物处理与资源化利用等设施设备，精液质量智能分析、妊娠母猪智能群养、分娩母猪智能投料、乳猪智能保温、保育和育肥智能化粥料饲喂、智能测温、智能体重预测、智能健康评估等一大批智能化装备不断涌现，为大跨度猪舍、楼房全封闭新式猪舍提供了有力支撑。新建各类标准化规模养殖场（户）2 000多个，大型规模猪场设施化率100%。

4. 屠宰加工企业加速转型升级

严格落实生猪屠宰环节非洲猪瘟自检和官方兽医派驻制度，规范生猪屠宰管理秩序，强化监管。组织开展屠宰企业精准信息核实，清理不规范生猪屠宰企业434家，2020年“三证”齐全的生猪屠宰企业984家。创建省级标准化生猪屠宰场（厂）9家。生猪屠宰加工能力超过7 000万头，冷库储藏能力超过30万吨，精深加工能力达50万吨，均居全国前列。以猪肉为主的肉类加工业在我省食品工业中仅次于白酒居第二位。

5. 疫病监测防控能力显著增强

建设生物安全Ⅱ级和Ⅲ级实验室，被农业农村部确定为西南地区动物疫病区域诊断实验室，基本建成集动物疫病诊断检测、疫情风险分析预警、技术咨询培训和动物疫病科研为一体的防疫科技支撑平台。21个市（州）级兽医实验室基本建成了集动物疫病诊断检测、疫情监测流调、技术推广服务为一体的防疫技术应用平台；70%以上的县（市、区）建立完善了兽医实验室，乡镇防疫条件逐步改善，基本形成了省、市、县、乡四级防疫网络。在全国率先批准建设非洲猪瘟检测第三方实验室。出台了《四川省〈中华人民共和国动物防疫法〉实施办法》《四川省〈重大动物疫情应急条例〉实施办法》，制定了《四川省无规定动物疫病区管理办法》《四川省突发重大动物疫情应急预案》，初步形成了基本适应动物疫病防治工作需要的法规体系。

6. 粪污资源化利用率大幅提高

“十三五”期间，开始实施畜禽粪污资源化利用整县推进项目，大力推广种养循环等模式，支持85个县开展畜禽粪污资源化利用整县推进项目，培育60个种养循环星级园区，基本确立了科学规范、权责清晰、约束有力的畜禽养殖废弃物资源化利用制度，“以种定养、以养定种、种养结合、绿色发展”的现代畜牧业发展理念和运行机制基本形成，全省畜禽粪污综合利用率75%以上，规模猪场粪污治理设施装备配套率达95%以上，大型规模猪场粪污治理设施装备配套率达100%。

（二）主要做法

1. 创新工作推进机制

一是建立生猪生产推进工作机制，持续推进生猪现代化进程。至2017年已连续开展三轮现代畜牧业重点县建设。2018年全国非洲猪瘟疫情发生以来，成立副省长为指挥长、相关部门主要负责人为成员的《非洲猪瘟防控与恢复生猪生产指挥部》，建立了以省负总责、市（州）人民政府落实属地责任、县（市、区）由农村工作领导小组组长（县委书记）直接负责的联动机制，加强协调配合，明确责任分工，协同推进非洲猪瘟防控、生猪恢复生产与发展。二是建立目标考核机制、划定生猪生产红线。把生猪生产单列为“菜篮子”市长负责制专项考核内容，加强考核。明确全省及各市（州）、县（市、区）生猪生产目标任务。制定了生猪生产恢复发展三年行动方案和生猪产业转型升级工作推进方案。三是建立生猪发展的政策体系。在生产发展、财政扶持、用地保障、环境保护、金融信贷、生猪保险等各方面出台了详尽的支持措施。

2. 实施种业提升计划

一是建设公益性育种平台。加强部省级核心育种场建设，开展场内性能测定工作。开展外种猪区域性联合育种工作，在全国率先由政府投资建设省基因交流中心、遗传评估中心等公益性育种平台，开展统一的遗传评估和启动核心场间遗传联系工作。支持引进国内外优良猪种，拓宽育种素材。开展基因组育种试点工作，为早期和精准选择提供支撑。二是开展地方猪保护和开发利用工作。建设地方猪备份场，开展活体保种、冷冻精液、体细胞、组织等异位保种工作。支持省内地方品种、培育猪种等具有地方优势特色的保种场和育种场扩大规模，提高保供种能力。

3. 全面开展标准化建设

以“畜禽良种化、养殖设施化、生产规范化、防疫制度化、废污无害化、粪便资源化、监管常态化”为主要内容，全面开展生猪规模养殖标准化建设。一是开展养殖设施设备转型升级行动。结合非洲猪瘟防控，制定《非洲猪瘟背景下新建规模猪场建设技术要求》，大力推广支持生猪龙头企业、养殖专业合作社、家庭农场开展全环控、低耗能、环保型的高标准圈舍建设，配套自动供料、自动环控、自动饮水、自动消毒、废弃物处理利用、种养循环等现代基础设备设施，实现生猪生产机械化、智能化、自动化、信息化、精细化，提升猪场防疫水平和生产效率。二是支持龙头企业完善标准化体系，推广“龙头企业+农民合作社（家庭农场）”的发展机制和“适度规模养殖场+粪污三化（无害化、资源化、商品化）+绿色种植园”协调发展的生产模式。推进规模养殖场健全养殖档案和产品质量安全追溯体系，确保畜产品质量安全。

4. 推进种养循环绿色发展

开展畜牧业绿色发展示范县创建活动，大力开展畜禽养殖污染治理，大面积实施畜禽粪污资源化整县推进项目。按照养殖发展规划与土地利用规划、现代种植业发展规划相衔接，资源环境承载消纳能力和种植业对沼液、有机肥的需求相匹配的要求，优化种养业区域布局，促进种养业结构“双调整”、效益“双提升”。支持规模养殖场推广废弃物无害化处理、资源化利用和商品化生产技术，在有条件的养殖集中区建设有机肥收集处理加工厂和病死畜禽无害化处理中心，构建生态、清洁、循环的绿色养殖方式。

5. 建设生猪疫情防控体系

一是加大投入建设省、市、县三级疫病诊断实验室，提高防控精准能力。二是建设基层重大疫病防控网络，建立防控队伍，加强应急演练，提升防控操作能力。三是建立疫病防控技术方案，重点制定了《非洲猪瘟感染后生猪复养技术手册》《非洲猪瘟背景下新建规模猪场建设技术要求》和《养猪场（户）非洲猪瘟防控技术要点》，提升防控技术水平。四是推进疫病防控法规体系建设，出台了《四川省〈中华人民共和国动物防疫法〉实施办法》《四川省〈重大动物疫情应急条例〉实施办法》，制定了《四川省无规定动物疫病区管理办法》《四川省突发重大动物疫情应急预案》等，提升防控的政策保障能力。

6. 推动全产业链协调发展

一是充分发挥农业产业化龙头企业的带动作用。推广龙头企业+农民合作社+养殖户（家庭农场）、龙头企业+乡村集体经济组织+养殖户、龙头企业+国有投资平台+养殖户等多种合资合作模式。二是推动利益联结机制建立。代养、寄养、联创、联办多种养殖联结机制广泛推广，龙头企业组织统一供种、供料、防疫、生产管理技术、回收加工及营销品牌创建，养殖收入由企业兜底，超额分红。三是推动全产业链协调发展。支持屠宰加工企业、饲料、兽药等产业链规模企业建立生猪养殖基地，支持规模养殖企业开展屠宰、加工、销售，支持依托优势特色生猪品种资源，加大开展开发利用，创建培育市场品牌，推进产业链和价值链建设。

（三）存在问题

1. 标准化规模养殖水平仍然不高

2020 年我省生猪年出栏 500 头以上规模养殖比重 57%，不仅大幅低于生猪养殖发达国家水平，也低于国内先进省份，中小养殖场（户）普遍生产设施较差、防疫能力不足、饲养管理粗放。

2. 种业核心竞争力不足

种源同质化严重，结构不合理，遗传基础狭窄，生产用种 90%为外种猪，其中 80%来源于加拿大。地方猪种资源和培育品种开发利用不充分，省内市场占有率仅 3%~5%，品种资源优势没充分转变为产品优势。种猪场数量多，但普遍规模较小，设备设施陈旧；大多数种猪企业育种技术人才匮乏，选种选育方法传统，企业育种体系各自为政，遗传交流少，未能实现真正意义上的联合育种。种猪生产性能较低，平均窝产仔猪不到 12 头，母猪年提供商品猪仅 17~18 头，比发达国家低 10 头左右。公猪站及人工授精站建设滞后，缺乏统一的规划。

3. 基层疫病防控体系薄弱

2020 年，全省乡镇畜牧兽医站编制 14 000 余人，部分地方乡镇畜牧兽医站被合并、削减，存在占编挪编空编、“独人站”“无人站”现象。防疫设施设备不充分，社会化服务能力不足。中小规模场防疫设施设备简陋，基础条件较差，技术水平和防护能力不足。区域性病死畜禽无害化收集处理场、指定检疫通道和申报点、基层疫病检测诊断实验室等设施建设滞后。

4. 精深加工和品牌打造不足

一是屠宰规模小，冷链物流体系不完善、精深加工水平低。2020 年全省生猪屠宰企业 984 家，但年屠宰加工 100 万头以上的大型企业不足 5 家；产品以热鲜肉、白条肉为主，精深加工量小，品种单一，市场知名度和占有率低。冷链物流配送体系建设滞后，产销区间的调运仍以活猪为主。二是高端特色产品规模小，响亮品牌少。近年来，依托新型经营主体，加大了一些地方猪种资源和培育品种的开发利用，开发出了一批高端肉类产品，创建了一批高端优质风味猪肉品牌，但总体经营主体实力弱，知名度不高。三是川菜缺少标准化体系。川菜系列中有一大批与猪肉相关的菜品，因缺乏标准体系、特别是食材标准，导致川猪肉影响力有限。

二、“十四五”产业发展面临机遇和挑战

（一）发展机遇

1. 国家区域发展战略

近年来，国家和我省大力实施乡村振兴战略，深化农业供给侧结构性改革，深入推进国家优质商品猪战略保障基地、成渝双城经济圈、现代农业 10+3 产业体系建设等战略实施，高层次高标准谋划成渝现代高效特色农业带建设，共建国家优质商品猪战略保障基地、全国农业科技创新中心、国家生猪大数据中心、动植物疫病联防联控机制等，对促进生猪产业提供了十分良好的发展机遇。

2. 促进生猪生产发展政策

生猪生产事关粮食、食品安全，事关社会、经济稳定大局。近年，特别是发生非洲猪瘟疫情以来，国家高度重视生猪产业发展，将生猪产业发展作为当前经济工作的一件大事来抓。国务院办公厅出台了《关于稳定生猪生产促进转型升级的意见》，省委、省政府印发了《关于加快建设现代农业“10+3”产业体系 推进农业大省向农业强省跨越的意见》，农业农村厅、省发展改革委等部门联合印发了《关于促进生猪生产保障市场供应的九条措施》《促进生猪恢复生产八条措施》，制定了《加快生猪生产恢复发展三年行动方案实施计划》和《川猪产业振兴工作推进方案》，各级政府及部门先后制定了一系列生猪稳产保供的扶持政策，在财政、用地、环保、金融、保险等方面出台了有力的扶持措施。

3. 产业资本加速发力

四川地理地势条件优越，历史上就是养猪的重点区域，但长期以来主要以散养为主。近年来，一批龙头企业积极扩大产能，产业资本加速进入养猪行业，推进了我省养猪产业的转型升级。

4. 巩固脱贫攻坚成果

生猪养殖是四川农业产业扶贫的重要产业，按照“脱贫不脱政策、脱贫不脱责任、脱贫不脱帮扶、脱贫不脱监管”的要求，健全完善后扶长效机制，巩固脱贫成果，产业扶贫将成为一项长期的扶贫措施。有稳定的产业扶贫政策和资金支持，有充足的劳动力，通过“公司+农户”等方式，带动和引导有意愿的贫困户参与生猪标准化养殖，发展空间广阔。

（二）面临的挑战

1. 本地饲料原料资源不足

四川土地资源紧缺，本地饲料资源不足。玉米、豆粕等饲料成本比我国北方每千克高 0.1~0.2 元，商品猪综合养殖成本每千克高 1 元以上，受饲料原料与物流成本等因素影响，生猪生产优势正逐渐丧失，以量取胜的生猪产业难以支撑四川养猪大省地位，第一大省地位受到严峻挑战。

2. 中小养殖户退出快

城镇化建设进度加快，大部分青壮年进城务工和生活，农村老龄人口增多，青壮年劳动力短缺，加之养殖设施和养殖技术落后，抗疫病和市场风险能力不足，综合经济效益低，散养农户退出速度加快。如果规模养猪场新增产能低于中小场（户）退养规模，将对生猪产能稳定带来挑战。

3. 国际贸易不确定性增加

我国是猪肉及玉米、豆粕等饲料原料进口大国，常年进口猪肉及杂碎量保持 200 万 ~ 300 万吨。2020 年全年进口鲜、冷、冻猪肉 439.22 万吨，进口玉米 1 130 万吨、大豆 10 032.7 万吨。“十四五”期间国际贸易有较大的不确定性，对农产品国际物流畅通带来影响，对我国生猪生产和市场保供带来新挑战。

4. 重大疫病影响

全球动物疫病复杂多发，传播范围广、速度快，病原变异快，防控难度大，非洲猪瘟等重大动物疫病对生猪生产的影响短期内难以消除。我国生猪养殖密度大，区域间生猪调运频繁，流动性强，中小规模养殖比例高，疫病防控形势依然严峻，重大疫病防控是影响生猪生产的关键。

5. 猪肉消费数量呈下降趋势

自 2015 年以来，我国肉蛋奶供应品种更加丰富，人均猪肉消费已呈逐年下降态势。2015 年我国人均猪肉消费 42.2 千克，2018 年 40.2 千克，2019 年 32.6 千克，5 年时间平均每年下降约 4.8 千克。“十四五”期间预计我国人均猪肉消费数量较 2019 年水平可能面临进一步下降，但对猪肉产品质量要求会逐年提高，给生猪产业发展带来较大影响。

三、“十四五”产业发展思路、基本原则和发展目标

（一）发展思路

牢固树立新发展理念，以实施乡村振兴战略为引领，以农业供给侧结构性改革为主线，以加快形成“产出高效、产品安全、资源节约、环境友好、调控有效”的高质量发展新格局为目标，加大政策扶持，强化责任落实，加强科技支撑，加快构建现代生猪养殖体系，完善动物疫病防控体系，健全现代生猪流通体系，推动屠宰行业布局调整和结构优化，提升猪肉精深加工能力，加大品牌培育推广力度，保障生猪产能基本稳定，努力促进生猪全产业链产值较快增长，加快推动生猪产业转型升级和高质量发展，实现生猪养殖大省向生猪产业强省的转变。

（二）基本原则

1. 政府引导，统筹推进

以政府规划布局为引导，以政策为保障，以绿色发展为目标，构建多元化投入机制，统筹推进生猪产业平稳发展。

2. 防疫优先，保障得力

强化疫病检测与检疫，加强基层动物疫病防控队伍建设，落实养殖经营主体防疫责任，防疫优先，精准防控，不断提升动物疫病防控能力，有效化解各类疫病风险，确保生猪产业健康稳定发展。

3. 科技支撑，创新驱动

加强生猪生产关键环节关键技术研发，加快科技成果转化推广，提升现代养殖设施和技术装备水平，促进人工智能等现代高新技术的推广应用，大力推进标准化规模养殖，推进养殖场（户）标准化建设，加快生猪生产转型升级。

4. 企业主体，融合发展

充分发挥产业化龙头企业和专业合作经济组织带动作用，完善中小养殖场（户）社会化服务及利益保障机制，完善利益联结机制，推动饲料、兽药、养殖、

屠宰、加工、流通全产业链集群式发展，强化品牌培育，推动一二三产业融合发展。

5. 市场运作，突出优势

围绕社会多层次消费需求，深化供给侧结构性改革，按市场化运作方式，加快发展优势特色生猪产业，改善产品结构，提高市场竞争力。

（三）主要目标

到2025年，现代生猪养殖体系更加完善，防疫能力大幅提升，生产效率进一步提高，稳产保供能力明显增强，生猪生产保持稳定，产业发展的质量效益显著提升，种养结合更加紧密，产业价值持续增长，市场竞争能力不断增强，国家优质商品猪战略保障基地更加稳固，生猪生产基本实现现代化。

表1 “十四五”主要任务指标

类别	主要指标	目标	属性
生产目标	猪肉产量	420万吨以上	预期性
	生猪出栏量	6 000万头左右	预期性
效率目标	规模化比重	65%以上	预期性
生态目标	规模猪场设施化率	100%	约束性
	粪污资源化利用率	80%以上	约束性

四、区域布局

（一）统筹布局生猪养殖规模

结合我省生猪生产资源禀赋与“十四五”期间城乡统筹发展规划，在全省五大经济区布局年出栏生猪6 000万头左右，其中：成都平原经济区2 165万头、川南经济区1 280万头、川东北经济区1 980万头、攀西经济区510万头、川西北经济区65万头。

专栏1 四川省生猪养殖区域规模布局

成都平原经济区（2 165万头）	成都市：300万头；德阳市：245万头；绵阳市：370万头；遂宁市：340万头；资阳市：260万头；眉山市：230万头；乐山市：300万头；雅安市：120万头。
川南经济区（1 280万头）	内江市：240万头；泸州市：380万头；宜宾市：500万头；自贡市：160万头。

（续表）

川东北经济区（1 980 万头）	南充市：550 万头；达州市：400 万头；巴中市：320 万头；广元市：360 万头；广安市：350 万头。
攀西经济区（510 万头）	凉山州：455 万头；攀枝花市：55 万头。
川西北经济区（65 万头）	甘孜州：25 万头；阿坝州：40 万头。
全省	6 000 万头左右

（二）优质商品猪战略保障基地县

建设 100 个商品猪战略保障基地县，重点布局 4 个经济区，其中成都平原经济区 36 个，川南经济区 23 个，川东北经济区 29 个，攀西经济区 11 个，川西北经济区 1 个。

专栏 2　生猪战略保障基地县布局（100 个）

成都平原经济区（36 个）	成都市：金堂县、大邑县、蒲江县、彭州市、邛崃市、崇州市、简阳市 绵阳市：游仙区、三台县、盐亭县、梓潼县、北川县、江油市 德阳市：旌阳区、中江县、罗江县、绵竹市 遂宁市：船山区、安居区、蓬溪县、射洪市、大英县 眉山市：东坡区、仁寿县、丹棱县、青神县 雅安市：名山区、汉源县、芦山县 资阳市：雁江区、安岳县、乐至县 乐山市：市中区、犍为县、井研县、夹江县
川南经济区（23 个）	自贡市：荣县、富顺县、 泸州市：江阳区、纳溪区、泸县、合江县、叙永县、古蔺县 内江市：市中区、东兴区、威远县、资中县、隆昌市 宜宾市：翠屏区、南溪区、叙州区、江安县、长宁县、高县、珙县、筠连县、兴文县、屏山县
川东北经济区（29 个）	广元市：昭化区、旺苍县、剑阁县、苍溪县 南充市：顺庆区、高坪区、嘉陵区、南部县、营山县、蓬安县、仪陇县、西充县、阆中市 广安市：广安区、岳池县、武胜县、邻水县 达州市：通川区、达川区、宣汉县、开江县、大竹县、渠县、万源市 巴中市：巴州区、恩阳区、通江县、南江县、平昌县
攀西经济区（11 个）	凉山州：西昌市、盐源县、德昌县、会理县、会东县、宁南县、布拖县、喜德县、冕宁县、越西县 攀枝花市：盐边县
川西北经济区（1 个）	阿坝州：汶川县

（三）优势特色生猪产业示范区

主要依据川藏黑猪、天府肉猪、内江猪、成华猪、雅南猪、丫杈猪、乌金猪、青峪猪、藏猪的资源富集情况，分散布局于五大经济区的 12 个市，开展优势特色生猪产业开发示范。

专栏 3　优势特色生猪产业示范区布局（12 个市）

成都平原经济区	以成都市、德阳市、绵阳市为核心布局发展成华猪、雅南猪、川藏黑猪、天府肉猪，在乐山市发展乌金猪
川南经济区	以内江市、泸州市、宜宾市、自贡市为核心发展内江猪、丫杈猪
川东北经济区	以巴中市、达州市为核心布局发展青峪猪
攀西经济区	在凉山州、攀枝花市布局发展乌金猪、川藏黑猪
川西北经济区	在甘孜州、阿坝州布局发展藏猪

五、重点工作举措

（一）全面推进战略保障基地县建设

抓住乡村振兴、成渝双城经济圈现代高效特色农业带、现代农业产业园区、川猪优势特色产业集群建设等机遇，以 100 个商品猪战略保障基地县为重点，一是全面开展生猪标准化养殖场建设。深入推进生猪标准化规模养殖场建设，集中打造一批智能化、数字化示范规模养殖场，提高现代化养殖水平。二是加大新型经营主体培育力度。引导合作社、家庭农场发展生猪养殖，开展多种形式的适度规模经营，支持龙头企业构建集养殖、屠宰、加工、配送于一体的全产业链生产经营，推进产加销一体化发展。三是大力发展特色优势生猪产业。依托国家川猪优势特色产业集群项目、特色农产品项目等，以市场为导向，狠抓生猪产业品种结构优化调整，努力提高优势特色生猪市场份额，提高市场竞争力。四是深入推进畜禽粪污资源化利用。大力发展种养结合，优先在粮食生产基地和现代农业园区按照 3 个猪单位/亩的标准，就地建设相应规模的标准化养殖场。依托畜禽粪污整县推进等项目，支持规模养殖场配置节水养殖、粪便清理收集、粪污处理贮存和沼液田间输送管网等设施设备，引导社会化服务组织提升粪肥处理服务能力，打通粪肥还田通道。

到 2025 年，全省培育和引进生猪产业化龙头企业产值 10 亿级的 20 家、产值 50 亿级的 5 家，养殖规模化率达 65%以上，畜禽粪污综合利用率达到 80%以上，规模养殖场粪污处理设施装备配套率达到100%。

专栏4 大力发展生猪标准化规模养殖

1. 粮食生产基地和现代农业园区建设。按照3个猪单位/亩的标准，就地建设相应规模的标准化养殖场

2. 川猪优势特色产业集群建设。围绕标准化种猪繁育基地和规模养殖基地建设、加工贸易提升、品牌打造、新型主体培育等方面开展开展优质高效瘦肉型商品猪和优质风味川藏黑猪一体化生猪全产业链集群示范

3. 成渝现代高效特色农业带建设。沿成安渝、成渝、成遂渝高速线，建立川猪优势产业带

4. 畜禽粪污资源化利用。支持规模养殖场配置节水养殖、粪便清理收集、粪污处理贮存和沼液田间输送管网等设施设备，引导社会化服务组织提升粪肥处理服务能力，打通粪肥还田通道

（二）大力扶持中小养殖场（户）

创新机制，多措并举，大力扶持生猪中小养殖场（户）。一是支持养殖基础和技术条件较好的养殖户扩大养殖规模，发展适度规模家庭农场。二是通过土地入股、投工投劳、产业扶贫周转金扶持等方式，支持“联建猪场”和“共享猪舍”建设，帮助有意愿但条件较差的农户发展生猪产业。三是发挥养殖主体的带动作用，推广“公司+农户”“公司+合作社+农户”等代养寄养模式，通过统一生产、统一营销、技术共享、品牌共创等方式，带动中小养殖户发展生猪产业。四是加强技术指导，依托农民夜校、农业人才教育培训以及新媒体等平台和畜牧专家技术力量，帮助中小养殖户提升生产经营水平。到2025年，全省中小养殖场（户）养殖水平显著提高，与各类主体联系更加紧密，基本步入现代畜牧业发展轨道。

专栏5 大力扶持生猪中小养殖场（户）

依托乡村产业振兴、农业产业扶贫等项目资金，支持参股或控股种猪（仔猪）繁育场，为中小农户提供平价仔猪。支持发展适度规模家庭农场、建设“联建猪场”和“共享猪舍”等

（三）实施川猪现代种业提升行动

一是加强地方猪种资源保护和利用。建设四川省畜禽遗传资源基因库，培育“川系”新品种（配套系），提升核心种源自给率，加快地方猪种开发产业化，将资源优势转变为产业优势。二是加快构建联合育种平台。依托省级生猪现代种业建设和联合育种攻关项目，加快省基因交流中心、种猪质量监督检验测试中心、种猪遗传评估中心、生猪遗传资源保护中心和生猪分子育种中心5个创新育种平台建

设，开展种猪生产性能测定与遗传评估和外种猪联合育种，推动猪基因组育种系统开发与技术体系的建立。三是提升自主育种创新能力。坚持自主选育为主、大力推进生猪遗传改良计划，鼓励引进丹系、法系及美系优秀种猪，拓宽我省种猪遗传基础。建立部省级核心育种场准入制度，支持场间遗传联系建立，全力推进全省联合育种进程，鼓励建设专门化父系场，以改变我省核心种猪长期依赖国外的格局，努力把四川打造成为全国生猪种业高地。四是构建高效生猪改良体系。实施生猪良种补贴项目，建设区域性人工授精站，提高良种覆盖面，加快生猪遗传改良进程。

到2025年，7个地方猪遗传资源及遗传材料保护率100%，育成新品种（配套系）1~2个。全省建成国家级、省级生猪核心育种场20家，新建区域性种公猪站40个，改扩建生猪扩繁场（基地）60个。

专栏6　实施川猪种业提升行动

1. 种质资源场建设项目。支持内江猪、成华猪、雅南猪、乌金猪（凉山猪）、湖川山地猪（丫杈猪）、湖川山地猪（青峪猪）、藏猪等7个地方猪遗传资源场建设
2. 现代农业种业园区建设。支持国家级现代种业园区续建，力争再创建一个国家级现代种业园区，推进其他省级生猪种业园区建设
3. 畜禽品种测定站项目。保障省生猪遗传评估中心、种公猪站、省种猪性能测定中心、猪遗传资源保存中心、猪分子育种中心等5大育种平台运行，对相关品种进行性能测定和遗传评估、评价
4. 畜禽良种扩繁场（基地）建设。重点抓好国家级省级生猪核心育种场建设和种猪扩繁场（制种基地）60个、国家级公猪站1个、区域性公猪站40个
5. 繁育推一体化龙头企业培育工程。重点支持一批大型种猪（生猪）养殖企业
6. 种畜禽质量检测体系建设。支持省种猪精液质量检测实验室1个、省种猪质量监测检验测试中心建设1个
7. 联合育种公关项目。支持天府黑猪新品种培育和丫杈猪配套系选育

（四）高质量发展生猪饲料兽药产业

实施生猪优质饲料保障工程，支持大中型生猪饲料生产企业进行技术改造升级，提升生猪优质饲料供给保障能力。建设生猪优质饲料技术研发及技术服务平台，加快绿色、安全、高效新型饲料添加剂的研发、生产与应用。切实加强饲料、兽药等养殖投入品生产的质量监控，严禁使用违禁药物，严格执行休药期等规定，持续规范兽药生产及经营企业的追溯管理，积极启动兽药使用环节追溯试点。到2025年，全省饲料、兽药经营管理更加规范，假冒伪劣产品基本消除，饲料、兽药市场更加健康有序；养殖人员安全用药意识明显增强，兽用抗菌药使用更加规范；饲料、兽药产品质量稳定，产品抽检合格率保持在98%以上；生猪优质饲料生产能

力达到600万吨以上，为生产安全健康生猪及猪肉提供质量保障。

专栏7 高质量发展饲料兽药产业

实施生猪优质饲料保障工程。支持30个大中型生猪饲料生产企业进行技术改造升级，建设生猪优质饲料技术研发及技术服务平台1个，提升生猪优质饲料供给保障能力

（五）屠宰加工冻储冷运能力提升行动

一是优化屠宰行业布局。以市（州）为单位，完善屠宰行业发展规划，引导生猪屠宰加工向养殖集中区域转移，实现养殖屠宰匹配、产销顺畅衔接。健全屠宰企业准入管理制度，大力推进屠宰企业标准化建设，加快小型生猪屠宰厂（场）点撤停并转，创建一批国家级、省级标准化屠宰厂，妥善解决散养猪的收购问题，支持生猪养殖龙头企业和集团公司开展生产、屠宰、加工、配送、销售一体化经营。二是加强对屠宰企业的监管。严格执行生猪定点屠宰制度、生猪屠宰环节非洲猪瘟自检和驻场官方兽医制度，在大型、中小型生猪屠宰企业和小型屠宰点分别按不少于10人、5人和2人的标准足额配备官方兽医。督促生猪屠宰企业严格履行动物防疫和生猪产品质量安全主体责任，支持建设屠宰行业监管技术系统和肉品质量安全信息可追溯系统。三是支持企业向精深加工产品拓展。示范推广冷鲜调理肉制品、传统特色腊肠、腊肉等腌腊制品、酱卤肉制品、罐装肉制品，川菜制品，及生猪屠宰大宗副产物综合利用产品等。鼓励企业研发西式高端肉制品，减少或杜绝在肠类制品中添加“植物蛋白”，开创我省高端肉类品牌。四是加强肉品冷藏储备和冷链物流体系建设。建立中央、地方政府储备引导，企业储备调节的猪肉冷藏储备机制；推动屠宰加工企业建设冷链仓储配送设施，构建现代化肉品冷链物流体系，实现“运猪”向“运肉”转变。五是加强消费宣传引导，积极向广大消费者宣传肉品科学消费常识，增强其食品卫生和质量安全意识和品牌消费意识，提高冷鲜肉消费比重。

到2025年，全省初步形成以现代化屠宰加工企业为主体、区域性肉品加工企业为中心、中小型定点屠宰企业为补充产业布局，初步建立完善的生猪肉品冷链物流体系，产品加工储藏、运输和终端配送能力全面提高，基本实现“集中屠宰、品牌经营、冷链流通、冷鲜上市”。淘汰生猪屠宰落后产能30%以上，大中城市猪肉小包装销售比例提高10%以上，冷鲜猪肉销售比例提高30%以上。

专栏 8　实施屠宰加工及冷链运输能力提升行动

实施农产品冷链物流基地建设。支持猪肉冷链运输物流基地建设 81 个，其中成都平原经济区 30 个、川南经济区 21 个、川东北经济区 25 个、攀西经济区 5 个

（六）加强疫病防控和技术服务

一是加强非洲猪瘟等重大动物疫病防控。严格落实各项防控措施，加强技术培训和分类指导，提升养猪场（户）生物安全防护水平，规范疫情处置，严防疫情扩散。支持有条件的地区和企业建设非洲猪瘟无疫小区。统筹抓好口蹄疫等重大动物疫病春秋季防疫任务。建设完善病死畜禽无害化处理收集点和处理场所。二是实施动物疫病检测能力提升工程。加快省级生物安全三级实验室建设，支持县级动物疫病防控机构完善设施装备，改善基层兽医实验室疫病检测条件。鼓励发展多种形式的第三方检测服务机构，推行政府购买社会化兽医服务。指导督促生产经营主体配备检测设施装备，提升自检能力。强化省级和 21 个市级重大生猪疫病应急物资储备。三是加强动物卫生监督执法。升级完善“四川智慧动监”信息化监管平台，打造从养殖到屠宰的动物卫生全链条可追溯监管模式。全面提升 2 000 个检疫申报点、44 个动物防疫指定通道处置能力，严肃查处非法调运等违法违规行为。四要扎实推进川渝联防联控工作，畅通信息技术交流，做好疫病精准防控。到 2025 年，各市、县、乡动物疫病防控能力显著提升，农区病死猪基本实现集中无害化处理，规模猪场生猪重大疫病得到有效净化。

专栏 9　加强疫病防控和技术服务

1. 动物疫病检测能力提升工程：省市县三级动物疫病预防控制中心实验室改扩建或升级改造，改造实验室基础设施条件，增强非洲猪瘟等疫病的病原学及血清学检测分析能力
2. 四川智慧动监信息监管平台升级改造。省级数据库的扩容、相关业务系统和接口的开发、系统应用的管理、业务系统的数据对接、数据模型的开发及相关硬件设施的配备
3. 检疫申报点及指定通道基础设施建设。开展 2 000 个生猪检疫申报点检疫及办公设施设备建设，配备检疫专用工具等。开展 44 个指定通道检查站办公用房等基础设施建设，查验及消毒场所改造，网络与视频监控建设，新建动物隔离场，购置检疫、执法、消毒、交通、通信等设备
4. 无非洲猪瘟小区建设试点。开展 50 个无非洲猪瘟小区建设试点，逐步扩大影响和带动作用，以点带面、连面成片，实现非洲猪瘟在全省的净化和根除
5. 生猪无害化处理体系建设。全省建成 11 个专业集中无害化处理场，配套建设专用个收集转运中心 1 000 个，设计日处理能力达到 450 吨，基本建成布局合理的病死畜禽无害化处理体系
6. 生猪疫情应急管理体系建设。建立现代化应急指挥系统，保障各级应急物资储备库及其正常运转
7. 防疫冷链体系建设。市（州）、县（区、市）冷链运输及储藏

（七）提升生猪养殖现代技术装备水平

按照"高效、低耗、低排、智能化控制"原则，大力推广技术先进、经济适用、安全可靠的成熟现代装备，实现主要生产环节机械设备齐全、工程配套设施完善，机械化、自动化、信息化融合发展。加大农机购置补贴力度，支持生猪养殖场提升栏位系统、精准喂料供水供电系统、智能环控系统、粪尿收集与资源化利用系统、生物安全系统、信息化管理系统等设施设备，改进农机购置补贴方式，加强政策指导和监管。

专栏 10　提升生猪养殖现代技术装备水平

实施农机购置补贴项目：支持养猪场（户）购置自动饲喂、环境控制、疫病防控、废弃物处理等农机装备，应补尽补

（八）提高科技创新能力

依托国家现代农业产业体系四川生猪创新团队、兽药创新团队、科研院校等科技力量，围绕生猪产业链的关键技术环节开展集中攻关研究，提升生猪产业科技创新能力。加强在规模猪场建设工程设计、设施设备配套利用、信息化设施设备集成、种猪选育、抗病营养饲料、健康绿色养殖、废弃物综合利用、猪肉产品深加工等方面的关键技术研究。加强川渝生猪绿色创新中心建设、合作与对接交流，共享创新成果。继续开展重大技术协同推广，加强技术培训推广，促进科技成果的快速转化。

（九）做大做强川猪产业品牌

一是着力打造品种品牌。依托我省地方猪种和培育品种资源优势，打造一批"川字号"特色生猪品种品牌，大力发展特色风味猪产业，把四川建设成为全国最大的特色风味猪生产基地和特色川菜安全优质食材原料供应基地。二是着力打造产品品牌。支持省内生猪生产加工龙头企业加大营销推介，开展"三品一标"认定、名牌畜产品评选，争创著名商标。三是着力打造区域品牌。发挥原产地优势，推动区域特色畜牧业发展，制定统一标准，引导龙头企业、养殖大户等生产经营主体共建共用品牌，打造一批川字号特色区域公共品牌。2025 年，培育特色鲜明、市场占有率高的知名生猪产品品牌 10 个以上。

（十）推动生猪产业信息现代化

加快大数据、人工智能、云平台及 5G 传输技术等现代信息化技术的在生猪产业的推广应用。一是支持规模养殖企业建设一批“数字猪场”“智慧猪场”，提高信息化养猪水平。二是支持龙头企业借助数字化技术与中小养殖场（户）相互连通，采用“公司+平台+农户”的模式，加强生产技术指导、提高生产效率，促进转型升级，带领农户实施标准化生产。三是推动生猪产业大数据平台建设，积极参与川渝生猪大数据中心建设，整合生猪生产、交易、屠宰、加工、种猪管理、智慧动监等数据资源，互联共享，实现产业信息现代化。四是加强生猪产销监测与预警，强化生猪网格化管理，强化规模养猪场（户）信息备案管理，建立生猪生产报告制度，加强分析预警，定期发布生产和市场价格动态信息，指导养猪生产。

专栏 11　推动生猪产业信息现代化

实施数字农业项目：支持有条件的大型养殖企业发展智慧养殖，推动智能技术在生猪养殖上的运用，精准监测养殖投入品、存出栏变化、实时监控生产环境、生猪个体体征智能监测，推进精准饲喂、疾病智能预警和智能教育等

六、主要保障措施

（一）强化组织领导

加强省级部门协调配合，建立部门联动协同推进机制；市（州）人民政府落实属地责任，对本地生猪产业发展负总责，主要负责人为第一责任人，把生猪生产列为“菜篮子”市长负责制专项考核内容，着力强化考核。县（市、区）由农村工作领导小组组长（县委书记）直接负责生猪生产，把生猪产业作为重点工作。

（二）强化用地保障

在编制国土空间规划时，合理安排新增生猪养殖用地，确保生猪养殖用地总量满足生产目标实现需要。严格落实好国家和省自然资源、林草部门支持生猪生产用地有关政策。养殖生产及其直接关联的检验检疫、清洗消毒、畜禽粪污处理、病死畜禽无害化处理等农业设施用地，可以使用一般耕地，不需占补平衡。合理利用林草地资源，发展林下养殖，养殖及配套设施用地可以使用Ⅲ级及以下保护林地。

（三）强化环保支持

各级政府依法科学划定禁养区，不得超范围划定禁养区。对符合环保要求的畜禽养殖建设项目简化审批程序，推进“放改服”改革，开展环评告知承诺制试点。

（四）强化财政金融保险支持

加强财政支持，统筹用好现代农业发展、生猪调出大县奖励等各类项目与政策，重点支持生猪产业强优势、补短板。加强金融支持，全面落实相关金融支持政策，提供便利、高效的信贷担保服务。加强保险保障，积极拓宽抵质押品范围，进一步加强能繁母猪保险和育肥猪保险业务，推动应保尽保。积极推动保险机构创新农业保险产品。鼓励探索生猪期货交易。

（五）强化防疫队伍建设

按照“三权归县、服务在乡”原则，加强乡镇畜牧兽医站建设，配备与养殖规模和工作任务相适应的防疫检疫等专业技术人员。在农业综合行政执法改革中落实动物防疫执法责任，强化动物防疫执法力量。加强对传统中兽医技术人员的培养。采取购买社会化服务等形式，强化基层防控力量。

（六）强化科技创新

加大科研投入，坚持自主研发与开放合作相结合，建设生猪产业技术研究、转化平台，提升产业技术创新能力，围绕产业转型升级所需关键技术需求开展技术攻关，促进产业升级。加快推进改革，激励科技人员创新创业。加强成渝双城科技合作与交流。